皮书系列为

“十二五”“十三五”国家重点图书出版规划项目

智库成果出版与

2020~2021年
高水平决胜全面建成小康社会的长三角

SUCCESSFULLY BUILDING A MODERATELY PROSPEROUS SOCIETY IN AN ALL-ROUND WAY AT A HIGH LEVEL IN THE YANGTZE RIVER DELTA(2020-2021)

主　　编 / 夏锦文
执行主编 / 丁　宏
副 主 编 / 杜文俊　袁顺波　陈 瑞

社会科学文献出版社
SOCIAL SCIENCES ACADEMIC PRESS (CHINA)

图书在版编目(CIP)数据

2020～2021年高水平决胜全面建成小康社会的长三角/夏锦文主编. --北京：社会科学文献出版社，2021.6
(长三角蓝皮书)
ISBN 978-7-5201-8371-0

Ⅰ.①2… Ⅱ.①夏… Ⅲ.①长江三角洲-小康建设-研究报告-2020-2021 Ⅳ.①F127.5

中国版本图书馆CIP数据核字(2021)第098759号

长三角蓝皮书
2020~2021年高水平决胜全面建成小康社会的长三角

主　　编／夏锦文
执行主编／丁　宏
副 主 编／杜文俊　袁顺波　陈　瑞

出 版 人／王利民
组稿编辑／任文武
责任编辑／王玉霞
文稿编辑／李艳芳

出　　版／社会科学文献出版社·城市和绿色发展分社(010)59367143
　　　　地址：北京市北三环中路甲29号院华龙大厦　邮编：100029
　　　　网址：www.ssap.com.cn
发　　行／市场营销中心(010)59367081　59367083
印　　装／天津千鹤文化传播有限公司

规　　格／开 本：787mm×1092mm　1/16
　　　　印 张：30.5　字 数：457千字
版　　次／2021年6月第1版　2021年6月第1次印刷
书　　号／ISBN 978-7-5201-8371-0
定　　价／168.00元

本书如有印装质量问题，请与读者服务中心(010-59367028)联系

长三角蓝皮书编委会

主要编撰者简介

夏锦文　现任江苏省社会科学院党委书记、院长，法学博士，二级教授，博士生导师，国家级教学名师。十三届江苏省委委员、省十二届人大代表。2000 年被评为首届“江苏省十大优秀中青年法学家”；2006 年被人事部等 7 部门评为“新世纪百千万人才工程”国家级人选；2007 年被评为江苏省“333 高层次人才培养工程”首批中青年科技领军人才；2010 年享受国务院政府特殊津贴；2019 年被评为中宣部文化名家暨“四个一批”人才，2020 年被评为第五批国家特殊支持计划人才 A。先后兼任教育部高等学校法学类专业教学指导委员会副主任委员、中国法学会法律史研究会常务理事、中国法学会法学教育研究会常务理事、中国法学会比较法学研究会常务理事、中国法学会法理学研究会常务理事、中国儒学与法律文化研究会执行会长，江苏省哲学社会科学界联合会副主席、江苏省法学会副会长、江苏省法学会法学教育研究会会长、江苏省人大常委会立法专家咨询组组长、南京大学兼职教授等。

主要研究领域为法学理论、法律文化的传统与现代化、现代司法理论、区域法治发展、法治理念与社会治理现代化。先后主持国家级和省部级课题 20 余项。在国内外期刊发表学术论文 160 余篇，在《人民日报》《光明日报》《经济日报》等报刊发表理论文章 30 余篇，公开出版《传承与创新：中国传统法律的现代价值》《法哲学关键词》《法治思维》等著作和教材 30 余部。多次获得国家级和省部级教学科研成果奖励。

丁　宏　南京大学应用社会学博士，韩国东亚大学访问学者。现任江苏省社会科学院科研组织处副处长（主持工作），研究员。南京市第六届经济社会发展咨询委员会委员，江苏省“333高层次人才培养工程”第二层次培养人选，南京市有突出贡献中青年专家，江苏省青年联合会第十届、第十一届委员，中国（江苏）自由贸易试验区方案主要起草者。先后主持多项国家级、省部级课题研究；在CSSCI及省部级以上党刊发表重要理论性文章60多篇；获得省哲学社会科学优秀成果奖一等奖1次、二等奖2次、三等奖1次，以及其他省部级奖多次；80多篇咨询报告获得省部级领导重要肯定性批示。

杜文俊　法学博士，日本广岛大学访问学者，硕士研究生导师。现任上海社会科学院科研处处长，研究员。曾任上海社会科学院法学研究所副所长，兼任上海市法学会司法研究会副秘书长。2011～2013年挂职上海市闸北区人民检察院副检察长。主要从事经济刑法、职务犯罪、财产犯罪、金融犯罪研究，以及刑法学理论的司法化研究。已发表论文60多篇，其中在法学类核心期刊发表论文20多篇，出版专著及编著6部。近五年主持国家社科基金项目2项，主持或参与国家和省部级项目10项。曾获上海社会科学院优秀教学奖、上海社会科学院张仲礼学术奖、上海市法学会第三届“上海市法学优秀成果奖”论文类二等奖等荣誉。

袁顺波　南京大学管理学博士，美国纽约州立大学布法罗学院访问学者，浙江省高校中青年学科带头人。现任浙江省社会科学院科研管理部副主任。在*Electronic Commerce Research and Applications*等国内外学术期刊上发表论文50余篇，独著《科研人员的开放存取参与行为》，主持国家社科基金和教育部人文社科基金各1项，参与省部级项目多项。

陈　瑞　现任安徽省社会科学院科研处处长，研究员。在《人民日报》《光明日报》《史学史研究》《中国农史》《史学月刊》《中国社会经济史研究》等报刊发表专业学术论文70余篇。独著《明清徽州宗族与乡村社会控制》，参与编著《皖江开发史》《徽州古书院》《安徽通史》《安徽地区城镇历史变迁研究》《安徽历史名人词典》《合肥通史》等多部。主持国家社科基金项目2项、中国博士后科学基金资助项目1项，参与省部级项目多项。

摘　要

“长三角蓝皮书”为苏浙沪皖三省一市社会科学院共同组织撰写，至今已是第15部，2020～2021年的主题是“高水平决胜全面建成小康社会的长三角”。

随着长三角区域一体化发展上升为国家战略，中央对长三角地区高水平协调发展提出了更高要求。2019年5月13日，《长江三角洲区域一体化发展规划纲要》经中共中央政治局会议审议通过，由中共中央、国务院于2019年12月印发实施。2020年8月20日，中共中央总书记、国家主席、中央军委主席习近平在合肥主持召开扎实推进长三角一体化发展座谈会并发表重要讲话。他强调，要深刻认识长三角区域在国家经济社会发展中的地位和作用，结合长三角一体化发展面临的新形势新要求，坚持目标导向、问题导向相统一，紧扣一体化和高质量两个关键词抓好重点工作，真抓实干、埋头苦干，推动长三角一体化发展不断取得成效。2020年是决胜全面建成小康社会的冲刺之年，是“十三五”规划实施收官之年和“十四五”发展规划编制之年，而突如其来的新冠肺炎疫情带来了不小的挑战，在党中央坚强领导下，全国各族人民众志成城，进行了一场惊心动魄的抗疫大战，取得了抗击新冠肺炎疫情斗争重大战略成果。

本书围绕“高水平决胜全面建成小康社会”主题，深入探讨分析长三角地区在高质量一体化发展过程中全面建成小康社会的实践。全书分为总报告、分报告和专题报告。总报告全面总结了长三角全面建成小康社会的现状，分析评估了长三角全面建成小康社会的优势领域与薄弱环节，并提出

“十四五”时期长三角地区发展更应突出富民导向、完善公共服务、坚持生态优先和推动治理现代化。四个分报告分别聚焦2020年三省一市的经济社会发展形势，并提出相应对策建议。专题报告主要从产业升级、区域发展、开放型经济、社会治理与法治、文化产业等方面进行具体的分析。本书对决策部门全面认识长三角一体化发展最新情况，正确把握长三角一体化高质量发展趋势，科学制定长三角一体化发展政策具有一定的参考价值。

Abstract

Blue book of Yangtze River Delta is an annual development report of the Yangtze River Delta organized and written together by Jiangsu Academy of Social Sciences, Zhejiang Academy of Social Sciences, Anhui Academy of Social Sciences and Shanghai Academy of Social Sciences. Now it is the 15th book. The theme of this book is "Successfully building a moderately prosperous society in an all-round way at a high level in the Yangtze River Delta (2020 - 2021)".

With the development of the Yangtze River Delta regional integration rising to the national strategy, the central government has put forward higher requirements for the high-level coordinated development of the Yangtze River Delta region. On May 13, 2019, the outline of the Yangtze River Delta regional integration development plan was deliberated and adopted by the Political Bureau meeting of the CPC Central Committee, and issued and implemented by the CPC Central Committee and the State Council in December 2019. On August 20, 2020, Xi Jinping, general secretary of the CPC Central Committee, chairman of the CPC Central Committee and chairman of the Central Military Commission, held a forum in Hefei to push forward the integrated development of Yangtze River Delta and delivered an important speech. He stressed that it is necessary to have a profound understanding of the status and role of the Yangtze River Delta region in the national economic and social development. In combination with the new situation and new requirements of the Yangtze River Delta integration development, we should adhere to the unity of goal orientation and problem orientation, closely follow the two key words of integration and high quality, do a good job in key work, do a good job in real work and work hard, so as to promote the integration of the Yangtze River Delta and achieve continuous results.

The year of 2020 is the year of the decisive year of the successful completion of the well-off society. It is also the year when the 13th Five-Year plan was implemented and the 14th Five-Year development plan will be compiled. The COVID – 19 disease suddenly brought great challenges, however under the firm leadership of the CPC Central Committee, the people of all nationalities in the whole country set up a thrilling battle against the epidemic, and got a great strategic achievements.

Focusing on the theme of "Successfully building a moderately prosperous society at a high level", this book deeply discusses and analyzes the practice of building a well-off society in an all-round way in the process of high-quality integration in the Yangtze River Delta region. The book is divided into general report, sub report and special report. The general report comprehensively summarizes the current situation of building a well-off society in the Yangtze River Delta in an all-round way, analyzes and evaluates the advantages and weak links of building a well-off society in the Yangtze River Delta in an all-round way, and puts forward that the development of the Yangtze River Delta in the period of the "14th Five Year Plan" should highlight the guidance of enriching the people, improve public services, uphold ecological priority and promote governance modernization. The four sub reports focus on the economic and social development situation of three provinces and one city in 2020, and put forward corresponding countermeasures and suggestions. The special report mainly analyzes industrial upgrading, regional development, open economy, social governance and rule of law, cultural industry and other aspects. This book has certain reference value for decision-making departments to comprehensively understand the latest development situation of Yangtze River Delta integration, correctly grasp the high-quality development trend of Yangtze River Delta integration, and scientifically formulate the development policy of Yangtze River Delta integration.

目 录

Ⅰ 总报告

Ⅱ 分报告

Ⅲ 专题报告

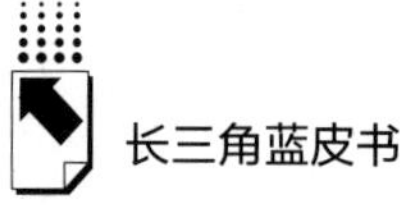

CONTENTS

I General Report

II Sub-reports

Ⅲ Special Reports

总报告

General Report

B.1 长三角地区高水平全面小康社会的巩固与提升

夏锦文　王树华　杜宇玮　何　雨　程俊杰*

摘　要：高水平全面建成小康社会是新时代发展背景下长三角地区贯彻落实习近平新时代中国特色社会主义思想的战略任务与责任担当。为实现“十四五”规划和2035年远景目标而奋斗，必须在明确高水平全面小康社会内涵与意义的基础上，客观总结长三角全面小康建设的现实成就与发展进程，准确界定长三角全面小康的优势领域与薄弱环节，进而提出相应的思路与战略举措。

* 夏锦文，江苏省社会科学院党委书记、院长，教授；王树华，江苏省社会科学院社会政策研究所（区域现代化研究院）副所长，副研究员；杜宇玮，江苏省社会科学院区域现代化研究院副研究员；何雨，江苏省社会科学院区域现代化研究院副研究员；程俊杰，江苏省社会科学院区域现代化研究院副研究员。

关键词： 全面建成小康社会 基本实现现代化 长三角

党的十九届五中全会对我国决胜全面建成小康社会取得的决定性成就进行了高度评价，同时也指出我国所处的发展环境面临深刻复杂的变化，包括世界正经历百年未有之大变局，新一轮科技革命和产业变革深入发展，国际力量对比深刻调整，不稳定性不确定性明显增加等。[①] 长三角是我国经济社会发展最发达的地区之一，为了助力 2035 年基本实现社会主义现代化远景目标和“十四五”时期经济社会发展主要目标，必须在高水平全面小康社会的基础上巩固和提升发展成果。

一 高水平全面建成小康社会的主要内涵与历史意义

（一）高水平经济社会的含义

党的十九大报告指出，中国特色社会主义进入新时代，我国社会主要矛盾已经转化为人民日益增长的美好生活需要和不平衡不充分的发展之间的矛盾。高水平的经济社会体现了高质量发展的要求，高质量发展是能够很好满足人民日益增长的美好生活需要的发展，是体现新发展理念的发展，是创新成为第一动力、协调成为内生特点、绿色成为普遍形态、开放成为必由之路、共享成为根本目的的发展。[②] 高水平全面建成小康社会，是新时代中国特色社会主义建设的根本要求。

第一，高水平的经济社会需要实现创新驱动发展。从发达经济体发展历程所揭示的发展的阶段性规律来看，我国正在进入创新驱动的发展阶段。创新驱动发展是高质量发展的首要内涵，通过科技创新可以有效解决经济发展

---

① 《中国共产党第十九届中央委员会第五次全体会议公报》，人民出版社，2020。

② 习近平：《决胜全面建成小康社会 夺取新时代中国特色社会主义伟大胜利——在中国共产党第十九次全国代表大会上的报告》，人民出版社，2017。

中的“生产要素报酬递减”和“稀缺资源瓶颈”这两个基本问题。

第二，高水平的经济社会需要实现集约高效发展。我国以往“唯 GDP 论英雄”，导致只关注总量的增长，忽略增长背后的资源和能源的消耗。在面临越来越严峻的资源和能源约束的背景下，高质量发展必须是集约高效的发展。所谓集约高效，就是不仅要看总量的增长，而且要看投入产出比、看单位产出。在此方面，一些省份已经率先开始实践。例如浙江省 2018 年 1 月印发《关于深化“亩均论英雄”改革的指导意见》，提出到 2020 年全面实施“亩产效益”综合评价。

第三，高水平的经济社会需要实现平衡充分发展。党的十九大做出“中国特色社会主义进入了新时代，我国社会主要矛盾已经转化为人民日益增长的美好生活需要和不平衡不充分的发展之间的矛盾”的重要论断。[①] 着力解决发展不平衡不充分的问题，是我国作为社会主义国家的内在要求。不平衡不充分主要是指结构性问题。从经济发展客观规律来讲，只有在生产上不断优化产业结构，在分配上避免贫富分化，才能实现经济健康、可持续的增长。

第四，高水平的经济社会需要实现绿色发展。我国过去 40 多年的高速发展，以牺牲、破坏自然环境为代价，不仅存在引发生态灾难的风险和高昂的环境治理、修复成本，而且也极大降低了人民群众对于发展的“获得感”。因此，习近平总书记提出“绿水青山就是金山银山”，要实现绿色循环低碳发展、人与自然和谐共生的发展。

（二）长三角地区全面建成小康社会在全国的现实意义与历史作用

长三角地区是我国最发达的地区之一，根据《长江三角洲区域一体化发展规划纲要》，长三角地区未来要打造成为全国发展强劲活跃增长极、全国高质量发展样板区、率先基本实现现代化引领区、区域一体化发展示范

① 习近平：《决胜全面建成小康社会　夺取新时代中国特色社会主义伟大胜利——在中国共产党第十九次全国代表大会上的报告》，人民出版社，2017。

区、新时代改革开放新高地。①

面对严峻复杂的形势，习近平总书记在扎实推进长三角一体化发展座谈会上进一步对长三角区域在国家经济社会发展中的地位、作用以及未来发展任务进行了深刻阐述，主要体现在三大方面。第一，率先形成新发展格局。在当前全球市场萎缩的外部环境下，长三角区域要发挥人才富集、科技水平高、制造业发达、产业链供应链相对完备和市场潜力大等诸多优势，积极探索形成新发展格局的路径。第二，勇当我国科技和产业创新的开路先锋。当前，新一轮科技革命和产业变革加速演变，长三角区域不仅要提供优质产品，更要提供高水平科技供给，支撑全国高质量发展。第三，加快打造改革开放新高地。长三角区域一直是改革开放前沿。要对标国际一流标准改善营商环境，以开放、服务、创新、高效的发展环境吸引海内外人才和企业安家落户，推动贸易和投资便利化，努力成为联通国际市场和国内市场的重要桥梁。② 因此，从本质上讲，长三角地区全面建成小康社会对全国的现实意义和历史作用就是探索、示范。

一方面，为率先形成新发展格局、勇当我国科技和产业创新的开路先锋、打造改革开放新高地奠定坚实基础。

为全国发展进行引领和示范是中央对长三角地区发展的一贯要求。改革开放以来，上海、浙江、江苏、安徽等地抓住民营经济、乡镇企业异军突起和发展外向型经济等机遇，成功实现了率先发展，经济总量跃居全国前列。长期以来，在多个历史关键时期，长三角地区的改革创新为全国积累了宝贵的经验。进入新时代，长三角各地深入推进创新驱动、城乡发展一体化、经济国际化、区域协调发展、可持续发展等，推动高质量发展走在前列。目前，长三角地区虽然国土面积只占全国的 3.7%，但是人口占比约为 16%，GDP 占比达到25%左右，尤其是人均 GDP 是全国人均 GDP 的 1.5 倍。习近平总书记在扎实推进长三角一体化发展座谈会上对各地贯彻落实党中央决策部

---

① 中共中央、国务院：《长江三角洲区域一体化发展规划纲要》，2019。

② 《习近平主持召开扎实推进长三角一体化发展座谈会并发表重要讲话》，人民网，http://cpc.people.com.cn/n1/2020/0822/c64094-31832893.html。

署，推动改革创新发展，尤其是围绕重点领域和重点区域进行突破，以点带面加快高质量发展给予高度肯定，并认为长三角一体化战略实施成果已经显现，发展新局面正在形成。

长三角地区全面建成小康社会，为率先形成新发展格局、勇当我国科技和产业创新的开路先锋、打造改革开放新高地奠定了坚实的基础，未来需要持续为全国发展进行引领和示范，具体来讲需要进一步做好以下几项工作。

一是畅通国民经济循环。习近平总书记强调，推动形成以国内大循环为主体、国内国际双循环相互促进的新发展格局是根据我国发展阶段、环境、条件变化提出来的，是重塑我国国际合作和竞争新优势的战略抉择，要坚持供给侧结构性改革这个战略方向，扭住扩大内需这个战略基点，使生产、分配、流通、消费更多依托国内市场，提升供给体系对国内需求的适配性，形成需求牵引供给、供给创造需求的更高水平动态平衡。对于长三角来说，既要探索实施产业基础再造和产业链提升工程，培育打造世界级先进制造业集群，又要探索从依赖国际市场“吸引”制造业国际产业转移和工厂集聚，转换为依靠超大规模国内市场“虹吸”全球创新要素集聚。

二是深化体制机制改革。当前，我国经济中存在很多亟待解决的结构性矛盾，比如要素错配、产能过剩、金融风险等，其本质与我们选择的工业化道路密切相关。长三角的工业化道路是全国工业化道路的典型缩影，其发展模式可以概括为：通过要素价格扭曲获得具有价格竞争优势的低端生产要素，进行数量扩张型增长。这种思路应用到外资经济中就变成吸收 FDI，从事深受全球价值链链主压榨的国际代工，而运用到国有和民营经济中就产生了产能过剩。新形势下，要促进经济高质量发展，就是要以提高经济发展质量和效益为中心，依靠消费、投资、出口协调拉动增长，依靠第一、第二、第三产业协同带动增长，依靠科技进步、劳动者素质提高、管理创新驱动增长。这就需要补齐制度短板，深化体制机制改革，打造国际一流的营商环境，减少政府对市场主体和微观经济活动的直接干预，完善优化创新服务，促进全球创新资源要素集聚和充分自由流动，保障市场主体公平竞争。

三是推动科技创新发展。创新才能牢牢把握住发展的自主权。习近平总

书记对长三角地区提出了勇当我国科技和产业创新的开路先锋的殷切期望。长三角地区有着悠久的创新文化传统，丰富的科教、人才等要素资源，国家政策支持，强大的研发能力等优势，并且也探索出了一些举措、路径和模式，取得了一定的成效，但仍面临着研发投入增长困难，创新成果产业化机制尚未形成，产业特别是新兴产业核心技术掌握难，创新环境亟须优化等问题。未来要加大优质产品和高水平科技供给的提供力度，支撑全国高质量发展，这就需要鼓励各地的科技创业活动，并把其放到经济政策体系中的主体地位，促进科技创新与实体经济协同发展。

四是提高开放型经济水平。虽然当前经济全球化遭遇逆流，单边主义、保护主义抬头，但中央始终强调要坚定不移扩大对外开放，增强国内国际经济联动效应，统筹发展和安全，全面防范风险挑战。改革开放以来，长三角地区一直是我国对外开放的主阵地，为我国积极加入国际分工体系、实现经济赶超发展作出了重要贡献。数据表明，长三角地区是我国外资的最主要集聚地，占到全国1/3以上的份额。然而，受2020年以来新冠肺炎疫情的影响，以及中央层面的一系列对外开放重大战略的调整，如何紧紧围绕构建新发展格局创新对外对内开放的思路举措，主动服务、主动融入中央对外工作大局，加快提升贸易质量，稳定产业链供应链，培育外贸新动能，深入推进贸易便利化，优化外贸发展环境，将是长三角地区新一轮高水平对外开放亟须重点研究的问题。

另一方面，为促进全面小康与基本现代化有机衔接探索和示范。

习近平总书记在党的十九大报告中明确提出，在“两个一百年”奋斗目标的历史交汇期，“既要全面建成小康社会”，“又要乘势而上开启全面建设社会主义现代化国家新征程”。[①] 虽然突然暴发的新冠肺炎疫情给我国经济社会发展造成了冲击，但是习近平总书记仍然在不同场合多次强调，要统筹推进疫情防控和经济社会发展工作，不断巩固和拓展疫情防控成效，确保

① 习近平：《决胜全面建成小康社会　夺取新时代中国特色社会主义伟大胜利——在中国共产党第十九次全国代表大会上的报告》，人民出版社，2017。

实现决胜全面建成小康社会目标任务。根据中央精神，长三角地区要在全面建成小康社会的基础上，探索开启建设社会主义现代化新征程。

长三角地区全面建成小康社会有利于促进全面小康与基本实现现代化的有机衔接。全面建成小康社会与基本实现现代化之间，虽然在时间上紧密衔接，实践过程、相互作用等方面密切联系，但在发展阶段、宏观背景、目标任务和实践内容等方面毕竟存在一定差异，因此，需要在各项事业发展上全面对接，继往开来。区域现代化是全国现代化的有机构成部分，长三角作为东部发达地区已经到了全面小康的成熟期，迫切需要对有机衔接全面小康与基本实现现代化这两个中国特色社会主义现代化建设进程中的特定的历史阶段进行探索。促进全面建成小康社会与基本实现现代化的有机衔接，重点是要做好两个方面工作。其一，政策衔接。全面小康是开启基本实现现代化新征程的前提和基础，同时，全面小康也必须以实现现代化为中长期目标进行引导，全面小康实现后，需要在深入研究二者内在联系的基础上，充分结合实践进行政策体系的系统研究和设计，做好两个阶段政策的衔接。其二，实践衔接。全面小康和基本实现现代化，虽然发展阶段、发展目标不同，但实践过程是有机衔接、叠加推进的，因此，要在经济发展现代化、民主法治现代化、文化发展现代化、社会发展现代化、生态文明现代化和人的现代化等方面积极开展探索性、创新性、引领性的实践。

长三角地区需要着重在以下领域做好全面小康与基本实现现代化的有机衔接，这些领域主要是过去的“短板”领域。

一是推进生态文明建设。习近平总书记强调，绿水青山就是金山银山，深刻揭示了生态环境保护与经济社会发展之间辩证统一的关系。随着经济的高速增长，很多地区近年来雾霾、水污染等问题日益突出，环境问题成为我国全面建成小康社会必须跨越的坎。开启基本实现现代化新征程，不仅要求打赢污染防治攻坚战，而且还要协同推进经济高质量发展与生态环境高水平保护。目前，长三角在万元地区生产总值能耗、人均能耗、单位国土面积能耗等指标上还有进一步改善的空间。这就要求加快区域生态补偿、一体化环保管理等改善生态环境方面的制度创新。

二是加快社会发展现代化。改善民生，增进人民福祉，完善社会治理，提升社会文明程度是促进人的全面发展的出发点和落脚点。由于长三角经济发展相对发达，具备了改善民生的物质基础，同时，社会发展进程也相对较快，长三角各地理应在完善社会治理和改善民生等方面为全国其他地区做出表率和示范。重点包括："十四五"期间，要全面解决好人民群众关心的教育、就业、收入、社保、医疗卫生、食品安全等问题；深入推进网格化社会治理机制创新，推动综治中心规范化建设，探索具有中国特色、长三角特点的社会治理之路；深化理论研究、理论普及，推动融媒体中心和新时代文明实践中心融合发展，努力构筑思想文化引领高地、道德风尚建设高地、文艺精品创作高地，为高质量发展提供坚强有力的思想保证和精神支撑。

三是推动区域协调发展。目前，我国已经推出了"京津冀""长江经济带""长三角一体化"等多个区域经济发展战略，其主要目的就是促进区域协调发展。作为全国城乡发展差距最小的地区，长三角也同样面临着区域发展的问题。主要表现在两个方面。一方面是区域内部不平衡。如江苏的苏南、苏中与苏北，浙江的浙南与浙北等发展不平衡。另一方面是城乡发展的不平衡。近年来，不仅地区生产总值、规模以上工业利税总额、地方财政一般预算收入等总量指标的绝对差距依然在逐年扩大，而且人均地区生产总值、城镇居民人均可支配收入、农村居民人均纯收入等人均指标的绝对差距也在不断拉大，这种区域差距也表现在社会、政治、文化等其他领域。因此，需要以"一盘棋"理念推动长三角高质量一体化。

二　长三角地区高水平全面建成小康社会现实成就与进程评估

作为全国总体发展水平最高的区域之一，长三角地区在高水平全面建成小康社会上也走在了全国前列，近年来取得了显著成就。分省市来看，长三角三省一市全面小康社会建设各具特色、各显优势。

（一）长三角全面小康建设成就

1. 上海市

上海市全面小康社会建设走在长三角和全国前列。根据党中央、国务院和上海市委市政府的决策部署，上海市高水平全面建成小康社会的重点任务是，基本建成国际经济、金融、贸易、航运中心和社会主义现代化国际大都市，形成具有全球影响力的科技创新中心基本框架，迈向卓越的全球城市，当好新时代全国改革开放排头兵、创新发展先行者，为实现“两个一百年”奋斗目标作出应有的贡献。

2009 年 4 月，以国务院发布《关于推进上海加快发展现代服务业和先进制造业建设国际金融中心和国际航运中心的意见》（国发〔2009〕19 号）为标志，上海正式提出要打造国际经济、国际金融、国际贸易、国际航运四个中心。

在国际经济中心建设方面，作为我国经济总量最大、经济发展水平最高的城市，上海市国土面积占全国的比重仅为 0.06%。但是，2019 年完成 GDP 38155.32 亿元，占全国的比重为 3.9%；外商直接投资实到金额 190.48 亿元，占全国的比重为 2.0%；国际标准集装箱吞吐量 4330.26 万标准箱，占全国的比重高达 16.6%；关区进出口总额为 63457.78 亿元，占全国的比重更是高达 20.1%。经过十余年的发展，上海正逐步发展成为综合经济实力雄厚、辐射带动能力强的国际经济中心。

在国际金融中心建设方面，上海市通过加大金融改革创新力度和营造良好的金融发展环境，进一步巩固了在全国的金融中心地位，并初步形成了全球性的人民币产品创新、交易、定价和清算中心。2020 年 3 月，在中国（深圳）综合开发研究院和英国智库 Z/Yen 集团共同发布的《第 27 期全球金融中心指数报告》中，上海首次晋级全球第 4 位，仅次于纽约、伦敦和东京三地。①

① 《第 27 期“全球金融中心指数”深圳发布　前十排名变化较大》，中国新闻网，https：//www. chinanews. com/cj/2020/03 -26/9138497. shtml。

在国际贸易中心建设方面，以2013年9月中国（上海）自由贸易试验区成立为标志，上海市着力发挥自贸区建设对国际贸易中心建设的示范和引领作用，通过深化改革、扩大开放，着力营造国际一流的营商环境，取得了一系列显著成就。据统计，截至2019年底，上海自贸区累计新设企业6.4万户，超过3200个扩大开放项目落地，完成进出口总额1.48万亿元，310多项改革试点经验在全国其他地区得到复制推广，实现了国际贸易中心建设与国际经济、金融、航运中心建设的联动推进。

在国际航运中心建设方面，2018年，上海市政府制定了《上海国际航运中心建设三年行动计划（2018～2020）》，明确提出要建设具有全球航运资源配置能力的国际航运中心。2019年7月首次发布的“新华·波罗的海国际航运中心发展指数”显示，上海航运发展指数位列新加坡、中国香港、伦敦之后，居第4位。①

2. 江苏省

2014年12月，习近平总书记在江苏考察时明确提出建设“强富美高”新江苏的指示要求。按照总书记的指示要求，江苏省委省政府对全面建成小康社会进行了周密部署。2016年7月，江苏省委第十三次党代会提出了“两聚一高”的目标定位，成为今后一段时间江苏高水平推进全面建成小康社会的行动指南。2017年12月，江苏省委十三届三次会议提出了“六个高质量”的战略任务，着力从经济发展、改革开放、城乡建设、文化建设、生态环境、人民生活六个方面推进江苏高质量发展。2019年12月，江苏省委常委会召开“强富美高”新江苏建设五周年调研成果交流会。省委书记娄勤俭在会上指出，江苏以党的十九大精神和总书记重要讲话指示精神为指导，推动“强富美高”新江苏建设取得了显著成果。

在“经济强”方面，江苏省制造业增加值长期居于全国各省区市首位。根据《2019年江苏省国民经济和社会发展统计公报》，2019年，江苏省人

① 《2019新华·波罗的海国际航运中心发展指数发布　上海位列全球航运中心第四》，新华网，http：//www.xinhuanet.com/2019－07/11/c_1124741063.htm。

均 GDP 为 123607 元，稳居全国各省、区首位。从高新技术产业和战略性新兴产业的发展情况来看，2019 年，江苏省高新技术产业产值占规模以上工业总产值的比重为 44.4%，对工业增长的贡献达 23.8%，战略性新兴产业产值占规上工业总产值比重达 32.8%，对工业增长的贡献达 46.5%，表明产业发展的结构和水平在不断优化提升。

在“百姓富”方面，体现为居民收入水平的提高和城乡居民收入差距的缩小。据统计，2019 年，江苏省城乡居民人均可支配收入为 4.14 万元，是 2014 年的 1.5 倍，城镇和农村居民收入之比从 2014 年的 2.3∶1 下降为 2019 年的 2.25∶1，在基本消除绝对贫困的基础上，199 万低收入人口实现脱贫。社会保障体系更加完善，通过稳步实施全民参保计划，持续扩大参保覆盖面。

在“环境美”方面，体现为生态环境明显好转、环境治理能力显著增强。据统计，2019 年，江苏省空气质量优良天数比例为 71.4%，林木覆盖率为 23.6%，累计建成国家生态园林城市 9 个，数量居全国第 1，占全国总量的比重为 47%。

在“社会文明程度高”方面，体现为居民的科学文化素质不断提高，公共文化服务体系更趋完善。据统计，2019 年，江苏省高中阶段教育毛入学率为 99% 以上，高等教育毛入学率为 60.2%；居民综合阅读率为 88.4%，居全国各省区市前列；2019 年，江苏公民具备科学素质比例达到 12.7%，居全国各省区市首位。

3. 浙江省

2003 年 7 月，时任浙江省委书记习近平在浙江省委十一届四次会议上做出了“发挥八个方面的优势”“推进八个方面的举措”的决策部署（简称“八八战略”）。近年来，浙江省一以贯之地深入实施“八八战略”，奋力推进高水平全面建成小康社会。

在推进以公有制为主体的多种所有制经济共同发展方面，浙江省通过推进“最多跑一次”改革，不断优化营商环境，通过实施“凤凰行动”计划，支持企业上市、重组。截至 2019 年底，全省拥有境外上市公司的数量为 578 家，在全国各省区市中居第 2 位。在民营经济发展方面，2019 年浙江省共有阿里巴巴、吉利、物产等92家民营企业入围中国民营企业500强，连续21年居全国各省区市第1位。

在提高对内对外开放水平方面，近年来，浙江省开放步伐不断加快，2019年，浙江省进出口规模高达4471亿美元，其中出口规模3345亿美元，居全国各省区市第3位，跨境电商交易规模居全国第2位，对外投资项目遍布145个国家和地区。从对内开放的情况来看，浙江省通过强化对内开放，主动落实长三角区域一体化发展等国家战略，形成了对内对外开放双向互动的格局。

在先进制造业建设方面，2019年，浙江省高新技术产业增加值占规模以上工业企业的比重高达54.5%，战略性新兴产业增加值占规模以上工业企业的比重为31.1%，表明浙江省正由工业大省向“智造强省”迈进。

在城乡一体化发展方面，2019年，浙江省城乡居民收入比缩小为2.01∶1，是全国城乡收入差距最小的省份之一。通过进一步完善覆盖城乡的基础设施，基本实现县县通高速，实现所有行政村通邮、通电话，实现建制村光纤网络全覆盖。

在“绿色浙江”建设方面，浙江省全力贯彻“绿水青山就是金山银山”的绿色发展理念，国家生态文明建设示范市、示范县的数量位居全国前列。

在海洋经济发展方面，浙江省通过全面贯彻落实海洋强省战略，深入推进浙江海洋经济发展示范区、浙江舟山群岛新区、舟山江海联运服务中心建设等重大举措，海洋经济总量增长迅速，占浙江GDP比重达15%左右。

在法治建设、信用建设和机关效能建设等方面，浙江通过以数字化转型积极推动治理体系和治理能力现代化，积极推进平安浙江、法治浙江建设，群众安全感满意率持续多年位居全国前列。在科教文化建设方面，浙江省统计局的统计资料显示，浙江省在全国率先实现普及学前3年至高中段15年教育，高等教育毛入学率高达61.3%；文化软实力不断增强，2019年文化及相关产业增加值占GDP的比重为7.5%，位居全国各省区市前列。①

① 《奋力推进社会主义现代化建设　高水平全面建成小康社会——“十三五”时期浙江经济社会发展成就》，浙江省统计局网站，http：//tjj.zj.gov.cn/art/2020/7/2/art_1229129214_753323.html。

4. 安徽省

“十三五”时期，安徽全省被纳入长三角区域一体化发展战略实施范围。近年来，安徽省坚决贯彻落实党中央决策部署，贯彻新发展理念，在决胜全面建成小康社会、决战脱贫攻坚等方面取得了显著成就。

在经济发展方面，2019 年，安徽省 GDP 为 3.71 万亿元，在全国的位次从 2015 年的第 14 位跃升至第 11 位；人均 GDP 为 58496 元，在全国的位次从 2015 年的第 25 位跃升至第 13 位，实现了从“总量居中、人均靠后”向“总量靠前、人均居中”的转变。在规模以上工业中，高新技术产业增加值占工业增加值的比重为 40.1%，装备制造业增加值占工业增加值的比重为 32.2%，工业经济结构得到进一步优化提升。

在脱贫攻坚方面，2019 年，按照国家小康标准，安徽省超过 300 万农村贫困人口实现脱贫，3000 个贫困村脱贫出列，31 个贫困县全部摘帽。此外，安徽省还完成了 8.5 万建档立卡贫困人口的搬迁安置工作。

在新型城镇化发展方面，2019 年，以常住人口计算，安徽省城镇化率为 55.81%，在“十三五”时期安徽省有力推动了 576 万农业人口在城镇落户。

在区域协调发展方面，安徽省以“一圈五区”建设为主要抓手，逐步形成特色鲜明、板块联动的区域发展新格局。一是扩容合肥都市圈，打造以合肥为中心，包括淮南市、六安市、滁州市、芜湖市、马鞍山市、桐城市、蚌埠市在内的具有较强影响力的国际化都市圈。二是加大合芜蚌国家自主创新示范区、皖江城市带承接产业转移示范区、皖北承接产业转移集聚区、皖西大别山革命老区、皖南国际文化旅游示范区“五区”建设力度，高质量融入长三角一体化发展。

在体制机制改革方面，安徽省积极推进农业农村、医药卫生、“放管服”等重点领域改革，积极推进林长制、新安江流域生态补偿试点、县域医共体等改革，形成了一批在全国叫得响的改革品牌。

（二）长三角全面小康进程评估

1. 小康评价指标体系的演进

20 世纪 90 年代中期，国家统计局、国家计委和农业部三部门共同制定出了三套小康标准，分别为《全国人民小康生活水平的基本标准》《全国农村小康生活水平的基本标准》《全国城镇小康生活水平的基本标准》，并将其作为衡量我国小康建设实现程度的重要指标。

2008 年 6 月，国家统计局按照党的十七大对全面建设小康社会的总体要求，制定了《全面建设小康社会统计监测方案》（国统字〔2008〕77 号），整个指标体系包括经济发展、社会和谐、生活质量、民主法制、文化教育和资源环境 6 大类及其 23 项分项指标。

党的十八大首次提出了全面建成小康社会国内生产总值和城乡居民人均收入“两个翻番”的目标，并提出了在经济发展、人民民主、文化软实力、人民生活、“两型社会”建设等方面取得重大进展的新要求。国家统计局按照党的十八大要求，于 2013 年 10 月对全面建设小康社会指标体系进行了修改和完善，形成了《全面建成小康社会统计监测指标体系》，分别对全国（方案一），东部地区、中部地区、西部地区（方案二）设置目标值。

为深入贯彻党的十九大精神，国家统计局于 2018 年制定了《全国全面建成小康社会统计监测指标体系》。该指标体系涵盖了经济发展、人民生活、三大攻坚、民主法治、文化建设和资源环境 6 大类 53 项指标。在指标体系之外，另设一项“人民群众对全面建成小康社会成果的满意度”指标对全面小康建设情况进行主观评价。

2. 长三角全面建成小康社会的进程评估

（1）上海市

上海市在经济建设和社会发展等诸多领域在全国处于绝对领先水平，因此小康水平也高居全国前列。按照国家统计局制定的全面建成小康社会评价标准，上海市绝大多数指标已经达到小康社会目标值，并始终保持在较高的发展水平。

从经济发展类指标来看，上海市各项经济指标均已达到目标值。2019 年，上海市人均 GDP 为 15. 73 万元，即使按 2010 年不变价计算，也远高于 5. 8 万元的目标值；产业结构方面，服务业增加值占比为 72. 7%，战略性新兴产业增加值占 GDP 比重为 16. 1%，均分别高于 56% 和 15% 的目标值；创新发展方面，R&D 经费投入占 GDP 比重为4.0%，高于2.5%的目标值；进出口方面，上海市高技术产品出口额占全市出口总额的比重为41.2%，服务贸易额占对外贸易额的比重为30%，均分别高于30%和16%的目标值。

从人民生活类指标来看，2019 年，上海市城乡居民人均可支配收入为69442 元，城镇登记失业率为3.6%，平均预期寿命为83.66 岁，每千人口执业（助理）医师数为3.2 人，均高于目标值。城乡居民家庭人均住房面积为37.2 平方米，虽低于长三角其他省份，但从平均数来看已达到33.3 米的目标值。

从三大攻坚类指标来看，2018 年上海市政府负债率为14.3%，显著低于40%的上限值；城市生活垃圾无害化处理率100%；化学需氧量排放量仅为12.05 万吨，也明显低于下达目标。

从民主法治类、文化建设类、资源环境类指标来看，由于尚未公布2019 年数据，对2018 年数据进行分析，上海市每万人拥有律师数为10.48 人，高于2.3 人的目标值；文化及相关产业增加值占 GDP 比重为6.09%，也高于5%的目标值；城乡居民文化娱乐服务支出占家庭消费支出的比重为11.6%，远高于4.2%的目标值。2019 年上海市空气质量优良天数为309 天，优良率为84.7%，高于80%的目标值。一般工业固体废弃物综合利用率达到了93%以上。

（2）江苏省

江苏作为东部沿海发达地区，江苏省委在2017 年召开的第十三次党代会上明确提出“两聚一高”的发展方略，并用“六个更”（经济发展更高质量、人民生活更加幸福、生态环境更加优美、文化更加繁荣发展、城乡区域更加协调、社会治理更加完善）来具象描述江苏高水平小康社会建设的发展目标，对推进高水平建成小康社会起到了重要的导向激励作用。

从经济发展类指标来看，江苏省各项经济指标达标情况良好。2019 年，江苏省人均 GDP 为12.36 万元（现值），常住人口城镇化率为70.6%，科技进步贡献率为64%，战略性新兴产业增加值占 GDP 比重为32.8%，R&D 经费投入占 GDP 比重为2.8%，高技术产品出口额占出口总额比重为

36.6%，均高于目标值。但服务业增加值占比为51.3%，与目标值尚有4.7个百分点的差距。

从人民生活类指标来看，2019年，江苏省城乡居民人均可支配收入为41400元，城镇登记失业率为3.03%，城乡居民收入比为2.25∶1，建制村通车率为100%，每千老年人口养老床位数为40.9张，平均预期寿命为78岁，均达到目标值。

从三大攻坚类指标来看，2018年江苏省政府负债率为15.0%，显著低于40%的上限值；城市生活垃圾无害化处理率100%；规模以上工业企业资产负债率为52.9%，低于60%的上限值。

从民主法治类、文化建设类、资源环境类指标来看，江苏省2018年每万人拥有律师数为3.3人，高于目标值；广播电视实现全覆盖；江苏省城乡居民文化娱乐服务支出占家庭消费支出的比重为10.3%，远高于目标值；2018年全省一般工业固体废弃物综合利用率达到93.63%。值得重视的是，2019年江苏省空气质量优良天数比例为71.4%，距离目标值尚有8.6个百分点的差距。

（3）浙江省

浙江省全面小康社会建设一直走在全国前列。根据浙江省统计局2014年发布的全面小康统计监测数据，2012年，浙江省小康指数高于全国（83.55%）12.27个百分点。党的十八大以来，浙江省高水平全面小康水平进一步提升，在经济、社会、民主法治、文化建设等多个方面取得了良好成绩。

从经济发展类指标来看，浙江省各项经济指标达标情况良好。2019年，浙江省人均GDP为10.76万元（现值），常住人口城镇化率为70%，科技进步贡献率为63.5%，R&D经费投入占GDP比重为2.7%，均高于目标值。但高技术产品出口额占出口总额比重仅为6.96%，浙江省战略性新兴产业增加值占地区生产总值的比重为8.1%，尚未达到目标值。此外，浙江省服务业增加值占比为54.0%，与目标值尚有2个百分点的差距，与江苏省情况类似。

从人民生活类指标来看，2019 年，浙江省城乡居民人均可支配收入为 49899 元，每千老年人口养老床位数为 54.8 张，平均预期寿命为 79.1 岁，城乡医保参保率为 99.61%，均达到目标值。城镇登记失业率为 2.52%，恩格尔系数为 27.9%，城乡居民收入比为 2.01∶1，均在目标值上限以内。

从三大攻坚类指标来看，2018 年浙江省规模以上工业企业资产负债率为 55.1%，虽然略高于江苏省，但仍低于目标值上限；浙江省生态环境厅公布的数据显示，2019 年，浙江省化学需氧量排放量为 36.35 万吨，氨氮排放量为 6.20 万吨，氮氧化物排放量为 40.07 万吨，二氧化硫排放量为 9.55 万吨；城市污水集中处理率为 96.73%，县城污水集中处理率为 95.42%，均分别高于 95% 和 85% 的目标值；城市生活垃圾无害化处理率为 100%。

从民主法治类、文化建设类、资源环境类指标来看，根据我们掌握的最新统计数据，浙江省 2018 年每万人拥有社会组织 10.5 个，每万人拥有律师 5.26 人，二者均高于目标值；文化及相关产业增加值占 GDP 比重为 7.5%，广播电视综合人口覆盖率为 99.73%；行政村（社区）综合性文化服务中心覆盖率为 100%，城乡居民文化娱乐服务支出占家庭消费支出的比重为 4.3%，高于目标值；设区城市空气质量优良天数比例平均为 88.6%，高于目标值；2019 年，全省一般工业固体废物综合利用率为 98.44%，高于目标值。森林覆盖率达 60% 以上，为长三角三省一市最高水平。

（4）安徽省

安徽省全面建成小康社会进程总体顺利，多数指标达到或接近目标值，但与长三角其他两省一市相比仍有一定差距。

从经济发展类指标来看，2019 年，安徽省人均 GDP 为 5.85 万元（现值），高于目标值。但服务业增加值占比为 50.8%，常住人口城镇化率为 55.8%，R&D 经费投入占 GDP 比重为 2.0%，高技术产品出口额占出口总额比重仅为 15.6%，与目标值尚有一定差距。

从人民生活类指标来看，2019 年，安徽省城乡居民人均可支配收入为

26415 元，高于目标值。但恩格尔系数为31.2%，略高于30%的上限。2018年，全省每千人口执业（助理）医师数为2.17 人，略低于2.5 人的目标值；城乡医保参保率为94.6%，也低于95%的目标值。

从三大攻坚类指标来看，安徽省城市污水集中处理率为97.1%，高于目标值；城市生活垃圾无害化处理率为100%。

从民主法治类、文化建设类、资源环境类指标来看，2019 年，安徽省广播电视综合人口覆盖率为99.87%，城乡居民文化娱乐服务支出占家庭消费支出的比重为11.4%，高于目标值；全省平均优良天数比例为71.8%，与目标值尚有8.2 个百分点的差距。

（5）长三角总体评价

总体来看，长三角三省一市全面建成小康社会进展顺利，多数指标已经达到目标值。分类别来看，经济类指标总体达标情况良好，但服务业增加值占比、战略性新兴产业占比、高技术产品出口额比重等指标还需要进一步提升；人民生活类指标达标情况较优，但恩格尔系数、基本养老保险覆盖率等指标还有进一步提升的空间；三大攻坚类指标、民主法治类指标和文化建设类指标总体完成情况良好，但部分领域还需要进一步巩固和提升；资源环境类指标总体达标情况较好，但部分省份空气质量达标率等指标尚未达标，同时还需要警惕部分环境指标的反弹。

分区域来看，总体而言，上海市全面建成小康社会总体水平最高，江苏省和浙江省次之，安徽省略低。江苏和浙江两省比较，江苏省经济发展类指标完成程度略好于浙江省，比如人均 GDP、R&D 经费投入占 GDP 比重、科技进步贡献率、战略性新兴产业增加值占 GDP 比重等指标，江苏省水平均高于浙江省。但是，在人民生活类指标方面，则是浙江省略好于江苏省。特别是居民人均可支配收入、城镇登记失业率、城乡居民收入比、每千老年人口养老床位数等指标，浙江省均优于江苏省。从安徽省的情况来看，虽然全面建成小康进展好于全国多数省份，但服务业增加值占比、常住人口城镇化率、R&D 经费投入占 GDP 比重等经济发展类指标仍然有进一步提升的空间。

三　长三角地区高水平全面建成小康社会巩固与提升的方向

根据以上对长三角地区三省一市高水平全面建成小康社会的现实成就与进程评估，我们可以看到，从长三角地区整体来看，基本达到了高水平全面建成小康社会的目标要求，既突出了显著优势，同时也暴露了一些短板。“十四五”时期，作为我国全面建成小康社会、实现第一个百年奋斗目标之后，乘势而上开启全面建设社会主义现代化国家新征程、向第二个百年奋斗目标进军的第一个五年①，是全面建成小康社会迈向基本实现现代化的过渡期。如何客观认识自身发展的优势和短板，加强经济社会各个领域发展水平的巩固与提升，扬长补短走好这个过渡期，对于长三角是否能扮演好全面建设社会主义现代化国家的先行军而言意义重大。

（一）长三角地区高水平全面建成小康社会的优势领域与巩固方向

“十三五”期间，长三角地区积极适应把握引领经济发展新常态，按照“四个全面”战略布局要求，以“创新、协调、绿色、开放、共享”新发展理念为指导，以率先全面建成高水平小康社会为总目标，进一步提高发展质量和效益，在经济发展、人民生活、社会文化和资源环境等多个领域都体现了一定的优势。下一阶段，长三角地区必须发挥并进一步巩固这些优势，才能在迈向基本实现现代化的过程中继续走在前列。

1. 经济发展：经济发展质量较高，围绕创新驱动加快经济发展动力重塑

长三角地区三省一市不仅经济总量在全国排名前列，而且人均 GDP 也分别占据了全国前四位中的三位。从 2019 年数据来看，上海、江苏、浙江

① 《中共中央关于制定国民经济和社会发展第十四个五年规划和二〇三五年远景目标的建议》，2020 年 10 月 29 日。

仅次于北京，分别高居全国第二、第三和第四位；安徽作为长三角后发地区，人均 GDP 也位列全国中游，超过大部分中西部省区，反映了长三角地区较高的经济发展质量。从经济发展动力来看，沪苏浙的科技进步贡献率都达到 60% 以上，研究与试验发展（R&D）经费投入强度也超过 2.5。这表明，区域创新能力显著增强，科技进步对经济增长的贡献突出，经济发展更加注重知识积累、品牌建设、智力资源、信息技术、制度规范等高级要素的投入，经济发展动力正在从要素驱动、投资驱动转向创新驱动，由“汗水经济”向“智慧经济”转型。

在开启全面建设社会主义现代化国家新征程中，创新驱动将成为长三角进一步“扬长”的重要方略、基本路径和强大动力。因此，在“十四五”时期，长三角要加快科技创新推动产业升级，提高发展质量效益，促进人民生活改善，形成良好的创新创业的社会氛围。科技创新要以产业转型升级、提高产业竞争力为导向，以突破一批关键核心技术和共性技术为目标，通过产学研融合促进自主创新能力提升，为高新技术产业和战略性新兴产业破除技术瓶颈，推动传统产业加快升级，培育更多新经济增长点。

2. 人民生活：居民收入水平较高，围绕富民优先加大民生改善力度

根据全面建成小康社会统计监测指标体系，长三角三省一市的居民人均可支配收入水平都超过了 25000 元的目标值。2019 年，上海以 69442 元的居民人均可支配收入水平高居榜首，接近 7 万元大关；浙江以 49899 元仅次于北京而位居第 3，江苏以 41400 元位居第 5，安徽也达到 26415 元，位居第 15。总体来看，长三角地区居民收入水平处于全国上游水平，体现了较高的人民生活水平。

全面建成小康社会，就是要通过发展生产来满足人民群众日益增长的美好生活需要，使每一个人都能在比较平等自由的环境下得到全面发展，归根结底就是要改善民生福利、增进民生幸福。其核心要义是不断提高人民的生活水平和生活质量，让老百姓感到收入明显增加了、日子更加好过了、幸福感日益增强了。因此，为了更高水平建成小康社会，长三角地区仍然要紧紧围绕富民优先这一发展的根本目的，把增加收入作为民生幸福的重要基础，

更大力度促进居民收入水平的持续增长，千方百计增加城乡居民尤其是中低收入者收入，扩大中等收入者比重。积极推进创业富民、就业惠民、社保安民，着力保障和改善民生，提高基本公共服务均等化水平，使发展成果惠及全体人民，实现经济发展与民生改善的有机统一。

3. 社会文化：社会文明程度较高，围绕现代化治理促进社会文明和谐发展

统计数据显示，长三角地区的文化及相关产业增加值占 GDP 比重、广播电视综合人口覆盖率、城乡居民文化娱乐服务支出占家庭消费支出比重等文化建设相关指标均已达标；反映民主法治建设的每万人拥有社会组织数也高于目标值，体现了长三角地区较高的社会文明程度。

全面小康社会不仅要求经济发展水平较高，而且要求社会文明程度较高；不仅体现为较高的物质文明程度，同时也体现为较高的精神文明程度。促进社会文明程度提升，关键在于社会治理体系的不断完善。要重点围绕社会治理体系和治理能力现代化、文化产业和文化事业发展、全要素网格化治理、安全生产、新时代文明实践等领域，探索社会文明和谐发展的实现路径。要坚持党对一切工作的领导，坚持以人民为中心，发展社会主义民主政治，不断促进文化滋养、文明涵养、社会善治，保障社会文明进步、充满活力又和谐有序。要深入实施社会治理创新工程，更加注重用法治思维和法治方式解决突出问题，化解社会矛盾，维护社会稳定。要把大力培育和践行社会主义核心价值观作为文化建设的主心骨，把文化事业和文化产业作为文化建设的重要载体，把坚守前进方向、坚守理想信念、坚守正义良知作为根本任务，推动长三角文化建设迈上新台阶。要以治理模式创新为重点，深化全要素网格化建设，不断完善基层治理体系，全面提升现代化治理能力。要加大安全知识宣传力度，细化落实责任，筑牢安全生产防线，促进社会安宁和谐。要加强新时代文明实践中心建设，不断提升人民思想觉悟、道德水准、文明素养和全社会文明程度。

4. 资源环境：环境治理成效显著，围绕绿色发展推进生态文明建设

“十三五”以来，长三角地区积极淘汰低端落后产能，调整优化产业结

构，结合产业发展实际和环境承载力，通过提高能源消耗、污染物排放标准，严格执行特别排放限值要求，不断加强生态治理和环境保护，取得了显著成效。2019 年，长三角三省一市以一般工业固体废物综合利用率为代表的资源环境指标都达到了 90% 以上，远远高于目标值。城市建成区绿地率也基本上达到 40% 及以上，超过 38.9% 的目标值。

实施生态文明建设战略，是我国全面建成小康社会的主要目标和内在要求，也是长三角建设生态宜居城市群的首要任务和核心内容。其关键在于以低碳经济、资源节约的“绿色发展”取代传统过度依赖资源消耗的“黑色发展”，通过建设生态产业、生态环境、生态制度和生态文化，构建现代化生态体系。要重点围绕生态环境治理、“两山理念”实践、文旅融合发展、全域旅游示范带动等领域探索生态现代化体系建设路径。拥有良好制造业基础、全国科教资源丰富、区域创新能力最强的长三角地区，应当积极把握以低碳经济为核心的绿色能源革命带来的机遇和挑战，围绕绿色发展推进生态文明建设，大力推进节能减排，形成有利于能源资源节约和生态环境保护的产业结构、增长方式和消费模式，实现集约化、生态化、一体化发展，探索出一条经济发展和生态文明相辅相成、相得益彰的路子。要坚持“含金量”“含绿量”两手抓，紧扣绿色导向，深挖“两山理念”精髓，实现生态文明建设和社会经济联动发展，让生态文明润泽美丽长三角。

（二）长三角地区高水平全面建成小康社会的薄弱环节与提升方向

应该看到的是，长三角地区虽然已经在经济发展、人民生活、文化建设和资源环境等各个领域都取得了一定的成就和基础，但是其中仍然存在一些薄弱环节和发展短板，亟须提升和补齐。

1. 经济发展：产业结构高级化水平有待提高

从经济发展相关监测指标来看，长三角三省一市的互联网普及率指标均未达标；服务业增加值占 GDP 比重、服务贸易占对外贸易比重这两个指标，只有上海达标；浙江和安徽在战略性新兴产业增加值占 GDP 比重、高技术

产品出口额占出口总额比重方面也未达标。可以看出，与发达的制造业相比，长三角地区服务业特别是现代服务业、战略性新兴产业和高技术产业发展水平还比较滞后，产业结构高级化水平还不高，有待进一步优化升级。

要以产业基础高级化、产业链现代化为导向，以突破一批关键核心技术和共性技术为目标，通过产学研融合促进自主创新能力提升，为高新技术产业和战略性新兴产业破除技术瓶颈，推动传统产业加快升级，培育更多新经济增长点。要重点围绕产业链“卡脖子”技术自主研发、世界级先进制造业集群建设等领域，探索自主可控、安全高效的现代化产业体系建设路径。

2. 人民生活：住房、养老、收入分配等民生事业有待加强

从人民生活相关监测指标来看，城乡居民家庭人均住房面积达标率、基本养老保险覆盖率离目标值还有较大差距。虽然近年来各省市的城乡居民收入比都有所下降，基本上实现了预期目标（小于等于2.7），但仍高于2，说明城乡收入差距仍然显著存在。与人民幸福生活息息相关的住房、养老、收入分配等民生事业发展是长三角地区的短板。

高水平全面建成小康社会，在“稳增长”和“调结构”的同时也必须“惠民生”，要求把增加收入作为民生幸福的重要基础，完善收入分配体制机制，千方百计提高城乡居民收入水平，缩小贫富差距，促进社会公平与和谐，让人民群众共享改革发展的成果。要把提高城市化质量作为新型城镇化的核心问题，通过全方位的社会保障制度改革和创新，切实增加医疗、养老、失业救济、最低生活保障等公共产品供给，加强民生建设，并逐步扩大保障覆盖面，提高保障水平和标准，让人民群众普遍得益受惠，确保困有所济、难有所依、残有所帮、老有所养。要推进城乡机制体制深度融合，逐步破除妨碍城乡要素自由流动和平等交换的体制机制壁垒，促进各类要素更多向乡村流动，缩小城乡收入分配差距。

3. 资源环境：能源资源供需和生态环境矛盾有待化解

当前，长三角地区是全球重要的制造业基地，三省一市均是资源和能源消耗大省，造成了大量的能源消耗和温室气体排放，空气质量总体不高，水、土壤等方面污染仍较严重，能源资源供需和生态环境矛盾仍然突出。长

三角经济尚未实现由粗放型增长方式向集约型增长方式的根本转变。

化解资源环境矛盾，必须一手抓节能降耗，一手抓生态环境治理。一方面，继续加大力度推进节能减排，着力推进传统重化工业的集约化、低碳化和循环化，加快推进产业体系由“高投入、高能耗、高污染”的粗放式发展模式向“高效益、低能耗、低排放”的可持续发展模式转变。要把主要污染物排放总量指标作为环评审批的前置条件，严格防止新增落后产能。要在污染减排重点领域加快推行环境污染第三方治理，提高节能减排效率。要发挥财政资金的引导带动作用，加大对企业技术改造和节能降耗的金融支持力度。另一方面，通过生态环保一体化共建联防，破解资源生态难题，共建环境优美、生态良好的宜居家园。要联动实施大气、水、土壤污染防治行动计划，开展新一轮新安江生态补偿合作，继续加强长江、淮河及太湖、千岛湖、巢湖等流域水环境综合治理与保护，筑牢生态安全屏障。要充分发挥资源性产品价格机制、税收等政策的引导作用，加快形成落后产能倒逼退出机制。要建立健全环境基础设施和环境管理体系，持续加强环境监管体系建设。

（三）扬长补短走好全面小康到基本现代化的过渡期

在“为发展而竞争”的转型经济时期，地方政府是我国最重要的经济发展主体，“利用指标体系诱导发展”成为我国经济体制运行中的最重要的内容和最显著的特征。在全面建成小康社会与基本实现现代化的过渡阶段，长三角应当以新发展理念引领塑造现代化建设新优势，以构建新发展格局为实践导向，以基本实现现代化指标体系的构建完善和监测评价为主抓手，补短扬长，提弱固强，做好全面小康与基本实现现代化的有机衔接，奋力开启全面建设社会主义现代化国家新征程的宏大序章。

1. 对标新发展理念和新发展格局，重导向、促实践

“十四五”时期，长三角要秉持新发展理念引领和新发展格局构建的原则，加快构建符合长三角地区实际的“长三角基本实现现代化指标体系”，体现评价体系的导向性，以指标体系来促进长三角区域发展实践。对标新发

展理念，就是要体现评价体系的导向性。指标体系要进一步体现“创新是引领发展的第一动力、协调是持续健康发展的内在要求、绿色是永续发展的必要条件、开放是繁荣发展的必由之路、共享是中国特色社会主义的本质要求”的内涵，科学设置相关指标，引领推动社会主义现代化建设。对标新发展格局，就是要体现评价体系的实践性。一方面，指标体系要立足中华民族伟大复兴的战略全局和世界百年未有之大变局“两个大局”，结合构建国内国际双循环相互促进的新发展格局，以较好地反映经济发展方式转变、发展路径转向、经济结构优化、产业链现代化水平提升、社会结构转型、民生建设加强、改革程度深化、绿色发展探索等方面内容；另一方面，指标体系要能把握国家新战略对长三角的新要求以及长三角的新优势，在充分吸收全国高质量发展评价指标的基础上，全面反映以习近平同志为核心的党中央对长三角在新时代实现更高质量一体化发展、更好引领长江经济带发展、更好服务国家发展大局的要求与期望。通过指标体系的跟踪监测，加快推动长三角地区率先实现质量变革、效率变革、动力变革，在创新驱动、经济转型升级、改革开放和区域一体化发展等方面继续走在全国前列①，努力成为“全国贯彻新发展理念的引领示范区，成为全球资源配置的亚太门户，建设具有全球竞争力的世界级城市群”。②

2. 聚焦全面建成小康社会指标，补短板、强弱项

《全面建成小康社会监测指标体系》在我国努力实现全面建成小康社会的道路上起到了积极的引领和指导作用。2020 年是全面建成小康社会的收官之年，我国总体上有望实现全面小康的目标，但是经济发展、民生建设、生态环境方面仍然会有一些具体领域未能如期达标，当然，长三角地区也不例外。在“十四五”这个全面建成小康社会到基本实现现代化的过渡时期，要对焦全面建成小康社会指标中未达标的指标，找出所存在的问题短板和薄弱环节，分析发展过程中存在的制约因素进而寻求补短板、强弱项的相应策

① 根据 2018 年 1 月 12 日在苏州举行的长三角地区主要领导座谈会精神总结整理。

② 引自上海市委书记李强在十三届全国人大一次会议上海代表团全体会议上的讲话。

略，再考虑当前所面临的经济社会新形势，对“十四五”时期的经济社会发展做出综合分析判断和预测，从而明确推进经济社会发展的重点任务。比如，下一阶段应当重视和聚力创新驱动、产业链安全可控、绿色发展和“两型”社会建设等方面的工作。

3. 对照基本实现现代化目标，扬优势、固强项

长三角地区除了要对标全面小康指标体系重点补齐短板、补强弱项之外，还要客观认识在过去一段时间的发展中所积累的优势和强项，即要发扬优势、巩固强项。在已经达标的全面小康指标中，要以世界先进国家的发展水平为参照，对照更高水平的目标值，围绕经济发展现代化、民主法治现代化、文化发展现代化、社会发展现代化、生态文明现代化和人的现代化多个层面的现代化发展，科学规划“十四五”时期的发展目标和重点方向。其中，根本是要充分体现以人民为中心的社会主义现代化建设宗旨，明确基本实现现代化与全面建成小康社会相异的基本任务，着眼于实现更高、更全面、更均衡的目标。总的来说，关键是要发挥长三角在枢纽经济、江海联动、跨江融合、全域一体化等方面的特色优势，带动经济社会各领域的全面、均衡发展。

四　长三角地区高水平全面建成小康社会巩固与提升的思路与战略举措

以上海为龙头、苏浙为两翼、安徽为腹地的长江三角洲，是我国经济最具活力、开放程度最高、创新能力最强的区域之一，是“一带一路”和长江经济带的重要交汇点，在国家现代化建设大局和全方位开放格局中具有举足轻重的战略地位。2020 年 8 月，习近平总书记在“扎实推进长三角一体化发展座谈会”上明确指出，“要深刻认识长三角区域在国家经济社会发展中的地位和作用”，“扣紧了全国发展强劲活跃增长极、高质量发展样板区、率先基本实现现代化引领区、区域一体化发展示范区、改革开放新高地的战略定位”，“推动长三角一体化发展不断取得成效”。一切既往，皆为序章。

对于长三角来说，在“两个一百年”的历史交汇点、全面建设社会主义现代化国家的新征程上，必须自加压力，对标国家现代化战略全局部署，使得长三角不仅要成为我国全面建成小康社会的先行区，还要成为高水平小康社会的样板区；不仅要巩固高水平小康社会的建设成果，还要提升高水平小康社会的质量。为此，可以采取的思路与战略举措有以下几个方面。

（一）明确目标认知，正确处理长三角高水平全面建成小康社会与基本实现现代化的关系

全面建成小康社会和基本实现现代化是我国现代化事业中由低到高、由浅入深的两个不同历史阶段，是互相联系、互相促进、前后衔接的两个标志性目标。全面小康是后发国家现代化征程中的第一个飞跃，实现了从农业社会向工业社会、从农村社会向城市社会、从自然经济向市场经济的转变，不仅实现了生产力在结构上的转变、总量上的放大，而且也实现了人民生活从短缺到丰裕的转变。基本实现现代化则是后发国家现代化征程中的第二个飞跃，在实现全面小康目标基础上，推动经济社会发展动能从规模型向质量型、从要素型向创新型、从追踪型向引领型的转变，在“富起来”的基础上迈向“强起来”，人民生活水平也实现了从“先富”到“共富”、从生存型到发展型的转变，并进一步奠定人的全面自由发展的基础。可以说，全面小康社会是基本实现现代化的新出发点，而基本实现现代化则是全面小康社会基础上的新征程，二者是薪火相传、循序渐进的两个现代化发展阶段。

（二）强化创新驱动，夯实长三角高水平全面建成小康社会的经济基础

高质量发展是高水平小康的根本，而高质量发展的关键在于创新。对于长三角来说，巩固和提升高水平全面小康社会重中之重就是要借势全球新一轮科技革命机遇，聚力创新，不断提升区域经济发展的“含新量”，加速形成以创新为主要引领和支撑的现代化经济体系。

一是引进和培养双管齐下，打造多层次创新人才队伍。创新驱动的关键

是高端创新人才驱动。为集聚创新人才，可以充分借势长三角地区科教和人才优势，一方面可以通过制定和实施合理的人才引进政策，营造拴心留人的环境，提高人才资本的运作能力。加快集聚一批成熟的高端人才，培育一批领军型创业创新人才；另一方面加强技能熟练、业务精湛的高级“蓝领人才”队伍建设，突破当前技能和实用型人才短缺瓶颈。进一步加强校企合作，做到理论与实践的紧密结合、教育与就业的无缝对接，为企业输送高素质适用型技术人才。

二是自主创新和引进相结合，壮大优势产业。一方面要强化企业技术创新主体作用。创新财政资金使用方法，加大科技创新投入力度，引导企业加强技术创新能力建设，使其成为技术创新投入的主体。探索完善重大科技项目决策机制，鼓励企业更多参与重大科技项目的决策，提升企业“话语权”。另一方面也要深化产学研协同创新，推进产学研合作机制和合作模式转型升级，积极探索委托开发、技术入股、技术转让等多种模式并存的产学研合作创新体系。鼓励和支持高校、科研院所专家教授和高端人才带技术、项目、团队和资金自办或合办企业，创新创业，为他们创造良好的体制机制和宽松环境。此外，要注重以技术驱动优势产业的发展壮大，突出抓好能源、环境、农业、制造业、信息产业及现代服务业、新材料、生物技术、人口与健康及公共安全等九个重点领域的科技创新，全面提升科技支撑能力，实现技术跨越。

三是深化科技创新的政策体制改革，营造良好的创新环境。协调好政府与市场在创新生态系统中的关系，既要完善现代市场体系和市场规则，发挥市场在创新资源配置中的决定性作用，使各类创新活动按照其内在规律有序运行，实现良性的自我累积发展，从而保障创新系统的自组织性，又要建设服务型、效率型、廉洁型政府，更好发挥政府的政策调节作用，适时对某些偏离系统目标的创新活动进行引导和干预，消解部分系统性风险，从而保障创新系统的动态平衡性。充分利用长三角一体化国家战略释放的政策红利，加快各类创新政策试验试点，探索创新友好型产业政策、财税政策、金融政策等，为创新活动提供宽松的政策环境和有效的激励机制。

四是提高对标层次，探索传导路径，开展创新引领作用提升行动。主动对接全国乃至全球创新坐标，找寻自身相对发达国家的主要差距，强化自身比较优势，争取在全国乃至全球创新格局中发挥更高水平的引领作用。准确认识创新引领作用的内在机理，探索引领作用的多元传导路径，包括全方位的绩效展现路径、高水平的绩效认同路径、合理化的绩效竞争路径等。

（三）突出富民导向，提升长三角高水平全面建成小康社会的民众获得感

“小康不小康，关键看老乡”，这也同样适用于长三角地区高水平小康社会的巩固与提升。富民，是长三角地区的显著特征与主要优势，要把“百姓富”作为人民群众评价高水平小康社会的重要指标。聚焦富民，必须按照“坚守底线（精准脱贫、特困人群）、突出重点（农村居民、中等收入人群、七大人群）、完善制度（就业机制、分配机制、监测机制）、引导预期（合理目标、培育信心、动态调整）”的总体要求，深入实施民生幸福工程，注重机会公平，确保富民工程取得实效。

一是实施就业优先战略，出台积极就业政策，实现高质量充分就业。开展职业技能培训，解决结构性就业矛盾，鼓励以创业带动就业。转变观念，推进教育改革，将教育和就业更紧密地结合。坚持按劳分配原则，完善按要素分配的体制机制，促进收入分配更合理、更有序。扩大中等收入群体，增加低收入者收入，调节过高收入，取缔非法收入，运用税收杠杆调节收入分配，缩小收入差距，在经济增长的同时实现居民收入同步增长、在劳动生产率提高的同时实现劳动报酬同步提高，拓宽居民劳动收入和财产性收入渠道。

二是推进“大众创业，万众创新”行动计划。实施更加积极的就业政策，完善创业扶持政策，加强对灵活就业、新就业形态的支持，促进劳动者自主就业、市场调节就业、政府促进就业和鼓励创业，多层次开发就业岗位，着力解决结构性就业矛盾。深入实施全民创业工程，建立面向人人的创

业服务平台，鼓励通过资本经营、创业等方式增加收入。

三是健全科学的工资水平决定机制、正常增长机制、支付保障机制和公平分配机制。鼓励企业依托市场，遵循市场发展规律，前瞻性和开创性地加快核心技术的研发；督促企业遵循市场对劳动要素、知识要素和技术要素的报酬价格；指导企业做好职工工资集体协商机制；加大对企业工资分配的调控力度；加强对企业职工工资支付的监管和保障。

四是有效巩固脱贫攻坚成果，不断提高共同富裕的短板。决胜脱贫攻坚不是终点，而是新生活、新奋斗的起点。党的十九届五中全会将“脱贫攻坚成果巩固拓展”明确列为“十四五”时期经济社会发展主要目标。在困扰中华民族几千年的绝对贫困问题历史性地得到解决之后，要继续保持帮扶政策总体稳定、健全防止返贫监测帮扶机制、持续发展壮大扶贫产业、做好脱贫人口稳岗就业等成功经验，巩固拓展脱贫攻坚成果与乡村振兴的有效衔接，为全体人民共同富裕取得更为明显的实质性进展奠定更为坚实的基础。

五是要突出重点人群，多渠道增加居民收入，形成橄榄型收入人群结构。对于农村居民要着力提高经营性和财产性收入，通过提升农民个体技能水平，提高农民就业和增收的硬性能力。对于中等收入人群，要在现有基础上保障主要收入渠道稳定，开拓其他增收途径。对于国务院确立的七大重点群体，要依据《关于激发重点群体活力带动城乡居民增收的实施意见》有针对性地落实具体措施。

（四）完善公共服务，构建长三角高水平全面建成小康社会的制度体系

高水平全面小康社会不仅要“建得成”，还要“稳得住”“能持续”，离不开制度性安排，其中，最为根本的制度性安排就是长三角区域内要建立健全高水平的公共服务体系。

一是建成覆盖全民、城乡统筹、权责清晰、保障适度、可持续的多层次社会保障体系。完善城镇职工基本养老保险和城乡居民基本养老保险制度，完善统一的城乡居民基本医疗保险制度和大病保险制度，推进异地报销制度

快速实现。完善失业、工伤保险制度。建立城乡统一的社会保险公共服务平台，统筹城乡社会救助体系，对需要救助的人员信息进行全省联网登记，对需要救助的流动人员进行身份核实和鉴别，保证需救助者及时得到救助，公布救助渠道，促进救助及时、便捷、快速、有效。同时避免不法分子利用民众的同情心，扰乱社会秩序，影响社会风气。完善最低生活保障制度。完善社会救助、社会福利、慈善事业、优抚安置等制度，健全农村留守儿童和妇女、老年人关爱服务体系。发展残疾人事业，加强残疾康复服务。建立多主体供给、多渠道保障、租购并举的住房制度，让全体人民住有所居。

二是稳步推进城镇基本公共服务常住人口全覆盖。强化输入地政府属地管理责任，重点推进子女教育、医疗、技能培训和职业教育等基本公共服务由户籍人口向常住人口全覆盖。进一步落实农业转移人口随迁子女在输入地学前教育、义务教育等方面享受平等的市民待遇；坚持以满足农业转移人口需求为导向优化卫生资源配置，按照体现公平、优先照顾的原则，将农业转移人口纳入当地公共卫生服务体系；立足本地经济结构调整和产业升级需求，重点开展农业转移劳动力就业技能培训、在岗技能提升培训。

三是进一步加大对农业转移人口市民化的财政投入力度。创新财政转移支付制度，以人口流向为依据，向人口流入地与输出地区实施不同的财政转移支付，引导人口有序流动和合理分布。建立农业转移人口专项资金转移支付制度，成立农业转移人口专项补助资金，对吸纳流动人口较多的城市补助建设资金，支持城市建设更多面向流动人口集中的社区医疗卫生、义务教育和职业教育等公共服务设施。

四是建立健全社会保障待遇的合理确定机制和正常增长机制。研究确定社会保障待遇水平的科学方法，建立社会保障待遇正常调整机制，使社保水平持续、有序、合理提升。根据城镇居民消费价格指数、社会平均工资增长、财政承受能力、就业状况等，适时调整社会保障待遇水平。城乡低保以保障居民基本生活水平为目标，应根据物价水平做出相应调整，以确保受助对象的生活水平不降低。

（五）坚持生态优先，巩固长三角高水平全面建成小康社会的生态本底

要把生态文明建设作为长三角区域高水平全面小康社会的重要标杆，作为提升人民生活质量的重要内涵，着力改善生态环境，增加生态产品有效供给，切实增进人民群众的生态福祉。一是促进产业转型升级。坚持绿色发展，依靠科技创新，从源头上减少污染。以绿色发展理念为引领大力发展绿色产业，深入实施绿色制造工程，更大力度推进绿色清洁生产，推动建立绿色循环低碳产业发展体系，提高资源利用效率，构建科技含量高、资源消耗低、环境污染少的产业结构和生产方式。加快推动生活方式绿色化，向勤俭节约、绿色低碳、文明健康的方向转变，反对铺张浪费、过度包装和奢华消费，倡导绿色居住、绿色出行、使用绿色节能产品。二是加强生态修复。推进蓝天工程，实施电力行业煤炭等量替代、非电行业减量替代，推动煤炭清洁使用，优化能源结构，大力推动风能、太阳能、生物质能、地热能、核能等规模化应用。严格实施火电、钢铁、水泥等重点工业行业废气治理提标改造，实施机动车和非道路移动源污染控制工程，全面推行“绿色建造”“绿色施工”。全面禁烧秸秆，推进秸秆综合利用。推进污水治理，对良好水体实行清单式保护，全面实施水污染防治行动计划，做到污水必处理、排放必达标，控制达标污水排放总量，系统整治工业点源、农业面源、生活污染源，加强入江入海入湖河流和排污口整治，加大城市黑臭河道的整治力度，加快建设海绵城市，加强重点流域水污染防治。加大饮用水源地保护力度，建立从水源地到水龙头的安全屏障，积极防治地下水污染。推动净化土壤，加强对危险废物的管理，加快提升工业“三废”处置能力，大力推进土壤污染重点区域综合治理和修复。切实转变农业发展方式，实施化肥农药零增长行动，提升农业废弃物综合利用水平，提高农村生活垃圾处理率。三是大力扩绿增绿。系统推进生态建设，大力实施山水林田湖生态保护和修复工程，全面提升森林、河湖、湿地、海洋等自然生态系统稳定性和生态服务功能。深入挖潜拓展造林增绿空间，切实加强自然湿地保护。

（六）推动治理现代化，健全长三角高水平全面建成小康社会的社会体制

提高社会治理能力，推动社会治理现代化，是巩固和提升高水平全面建成小康社会的应有之义与必然要求。要顺应民生需求新变化，加强和创新社会治理，维护社会和谐稳定，切实保障人民群众各方面权益，促进人的全面发展，让人民群众有更强获得感和幸福感。加强社会治理制度建设，完善党委领导、政府负责、社会协同、公众参与、法治保障的社会治理体制，提高社会治理社会化、法治化、智能化、专业化水平。创新升级立体化、信息化社会治安防控体系。创新基层综合服务管理，加强流动人口和特殊人群服务管理。全面实施重大决策社会稳定风险评估机制，加强信访工作，完善社会矛盾纠纷有效预防和多元化解机制。加强安全生产，加强食品药品安全监管，强化灾害监测预警和风险防控，完善突发事件应急社会动员和部门联动处置机制。健全公共安全体系，完善安全生产责任制，坚决遏制重特大安全事故，提升防灾减灾救灾能力。加快社会治安防控体系建设，依法打击和惩治黄赌毒黑拐骗等违法犯罪活动，保护人民人身权、财产权、人格权。加强社区治理体系建设，推动社会治理重心向基层下移，发挥社会组织作用，实现政府治理和社会调节、居民自治良性互动。加强公民道德教育，抓住影响人们道德观念形成和发展的重要环节，通过家庭、学校、机关、企事业单位和社会各方面，坚持不懈地在全体公民中进行道德教育。不断完善法律体系，创造公正法治环境，用法律法规来引导和规范人民的行为。培养人民用法律思维和法律方式来化解社会问题。加强社会心理服务体系建设，培育自尊自信、理性平和、积极向上的社会心态。党的各级干部要发挥模范带头作用，廉洁奉公、诚实守信，为形成良好的社会秩序、社会风气方面做出努力。

分报告

Sub-reports

B.2

当前上海经济高质量发展现状及运行特征分析

王 丹*

摘 要： “十二五”以来，上海就将创新驱动发展、经济转型升级作为城市经济社会发展的主线，围绕城市能级和核心竞争力的提升，持续推进生产方式、生活方式转变，加快经济发展的动力变革、质量变革和效率变革，在产业结构优化、创新动能激发、经济效益提升、市场功能发挥、营商环境改善等领域取得了明显进展和成效，逐步迈入经济高质量发展之路。但与此同时，在新的发展阶段，面对新环境新要求新使命，上海要率先实现经济高质量发展，仍有一些问题或短板亟待突破，仍需持续推进创新驱动发展、经济转型升级，探索经济高质量发展的新路径。

* 王丹，博士，上海市人民政府发展研究中心。

关键词： 上海经济 高质量发展 创新驱动 营商环境

近年来，上海全面贯彻落实国家战略使命，聚焦提升城市能级和核心竞争力，着力推进五个中心建设，努力提高城市经济密度和投入产出效率，努力提升配置全球资源的能力，努力增强创新策源能力，稳步实现了经济发展质量、效率和动力的变革。当前，面对全球正在经历百年未有之大变局，再加上突如其来的全球新冠肺炎疫情，上海经济运行面临前所未有的挑战，上海始终坚持稳中求进工作总基调，着力推进"六保""六稳"工作，经济增长持续恢复，体现了巨大韧性和较大潜力，保持了高质量发展势头。

一 上海经济高质量发展的现状与特征

自"十二五"以来，上海就将创新驱动发展、经济转型升级作为城市经济社会发展主线，大力推进城市能级和核心竞争力的提升，深化供给侧结构性改革，着力打响"四大品牌"，全力推进"三个变革"，持续推进经济结构调整优化，久久为功，经济高质量发展迈出新步伐，迈上新台阶。

（一）综合实力再上新台阶，城市核心功能能级持续增强

近年来，上海地区生产总值（GDP）保持了稳健增长，并持续迈上新台阶。2018 年上海国内生产总值（GDP）突破 3 万亿元，2019 年超过 3.8 万亿元（见图 1），经济总量居全球城市第 6 位，人均 GDP 超过 2 万美元，达到中等发达国家水平。在经济总量不断攀升的同时，城市核心功能进一步强化，国际影响力和竞争力持续增强。从国际金融中心看，国际地位持续攀升。2020 年 3 月最新一期全球金融中心指数（GFCI）中，上海排名跃升至第 4 位。从国际贸易中心看，集聚辐射功能不断增强。2019 年上海口岸进出口货物总额达 1.22 万亿美元，占全国的 26.7%、全球的 3.2%，继续居世界城市首位。从国际航运中心看，枢纽功能持续巩固提升。"2020 国际航

运中心发展指数”报告显示，上海国际航运中心全球排名第3。从全球科创中心看，显示度进一步提升。《2019上海科技进步报告》显示，上海2019年在沪两院院士规模达181位，居全国第2位，集成电路、生物医药、高端装备、航空航天等多领域具有一批打破国际垄断的重大研发成果。

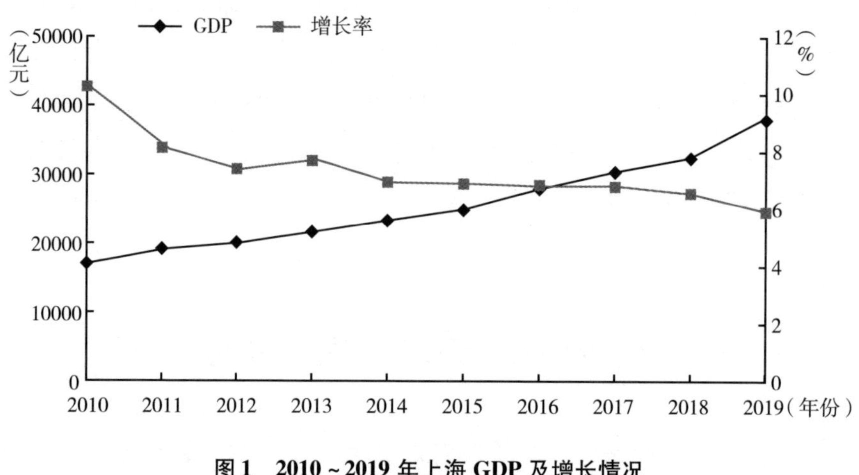

图1　2010～2019年上海GDP及增长情况

（二）产业结构持续优化，服务经济发展水平持续提升

2008年金融危机后，上海就提出要“减少四个依赖”，即减少对投资、重化工、房地产、劳动密集型产业的依赖，加快现代服务业和先进制造业发展，构建以服务经济为主的产业结构。近年来，上海围绕构筑现代产业体系，通过深化供给侧结构性改革，加大“五违四必”的整治力度，低端产业加快淘汰，产业结构持续优化升级，其主要体现在四个方面。一是服务业增加值占GDP比重持续稳定在70%左右。2019年，第三产业增加值近2.8万亿元，比上年增长8.2%，第三产业增加值占全市生产总值的比重达到72.7%，比上年提高1.8个百分点。同时，第三产业固定资产投资占全市固定资产投资的比重为83.1%，第三产业外商直接投资实际到位金额占全市实际利用外资的比重为90.7%。二是科技服务、信息服务、电子商务等新兴服务业态保持两位数的高速增长。2019年，上海科技服务业营业收入和利润分别同比增长14.7%

和49.9%。软件和信息服务业营业收入和利润分别同比增长15.0%和54.3%。三是上海服务业的国际联通性和对外服务能力进一步强化。在全球化与世界城市（GaWC）研究网络编制的，体现银行、保险、法律、咨询管理、广告和会计等现代服务业在全球活动中所具备的主导作用和带动能力的《世界城市名册》排名中，上海2020年的全球排名首次进入前5，较2018年再提升1名。四是重点行业投资不断增加，着力打造“上海制造”品牌。2019年，上海六大重点行业完成投资比上年增长24.2%，占制造业投资的比重为76.3%，比上年提高19个百分点。其中，电子信息产品制造业和汽车制造业瞄准打造世界级产业集群目标，投资额占六个重点工业行业的比重分别为39.4%和27.3%。

（三）经济转型升级加速，科技创新的新动能不断增强

近年来，尽管外部环境的变化对经济平稳运行产生冲击，经济增长后劲面临诸多挑战，但上海始终坚持创新驱动发展，科技创新新动能加快释放，保持了较强的经济增长韧性。从产业看，新兴产业持续发力，新兴动能对经济发展的支撑作用不断增强。2019年，上海工业战略性新兴产业总产值达到11163.86亿元，比上年增长3.3%，生产形势好于全市工业平均水平。其中，新能源产业产值比上年增长17.7%，生物产业产值增长7.3%，高端装备产业产值增长2.8%（见表1）。2020年前三季度，在工业经济因疫情冲击而面临供需两端的双重挑战下，上海工业战略性新兴产业完成工业总产值9645.15亿元，比上年同期增长7.9%，增速较上半年提高2.4个百分点，持续保持较快增长，并发挥着较强的产业引领作用。从创新创业企业看，一批创新型企业逐渐成长为独角兽企业，一批知名创新企业加速集聚上海。如罗氏制药公司在开发可治愈乙型肝炎的新药项目上取得了突破性进展，已经开始临床试验；依图科技经过5年多的发展，已经成长为人工智能领域的独角兽企业；同时，阿里、腾讯、百度、小米等国内创新型巨头历史性纷纷布局上海，初步形成了以中国芯、创新药、蓝天梦、智能造为四大标志性的新兴产业格局。从创新技术看，核心产业不断创新突破。集成电路产业关键技术取得重大进展，完成了制造装备、材料及零部件、核心芯片器件以及相关新工艺新方法的系统布局。

表 1　2019 年上海工业战略性新兴产业总产值及增速

单位：亿元，%

行　业	产值	比上年增长
工业战略性新兴产业	11163.86	3.3
其中:新能源	464.14	17.7
高端装备	2613.03	2.8
生物	1319.88	7.3
新材料	2533.19	5.7
新能源汽车	263.52	2.2

资料来源：《上海经济年鉴》。

（四）经济效益继续向好，财政、居民收入等与 GDP 协同增长

近年来，上海在保持经济平稳增长的同时，财政、居民收入增长较快，经济效益的高质量特征凸显。一方面，财政收入保持了稳定增长，并体现了与 GDP 增速的协同性。2019 年，在上年基数较高、房地产贡献明显降低，以及实施减税降费政策的情况下，上海地方一般公共预算收入 7165.1 亿元，同比增长 0.8%。且上海税源结构良好，税收占 GDP 比重远高于全国平均水平，非税占比稳定在 11% 左右，为全国最低。另一方面，居民收入保持与 GDP 同步增长，且增速高于 GDP。2019 年，上海全市居民人均可支配收入 69442 元，比上年增长 8.2%，其中，城镇常住居民人均可支配收入同比增长 8.2%，农村常住居民人均可支配收入同比增长 9.3%，增速均高于年度 GDP 6% 的增速。2020 年前三季度，在全市经济增长受疫情冲击而出现较大回落的情况下，全市全体居民人均可支配收入仍保持了 3.5% 的正增长。此外，重点行业、重点企业的利润也保持较快增长。2019 年，上海生物医药制造业实现营业收入约 1400 亿元，同比增长 9.8%；实现利润总额 200 多亿元，同比增长 31.1%，增速比上年加快 29.9 个百分点。百强企业 2019 年营业收入与净利润实现双增长，分别同比增长 9.64% 和 12.51%，百强企业入围门槛由 59.6 亿元大幅提高至 73.2 亿元。值得关注的是，百强企业不仅营业收入和净利润有较大的增长，而且这些产出指标的增长幅度都明显高于资

产总额、员工人数这些投入指标的增长幅度，显示了资产效率和劳动效率持续改善的良好趋势。

（五）各类市场功能不断健全，市场开放度持续提升

近年来，上海聚焦提升全球资源配置功能，持续深化商品、要素市场建设，不断增强市场功能。一方面，商品市场发展不断深化，线上、线下协同发展，正从传统市场向功能拓展、服务深化的现代市场功能建设转型，市场辐射力向区域市场、全国市场和国际市场转变。2019 年，实现批发和零售业增加值 5023.23 亿元，同比增长 2.4%，实现社会消费品零售总额同比增长 6.5%。其中，网上商店零售额同比增长 15.8%，占社零总额的比重为 14.1%。同时，全市新集聚商业零售品牌首店 986 家。全球首店及亚洲首店、全国首店及大陆首店占比分别为 2% 和 22%。另一方面，要素市场日益发展壮大，国际化水平不断提升。目前，上海金融市场已成为具有全球影响力的金融市场，成为全球交易最活跃的市场之一。2019 年，上海持牌金融机构新增 54 家，成功推出了“沪伦通”、沪深 300ETF 期权及股指期权、长三角一体化 ETF、天然橡胶期权等系列金融创新产品，证券市场上市证券 17623 只，比上年末增加 3500 多只，实现金融市场交易总额 1934.31 万亿元，同比增长 16.6%。其中，上海证券交易所总成交额达到 283.48 万亿元，同比增长 7.1%。此外，专业服务市场发展迅速。文化市场规模持续扩大，文化消费不断增长，文化市场管理更趋完善，市场主体日益多元，已初步形成以公有制为主体、多种所有制共同发展的格局，并呈现“大、中、小”各种所有制企业齐头并进的态势。

（六）营商环境持续改善，外商外资磁力场效应不断强化

近年来，上海着力推进营商环境改革，努力营造国际最高标准、最好水平的营商环境，为企业的生存发展创造了良好氛围。一方面，上海围绕世界银行的营商环境指标体系，将营商环境改革指标化、任务化和目标化，先后制定了营商环境改革 1.0、2.0、3.0 版，将营商环境改革向纵深推进，先后

取消行政审批事项100余项、评估评审40余项。2019年，上海实施新一轮营商环境改革108项措施，有效助推我国营商环境国际排名从第46位进一步提升到第31位。另一方面，持续深化“放管服”改革，从更大范围、更广领域推进营商环境改革，同时大力推进“一网通办”“一网统管”两网建设，推进审批服务事项全程通办、全网通办、全市通办，90%的审批服务事项实现“只跑一次、一次办成”，99%的民生服务事项实现全市通办。在此背景下，尽管面对近年日趋严峻的国际投资竞争环境，但上海吸引投资的磁力场效应进一步增强，吸引外资外企的规模进一步扩大。2019年，上海新设立各类市场主体43.15万户，比上年增长7.9%。其中，新设企业36.76万户，增长11.6%。同时，年内新设外资项目数量增长21.5%，外资实际到位金额增长10.1%。其中，跨国公司地区和总部、外资研发中心分别新增50家和20家，继续保持内地吸引地区总部和外资研发中心最多的城市地位。

（七）城市数字化转型加快，数字经济发展水平不断提升

近年来，上海顺应数字经济时代经济数字化、生活数字化、治理数字化的发展大势，大力推进城市数字化转型，加大数字化基础设施建设力度，大数据、人工智能等产业领域发展，不仅有效促进了数字经济的发展，而且有效促进了数字赋能传统产业，提升了传统产业发展效率与潜能。一方面，新型基础设施加快投资布局。目前，上海全面加速“双千兆”城市建设，已成为全国三大运营商5G首发城市，5G实现外环线以内主城区基本覆盖。2020年，上海又制定了《推进新型基础设施建设行动方案（2020～2022年）》，未来三年新型基础设施将投资2700亿元，涉及48个重大项目和工程包。另一方面，大数据、云计算、人工智能等数字经济相关产业加快培育发展。目前，全市大数据核心企业已突破700家，大数据产业的发展已经形成了集聚态势，B2B电商高地成型，钢铁、石油化工、有色金属、成套设备等B2B电商保持全国领先，商业数据交易占到全国公开交易量的五成以上。人工智能重点企业共有1116家，2019年规上企业产值约1477亿元，比

2018 年增长 10.7%。与此同时，数字赋能传统产业融合升级步伐加快，智能制造产业不断发展壮大。目前，上海已建成国家级示范工厂 14 个、市级示范工厂 60 个，推动规模以上企业实施智能化转型 500 余家，智能制造产业规模超过 900 亿元。

二　上海经济高质量发展中仍存在的短板或问题

当前，上海经济已迈入高质量发展的新阶段，经济高质量发展也取得明显进展，但同时，也存在一些亟待突破的短板或解决的问题，主要表现在以下几个方面。

（一）国际经济形势日趋复杂，上海经济持续平稳增长面临挑战

近年来，国际政治经济格局加速调整、国际产业和技术竞争日趋激烈，贸易保护主义愈演愈烈，全球经济增长面临前所未有的复杂性和脆弱性。2020 年，突如其来的全球新冠肺炎疫情更是让全球经济增长前景面临诸多不确定性。全球经济增长格局可能沿“美国—欧日—新兴经济体”链条传导，增速将继续放缓；全球贸易摩擦可能沿“贸易—制造—投资”链条传导，增长动能将显著减弱；全球货币宽松政策可能沿“货币—金融市场—资产价格”的链条传导，全球金融风险或将明显上升。在此背景下，作为经济外向度较高的上海，经济增长可能面临较严峻挑战。如当前部分行业的企业订单和产能明显流失，出口交货值增速由正转负，并呈现降幅加大趋势；部分企业效益出现降低，企业利润总额增速由两位数跌至个位数。

（二）城市经济密度仍待提升，土地利用效率提升空间仍较大

当前，上海土地总体开发强度较高，建设用地增量空间小，已有建设用地约占陆域面积的 45%，远高于大伦敦、大巴黎、东京圈等国际大都市平均 20% ~30% 的水平。工业用地占建设用地比例 23%，是纽约、东京等城市的 2 ~3 倍，规模和比重偏高。但与此同时，现有土地利用效率总体偏低。

目前，上海6300多平方千米土地产出3.8万亿元GDP，与日本东京都2189平方千米土地产出6.51万亿元GDP相比差距明显，总量更只有纽约的1/4。其中，乡镇低效工业用地规模较大，全市土地利用效率结构性差异明显。2017年，国家级开发区工业用地地均税收（13.07亿元/平方千米），约为市级开发区（3.8亿元/平方千米）的3.4倍，出口加工区（1.92亿元/平方千米）的7倍。部分低效的乡镇工业园区地均工业主营业务收入、地均工业上缴税金、地均研发投入等只有国家级开发区的1/10～1/20。影响上海土地利用效率的主要因素包括产业能级和土地集约节约利用水平偏低。

（三）要素市场功能仍待强化，配置效率有待进一步提升

要素市场内部发展不均衡不充分仍较明显。从金融市场看，尽管资本市场的开放程度不断加大，但相对纽约、伦敦等城市，国际化服务方面还有较大差距。比如，在中国上市的国外公司还几乎没有，但中国有几百家公司去美国、英国、新加坡等国家上市。债券市场也存在类似的情况，中国债券的海外持有比例仅为2%，市场成长空间很大。从技术市场看，技术交易市场成果转化率不高，价值评估体系有待于进一步健全，技术供需存在结构性矛盾。从专业服务市场看，发展的基础仍不牢固，发展格局仍不均衡，服务业的比例及类别与世界国际大都市相比仍有较大差距等。此外，人力资源市场结构性优化仍然任重道远等。这些问题给企业便捷获取生产经营所需的原料、要素等带来了障碍，也进一步制约了经济高质量创新发展的程度。区域合作及市场一体化程度有待于进一步提高。

（四）民营经济仍待强化，新兴经济的头部企业缺乏

上海民营企业发展的短板仍较为明显，企业规模或能级亟待加快提升。从2020年中国民营企业榜单看，入围2020中国民营企业500强的上海企业16家，入围2020中国制造业民营企业500强的上海企业6家，入围2020中国服务业民营企业100强的上海企业6家，占比相对较低。与此同时，体现新经济特点的头部企业亟待加快引育。《2019年中国互联网企

业100强发展报告》显示，上海市尽管有拼多多、携程、哔哩哔哩等13家互联网企业上榜，但无一位居前十强。上海市电商、网游、文创等新兴领域虽起步较早但发展缓慢，国内外品牌认知度较低，产业链话语权和定价权较弱。

三　上海进一步促进经济高质量发展的对策建议

当前，上海城市发展已步入新阶段，开启了迈向建设具有全球影响力的社会主义现代化国际大都市的新征程。面向未来，上海要紧紧围绕国家赋予的战略使命，深化创新驱动发展，强化长三角一体化发展，积极应对外部环境变化带来的挑战，发挥好“排头兵”“先行者”作用，全面打响“四大品牌”，全面提升“四大功能”，着力打造成为国内大循环的中心节点和国内国际双循环的战略链接，促进经济高质量发展再上新台阶。为此，提出以下对策建议。

（一）构建基于全球价值链的产业升级政策体系

积极应对国际产业链布局加速调整的新环境，完善本土产业供应链体系建设，提高加工贸易料件的本地化率，促进建立网络化的产业集群组织，促使加工贸易由单纯生产向综合服务和全球运营方向转型。加快培育本土跨国公司，持续实施针对“专精特新”、独角兽以及拥有自主知识产权的高科技企业的培育发展，依托网络化、数字化的平台，加快培育“微型”跨国企业。积极推进制定长三角地区企业国际化中长期发展战略，强化长三角地区企业融合与联动，塑造具有较强创新能力、产业配套能力的产业集群，在优势互补中增强长三角企业的国际竞争力。设立民营企业参与市级重大项目的制度性安排，将“民营资本参与率”纳入市级重点项目考核指标体系。要适度降低重大项目投资的行业准入门槛，逐步扩大民企民资可以进入的投资领域，从而撬动民间投资。鼓励上海大型国资国企与民营企业共同抱团开拓“一带一路”大市场。

（二）进一步加快工业用地调整的制度性建设

工业用地紧张是上海制造业发展的重要瓶颈，在当前工业增长较为困难的情况下，建议把握好土地调控节奏，适度放松存量地块企业的技改建设；同时在保障生产安全的前提下允许企业适当增加容积率，要秉持“以亩产论英雄”，用“立方挑战平方”增加经济密度。利用容积率杠杆激发工业园区转型升级市场活力，支持产业园区通过调整容积率推进“退二优二”的转型积极性，激发区、镇以及企业提升土地利用效率的积极性。优化土地全生命周期管理，加大事中事后监管力度和手段创新，通过土地供给机制创新倒逼各区低效土地调整改造，积极推进工业园区土地的“二次开发”。实施差别化的分类政策鼓励或倒逼企业创新转型，优化土地空间利用规划和管理，促进企业盘活存量用地空间。

（三）推动自贸新片区的跨境金融税收制度改革

跨境金融税收制度改革是增强金融市场吸引力、强化金融国际化服务能力的关键。要充分利用自贸试验区新片区打造具有特殊经济功能区的奇迹，强化跨境金融税收制度的突破，对标花旗、汇丰在新加坡、中国香港等地开展跨境业务的税制标准，以做大增量为目标，大幅度降低企业开展跨境业务的成本，鼓励其将新增的跨境业务留在自贸区内。此外，还应加快建设若干跨境专业服务业集聚区，以便于更好地为跨境贸易和跨境金融业发展提供专业化服务。

（四）推动上海科创中心再升级，全面释放创新动能

2019 年，上海科创中心建设将进入第五个年头。要全面落实李强书记关于“努力成为全球学术新思想、科学新发现、技术新发明、产业新方向的重要策源地”的要求，尽快打通创新的“最后一公里”。转变创新资源优化配置的模式，从协同创新初创阶段的创新资源向成长阶段、成熟阶段过渡，加快建立健全区域内创新资源相互开放、共享、合作的制度和机制，强

化市场创新资源配置的主导机制地位。进一步深化改革攻坚，深化制度创新，优化创新生态，破除各方面体制机制弊端，充分激发市场活力和社会创造力。

（五）推动“数字赋能”大力发展服务型制造

服务型制造是制造与服务融合共生发展的新型产业形态，是未来制造业发展的重要趋势。当前上海服务型制造的趋势已经显现。从未来看，上海要把握未来5G带来的产业变革机遇，加快推动大数据、人工智能在工业领域的“数字赋能”，推进智能工厂建设、工业互联网创新应用，依托高端生产制造能力和高质量的工业产品，大力发展服务型制造。目前，国家层面已发布了《关于推动先进制造业和现代服务业深度融合发展的实施意见》，部分省市已开展了先进制造业和现代服务业深度融合试点工作，上海应加快推进先进制造业和现代服务业深度融合发展，抢占产业发展先机。

（六）提升主动服务水平，推动长三角更高质量一体化发展

加快形成上海对长三角的多点服务功能，尽管目前上海全市各区、园区等各级层面在对接服务长三角方面已做了较多工作，开展了不少尝试，但总体看，各区、各园区对接服务长三角还处于自发阶段，不利于上海服务长三角整体效应的发挥。要充分利用长三角一体化高质量发展上升为国家战略的契机，依托长三角合作办公室等机遇，加强顶层设计、对接指导，形成有序的对接合作态势。积极推进上海城市功能在长三角网络化布局，在充分发挥其他省市比较优势的基础上，形成功能互补、产业融合的发展格局，不断增强上海的综合服务功能、扩大辐射半径。积极推进长三角经济产业融合化发展，充分发挥长三角地区产业基础雄厚、产业门类齐全等优势，依托高铁、城际铁路、高速公路等交通骨干线，打造促进区域要素便捷流通、产业联动发展的高密度经济走廊，塑造对长三角地区一体化高质量发展具有重大支撑作用的产业集群、产业带。强化跨区域联合研究，尽快联合长三角地区省市编制长三角产业地图，提高产业政策协调性，促进区域内要素合理流动。

（七）大力发展平台经济，塑造高能级的开放平台枢纽

充分利用人流、资金流、商流、物流集聚的比较优势，发展平台经济，打造超级枢纽，借助电子商务平台（互联网 + 制造业、互联网 + 服务业）、自贸试验区平台和“一带一路”平台建设，通过互联网构建新型的、产业级的数字生态，打通各产业间、内外部连接，以新兴产业技术提高传统产业效率。一方面，着力打造具有国际影响力、有定价中心地位的要素市场，重点打造多元化、多层次、开放式与国际主流相统一的金融市场体系，推进与上海产业结构相适应、与市场需求相匹配的土地市场和人力资源市场改革等。同时，完善要素市场的价格形成机制，加快资源价格改革步伐。另一方面，形成服务种类齐全、服务水平高的专业服务业体系，打造服务业集聚区平台，大力发展专业服务业。着重扫除制度障碍，在市场细分中促进上海服务业市场大发展。此外，要强化信息的互联互通，塑造广泛信息汇聚、信息高效交互的信息枢纽平台。

（八）强化品牌建设，构筑上海经济发展品牌优势

打造具有全球影响力的强势品牌集群，激发上海自主品牌觉醒力。分类推进国资品牌建设，充分发挥大型国有企业主力军作用和中小企业活力优势。集中资源支持一批企业品牌做大做强，以大品牌的崛起带动中小企业、规范市场秩序、促进创新创业，通过多元投资、兼并重组、混合所有制等方式释放创新活力，着力从新经济领域和民营企业中培育新品牌，同时借助商标转让、股权转让、品牌授权等多种形式盘活资源、振兴老品牌；培育第三方品牌咨询市场，打造上海自主品牌建设的专业服务优势。扩大上海自主品牌国际影响力，加强全球新品和品牌首发平台建设。鼓励上海自主品牌实施品牌扩张战略，与长三角地区及全球知名企业开展战略合作，促进资源整合，支持企业开展跨界合作经营，打造跨境电商综合服务平台，开拓上海自主品牌的多样化国际通道。

（九）大力发展数字经济，有力助推经济高质量发展

一方面，提升数字经济规模，实施数字经济“百强企业培育工程”，聚焦互联网、云计算、人工智能、大数据、集成电路、软件服务等数字核心产业，以及传统产业数字化领域，研究制定遴选标准，推进“一业一策”“一企一策”精准服务，培育一批龙头骨干企业和有发展前景企业。鼓励数字经济相关企业用好自贸区临港新片区优惠政策加快做大做强，支持数字经济相关企业在科创板上市融资，引导数字经济相关企业深度参与长三角一体化，拓展市场扩大影响力。另一方面，强化数字经济引领功能；充分运用人工智能、超级计算等信息科技工具，强化科技创新策源功能；进一步加快两化融合步伐，积极培育平台类、创新型龙头企业，强化高端产业引领功能。以数字经济集聚区创建，形成带动示范效应。积极争取国家在立法、准入、资金、政策等方面的支持，创建国家数字经济示范区。充分发挥市区合力，加强统筹协调，分批、分类、分级推动市级数字经济产业集聚区建设。

（十）加快集聚全球人才，塑造上海人才枢纽地位

深入实施“人才高峰”工程，加大国内外高端人才的引进力度，强化政策的针对性和有效性。大力引进符合上海产业发展需要的“中坚人才”，强化市场主体在人才认定与使用中的主体地位，进一步优化人才落户、住房、公共服务等方面的政策，提升人才的城市认同感和获得感。积极探索人才灵活就业制度，营造更加宽松的创新创业制度环境。积极推进人力资源市场发展，积极推进长三角人才相关证书认证等方面互信互通。系统梳理我国现行人才法律法规，结合长三角一体化发展的宏观趋势，梳理出目前不合时宜的用人法规与制度并予以完善，消除在人才市场化配置过程中的法律障碍，为人才在长三角地区自由流动提供基本保障。

B.3
新环境下的浙江经济高质量发展

徐剑锋 *

摘　要： 2020年是中国经济开启现代化新征程的重要一年。浙江经济发展面临着新的环境，全国与浙江开始进入工业化新阶段，迎来世界经济新周期，全球经济一体化出现新变数，世界经济增长呈现新格局，"十三五"浙江经济建设取得新成就，创新能力持续增强、经济结构不断优化，居民收入保持较快增长、居民生活水平稳步提高，内外开放不断深化、制度开放格局初步形成，经济生态协调发展、生态环境进一步改善，强化新基础设施建设、营商环境不断优化。但同时，浙江也存在经济虚拟化与泡沫化、创新的效率仍不高、产业组织优化任重道远等问题。未来浙江需要持续推动创新，将创新作为经济发展的主动力，加快发展新兴产业，重构产业链优势，稳就业、增收入，扩大内需，全面深化机制改革，为高质量发展提供制度支撑，优化产业空间布局，促进区域相对平衡发展，建立联合防控机制，严密防范金融风险。

关键词： 浙江经济　新环境　高质量发展

2020年是"十三五"收官之年，开启"十四五"的关键之年，也是我国高水平全面建成小康社会，开启现代化新征程承前启后的一年。2020年，

---

* 徐剑锋，浙江省社会科学院经济研究所。

我国经济迎来新的发展阶段，但也经历了新冠肺炎疫情冲击、中美贸易—技术冲突等极为复杂的环境。对于经济发展进入发达经济初期阶段、经济开放度较高的浙江而言，经济高质量转型发展的要求更为迫切。未来浙江要在“十三五”的重大成就基础上，妥善应对“百年未有之大变局”，抓住全球新工业革命机遇，于变局中开新局，开启高水平现代化建设新征程，努力打造彰显中国特色社会主义制度优越性的“重要窗口”。

一　经济发展面临的新环境

经过改革开放 40 余年的高速增长，尤其是 2008 年经济的不断转型升级，浙江高水平全面建成小康社会的目标和任务圆满完成，为“十四五”经济社会发展打下了坚实的基础；2016 年，浙江率先迈入“发达经济体”行列[①]，正式开启后工业阶段之门，“十四五”浙江经济发展将迎来新的阶段；与此同时，“十四五”的前半期，浙江经济将仍然需要面对新冠肺炎疫情的持续性影响，需要面对中美贸易与技术冲突的巨大影响，而正在进行的新工业革命其影响将在未来十年内不断释放，将开启 18 世纪 70 年代第一次工业革命以来的第六次经济长波（康德拉季耶夫周期）[②]，世界经济很可能在 2020 年中期以后进入由数字经济引导的长达 20 多年的上升波段，为未来浙江经济的高质量发展提供重大机遇。

（一）进入工业化新阶段

2008 年，浙江人均 GDP 达到 6078 美元，按照美国经济学家钱纳里的工业化 4 个阶段划分标准，浙江开始进入工业化第四阶段，即工业化发达期，这是经济发展由工业化后期迈向发达经济的过渡阶段。[③] 这一阶段，经济增

① 徐剑锋：《浙江进入发达经济行列后的经济高质量发展》，2020 年浙江省社会科学院专项课题成果。

② 徐剑锋：《浙江开放四十年》，社会科学文献出版社，2019，第 248 页。

③ 徐剑锋：《工业化发达阶段的浙江经济发展》，《浙江学刊》2009 年第 3 期。

长速度、需求结构、增长动力结构、产业结构、对外投资、城市化速度等都会发生重大变化。经过 8 年的转型升级，浙江以创新为主动力，持续推进产业结构优化与发展方式变革，保持了经济稳定的增长。到 2016 年，浙江人均 GDP 达到 12577 美元，高于同年世行高收入经济体门槛标准 12235 美元。根据钱纳里、赛尔奎因的理论标准，采取世界银行 2009 年公布的购买力平价标准换算，剔除物价变动因素影响，2016 年浙江人均 GDP 为 16720 美元，超过当年 15120 美元的钱—赛氏标准；再结合三次产业结构、TFP（全要素生产率）、城市化等综合指标考察，浙江在2016 年已正式进入发达经济体行列。① 进入发达经济初期，参照日本、韩国与我国台湾地区的先发经验，经济发展将呈现几个特点：经济增速从回稳（4% ~6%）再滑落到低速增长区间（3%左右），容易爆发经济危机，服务业成为经济的主体（占 GDP 55%以上），大企业主导作用不断强化，城市化达到 75%以上从而进入缓慢上升期。浙江在进入“十四五”时期，在其他环境不变的情况下，浙江经济增长率可能会基本保持平稳，但在人均 GDP 达到 2 万美元以上，进入中等发达经济体后，经济增长的压力会逐步增大，增长率可能会有所下滑，进入 5%左右的空间。到 2035 年人均 GDP 突破 3 万美元，进入较高收入发达经济体行列后，经济增长率可能会进入 3%的空间。可以看到，随着工业化向后工业化的迈进，经济的增长将逐步下滑，从而对未来浙江经济持续稳定增长构成挑战。

与此同时，我国整体上正处于工业化第四阶段的初期，经济发展的要素资源与环境正在发生巨大的变化，我国未来十多年内将面临诸多挑战，经济增速不断向下调整的压力增大。这也将直接影响浙江的经济增长速度与结构。

（二）迎来世界经济新周期

苏联经济学家康德拉季耶夫在 1922 ~1928 年通过对英国工业革命以来

① 徐剑锋：《浙江进入发达经济行列后的经济高质量发展》，2020 年浙江省社会科学院专项课题成果。

世界经济发展的实证研究，发现了世界经济增长存在47～60年的长周期。后来熊彼特验证了这一周期，并将其命名为康德拉季耶夫周期，熊彼特还论证了创新周期是经济长周期产生与存在的关键基础。当世界经济趋于下行时，企业与科技界会加快创新，从科学到技术再到产业化，出现新产品再到带动整个产业链形成发展，需要50年左右的时间。新兴产业形成并成为主导产业会带动整个经济的发展。经济繁荣后随着产能的提高甚至饱和，经济增长率会趋于下降，一轮长波就会进入尾声。根据工业革命以来的经济增长轨迹，世界经济已经经历了五个长周期，并且出现了经济周期时间逐步缩短的特点（见表1）。目前，世界经济正处于第五周期（IT产业周期）的尾声，以新材料（纳米技术）、新能源（光伏、核能、风能等）、生物医药（仿生技术）为代表的新兴产业将逐步兴起并成为主导产业，新的信息技术将引领商业业态、商业模式、生产方式与管理的革命，第六次工业革命正在到来，在工业革命的带动下，世界经济将在21世纪20年代中期进入一轮新长波。未来20年内，世界经济很可能迎来类似20世纪90年代的经济高增长低通胀的阶段。浙江要主动加快产业革命，以智能经济、低碳经济为导向，发挥浙江数字经济优势与民营经济优势，全面参与国际人才竞争与技术竞争，加大生产方式创新、商业模式创新、新产品创新力度，大力发展新兴产业，在未来产业竞争中提早卡位。

表1 世界经济长周期

	Ⅰ	Ⅱ	Ⅲ	Ⅳ	Ⅴ	Ⅵ
开始时间	18世纪80年代	19世纪40年代	19世纪90年代	20世纪40年代	20世纪80年代	21世纪20年代
核心技术	蒸汽机	电动机	化学	人工合成电子	计算机、网络	新能源、人工智能
时代特征	蒸汽机时代	机械化时代	电气时代、汽车时代	电子时代	信息化时代	智能时代、低碳时代
新兴产业	纺织、煤炭、造船	电力、钢铁、铁路、机械	化工、汽车、石油电气	石化、医药、电子工业	信息技术产业	数字经济、新能源、新材料、健康产业

（三）全球一体化出现新变数

20世纪80年代以来，世界经济一体化趋势不断加强，国际贸易与国际金融迅速发展，而全球经济一体化的重要载体就是区域经济一体化。以欧盟、北美自由贸易区为代表的区域经济一体化加快。2008年以来，在美国金融危机冲击下，以资本并购为特征的国际投资加速，产业转移与技术转移趋势加快，其间中国抓住机遇、化解挑战，促进了经济的转型升级。进入21世纪10年代后，经济全球化出现了一些新变数。美国特朗普总统上台后，推行“美国优先”战略，以贸易战来维护美国利益，《全面与进步跨太平洋伙伴关系协定》（TPP）被中止，对北美自由贸易区的内容与形式进行了新的调整。美国以公平贸易为由，动用国内“301”条款，对主要贸易顺差国实施贸易战，以保护自身利益。对中国更是接连发起贸易摩擦，分批大幅提高中国出口美国产品的关税，同时对中国的高科技输出进行限制，对中国企业在美国的技术合作横加干涉。中国对美国的进出口贸易与技术合作受到严重干扰。而浙江的出口总额占到中国的14%左右，在国内首当其冲。贸易战给世界贸易的前景投下巨大的阴影。同时，美国加强投资保护，对美国企业向外投资进行限制，对国外资本进入美国严格管控。特朗普这些措施虽然在短期内可能给美国经济带来增长动力，但长远看，这些措施将阻碍全球经济一体化，影响世界经济增长，最终会拖累美国经济。美国拜登总统上台后，贸易摩擦可能会有所缓和，但对华高科技输出的管制仍会持续。

2019年初暴发的新冠肺炎疫情对第一季度的中国经济造成了巨大影响，经济增长、进出口贸易与国际投资均出现了较大的负增长。第二季度后，在全社会抗疫致力复工复产的共同努力下，经济有了较大回升。但随着第二季度新冠肺炎疫情的全球蔓延，大多数国家与地区的经济受到巨大冲击。全球一体化的贸易、投资与产业链出现了裂变，直接影响全球产业分工合作，影响全球一体化的进程与格局，区域化与内卷化的趋势出现，未来两年内，在稳定有效的疫苗大批量面市前，新冠肺炎疫情的影响仍将持续存在，对全球一体化仍会造成巨大影响。

（四）世界经济增长新格局

2008 年国际金融危机以后，美国经济受到冲击，为此提出“再工业化”，通过推进创新来促进实体经济增长，同时加强对金融等虚拟经济的管理。2010 年后美国经济增长出现了稳定回升态势，再工业化取得明显成效。特朗普上台后，通过减税、提高利率等措施来刺激经济发展与金融稳定。但美国这轮经济政策调整，导致部分外债压力较大的新兴经济体出现金融危机，阿根廷、土耳其、南非、巴西等国货币出现大幅贬值、通货膨胀加剧、经济陷入困境。而美国证券市场因世界资金涌入，出现了较大的泡沫。2020 年的疫情因素有可能加速美国资本市场泡沫的破裂。在未来 10 年左右美国经济很可能会出现新一轮金融危机。

新冠肺炎疫情又给世界经济投下复杂多变的阴影，地理与气候、疫情管控是否成功，都将直接影响世界经济增长的格局。受疫情、美国经济政策、美国中国经济增长趋势、宗教冲突、台海局势等众多因素的干扰，未来多年内世界经济增长格局将更为复杂，美国存在证券市场泡沫破裂的风险。印度、越南等发展中国家的经济有望保持较快的增长，拉美地区经济增长面临复杂的挑战，哈萨克斯坦等中亚国家经济增长有望提升，日本经济保持低增长但可能逐步有所上升，欧盟国家内部增长出现分化，南欧部分国家增长前景仍难预料。可以预见，未来较长时间内，发展中国家在世界经济中的比重将缓慢而持续上升，但美国、欧盟仍与中国一起成为世界经济的三极。

二　浙江经济高质量发展的基础与新问题

改革开放 40 多年来，浙江经济发展取得了重大成就，经济总量、人均 GDP、居民收入等主要指标在全国经济中的排位从中游水平上升到前 5 位。“十三五”期间，浙江在“八八战略”指引下，干在实处，化解各种挑战，经济的发展转型走在全国前列，率先全面实现小康。

（一）新成就与新基础

1. 创新能力持续增强，经济结构不断优化

“十三五”期间，浙江紧紧抓住创新这一主线，以数字经济为抓手，将数字经济作为“一号工程”，全面推进商业业态与模式创新、增长方式创新、产品创新，大力推进产业融合、共享经济、产业互联网、企业上云、工业互联网与“智慧城市”“未来社区”建设，从而推动了浙江产业创新，促进了新兴产业的成长，使浙江经济保持着稳定较快的增长，经济质量得到提升。2016～2019 年浙江经济年均增长速度达 7.3%，比全国同期年均增速（6.7%）高出 0.6 个百分点，经济总量稳居全国第 4 位。2020 年，浙江经济增长速度（3.6%）① 仍明显高于全国增速（2.3%）②。与此同时，浙江产业结构不断优化，数字经济发展水平稳居全国前列，高科技、高附加值产业与新兴产业得到快速成长。2019 年，浙江数字经济占地区生产总值的比重达 43.3%，高于全国 7.1 个百分点。高技术、高新技术、装备制造、战略性新兴产业的增加值在规模以上工业产值中的占比分别上升至 14.0%、54.5%、40.9% 和 31.1%；2019 年，浙江知识密集型服务业增加值超过 1 万亿元，在第三产业中的比重由 2015 年的 29.6% 提高至 33.3%；科技对经济发展的支撑力显著提升，区域创新能力居全国第 5 位。

2. 居民收入保持较快增长，居民生活水平稳步提高

2016 年，浙江人均 GDP 达到 12577 美元，高于同年世行高收入经济体门槛标准（12235 美元），开始迈入高收入经济体行列。2019 年浙江人均 GDP 增至 107624 元（15601 美元），为全国平均水平的 1.52 倍，居全国第 4 位，是世界银行当年高收入经济体标准线（12700 美元）的 1.23 倍。

从 2015 年到 2019 年，浙江居民人均可支配收入从 35537 元增至 49899 元，是全国平均水平的 1.6 倍。增长速度明显高于同期人均 GDP 增速，在

① 《2020 年浙江省国民经济和社会发展统计公报》。

② 《中华人民共和国 2020 年国民经济和社会发展统计公报》。

全国稳居第3位、省区第1位；城镇和农村居民人均可支配收入连续19年和35年居全国各省区第1位；2019年浙江居民恩格尔系数为27.9%，已达到富足标准。2019年平均预期寿命为79.1岁，比全国平均高1.8岁，比世界平均（2018年）高6.5岁。消费需求结构从20世纪末的以吃、穿等日常生活需要为主体快速转向更好的以居住、交通与教育、文化、娱乐需求为主体，消费层次明显提升，居住、交通通信、教育文化旅游娱乐、医疗保健消费支出占居民家庭人均消费支出的比重分别上升至26.2%、14.2%、11.3%和6.6%，在居民消费中的比重接近60%。

3. 城乡差距持续缩小，区域均衡发展全国领先

城乡居民收入差距扩大往往是新兴工业化国家向发达经济体迈进时的重要障碍因素之一，拉美国家在工业化过程中，农业与农村经济萎缩，农村大量人口涌向城市，城市贫民窟遍布，极易引发社会动荡。这些国家在经济发展水平接近发达经济体门槛时，往往因城乡、社会阶层差距过大引发社会动荡而陷入所谓“中等收入陷阱”。改革开放以来，浙江各级政府高度重视“三农”问题，注重城乡协调发展、统筹发展。进入21世纪后，浙江大力发展特色农业，推进“社会主义新农村”建设，以工促农、以工哺农，实施“美丽乡村”战略，促进了农业升级、农民增收、农村振兴，城乡面貌大为改观。实施新型城镇化，大力推进城乡融合发展。以县域经济转型升级为抓手，加快城乡公共服务均等化，加快农村居民医疗、养老等社会保障体系建设，缩小与城镇居民的差距，城乡一体化大步迈进。自2006年以来，浙江城乡居民的收入差距不断缩小，2019年浙江城乡居民收入比为2.01，在全国各省区城乡居民收入差距最小。

同样，浙江重视区域均衡发展。20世纪90年代后期，因受地理位置、工业基础、人力资源等因素的影响，浙江南北经济差距有所扩大。进入21世纪后，浙江大力推进“山海协作”，以市场化机制为基础，引导经济发达的沿海工业强市对口支援山区等经济欠发达地区；加强对温州都市区、浙中城市群建设的支持；推进“山上浙江”与“大花园”建设，使区域发展差距得到有效控制。2019年浙江11个省辖市中居民收入最高的杭州地区与最

低的丽水地区之比为1.67，是全国区域差距最小的省份之一。

4. 内外开放不断深化，制度型开放格局初步形成

“一带一路”枢纽建设持续推进，开发区、自由贸易区、跨境电子商务综合试验区、义甬舟开放大通道等开放平台联动发展，形成了全方位、多层次、宽领域的对外开放新格局。进出口总额由2015年的21566亿元增至2019年的30832亿元，出口占全国的比重由12.1%升至13.4%，出口规模连续9年居全国第3位；国际航运保持稳定增长，宁波—舟山港的集装箱吞吐量居全球第3位；浙江吸引外资保持稳定增长，投资产业结构不断优化，世界500强企业投资增多，外资质量不断提升；浙商对外投资迅速增长，使浙江多年来保持住全国对外投资项目最多、总金额最大的位次。

“十三五”期间，浙江积极推动长三角高质量一体化，主动对接上海自贸区，强化与上海等地的经济与科技协作。近年来，浙江率先落实长三角一体化发展国家战略，与上海、江苏协同推进青蒲—嘉善—吴江的长三角高质量绿色发展一体化示范区建设，深化与上海的大小洋山港与浙沪自贸区合作，加强与江苏、安徽的毗邻区域经济合作，深度融入长三角高质量发展格局。与此同时，积极参与长江经济带经济合作、海峡西岸经济区合作，强化与广东深圳等地的经济技术交流，加强对新疆阿克苏、西藏那曲、四川阿坝等对口支援地区的经济帮扶。在区际合作中，浙商在政府引导下，根据市场需要，加大对省外的投资力度，使浙江始终保持国内最大的投资源地，浙商成为区际开放的排头兵。

5. 经济生态协调发展，生态环境进一步改善

浙江坚持不懈地践行“绿水青山就是金山银山”理念，在经济发展的同时，注重生态环境的保持与改善，使经济与生态保持协调发展。首先，长期以来浙江扎实推进美丽浙江建设，通过“五水共治”与大气、土壤等治理，人居环境有了很大的优化。2019年，浙江221个省控断面Ⅲ类以上水质比例从2011年（同比口径）的62.9%升至91.4%，连续3年无劣Ⅴ类水质断面；11个设区城市环境空气PM2.5平均浓度由2015年的53微克/米^{3}降至31微克/米^3，好于国家制定的35微克/米^{3}的标准，空气质量（AQI）

优良天数比例由2015年的78.2%升至88.6%。其次，浙江大力促进生产方式转变，发展绿色经济、循环经济，2014年以来全面推进“亩产论英雄”机制，提高土地利用效率以及能源、水资源等资源的综合利用效率，促进了经济高质量发展，使经济与生态保持了较为协调的发展。

6. 强化新基础设施建设，营商环境不断优化

近年来，浙江以“轨道交通”“信息网络”“新型基础设施建设”为抓手，加快构筑现代化基础设施体系，现代交通设施和信息联通设施处于国内先进水平。在现代交通设施上，高速公路建设大幅推进，县县通高速公路基本实现。杭州、宁波地铁轨道建设大幅推进，并向郊县邻市延伸。长三角主要城市高铁“1小时交通圈”和省域、市域、城区“三个1小时交通圈”初具雏形。在信息联通方面，浙江率先完成“光网城市”建设，互联网普及率近80%；5G、IPv6等新一代网络基础设施建设大步推进，成功部署F根服务器浙江镜像节点。

与此同时，浙江经济发展的软环境不断优化。多年来，浙江大力推进简政放权，改革审批制度，有效降低了企业交易成本；近年来，全面推进“最多跑一次”改革，到2019年底浙江已实现省市县三级“最多跑一次”事项100%全覆盖；政务服务App“浙里办”注册用户超过2500万；企业投资项目开工前审批全流程实现“最多100天”。以完善产权制度和要素市场化配置为重点，浙江在产权有效激励、要素自由流动、价格反应灵活、竞争公平有序等市场机制改革中大胆创新、先行先试，市场化指数排名全国第一。这也使浙江的营商环境保持在全国领先水平，为创业创新提供了良好的环境。营商环境的持续改善提升了创业活力，2018年浙江平均每天新设企业1200余家①，居东部沿海省市前列。

（二）问题与短板

“十三五”的成就为“十四五”与更长远的浙江经济高质量发展打下了

① 根据企研数据提供的2018年分省份新设企业数计算得到。

厚实的基础。但在新的环境与挑战面前，浙江发展中的一些问题与短板也不断凸显。

一是经济虚拟化与泡沫化问题。21 世纪 10 年代初以来，浙江的网络经济兴起，数字经济得到快速发展，智能制造、智能物流、智慧城市、未来社区等得以快速推进。但与此同时，也产生了脱实就虚、经济泡沫化的现象，一些“繁荣”建立在虚拟经济基础上，一些数字经济脱离实体经济、循环炒作，出现了资本虚拟化、虚拟经济泡沫化的现象，房地产更是成为投资产品。经济泡沫如果不能“软着陆”，很容易诱发金融风险。

二是创新的效率与质量仍不高。主要表现在创新的内容结构、区域结构、主体结构仍存在较多问题，影响了浙江的创新效率。浙江的创新主要集中在商业模式、商业业态领域，移动支付、网络交易、智慧物流、共享经济、互联网金融、应用场景等创新走在全国前列，但在真正的新产品创新方面明显薄弱，在生产方式创新方面，尤其是广大中小企业的智能生产推进仍困难重重；在区域创新结构方面，七成以上的创新主要集中于杭州，其次是宁波，多数县市的创新仍难有大的成效；从主体结构看，科研创新难推进，企业创新中大企业未能发挥应有的作用，工业大企业研发投入仅占到全部工业企业的 30% 左右，影响了企业的创新效率。

三是产业组织优化任重道远。改革开放后，浙江人民的自主创业热情被激发，大量小企业涌现。通过中小企业的竞争与合作，产生了众多的产业集群。浙江的产业组织呈现以产业集群为核心，以专业市场为依托，政府引导、商会协会协调、众多中介提供配套服务的产业组织。21 世纪初以来，随着产业集群的发展，一些大企业脱颖而出，并开始向人才、信息、技术资源集聚的中心城市转移，原有的产业集群受到冲击。10 年代后，网络经济对专业市场形成巨大冲击，也影响产业集群的发展。在新的环境下，浙江产业集群需要加快转型升级，强化专业化分工协作，以适应数字经济时代的要求。

四是阶层和谐与区域均衡发展仍在路上。随着工业革命与科技革命带来的产业兴亡交替，也对阶层的收入产生了重大影响，新兴产业与传统行业的收入差距、垄断企业与一般企业的差距、资本所有者及高科技人员与一般劳

动阶层的收入差距仍在不断拉大；区域经济差距仍未有缩小趋势，浙西南与浙东北在经济总量、产业结构、进出口贸易、吸引外资、城市化、科技教育等方面仍存在较大差距，未出现明显的缩小迹象。尤其是杭州、宁波都市区与一般省辖市的差距仍在扩大，全省多数省辖市难以担当起区域经济中心的重任，而同时不少县域经济转型升级难，出现了转弱的趋向。

系列问题的存在将制约未来浙江经济的高质量发展，这些问题的背后是浙江存在的短板。

首先是现代企业家精神的缺失。改革开放以来，浙江涌现几百万办厂开店的经营人才，他们有着强烈的自主创业精神，但较强的主体自觉意识使他们“宁当鸡头不作凤尾”，合作意识薄弱，企业难以做大做强；浙商有着敏锐的市场眼光，但缺乏打造“百年老店”的恒心与匠心，缺少科技知识与现代经营管理理念，“抄、炒、朝”盛行，热衷于模仿抄袭、短期炒作、官商不清，没有从“老板”升级为企业家，严重制约了创新发展。

其次，市场化体制机制缺陷尚存。国有企业的产权制度与行业垄断，严重障碍其在创新发展中的引领作用；土地要素城乡分隔，第二、第三产业地产差异化分离，难以形成统一市场，造成城市房地产投资盛行。

再次，社会调节制度性安排不足。经济发展中，市场机制自身的“马太效应”会不断强化，社会阶层、城乡差距与区域差距会不断扩大，企业也会不断分化。这需要政府在保护中小企业权益、维护弱势群体利益、促进山区与落后地区社会经济发展方面给予更多的支持。浙江在这方面做了有益的探索，但长期有效的调节机制仍未形成。

最后，新经济下的风险监管缺失。受全国管理体制影响，数字经济与网络金融管理缺乏相关立法与监管组织机制，风险管控困难。数字安全与运用效率、数字经济泡沫化等问题难解决。

三　推进浙江经济高质量发展的对策及建议

针对新的环境、面对新的挑战，浙江需要在新的基础上，发挥优势，锻造长板、补齐短板，确立新的发展思路。要立足浙江现有的经济基础，充分发挥浙江优势要素与资源，针对未来经济发展的国内外环境，制定科学的发展目标，坚持五大发展理念，实施创新驱动发展战略，提高全要素生产率，加快商业模式、生产方式与产业组织革新；做强新兴产业，重构产业链、供应链优势，促进产业融合发展；全面深化体制机制改革，加快要素市场化建设，优化营商环境。推进经济与社会、文化、政治、生态环境的协调发展；促进区域平衡发展、阶层和谐发展与城乡一体化；深化区域开放与国际开放，构建竞争新优势；严密防控金融风险，以实体经济为本，提升制造业，稳固农业，抑制经济泡沫，从而实现经济稳定增长、高质量发展，继续走在全国前列，努力将浙江建成为新时代全面展示中国特色社会主义制度优越性的重要窗口。

（一）持续推动创新，将创新作为经济发展的主动力

首先，要加快培育企业家精神，促进浙江经营能人与“老板”向现代企业家转变，使浙江民营企业家成为显性优势资源。熊彼特认为，“企业家是创新的关键”，目光长远、善于学习、熟悉科技、敢于冒险、懂得管理的现代企业家是创新的主体，科学家与技术工作者是创新的基础，政府在推进创新中起着引导、服务与管理的作用。浙江“老板”具有对市场敏感、善于抓住机遇、敢于冒险等优点，但也存在注重眼前利益、恒心匠心不足、缺乏综合知识素养等缺点，难以掌握科技发展趋势与经济发展大势。政府要有针对性地扬长补短，委托中介组织持久开展企业家培训、交流与学习，使浙江企业家能主动担当起创新的主体作用。其次，政府要加大对浙江有优势与特色的基础科学的投入力度，有针对性地引进高端科技人才，促进各类综合性、专业性创新平台与企业研发平台建设，鼓励科研人员柔性就业，促进科研人员与企业家的联姻，加快科研成果转化。最后，要促进大企业的研发创新，加快技术进步。针对浙江制造业大企业研发占比严重偏低的问题，加大力度推进国企改革，推进产业组织优化，引导大企业向价值链两端（研发设计与品牌营销）转移，增强对大企业的研

发力度与成果考核，使浙江形成大企业与科技型中小企业双轮驱动的高效创新局面。

（二）加快发展新兴产业，重构产业链优势

抓住新工业革命机遇，将数字经济、绿色经济、健康经济、新材料经济作为浙江经济发展的重点领域。一是充分把握科技发展趋势与市场需求变化趋势，选准有市场前景的新产品、新产业，吸收20世纪80年代日本企业错失IT产业发展重大机遇的教训，促进企业产品创新，以创新供给来拉动需求，以需求促进产业链培育，形成供给需求良性互动局面。二是要利用浙江的大数据资源与新信息技术优势，全面推进生产方式创新（智能生产）、商业业态与模式创新、产业组织革新，提高技术效率，从而形成技术效率与技术进步相得益彰，促进浙江全要素生产率稳步提升。三是促进产业融合发展。利用数字经济，大力发展第六产业（1+2+3），加快产业融合。以制造业为核心，通过产业链与供应链延伸，壮大新兴产业，提升生产效率，提高产业的附加值。通过大数据资源的开发利用，以数字经济服务业拉动信息技术、智能设备、机器人、智慧家电产品等制造业发展；以光伏、风能、核能等设备制造业与新电池制造业，拉动新能源交通设备制造业与服务业的融合发展；以健康设备、生物医药制造业与旅游、文化、体育等融合，促进健康经济发展。四是利用新基建、新业态、新模式、新要素、新平台，推进产业基础高级化、产业链现代化。实施产业链协同工程，培育若干个标志性产业链。

（三）稳就业、增收入，扩大内需

进入发达经济体行列后，需求成为拉动经济增长的主要引擎。其一，要促进充分就业。拉动内需的根本是要提高居民收入，没有收入提高的扩大内需只是空中楼阁。在新时代，浙江要将充分就业放到与经济增长并重的位置，将就业增长作为产业扶植政策的一个重要考量因素。其二，在“十四五”期间，针对疫情、中美经济竞争的冲击与进入发达经济时代经济下行

的影响，高度重视对需求的拉动，构建经济内循环，打通内外双循环。除了有针对性的消费券，更要降低中低收入居民的税费负担，推进高中义务教育，为居民提供更多的免费高质的公共服务。其三，要强化社会保障。在新工业革命时代，行业差距、企业差距、居民阶层差距、区域差距、城乡差距都有不断拉大的压力，要加大医疗、失业、养老、住房等社会保障力度，抑制阶层贫富差距拉大，促进区域、城乡和谐发展。其四，加大政府消费的拉动作用，完善公共服务，扩大社会就业。利用智慧城市、智慧农村、智慧政府建设，以政府采购、场景运用等方式促进数字经济等新兴产业发展。

（四）全面深化机制改革，为高质量发展提供制度支撑

一是加快政府职能转变，全面建设服务型政府，使浙江营商环境明显优于其他地区。二是探索管理体制改革。在省管县的基础上，尝试推进市管县改革，加快区域中心城市的形成，补上中等城市偏弱环节。三是创新公有制经济的多种实现方式，加快国有企业改革，推进混合所有制、国有民营、员工自治等多种改革方式的试点，增强公有制经济的活力与影响力。四是推进农村土地制度改革，在嘉兴、义乌等地的改革基础上，加大改革力度，率先试点农村宅基地改革，促进多余农村宅基地确权与转让，打破城乡土地要素分割，促进城乡人口与资金、人才的双向流动，为一体化的要素市场建设打下基础。五是加快出台数字信息的法规，明确数字资源的产权、个人与企业信息保护、数字标准化、数字交易的规则，在全国率先建立数字交易市场，促进数字资源的开发应用，推动浙江数字经济大发展。

（五）优化产业空间布局，促进区域相对平衡发展

一是在大力推进大湾区建设的同时，加大花园建设力度，尤其要将山区建设作为大花园建设的重要组成部分，加快使山区经济成为“两山理念”的最佳示范区。二是优化城市体系，建成大中小城市协调、区域相对平衡发展的城市体系。在正在且将持续出现人口向杭州与宁波中心城市集聚、城市体系中间环节（省辖市）偏弱的态势下，要加大对其他省辖市的支持力度，

尤其是浙南温州都市区、浙中都市圈的培育。在温州等市推进“省管县”体制向“市管县”体制改革试点，加强区域中心城市的培育；继续加大对县城与重要小城市的培育力度。三是大力推进县域经济重振。以小城市建设、乡村振兴与城乡一体化为抓手，将县域经济作为浙江制造业改造升级、绿色发展、城乡融合发展的主要空间与平台，促进浙江县域经济再崛起。

（六）建立联合防控机制，严密防范金融风险

进入发达经济后的十多年里，极易爆发金融危机，要将金融风险的防控放在重要位置，金融风险的预防与及早管控尤为重要。要鼓励引进海外与国内民营金融机构，促进同业竞争，降低实体经济的借贷成本；加强对大中型企业的财务风险预防管控，将大企业的资产负债率控制在 60% 以下，中小企业的资产负债率控制在 50% 以下；严格抑制房地产泡沫，加快推进农村土地制度改革，在房地产价格泡沫较大城市尝试房地产税试点改革，控制房地产信贷；在稳妥推进金融创新的同时，强化对网络金融的监管，利用大数据建立起对网络金融的监督管理机制；加强预防性管理，建立起全面的金融中高层经营管理人员的信用库，并对投资者与公众开放；利用大数据对网络金融借贷项目事先评估，严格防止自融、造假；对出现的金融风险苗头，要迅速及时进行控制与补救，避免风险蔓延扩大；建立政府（金融办）、人民银行与银保监会、证监会、实体企业、商业银行的联合监管协调机制，强化金融风险监控防范与风险及时处置。

B.4

2019～2020年安徽经济高质量发展研究

吕连生*

摘　要：　2019年安徽经济总量在突破3万亿元基础上又有较大增长，同时经济结构在优化调整，发展新动能在加快增强。2020年以来，在国际经贸环境复杂多变，国际国内出现新冠肺炎疫情对经济社会产生严重影响的情况下，在省内长江流域、淮河流域、巢湖流域同时出现汛情的情况下，安徽经济在下降后较快回升，保持了稳中求进的良好态势，五大发展行动计划得到全面实施，工业经济继续保持较快发展，科技创新引领取得突破和较大进展，对外贸易水平在逆境中取得较大进步，转型发展成效显著。

关键词：　新发展格局　转型发展　高质量发展　安徽经济

一　2019年安徽省经济高质量发展

（一）2019年安徽高质量发展的新成就

2019 年安徽省实现生产总值 37114 亿元，总量居全国位次冲到了第 11，

* 吕连生，安徽省社会科学院经济研究所原所长，研究员。

较上年前移2位；经济总量和人均GDP均创下了安徽历史上的最高纪录。经济总量，2019年安徽实现了新跨越，迈入全国区域经济中上游。从2014年安徽经济总量突破2万亿元，到2019年突破3.5万亿元，安徽仅用了5年时间。2011~2015年，安徽经济总量排在31个省（自治区、直辖市）第14位；2016~2018年，安徽上升1位，排在第13位；2019年，安徽上升2位，排到第11位。若以2010~2019年这个10年的区间来看，安徽从第14位上升了3个位次，是这10年中上升最快的省份之一。从第四次全国经济普查数据来看，安徽增加4004.08亿元，是上调增数最多的省份。其中，核算后安徽第二产业增加值为14094.4亿元，增加252.4亿元，第三产业增加值为17278.5亿元，增加3751.7亿元，占据了4000亿元的“大头”，占GDP比重比初核数提高5.7个百分点，达到50.8%。2019年安徽人均GDP达到58496元，折合8480美元，比2018年增加4418元，居全国位次冲到了第13位，较上年上升8位，10年前的2010年，安徽人均GDP居全国第25位；两年前的2017年，安徽人均GDP上升1位，排在全国第24位；2018年，安徽人均GDP上升3位，居全国第21位；2019年，安徽跃升12位，从全国中下游成功跻身中上游。

（二）2019年安徽高质量发展的新变化

1. 战略性新兴产业发展势头强劲

2019年以来，安徽省着力提升创新能力，用好科技创新支持政策，建好各类创业平台，大力招才引智，建设创新高地、产业高地，战略性新兴产业保持较快发展，大步走上经济发展“主战场”，继续在稳增长、调结构、促改革、惠民生等方面发挥重要作用。2019年，安徽省战略性新兴产业产值增长14.9%，比规模以上工业增速高8.2个百分点；其中新一代信息技术产业、高端装备制造产业、新材料产业、生物产业、新能源汽车产业、新能源产业、节能环保产业分别增长16.4%、11.6%、13.2%、21.4%、10.5%、17.7%和18.1%。24个战略性新兴产业集聚发展基地产值增长13.6%，新旧动能转换明显加快。2019年，安徽新增高新技术企业1233

家，总量达到6636家，区域创新能力连续8年稳居全国第一方阵；科技之花结出产业之果，以"芯屏器合"为代表的安徽省战略性新兴产业厚积薄发，一举成名。所谓"芯"，是指芯片产业。目前合肥已集聚了包括长鑫存储在内的186家集成电路企业，致力于打造世界一流的存储产业集群。所谓"屏"，是指新型显示产业。合肥已建成世界最大的平板显示基地。京东方在合肥建设了全球首条最高世代线——10.5代TFT-LCD生产线，在65英寸、75英寸市场全球出货量排名第1。所谓"器"，是指装备制造及工业机器人产业。安徽六轴机器人产量已居全国第1位。所谓"合"，是指人工智能和制造业加快融合。脱胎于中科大的科大讯飞已是中国最重要的人工智能企业之一。合肥打造的"中国声谷"已集聚包括科大讯飞、华米科技、海康威视、寒武纪等在内的600余家企业，形成了国内最具代表性的人工智能产业生态圈。

2. 安徽多个城市经济总量实现重要跨越

从全省来看，2019年合肥全年生产总值（GDP）首次突破9000亿元，芜湖全年生产总值（GDP）突破3500亿元，滁州、阜阳、安庆、马鞍山、蚌埠5市全年生产总值（GDP）首次突破2000亿元，超过2000亿元的地市达到7个，比2018年多出5个，形成一批有竞争力的新增长极，改变了安徽过去"一核少极"的区域格局。最具代表性的便是滁州和阜阳的强势崛起，成为安徽区域发展中一股不可忽视的力量。2019年，两市凭借第四次全国经济普查的经济增量和超过9%的增速，分别拿下安徽经济第3位和第4位，携手进入全国城市经济100强，距离进入3000亿元城市仅有一步之遥。在经济向高质量发展转变的进程中，2000亿元城市是一个省份发展的重要参数指标，重点城市数量的多少具有特殊意义，意味着经济发展站上了一个新台阶。

3. 经济新动能加快成长

2019年以来，安徽省优势产业电子信息制造业增速始终保持较高水平，对全部规模以上工业增长的贡献率居全省40个大类行业首位，持续为全省工业经济增长提供支撑。通用设备制造业增长8.6%，电气机械和器材制造业增长11.4%，计算机、通信和其他电子设备制造业增长21.1%。工业新产品中，微型计算机设备、集成电路、移动通信手持机产量分别增长11.5%、14.6%和16.7%。在规模以上工业中，高新技术产业、装备制造业增加值比上年分别增长13.7%和10.1%，占比分别为40.1%和32.2%。全年快递业务量15.5亿件，快递业务收入138.4亿元，比上年分别增长37.6%和24.7%。全省877家开展网络零售业务的限额以上企业实现网上零售额641.9亿元，增长28.3%。

4. 新一轮对外开放力度保持良好势头

2019年安徽全年进出口总额687.3亿美元，比上年增长9.4%。其中，出口404亿美元，增长11.6%；进口283.3亿美元，增长6.3%。从出口商品看，机电产品、高新技术产品出口分别增长10.5%和6.7%。全省继续保持规模扩张、结构优化的良好发展态势，呈现强劲活力和内生动力。得益于不懈的市场开拓，开放的安徽对外贸易“朋友圈”阵容不断扩大，目前，安徽省与200多个国家和地区有贸易往来。其中，与“一带一路”沿线国家和地区经贸合作日益频繁。2019年对“一带一路”沿线国家和地区投资2.7亿美元，增长45.3%。安徽省中欧班列积极响应“一带一路”倡议号召，开行速度不断提升，辐射范围双向扩大，货源品类也在不断丰富。安徽省中欧班列实现“8天12列连发”“单日4列连发”，仅用101天就突破发送100列，开行频率从开行时每周发送1列提升至每周发送7~14列。开行线路在原有合肥至汉堡常态化线路的基础上，先后开行合肥至赫尔辛基、合肥至塔什干、合肥至阿拉木图、合肥至杜伊斯堡以及合肥至杜塞尔多夫等新线路，货源辐射范围也逐步覆盖合肥、淮南、蚌埠等城市。

5. 固定资产投资保持较高增长

2019年，全省固定资产投资增长9.2%，增速比前三季度加快0.8个百分点，比上年回落2.6个百分点，高于全国3.8个百分点，居全国第8位、中部第4位。安徽省聚焦铁路、公路、水利、能源等基础设施，加大实施城镇老旧小区改造、城市停车场、城乡冷链物流设施建设等补短板工程力度，加快推进一批重点项目建设，政策导向进一步明确，财政支出发力明显。全年基础设施投资增长13.1%，增速比上年提高6.1个百分点。安徽全面落实“稳地价稳房价稳预期”目标要求，加强房地产市场供需双向调节，房地产投资在调控趋紧背景下依然保持两位数增长，起到了明显的支撑作用。全年房地产开发投资增长11.7%，增速比上年提高5.3个百分点。

6. 市场主体增长迅速

安徽自2014年深化商事制度改革以来，极大释放出经济蕴藏的潜力，市场主体数量由2013年的214.1万户，到2019年11月底突破500万户，达到506.8万户，连续6年实现两位数增长；民营企业首次突破130万户，达到132.15万户，经济活力显著提升。商事制度改革与“大众创业、万众创新”政策形成叠加效应，在安徽掀起新一轮创业创新热潮。

7. 农业结构调整质效提升

种植结构进一步调优。全年粮食播种面积调减29.3千公顷，经济作物面积增加39.9千公顷；完成专用小麦订单生产595.3千公顷，比上年新增78.7千公顷；优质水稻订单生产740千公顷，新增286.7千公顷。产品质量进一步提升。优质强筋弱筋小麦占到39%，比全国高6个百分点；三等及以上小麦占87.2%，比上年提升32.6个百分点。新培育“三品一标”农产品1542个，有效“三品一标”农产品达7262个。

二　2020年以来安徽经济的高质量发展

2020年以来，安徽省委省政府深入贯彻党中央、国务院关于统筹推进疫情防控和经济社会发展工作的决策部署，聚力“六稳”和“六保”，全省经济保持了高质量发展的态势。

（一）2020年在抗击疫情和汛情中保持经济稳定发展

安徽2020年虽然遭受新冠肺炎疫情的不利影响，但全省上下认真落实党中央、国务院各项决策部署，对标高质量发展要求，扎实推进供给侧结构性改革，全面实施五大发展行动计划，基本稳定了经济发展的大局，其中高新技术产业产值同比甚至取得了两位数的快速增长。根据安徽省统计局公布的地区生产总值统一核算结果，前三季度安徽省 GDP 为 27668.1 亿元，按不变价格计算，比上年同期增长 2.5%，比上半年提升 1.8 个百分点。其中，工业，建筑业，金融业，信息传输、软件和信息技术服务业增加值增速分别为 3.2%、2.8%、6.4%和 17.4%，均高于 GDP 增速，合计拉动 GDP 增长 2.3 个百分点。新产业新业态发展势头良好，新动能持续逆势增长，为经济复苏提供强大动力。全省经济高质量发展具有如下特征。

特征之一：危中寻机，外贸进出口逆势增长。

2020 年前三季度，安徽外贸基本盘逐步企稳向好。从 3 月份开始，连续 7 个月正增长，累计增长 13.1%，保持持续增长势头。全省进出口规模分别为 1074.9 亿元、1366.7 亿元、1517.6 亿元。

特征之二：工业企业复产速度较快，新技术产业增长强劲。

前三季度，全省规模以上工业增加值同比增长 3.9%，比上半年加快 1.9 个百分点，比全国高 2.7 个百分点，居全国第 6 位。其中，高新技术产业增加值增长 13.4%，战略性新兴产业产值增长 17.1%。主要产品产量中，钢材增长 10%，汽车增长 22.1%，微型计算机增长 31.7%，太阳能电池增长 42.9%，电力电缆增长 31.9%，集成电路增长 16.1%。

特征之三：消费品市场稳步回暖，线上销售快速增长。

在疫情防控形势和经济社会秩序持续向好作用下，产业循环、市场循环、经济社会循环逐步畅通，居民外出消费明显恢复，消费市场企稳回升态势持续巩固。前三季度，全省社会消费品零售总额 13094.7 亿元，同比下降 0.5%。其中，第三季度安徽社会消费品零售总额 4638.1 亿元，同比增长 5.5%。网上商品零售持续加速，全省限额以上网上商品零售额同比增长 28.7%。

特征之四：固定资产投资实现增长，基础设施投资增长较快。

前三季度，全省固定资产投资同比增长 2.4%，增幅比上半年、第一季度分别上升 1.4 个和 13.5 个百分点，高于全国 1.6 个百分点，居全国第 18 位。其中，基础设施投资增长 10.9%。

特征之五：农业生产形势稳定，夏粮再获丰收。

2020 年夏天特大洪灾发生后，安徽农业生产形势依然稳定。前三季度，全省农林牧渔业总产值增长 1.8%，比上半年加快 0.3 个百分点。夏粮早稻增产 0.3%。蔬菜播种面积、产量分别增长 4% 和 4.3%。

总体上看，安徽统筹疫情防控和经济社会发展成效明显，经济持续稳定恢复。

（二）新发展格局之下安徽经济2020年全年走势的基本判断

1. 2020年加快经济恢复保持稳中求进的有利条件

2020 年就抗击疫情恢复经济形势来看，安徽发展仍面临不少困难，但是安徽经济回稳动力正在集聚，新的后发优势正在不断形成，新兴增长极正在孕育。安徽经济增长中包含有五个有利条件。一是长三角一体化发展国家战略规划及近期获批的国家级自贸区的全面实施，对安徽全域发展能带来强劲动力。二是全省战略性新兴产业集聚发展基地已经产生带动性和裂变性。以集成电路和新一代新型显示为代表的新兴产业在国际疫情蔓延的不利情况下仍能保持高速逆势增长。安徽前三季度规模以上工业战略性新兴产业产值和规模以上高新技术制造业增加值增长强劲。三是安徽传统优势产业在智能化趋势之下，升级改造产生了积极效应，对安徽 2020 年经济增长会产生有利因素。四是我国“一带一路”行动计划的全面实施，为安徽外经外贸较大幅度增长提供了难得的有利时机。特别是国家级自由贸易试验区正式获批，是安徽进一步提升开放型经济发展水平的重大机遇。五是几年来安徽大力推进的“三重一创”项目建设，开始在 2020 年产生积极的效应。比如聚焦国家重大需求，新型显示器件整体规模国内第一，京东方 10.5 代线满产满销。

2. 前三季度经济运行趋势可预示全年经济稳定增长

尽管 2020 年夏季的洪涝灾害对安徽秋粮的丰收有一定影响，但夏粮的丰收为全年的粮食稳定奠定了良好的基础。从安徽前三季度经济运行趋势来判断，第一产业总体能够保持基本稳定，第二产业自第二季度以来在稳

步增长，第三产业已实现相对较快发展。安徽省产业发展在此次疫情中表现了具有较强的韧性和可持续性。2020 年安徽省全年 GDP 增长可达到 4%左右，预计高于全国平均水平 2 个百分点左右。这样的增长目标可确保安徽人均收入水平稳步提高，缩小与全国平均水平的差距，缩小与沪苏浙的经济差距（见表 1）。诚然，当前经济仍是一种恢复性增长，特别是国内国外环境仍然复杂严峻，不确定性较多，经济持续复苏向好的基础仍需进一步巩固。

表 1　2020 年安徽省与全国及沪苏浙经济同比增长态势

单位：%

地　区	第一季度	上半年	前三季度
全　国	-6.8	-1.6	0.7
安　徽	-4.2	0.7	2.5
上　海	-6.7	-2.6	-0.3
江　苏	-5.0	0.9	2.5
浙　江	-5.6	0.5	2.3

资料来源：根据国家统计局和安徽省统计局公布的统计数据整理。

3. 对安徽经济中长期发展形势的判断

对安徽中长期发展的判断，需要对安徽省情问题有全面认识。全面认识安徽省情的关键是要客观、准确地判断省情省力的基本特征，把握安徽发展的关键是要从所处的历史方位出发，以清醒地分析中长期经济发展趋势。省情省力的特征可从经济发展条件、经济总量和经济发展水平三个层面加以判断。衡量我国一个省区省情省力的状况，不只是看某项指标的绝对数，更重要的看某项指标的相对数，其中最直观的相对数是某项指标在全国的位次。按照这样的方法对安徽省情省力的基本特征做出总体判断，可以概括为三个基本特征：一是安徽的经济发展条件在全国居中偏上；二是经济总量在全国居中；三是经济发展水平在全国居中偏下，是我国正加快崛起的经济欠发达省份。第一，安徽的经济发展条件在全国居中偏上，但经济发展水平却在全国居中偏下，条件与水平不对称，说明安徽仍然是我国的欠发达省份，在经济方面还有很多弱项和问题。第二，经济发展水平与发展条件的不对称，又恰恰说明安徽经济还有很大的发展潜力，积蓄着相当的后发优势，目前已进入后发优势释放期，安徽中长期发展有可能把发展水平提高到与发展条件相同的位次，逐年缩小人均收入与全国平均水平的差距，走在全国省区方阵的前列。

安徽省“十四五”期间经济社会发展会有十大阶段性特征。一是工业化进入中后期，越来越多的产业深度融入新一轮科技与产业革命，产业结构处于全面升级期。二是城镇化进入中后期，全省已处于以城市为主导、城乡融合发展的新时期。三是参与长三角一体化发展进入深化期，全省经济处于高质量发展期。四是信息化进入普及期，特别是5G的商业化应用会推动智能产业进入加快发展期。五是依据法律和规则的市场体系建设持续推进，营商环境进入完善期。六是创新发展进入活跃期，越来越多的创新成果处于收获期。七是绿色发展进入升级期，生态环境处于保护修复期。八是社会发展进入新的转型期，社会治理能力现代化建设处于关键期。九是开放进入扩展期，企业“走出去”进入上升期。十是改革处于攻坚期，改革红利进入持续释放期。认识和把握这些特征，有利于促进安徽省“十四五”期间的社会和谐和高质量发展。

（三）存在的问题与差距

尽管2020年安徽经济高质量发展已经开始取得成绩，但全省经济中仍然存在诸多发展不平衡不充分的重大问题，影响经济转型升级，值得高度重视。

1. 创新的差距与不足

党的十八大以来，安徽加大了创新驱动战略实施力度，全省各市县、各类企业积极主动创新，全省创新能力快速提升，连续8年居全国第一方阵。但由于发展基础和发展条件的区域差距，出现了创新极化现象，即发展基础和发展条件好的市创新集聚能力越来越强，而发展基础和发展条件弱的市，尽管也是千方百计创新，却很难吸引创新要素，很难提升创新能力。主要表现是，创新要素向合芜蚌集聚，其中合肥市集聚和创新能力最强，而皖北地区尤其是亳州、宿州和阜阳3个农业大市，由于发展基础和发展条件较弱，创新能力提升缓慢。由表2可见，合肥市的R&G人员占全省的1/3以上，每年都有增长，2010~2018年间增长了1.42倍；R&G投入、有效发明专利数占全省比例不仅最高，在2010~2018年还分别提升了4.34个、8.86个百分点，大中型工业企业新产品销售收入占全省的比例虽然有所下降，但8年间总量也增长了3.39倍；亳州、宿州和阜阳3市在2010~2018年间的相关指标虽然都有提升，但提升速度较慢，总量占全省的比例都很小，导致这种情况与创新极化现象有密切关系。

表2　2010年、2018年合肥市与亳宿阜3市创新能力演变比较

指　　标		2010年		2018年	
		数额	占全省比例	数额	占全省比例
R&G人员(人,%)	合肥市	35551	37.57	86032	35.47
	亳宿阜	4718	5.05	13655	5.86
R&G投入(万元,%)	合肥市	576263	35.20	2566521	39.54
	亳宿阜	46601	2.84	350205	5.38
有效发明专利(个,%)	合肥市	677	26.70	20021	35.56
	亳宿阜	88	3.47	3499	6.21
大中型工业企业新产品销售收入(亿元,%)	合肥市	705.51	35.32	3096.01	32.48
	亳宿阜	55.81	2.79	664.48	6.97

资料来源：安徽省统计局：《安徽统计年鉴》（2011、2019）。

2. 收入差距与不足

党的十八大以来，特别是“十三五”以来，我国城乡居民收入持续增长，差距转向缩小，但安徽的缩小程度却大大低于全国平均水平。由表3可见，在2015~2019年期间，全国城乡居民收入差距之比缩小了0.252，而安徽只缩小了0.054，反映了安徽的城乡发展分化程度超过全国平均水平。

表 3　“十三五”以来安徽城乡居民收入差距缩小程度及与全国比较

单位：元

	指　标	全国	安徽
2015 年	城镇居民人均可支配收入	31195	26936
	农村居民人均可支配收入	10772	10821
	城乡居民人均收入比	2. 896	2. 489
2019 年	城镇居民人均可支配收入	42359	37540
	农村居民人均可支配收入	16021	15416
	城乡居民人均收入比	2. 644	2. 436
城乡居民人均收入差距变化		缩小 0. 252	缩小 0. 054

资料来源：2015 年资料来源于《中国统计年鉴（2016）》，2019 年资料来源于全国及安徽 2020 年国民经济社会发展统计公报。

城乡发展不平衡是我国各省份的共性问题，但安徽较为突出，逐渐出现乡村弱化问题，主要表现是农村普遍出现“过度老龄化”“季节空心化”现象。一方面，由于绝大多数青壮年农民到城市务工经商，老人留在农村种地持家，普遍出现了“过度老龄化”问题；另一方面，在城市务工经商的青壮年大多在春节时回家，农村热热闹闹，但过节后又纷纷返城，很多农家锁门闭户，农村普遍出现了“季节空心化”问题。这样，乡村出现了衰退现象，农业、农民、农村老的“三农”问题尚未解决，又出现了农民工、老人农业、空心农村新的“三农”问题，加重了城乡发展的不平衡和乡村的弱化，综合反映为城乡居民收入差距的扩大，而且扩大程度超过邻省。浙江、江苏是与安徽相邻的两个发达省份，江西、河南是与安徽相邻的两个发展中省份，安徽与四邻省相比，尽管 1978 年时城乡居民的平均收入比不同，但总体上差距不大，而 40 年后的 2018 年，安徽城乡居民的收入差距程度不仅高于经济发达的浙江、江苏两邻省，也高于发展中的江西、河南两邻省（见表 4）。

表 4　1978 年、2018 年安徽城乡居民收入比与邻省的比较（以农村居民人均收入为 1）

年份	安徽	浙江	江苏	江西	河南
1978	3. 76	3. 17	3. 08①	2. 43②	2. 68③
2018	2. 44	2. 04	2. 26	2. 34	2. 30

注：①为 1981 年，②为 1980 年，③为 1995 年。

资料来源：国家统计局《改革开放十七年（1978～1995）的中国地区经济》《中国统计年鉴（2019）》。

造成这个问题的主要原因可以概括为四个方面。一是安徽农业的现代化程度低，产品结构低端化特征明显，大都为传统种植和养殖业，高附加值的绿色产品、深加工产品比重过小，缺乏市场竞争力；农业生产单位规模小，难以形成规模经济，并由于种养业成本持续升高，农业产出比较效益更趋降低。二是安徽农业农村"人口红利"基本丧失，近30年来全省常年外出打工农村人口达800万~1000万人，作为农业生产力最活跃因素的青壮年农民离开农村，农村产业要素被削弱，劳动生产率较低，并由此形成大量"空心村""老幼村"，农村社会缺乏生机。三是城乡"二元结构"的重要藩篱户籍制度改革尚未到位，造成成百上千万农村外出务工人口在外贡献GDP和财政收入，但要回乡取得社会福利，形成一种新"剪刀差"的不协调。四是安徽的县域经济大都不发达，相当多数县级政府财力薄弱，且近年来又有数量不等的债务，投入乡村建设力量有限，导致农村社会发展滞后且离散化，教育、医疗、养老等公共服务显著滞后于城市。少量留守儿童缺乏父母直接教育而出现心理障碍，老一代农民工逐渐返乡，老弱病残越来越严重，老少两头出现的问题对农村造成极大的拖累，使城乡发展不平衡问题更为复杂。加上前述的区域分化和创新极化又加重了这四个原因的影响程度，安徽的乡村弱化也逐渐加重。

3. 资源利用效率低的问题突出

资源利用效率程度是衡量地区资源配置优化程度和经济发展质量的综合反映，可从某项资源利用效率与全国平均水平的比较，来判断一个省区的资源利用效率程度。按这种方法比较发展，安徽资源利用效率低的问题突出（见表5）。

表5　2018年安徽省主要资源利用效率与全国平均水平比较

指　　标	安徽	全国	比全国低
粮食单产(公斤/公顷)	5921	6158	237
规上工业利润率(%)	6.12	6.32	0.2个百分点
其中:国有企业(%)	5.36	6.53	1.17个百分点
建筑业利润率(%)	3.63	3.72	0.09个百分点

续表

指　　标	安徽	全国	比全国低
信息业利润率(%)	54.76	60.01	5.25 个百分点
房地产业利润率(%)	20.05	27.43	7.38 个百分点
移动电话普及率(%)	87.54	112.23	24.69 个百分点
每百人使用计算机数(台)	23	29	6
千人拥有卫生人员(人)	5.27	6.83	1.56
千人拥有病床(张)	5.19	6.03	0.84
城镇职工养老普及率(%)	82.41	96.50	14.09 个百分点

资料来源：国家统计局《中国统计年鉴（2019）》。

由表 5 可见，从最新的统计数据看，安徽在经济社会领域的一些主要资源利用效率程度都低于全国平均水平，有的差距还比较大，特别是对新资源和生产要素的利用效率更低。如移动电话普及率比全国平均水平低 24.69 个百分点，每百人使用计算机数比全国平均水平少 6 台。对土地、矿产资源利用，其利用效率不仅低于全国平均水平，而且更低于经济发达省份，有的甚至低于周边省份，农业就是典型的例子。从表 6 所见，2018 年的安徽粮食单产，每公顷低于江苏 971 公斤，低于浙江 861 公斤，低于山东 454 公斤，低于湖北 379 公斤，低于河南 333 公斤，低于江西 124 公斤，在长江中下游和淮河流域的粮食主产区，单产处于末位，这充分反映了安徽资源利用效率低的问题非常突出。

表 6　2018 年安徽粮食单产与周边省份比较

单位：公斤/公顷

省　份	江苏	浙江	山东	湖北	河南	江西
单　产	6892	6782	6735	6300	6254	6049
比皖高	971	861	454	379	333	124

资料来源：国家统计局《中国统计年鉴（2019）》。

4. 开发和保护的矛盾突出

高质量发展是开发和保护并重的发展，但是，由于我国在前一阶段普遍

是重开发、轻保护，生态环境方面欠账过多，对生态环境保护提出更加严格的要求，出现了开发和保护的矛盾。安徽前一阶段发展很快，生态环境保护没有跟上发展的步伐，开发和保护的矛盾就更为突出。一般讲来，反映一个地区开发和保护的矛盾程度，可以该地区的常住人口和 GDP 占全国的两个比例为基准，与相应的生态环境保护指标做比较，若同时高于这两个比例或某一个关联度大的比例，则说明该地区的开发和保护出现了矛盾；高出的项目越多，或高出的值越高，则说明该地区的开发和保护矛盾越突出。按照这个方法进行对比，将安徽 2018 年的若干主要指标列为表 7。

表 7　2018 年安徽相关生态环境保护指标情况及程度分析

指　　标	数额	占全国比例	程度①
基　　准	(1)人口占全国的 4.47%；(2)GDP 占全国的 3.33%		
耕地面积(万平方公里)	5.7857	4.28%	严重②
水资源总量(亿立方米)	835.8	3.04%	很严重
废水排放总量(万吨)	233838	3.34%	严　重
其中:化学需氧量(万吨)	49.59	4.86%	很严重
氨氮(万吨)	5.76	4.13%	严　重
氮氧化合物(万吨)	49	3.89%	严　重
烟(粉)尘(万吨)	28.08	3.53%	严　重
工业固体废物产生量(万吨)	12002	3.62%	严　重
化肥施用量(万吨)	311.8	5.52%	很严重
农作物受灾面积(万公顷)	86.32	4.14%	严　重
森林病害发生面积(万公顷)	7.15	4.04%	严　重

注：①超过一个基准的为严重，超过两个基准的为很严重。②为逆向指标。

资料来源：国家统计局《中国统计年鉴（2019）》。

由表 7 可见，从资源总量看，安徽耕地面积、水资源总量占全国的比例都低于人口占全国的比例，人均耕地面积、水资源拥有量低，特别是水资源总量虽居全国第 11 位，但人均水资源拥有量 1328.9 立方米，只有全国平均水平的 67.4%，就从总量上导致了开发与保护之间的矛盾。从资源开发质量看，如前所述，由于安徽资源利用效率低的问题突出，也就加重了开发与保护之间的矛盾，特别是工业中的废水排放化学需氧量达 49.59 万吨，居全国第6位，农业中的化肥施用量311.8万吨，居全国第3位，反映了开发与保护之间的矛盾很突出。在不少地区，雾霾天气多发，农村垃圾污染、城镇垃圾围城及河道水体黑臭现象较为突出。按照中共中央、国务院颁发的《长江三角洲区域一体化发展纲要》对安徽要建成绿色发展示范区的要求，“十四五”期间，安徽要在经济、社会的广泛领域推进绿色化转型，对开发与保护提出了更高的要求，又可能会出现新的矛盾。

三 发展对策研究

2020年是我国“十三五”收官之年，面对国际国内经济环境出现的错综复杂的局面，安徽需要遵从党中央提出的新发展格局的要求，把握好双循环相互促进的战略，坚持强化创新驱动，保持实体经济平稳健康发展，着力建设现代化经济体系。当前，从战略和策略上，建议重视实施如下对策。

（一）突出合肥国际科技创新策源地建设，带动全省各市创新步伐

1. 全力支持合肥综合性国家科学中心建设

服务国家战略和前沿科技发展，集中布局建设“1+4+10+N”高能级科技创新平台体系。争创量子信息科学国家实验室，建设能源、人工智能、大健康、环境四大综合性研究平台。全面提升全超导托卡马克、稳态强磁场、同步辐射光源三大设施性能，加快建设聚变堆主机关键系统、未来网、高精度地基授时系统、雷电防护实验四大设施，争取先进光源、大气环境、强光磁三大设施纳入国家“十四五”重大科技基础设施规划。建设“N”个协同创新和创新创业平台，深化与高校、科研院所、企业合作，持续提升中科大先研院、中科院创新院、清华公共安全院等协同创新平台；丰富拓展众创空间、孵化器、加速器、科技园区等平台载体。聚焦国家重大需求，持续实施科技攻坚，在优势领域、颠覆性技术上形成一批在国际具有引领性的重大科技成果。

2. 全力抢占量子技术的制高点

近年来，安徽举全省之力推进量子科技研究，遵照习近平总书记讲话精神要求，深入分析研判量子科技发展大势，下好先手棋，取得了一系列原创性重要成果，在部分领域处于领跑并跑水平。经过多年的集聚和发展，合肥量子产业初具规模，落户科大国盾等核心企业6户，相关配套企业近30家；由潘建伟、郭光灿、杜江峰三位院士领衔，汇聚科研人员700余人；量子专利总量仅次于北京。2020年10月16日，习近平总书记在中共中央政治局第二十四次集体学习会上又做出重要讲话，从顶层设计、政策支持、关键技术突破、人才培养等方面为我国量子科技发展指明前行方向。安徽需要进一步围绕量子通信、量子计算、量子精密测量等领域，强化基础研究，加快推进量子信息与量子科技创新研究院建设，积极打造量子创新技术策源地。以科研成果熟化转化为核心，以关键核心技术研发为突破点，以产业聚集发展模式为路径，打造量子科学、量子产业“双高地”。加快关键核心技术攻关和交叉技术研究突破，优化量子技术科技研发和产业发展环境，不断扩大合肥在全球量子科技领域的影响力。要抓实量子信息产业链推进机制，依托开发园区、行业主管单位建立常态化推进机制，成立产业技术创新联盟，形成产业发展合力，明确战略目标，制定专项政策，建立开放合作新机制，依托中科大加快量子技术领域高端人才培养，建立高效沟通协调的服务保障机制，为科学家提供良好的基础条件，创造一流创新环境；加强量子科技发展政策支持体系建设，加大社会研发投入力度，强化对基础研究的支持，建立稳定的研发经费投入增长机制，营造推进量子科技发展的良好政策环境；强化科技研发“沿途下蛋”机制，让更多的量子科技研究成果应用于安徽国民经济主战场，为美好安徽建设提供强大科技支撑。

3. 推进长三角区域创新共同体在安徽全覆盖

从全省看，要加大合芜蚌国家自主创新示范区与沪苏浙协同创新建设的力度，突出合肥与张江两大国家综合科学中心在原始创新方面的合作互补，共同打造全国原始创新策源地，对标世界一流，加强技术创新、产业创新的前沿探索和前瞻布局。从各市县看，要以共建G60科创走廊建设为新示范，以与苏浙毗邻地区率先一体化发展为新典范，推动各市县主动开展与沪苏浙的创新合作，逐步实现长三角区域创新共同体在安徽的全覆盖。要把商合杭高铁建成安徽与沪苏浙协同创新产业体系建设的主动脉，发挥其对长三角区域创新共同体在安徽全覆盖的战略作用。合肥市带动全省各市科技创新的步伐，可以通过以下四个途径实施。一是要在合芜蚌自主创新示范区中发挥好龙头作用，引导新一代新型显示技术、新能源及新能源技术、工业机器人技术、生物技术等协同创新。二是通过与皖北城市结对共建合作园区方式，引导掌握先进技术的高技术企业向科技力量薄弱的皖北城市进行技术扩散。三是由合肥市牵头，联合全省相关市县的力量，设立关键共性技术研究开发中心，重点在大规模集成电路及装备、环保设备、智能制造和机器人、重点新材料、大健康保障、智能可穿戴设备、新能源、新能源汽车、石墨烯氢燃料电池等领域，积极取得原创性科技成果，发展关键部件和材料等的配套能力。四是建立依托产业价值链的科技创新联盟。从省区内部发展水平差异的现实出发，引导不同发展水平的城市围绕战略性新兴产业构建基于产业价值链的科技创新联盟，合肥、扬州、芜湖、盐城等城市都形成了相当规模的汽车产业，而从汽车产业发展趋势上看，长三角汽车产业将进一步发展壮大，有必要建立长三角汽车产业联盟，在未来新能源汽车及智能化方向发展方面加强合作。

（二）持续推进制造强省建设，努力打造全国重要的先进制造业高地

近年来，安徽省坚定不移推进制造强省建设，从出台制造强省建设实施方案，到制定支持“三重一创”建设若干政策，再到连续举办世界制造业大会，加强制度设计、强化政策支持、创新平台载体，立体化、多层次推进制造业发展。

1. 聚力打好产业基础高级化和产业链现代化攻坚战

要形成双循环的良性互动，需要维护产业链供应链安全。安徽正处于由产业链中低端向中高端攀升的阶段，“卡脖子”问题在部分领域还比较严

重。只有维护产业链供应链安全，强化关键领域、关键技术、关键产品的保障能力，才能为双循环良性互动提供强力支撑。合肥市要聚焦“芯屏器合”产业，加快“延链”“补链”“强链”，全力抓好新型显示器件、集成电路、人工智能三个国家首批战新集群建设。加快突破超高清、柔性显示等新型显示量产技术，加快布局量子点、激光、Micro LED 等新技术，提高关键材料、装备供给能力，进一步巩固显示产业领先优势。加快建设以长鑫为主体的国家存储产业基地，巩固驱动、存储、模拟等细分方向芯片制造能力，增强设计、封测、设备和材料环节配套能力，协同提升国产化率和本地配套率，积极争创国家集成电路产业创新中心。加快壮大“中国声谷”规模，提升国家新一代人工智能开放创新平台能级，主攻智能语音、深度学习、机器视觉、信创计算机等核心技术及产业化，加快建设国家新一代人工智能创新发展试验区、智能语音国家先进制造业集群。持续壮大生物医药、网络空间安全、光伏、新材料等新兴产业，完善产业链条，构建产业生态，加快打造一批全国重要的战略性新兴产业集群。将世界制造业大会、世界显示大会办成国际知名展会，持续扩大“合肥制造”全球影响力。

2. 推进制造大省向智造强省的战略升级

加快培育和发展省级、国家级、世界级的产业集群，支持各类企业实行“智能 +”，增强行业头部企业供应链的可控能力，形成一批“顶天立地”的大企业，培育一批具有安徽特色、创新优势的单打冠军、隐形冠军和独角兽企业。聚焦“智能化、绿色化、精品化、服务化”，系统提升传统制造业基础能力，整体提升产业链能级。持续推进整厂智能化改造，加快构建“绿色产品—绿色工厂—绿色供应链—绿色园区”等绿色制造体系，推动大规模个性化定制、网络协同制造等“制造 + 服务”升级，壮大新型制造规模。坚持“产品 + 内容 + 生态”迭代升级，推动家电产业向“智能家电—智能家居—智慧家庭”，汽车产业向“新能源和智能网联汽车—智能移动空间”，装备制造业向“高端装备制造—系统集成和整体解决方案提供商”转型，加快产业价值链跃升。突出自主可控、安全高效方向，加快产业基础能力再造，攻克产业链关键“断点”和产业“四基”短板，增强产业链稳定性和抗风险能力。大力推进数字产业化。深化与数字经济头部企业合作，培育大数据、互联网、5G、物联网、区块链等数字产业，争创国家数字经济创新发展试验区。依托省网络与信息安全战新基地，加快网络信息安全头部企业落地，集聚新华三、科大国盾、中新网安等领军企业，开发信创软硬件产品，打造“中国安全谷”。依托清华公共安全研究院，建设覆盖全国的消防云和工业安全云。依托滨湖金融后台基地、健康医疗大数据中部中心、科大讯飞、飞友科技等，打造全国大数据应用中心。依托市大数据公司等，探索建立数据交易中心。依托国家数字出口服务基地，大力发展数据服务外包业务。安徽要充分发挥在制造领域的优势，选择家电、汽车等特色行业，尽快构建面向工业互联网的产业体系。

3. 突出加强全省的产业链网络布局

积极发展产业链网络，推动产业基础高级化、产业链现代化，加强补链、延链、强链、优链，提高产业供应链市场竞争力，扩大生产和服务网络。围绕加快安徽国家级、世界级产业集群发展，以推进安徽经济更好地融入国内国际大循环为原则做出选择，重点发展制造业的产业网络，推进产业链融合。在制造业领域可供选择的，一是新一代新兴显示和家电、手机、家居产业网络，以合肥为中心，以芜湖、蚌埠、滁州为骨干，向全省其他城市辐射。二是新能源汽车和传统汽车及零配件产业网络，以合肥为中心，以芜湖、蚌埠、滁州、马鞍山、安庆、阜阳、亳州为骨干，向全省其他城市辐射。三是集成电路和传统装备制造产业网络，以合肥为中心，以芜湖、蚌埠、马鞍山、滁州、安庆为骨干，向全省其他城市辐射。四是机器人和智能制造产业网络，以芜湖为中心，以合肥、蚌埠、马鞍山、滁州为骨干，向全省其他城市辐射。五是新材料、环保材料设备和传统的钢铁、水泥、有色金属、精细化工产业网络，以合肥为中心，以马鞍山、蚌埠、安庆、铜陵为骨干，向全省其他城市辐射。六是生物制药和传统中药加工产业网络，以合肥为中心，以亳州、阜阳、蚌埠、芜湖、黄山、六安、池州为骨干，向全省其他城市辐射。七是农副产品加工和食品、纺织服装、轻工产业网络，以蚌埠为中心，以亳州、宿州、阜阳、滁州、宣城、芜湖、安庆、黄山、六安、池

州为骨干，向全省其他城市辐射。八是能源和电力及光伏产业网络，以淮南、淮北为中心，以亳州、宿州、阜阳、合肥为骨干，向全省其他城市辐射。

4. 促进制造业与现代服务业高端融合

依托自身产业、区位交通等优势，聚焦科技服务、信息服务、现代金融、现代物流，做强做大一批主导服务业。抢抓新一轮城镇化机遇，面向居民需求，聚焦文化旅游、商务会展、现代商贸，优化提升一批传统服务业。把握形势发展和需求变化，聚焦医疗健康、人力资源服务、电子商务，培育发展一批新兴服务业。优化服务业空间布局，依托服务业集聚区，因地制宜引导服务业在中心城区、制造业集中区域、现代农业产业基地以及有条件的城镇等区域集聚。提升中心城区高端服务业能级，推动开发区服务业融合发展，促进各县市服务业特色化发展。积极促进服务业与先进制造业、现代农业及服务业内部深度融合发展，加快培育发展新技术新模式新业态。

（三）加强新基建建设，完善重大基础设施体系

1. 加快新型基础建设，优势互补提供新动力

一是加强战略引导和系统推进。制订《安徽省新型基础设施重大项目建设行动方案（2021～2023年）》，充分考虑区域发展不平衡，在不同区域差别化布局不同类型新型技术设施，对全省新型基础设施建设做出顶层设计。重点推进信息基础设施网络，推进5G部署和窄带物联网建设，加快建设江淮大数据中心和合肥先进计算中心等算力基础设施，提高宿州、淮南、芜湖等市已建的数据中心利用效率。适度超前部署新技术基础设施，推进云计算、区块链等新技术基础设施建设。全面建立融合基础设施体系。强化“5G+”“工业互联网+”“AI+”等示范应用，推进“城市大脑”建设。

二是加快布局数字新基建。围绕数据感知、传输、存储、计算等数据流通全周期，加强各类数字基础设施互联互通，构建“感存算网”全时空一体化服务体系。推进通信网络基础设施建设，提速建设5G基站，加快实现5G网络全覆盖；加快部署城市神经感知节点，形成全覆盖的城市物联网；

扩大量子通信网络覆盖范围，构建覆盖全省的量子通信网络；构建卫星信息网络，加快建设天地一体化信息网络合肥中心，建成合肥地面信息港。推进新技术基础设施建设，重点布局推进人工智能、区块链、云计算“三项技术”基础设施建设，加快华云信创、中国电信、华仓云、京东云等数据中心建设，布局高标准的云计算中心。推进算力基础设施建设，重点推进先进计算、数据存储“两类平台”建设，加快建设合肥先进计算中心，构建开放共享的先进计算与大数据处理平台，争创国家超算中心。以区块链技术创新和产业化为依托，从技术上推动数据要素确权，为数据流通、打破“数据孤岛”提供技术基础。在不同区域规划部署差异化新型基础设施建设，加快阜阳北斗大数据产业园、安庆云谷、铜陵长江工业大数据平台、马鞍山智能装备（机器人）产业基地等应用平台建设，与合肥市的新型基础设施研发与应用呼应，高水平差异化建设新型基础设施网络空间。鼓励蚌埠加快发展5G产业链项目，推动与其他城市在工业互联网、智能网联汽车、电力互联网等方面展开合作，形成5G应用示范。推动合肥先进光源、大气环境立体探测实验等大科技基础设施共享共用。增强部门协同，建立健全各部门联动协调机制，形成工作合力。加大要素保障力度，发挥省级股权投资基金的作用，探索设立新基建发展基金，引导更多社会资本参与新型基础设施建设。探索适用于新型技术设施建设“沙盒”监管机制，加快大数据地方立法，为提升数据共享开放水平提供法律保障。创新建设投资模式，更加注重引进民间资本参与新型基础设施建设，鼓励多元参与，形成多元化投资体系，提高基础设施的市场化运营水平。

三是注重环境营造和人才培育。鼓励中科大等驻合省内知名高校、科研机构与省内其他地市高校共同建设人才培养基地，为当地新型基础建设提供人才支持。支持与高校开展订单式人才培养。建立健全大数据人才保障机制，引进高层次人才团队，创设兴皖新基建高峰论坛、兴皖新基建发展联盟、兴皖新基建研究院等智力平台。鼓励开展“人才飞地”“人才共享”等模式探索，以人为本，在科技创新领域积极创新，打破对科研人员的制度桎梏，以应用为导向，优化科研人员评价体系，打造新型基础建设人才高地。

2. 加强传统基础建设，提高全省的通达性和便捷性

一是进一步优化综合交通体系布局。构建综合立体交通网络格局，积极融入长三角，联通中西部，加强合肥都市圈与京津冀、山东半岛都市群、中原都市群、长江中游城市群、粤港澳大湾区的联系，形成“三纵五横四射二联”的综合运输通道布局。建设发达完善的轨道交通网，打通沿江、沿淮和省际通道，建设长江干线港口铁路、淮河干线港口铁路，推进合肥、芜湖、阜阳、蚌埠等大中城市城际铁路网建设。建设顺畅便捷的公路网，围绕全省“五纵九横”高速公路主骨架建设，打通“断头路”，提升“瓶颈”路段通行能力。打造世界级机场群。提升合肥新桥机场区域航空枢纽及国际航空货运集散中心功能，加强航空牵引能力，加快阜阳、蚌埠、滁州、芜湖等机场新建、迁建或改扩建步伐，构建以合肥为中心的“一枢十支”的航空运输体系。提升水运通江达海水平。对接长三角干线航道网，构建形成以横贯全省的长江、淮河干线，纵穿南北的沙颍河—江淮运河—合裕线—芜申运河为核心的干线航道网。加强五个主要港口建设，形成层次分明、布局合理、大中小结合的全省港口体系，推进重点港区疏港铁路规划建设，结合实际向堆场、码头前沿延伸，实现铁水联运无缝对接，发展多式联运，形成便捷高效的现代物流网络。建设便捷高效过江通道。重点协调好与生态红线、环境敏感区、长江航运等之间的关系，集约利用沿江岸线资源、环境资源建设便捷高效的过江通道。

二是推进能源基础设施建设。推进煤炭产储销体系建设，依托两淮煤炭基地和芜湖港国家煤炭应急储备基地打造区域性煤炭交易市场。推进新能源基础设施建设，提升蚌埠中粮生化、宿州生物燃料乙醇生产能力，推进生物质能开发利用项目。扩大皖北、皖中地区光伏发电应用规模，合力开发利用皖北、皖南的地能、氢能，尤其提高供应能力，推进芜湖、铜陵、池州、安庆 LNG 内河接收（转运）站建设。

三是优化水利发展布局。加快实施引江济淮二期、南水北调东线二期等引调水工程。大力实施农村饮水安全提质增效工程，不断完善农村供水工程体系，建立健全全省农村饮水安全工程长效管理机制。完善防洪保安基础设

施体系，加快淮河流域行蓄洪区安全建设，加快推进新安江流域综合治理。

四是推进物流基础设施网络建设。发挥安徽区位交通优势，推动综合物流枢纽、现代商贸和大型物流园区建设，降低运输成本，依托合肥、蚌埠、阜阳、芜湖、安庆5个国家物流枢纽承载城市，打造“一核、两轴、多集群”的物流园区空间布局，将大数据、物联网应用纳入物流园区建设，提升园区在信息发布、仓配管理、追踪溯源、数据分析、信用评价等领域的服务水平。推进口岸服务型物流园区与“单一窗口”平台建设无缝对接。加快完善邮政快递基础设施建设，持续优化公共服务，推动邮政快递末端网点布局优化、功能完善。

（四）谋划和实施一批牵动性区域重大项目，为高质量发展提供动力支撑

1. 皖江城市带智能化提升工程

着眼于新一轮科技革命与产业变革，加快布局数字经济，加快推进网络强省建设，高水平建设智慧安徽，有必要在全省经济实力最强的皖江城市带率先推进智能化提升工程。一是率先实施5G实验和商务服务，发挥政府在顶层设计、规范标准、统筹协调等方面的引导作用，聚焦信息资源管理和信息基础设施等公共领域重点项目建设。二是积极引入市场机制，科学量化效能目标，形成政府、企业、社会合力推进的格局。三是围绕超前布局信息基础设施、深入推进智慧城市建设、加速普及智慧民生应用、加快发展数字经济四个重点方向，实施基础设施提档升级、为企业提供云服务，推进政务服务能力优化、智慧城市治理创新、民生服务便捷普惠、数字经济融合发展，建设更高水平、更有优势、更具活力的皖江城市带，走在全省优势互补、高质量发展的前列。

2. 合芜蚌自主创新示范区联合科技创新工程

合芜蚌自主创新示范区建设已取得很大成效，“十四五”期间应像联合建设中国（安徽）自贸区那样，突出优势互补，实施联合科技创新工程。一方面，要瞄准前沿、突出重点，把打造世界级新型显示、集成电路、机器

人及智能制造、新能源及新能源汽车四大主导产业集群作为联合科技创新工程的重点，重点支持产业重大共性关键技术突破、重大创新产品研发和重大创新成果转化示范，加快推动关键核心技术、现代工程技术和颠覆性技术取得突破；另一方面，围绕重大科研任务积极探索建立联合攻关机制，主要明确牵头单位的任务，扩大牵头单位和首席科学家在任务设计与实施管理方面的决策权限，精心组织，联合攻关，择重、择优启动，成熟一项启动一项，使任务绩效评价更加突出创新质量和贡献导向。

3. 合肥都市圈同城化发展能力建设工程

2019 年 2 月 21 日，国家发展改革委颁发的《关于培育发展现代化都市圈的指导意见》（发改规划〔2019〕328 号）明确指出，我国现阶段都市圈的发展方向是同城化。合肥都市圈经过五次扩容，在一体化发展不充分不协调的状况下迈向同城化，处于一体化与同城化发展的胶着期，发展成熟程度大大低于南京、杭州、苏锡常、宁波都市圈。“十四五”时期建议解决四个问题。一是进一步提升都市圈一体化水平，主要是继续推进基础设施的互联互通、产业发展的分工与协同、统一市场与对外开放、生态环境共建共保、公共服务共建共享、城乡融合发展，完善区域合作体制机制等，补一体化的短板，提升一体化水平。二是突出城市功能建设推进同城化发展，各成员城市都应从同城化高度，进一步提升城市的基础性功能和区域性功能，推进城市之间的区域合作与功能互补，实现都市圈整体功能的最大化。三是合肥市应以智能化带动都市圈同城化的高质量发展，以智能化对城市的基础性功能和区域性功能赋能，在更高层次上发挥提升都市圈的中心城功能，闯出都市圈同城化发展的新路、快路。四是提高都市圈的认同感，主要是居于合肥与南京之间的滁州、马鞍山、芜湖、蚌埠四市，对合肥与南京两个都市圈要双重认同、双向融入，既要支持四市与南京都市圈的一体化、同城化发展，四市也要加强与合肥都市圈的一体化、同城化发展，既要扩容，更要推进包容发展，双向促进都市圈的同城化发展。

4. 引江济淮沿线航运物流设施及文化传承保护和旅游资源开发工程

引江济淮工程是国家建设的重要工程，在灌溉补水、改善巢湖及淮河水生态环境等方面会产生巨大综合效益，待工程建成运行后，一条崭新的南北向水上大通道将结束安徽江淮之间水运必须绕道京杭大运河的历史，沿线地区可借此通江达海，踏上加速融入长三角一体化发展的快车道，带动航运交通、现代物流、文化旅游及相关特色产业发展。引江济淮工程建设及影响范围涉及铜陵、安庆、合肥、芜湖、六安、淮南、阜阳、亳州、蚌埠、淮北、宿州 11 个市的 325 个社区、居委会、村，历史文化及旅游资源丰富，需要提前谋划文化传承保护和旅游资源开发工程。一是引江济淮工程贯穿合肥与淮南全境，对合肥、淮南区域发展、提升城市品位有着重要作用，应考虑合肥未来发展需求，为合肥与淮南未来发展留有空间。二是要以引江济淮河道（即江淮运河）为主轴，突出主轴，串联旅游资源，建设沿线旅游大道。三是节点旅游与其周边旅游资源要整合，优势互补，彰显特色，努力将引江济淮沿线打造成纵贯江淮流域的高质量发展的廊道，展示江淮风采和安徽形象的靓丽名片。

（五）把握安徽国家级自贸区获批机遇，加快建设充满活力的内陆开放新高地

1. 加快建设好安徽国家级自由贸易区

发挥中欧班列西向大通道作用，加快打造国家级中欧班列集结中心，积极深化与宁波舟山港、上海港开展铁海联运、江海联运。加大与长三角国际化物流龙头企业的合作力度，加密“一带一路”沿线航班，全面提升航空口岸开放平台功能，加快建设国际航空货运集散中心，打造“一带一路”综合性物流枢纽。优化合肥综合保税区、合肥经开区综合保税区、保税物流中心（B 型）等海关特殊监管区域（场所）运营水平，推进合肥空港综保区申建进程，提升各类进境指定口岸通关效率和能级，促进外向型产业集聚发展。加快中国（合肥）跨境电商综试区建设，进一步提升跨境电商规模和水平。提高口岸物流综合服务效能，提升口岸信息化智能化水平。

2. 积极参与“一带一路”建设

发挥“一带一路”节点城市作用，加强重点领域互通合作，增强战略支撑作用。加强重点国别合作，引导新一代信息技术、高端装备、汽车等优

势行业、优势企业扩大对外投资合作，加快资本、技术、装备、服务和标准走出去，推动新技术新业态新模式发展等领域国际合作，加快中德、中日等国际合作园区建设，探索建立境外园区，支持有条件的企业建立海外营销网络。推动国际科技创新活动，推进与沿线国家或地区共建联合实验室、科技园区合作、技术转移合作等，鼓励安徽企业在境外建立或并购科技研发平台。优化利用外资结构，积极引进外商投资企业，引导外资向战略性新兴产业集聚，参与传统产业改造升级。优化进出口结构，促进“优进优出”，加快培育一批外贸龙头型企业。着力打造世界制造业大会等一批具有重要影响力和开放推动力的展会品牌。加快区域贸易“单一窗口”合作，推进通关数据互换、口岸物流信息对接、企业信用信息互认、监管执法信息共享。推动国际人文友好交往，深化对外合作交流，优化友城战略布局，积极探索与沿线国家知名高校合作办学，推动安徽与沿线国家师生双向留学，促进教育及青年交流。搭建文体旅游交流桥梁，强化卫生领域、农业领域等国际化合作，积极争取驻皖外事机构和国际组织分支机构。

3. 深度融入长三角一体化

坚持主动谋划、主动对接、主动推进，协同打造创新共建、产业合作、设施互联、服务共享、规划政策协同的一体化发展新格局。深化合肥、上海综合性国家科学中心“两心同创”，共建具有国际影响力的科创中心。聚焦重点产业，积极打造产业联盟等合作平台，加快推进合杭梦想小镇、G60 产业合作园区建设，共同优化和稳定产业链、供应链，共同打造世界级产业集群和标志性产业链。加强基础设施互联互通，协同推进重大基础设施和新型基础设施建设。深化与长三角教育、文化、卫生等领域优质资源合作，加快提升服务品质，缩小差距。加强与长江中游城市群合作，深入落实合肥行动方案，将合肥打造成连接长三角城市群和长江中游城市群的关键枢纽。

（六）高标准推进绿色发展，加快建设绿色发展美好安徽

1. 进一步探索“绿水青山”向“金山银山”转换的思路与机制

把绿色发展向生产领域、社会领域、规制领域拓展，发展绿色产品，扩

大绿色消费，注重运用新技术、新机制、新理念进一步打好蓝天碧水绿地保卫战。尤应在三大重点领域取得新进展。一是绿色长廊建设取得新进展，主要是强化生态红线区域管理，加强重要生态系统修复保护，高质量建设安徽绿色长江经济带、生态淮河经济带、环巢湖生态文明建设示范区、大别山生态安全屏障及城市绿色保护带。二是更大范围、更高标准推进污染治理，重点推进江河湖水环境治理、大气污染治理和固废危废防治，在县城关镇以上城镇全面推行垃圾分类管理及资源回收利用。三是健全完善生态环境联保联防联治体系，实现跨界联保联防联治制度化，完善生态补偿机制，全面实行横纵向的生态补偿，提高全社会绿色发展责任感，共建绿色发展美好安徽。

2. 推进绿色发展提升工程

一是培育绿色技术体系和产业体系工程。加大资源再利用技术、污染治理技术、清洁生产技术、生态恢复技术、新能源技术等研发力度，发挥先进技术在新兴绿色产业中的关键作用，突出工业领域的绿色发展，提升安徽品牌在绿色技术领域的话语权，打造“新兴绿色产业全国高地”。发展绿色循环农业工程，开发农业多功能潜力。实施绿色循环优质高效特色农业促进项目，重点推进农作物秸秆、畜禽粪等废弃物再资源化、再利用，加快规模化、专业化、标准化建设，延伸产业链，提升价值链，推进农业由低质低效向高质高效发展。二是发展绿色服务业工程。推动传统服务业绿色升级，发展节能环保服务业、信息服务业等新兴绿色服务业，引导形成节约能源资源和保护生态环境的服务业产业结构。推进绿色资源要素配置向农村扩展，加快建设布局合理、功能完善、生态友好的现代服务业功能集聚区。

3. 构建美丽宜人自然生态系统

深化生态屏障建设，有机统筹山水林田湖草系统，合肥市要围绕“一岭六脉、一河五渠”构建“依山面湖、城湖共生、绿脉串珠、众水汇巢”的市域生态格局。完善江淮分水岭等重点水源涵养林区建设，强化天然林保护，做好巢湖生态保护与修复，构建市域生态安全屏障。建设生态网络体系。合肥市要以南淝河、江淮运河、十五里河、淮南铁路—板桥河 4 条一级生态廊道建设为骨架，以店埠河廊道、京台高速廊道、合安高铁廊道等 10

条二级廊道建设为重要构成，保育董铺水库—大房郢水库、大圩湿地、紫蓬山 3 大生态绿楔，合理划分城市组团，避免城市建设过度蔓延，构建多层次多体系生态网络体系。打造特色生态空间。合肥市要以翡翠湖、王咀湖、锦绣湖等湖泊公园为中心，优化沿湖周边空间布局，全力打造“清水廊道”，塑造“群湖气质”的特色生态空间。

4. 打造绿色发展美丽巢湖

强化规划引领。聚焦河流湖泊安全、生态环境安全、城市防洪安全，科学谋划巢湖综合治理，加快构建“1 + N”规划体系，谋划建设一批基础性、枢纽性的重大项目。把巢湖水环境一级保护区作为巢湖流域水环境的核心区，坚持以氮磷总量控制规划引领巢湖绿色发展。加强水污染治理。强化“水环境、水资源、水生态”三水共治，强力推进南淝河等重污染河流整治，持续加大杭埠河等清水河流保护力度，全面改善水生态系统。加强工业污染治理，推进农业面源污染防治，整治城市建成区排水系统，统筹处理农村生活污水，强化巢湖蓝藻防控。持续实施污水处理厂提标改造，开展流域初期雨水治理。推进流域保护与综合开发。加快实施引江济淮等工程，实现湖水、淠水、江水、淮水等水系联通，补充保护巢湖水资源。完善提升环湖防洪治理工程，推进沿湖防浪林台建设，提高巢湖环湖地区防洪能力。结合引江济淮工程建设，推进流域入湖河道综合整治，实施河道清淤、立体化生态修复工程，发挥防洪、航运、生态等综合效益。深入实施巢湖全域禁渔十年计划。加快环巢湖湿地群建设。以环湖 10 个湿地公园为骨干，以 33 个河口湿地为支撑，逐步恢复、增强湿地系统生态功能，打造多类型、多层次的环湖湿地群，争创国际湿地城市。

5. 深入开展环境综合治理

深化大气污染治理。建立主要污染源清单，调整优化产业结构、能源结构、运输结构和用地结构，严格实行排污许可制，从源头上减少污染。深入推进控煤、控气、控车、控尘、控烧“五控”举措，健全大气污染联防联控机制，提升大气环境质量。推进土壤污染修复。推行“治理修复 + 开发建设”模式，加强重点区域土壤修复，盘活存量土地资源。完善城乡生活垃圾分类治理体系，补齐固体废弃物处置能力短板，推进固体废弃物减量和资源化利用，争创“无废城市”。提升环境风险防范与监测能力。加强环境风险应急能力标准化建设，提升环境风险监测预警应急处理信息化水平，开展区域环境风险评估，推进化工园区、化工企业风险防控，降低化学品环境风险。强化噪声污染防治和宏观管理，建设安静舒适的城乡声环境。

6. 推进绿色低碳循环发展

全面加强节能降耗。开展重点用能单位节能低碳行动，加强重点领域和重点用能单位节能管理。积极倡导低碳生活。开展绿色生活创建行动，倡导推广简约适度、绿色低碳、文明健康的生活理念和生活方式。推进国家低碳城市和气候适应型城市试点建设，推进低碳园区、低碳社区试点建设，加快形成能源节约型社会。强化资源节约利用。以水定产、以水定城，实施雨洪资源利用、再生水利用工程，大力应用和推广节水技术，全面建设节水型城市和水生态文明城市。加大闲置土地清理力度，优化土地利用结构，提高土地开发强度，增加土地效益产出。大力发展循环经济。全面推行循环型生产方式，推动企业循环式生产、园区循环式发展、产业循环式组合，提高全社会资源产出率。

（七）积极推进共享发展，增进人民群众的获得感和幸福感

1. 坚持推进就业优先策略

实施更加积极的就业政策，加大援企稳岗力度，增强企业创造和稳定岗位能力，加快建设实体经济与人力资源协同发展的产业体系，实现经济发展与扩大就业良性互动。加强重点群体就业保障，促进高校毕业生、下岗失业人员、农民工、退役军人等重点群体就业创业。完善失业监测统计和预警机制。深入推进“大众创业、万众创新”，提升创新创业带动就业能力，积极发掘新技术、新业态带来的就业潜力。着力提升人力资源市场供求匹配能力，增强人力资源流动，创造新的“人口红利”。提升劳动者素质能力。大力发展现代职业教育，加快建立劳动者终身职业技能培训制度，着力提升培训的针对性、有效性。

2. 统筹推进收入分配改革

拓宽居民劳动收入渠道，增加劳动者特别是一线劳动者劳动报酬，提高劳动报酬在初次分配中的比重，为经济社会发展提供持久动力。不断缩小收入差距。完善农民工资性、经营性、财产性、转移性收入增长机制，多渠道增加农民收入，持续缩小城乡收入差距。以农民工、新型职业农民、高校和职业技术院校毕业生等为重点，切实增加低收入者收入，缩小收入分配差距，不断壮大中等收入群体。

3. 提高全民社会保险水平

推进以社保卡为载体的公共服务“一卡通”。完善社会保障机制。持续完善城乡社会救助体系和最低生活保障制度，提升困难群体保障水平。统筹社会福利、慈善事业、优抚安置等制度，健全农村留守儿童、妇女、老年人关爱体系，大力发展残疾人事业。加快建立多主体供给、多渠道保障、租购并举的住房保障制度。建设以家庭为单位的福利支持体系，切实减轻家庭在住房、医疗、教育等方面的支出负担。完善养老托育服务体系。统筹“一老一小”，积极应对人口老龄化问题和满足3岁以下婴幼儿照护服务需求。健全基本养老服务制度，推动城企联动的养老机构社会化建设运营模式，加强普惠性、护理型养老服务设施建设，推广医养结合试点经验，构建新型养老服务体系。加快智慧养老事业发展，普及公共基础设施无障碍建设，构建老年友好型社会。支持社会力量发展普惠托育服务，完善婴幼儿照护服务体系。

4. 完善共享发展的体系和工程

建立乡村返贫和城市贫困人口的预防救助体系。健全乡村返贫预警和低收入人口动态管理机制，实行预警分级管理，聚焦脱贫不稳定因素和返贫因素，巩固脱贫成果防止返贫。针对城市出现贫困人口的新问题，进一步完善预防及帮扶、救助机制。完善就业创业服务工作体系。各市县搭建就业长效供需对接平台，支持各种形式的就业创业培训机构，实现职业技能培训常态化。加强大学生的就业创业服务工作，提升就业创业实际成效。建立教育服务共享体系。实行高中阶段的普及义务教育，完善城乡中小学布局，推进城乡优质教育资源共享，发展在线教育等模式，提高劳动者的受教育年限。建立城乡医疗服务共享体系。推进优质医疗资源共享，以市、县（市、区）为单位，实现影像、心电、检验、病理等各类区域医学共享中心全覆盖，在区域医疗联合体内建立城乡统一的医疗资源池和信息平台。建立智慧养老健康服务体系。为适应安徽进入老龄化社会的形势，全面整合政府及社会服务资源，共建“智慧养老综合管理服务平台”，推广“家庭养老院”“智慧养老之家”，实现居家老人、子女、服务商的互联互通，让居家老人同样享受康养服务。打造信用体系共享工程。加强企业与政府公共信用信息服务平台对接，构建完整统一的企业信用信息服务体系，强化平台企业、资源提供者、消费者等主体的信用评级和信用管理。建设社会治理创新信息库共享工程。按照“属地管理”和“谁主管、谁负责”的原则，突出社区治理创新，提升应急联动中心与平台功能，强化健全公共安全体系。依托专业信息分析模型，对“盗抢骗”犯罪实施精准化打击。

参考文献

习近平：《决胜全面建成小康社会　夺取新时代中国特色社会主义伟大胜利——在中国共产党第十九次全国代表大会上的报告》，人民出版社，2017。

中共安徽省委、安徽省人民政府：《关于深入贯彻落实习近平总书记视察安徽重要讲话　奋力在中部崛起中闯出新路的意见》，2016 年 5 月 24 日。

李克强：《2019 年政府工作报告》，《人民日报》2019 年 3 月 7 日。

中共中央、国务院：《长江三角洲区域一体化发展规划纲要》，2019 年 5 月 15 日。

《中央政治局会议审议〈长江三角洲区域一体化发展规划纲要〉》，《人民日报》2019 年 5 月 14 日。

中共安徽省委、安徽省人民政府：《安徽实施长江三角洲区域一体化发展规划纲要安徽行动计划》，2019 年 7 月 30 日。

《国务院关于依托黄金水道推动长江经济带发展的指导意见》，2014 年 9 月。

《中共安徽省委安徽省人民政府关于印发安徽省五大发展行动计划（修订版）的通知》，2017 年 12 月 12 日。

李锦斌：《深入贯彻落实新发展理念推动高质量发展，奋力开创现代化五大发展美

好安徽建设新局面》，《安徽日报》2017 年 12 月 27 日。

国家发改委：《促进中部地区崛起“十三五”规划》，2016 年 12 月。

《国家发展改革委住房城乡建设部关于印发长江三角洲城市群发展规划的通知》，2016 年 6 月。

国家发改委：《国家新型城镇化规划（2014～2020 年）》，2015 年 8 月。

上海市人民政府、浙江省人民政府、江苏省人民政府、安徽省人民政府：《长江三角洲一体化发展三年行动计划（2018～2020）》，2018 年 6 月。

安徽省发改委：《安徽省国民经济和社会发展第十三个五年规划纲要中期评估报告》，2018 年 10 月。

安徽省发改委：《促进中部地区崛起“十三五”规划中期安徽实施情况的评估报告》，2018 年 10 月。

李彦宏：《智能革命》，中信出版集团，2017。

张江健：《智能化浪潮》，化学工业出版社，2019。

〔德〕克劳斯·施瓦布：《第四次工业革命》（中文版），中信出版集团，2018。

吕连生：《五大发展理念下安徽后发赶超研究》，安徽人民出版社，2016。

B.5 江苏高水平决胜全面建成小康社会现状、短板与应对策略

章寿荣*

摘　要：　当前，江苏全面建成小康社会面临发展环境的变化和任务要求的调整，需要对全面建成小康社会的质量与水平做出客观评价，分析其优势与短板，从而在发展思路和应对策略上对指标体系反映出的薄弱环节做出针对性调整，提高精准施策能力：聚力创新，推动经济高质量发展；聚焦“大富民”，切实提高民众的获得感；立足城乡均衡，推进教育高质量发展；文化引领，实现文化高质量发展；互补互动，形成政府和市场合力；多管齐下，增强经济社会风险防范能力。

关键词：　全面小康　社会现状　高质量发展　江苏

2020年是我国全面建成小康社会的决胜之年。这一年，新冠肺炎疫情对全球经济社会发展造成巨大冲击，全球发展环境正面临新一轮大调整、大变局，江苏也进入了改革攻坚期、创新机遇期、转型关键期。作为长三角城市群的重要组成部分，江苏肩负着“两个率先”重要历史使命，承担着为全国探索可复制、可推广经验的任务。为了更好地担负使命，江苏需要在客

* 章寿荣，江苏省社会科学院副院长、江苏区域现代化研究院院长，研究员。参与写作的人员还有：顾丽敏，江苏区域现代化研究院副研究员；岳少华，江苏区域现代化研究院助理研究员；孟静，江苏区域现代化研究院助理研究员。

观评估全面建成小康社会现状的基础上，深入认识小康建设的成绩和短板，在下一步工作中更加突出深入性、靶向性、科学性、全面性，补短板、拉长板，确保高水平全面建成小康社会目标的高质量实现，并在此基础上开启基本实现社会主义现代化新征程。

一　江苏全面建成小康社会：发展环境与任务要求

（一）国内外发展环境正面临深刻调整

在国际化分工和流动性不断增强的今天，江苏的健康发展需要以相对适宜的外部环境为依托，需要在分析世界发展趋势的基础上，积极寻求应对策略。2020 年，世界经济社会发展进入深度调整期，发展的不确定性增大：新一轮科技革命方兴未艾，使世界经济面临由工业化向知识经济转型的大变局；新冠肺炎疫情对世界经济社会造成巨大冲击，导致增速放缓，贸易保护主义加剧；国内经济整体运行平稳，但仍面临卡脖子技术、消费带动能力不足、资源环境约束、国际竞争加剧等诸多风险点。国际竞合的变化、产业链中蕴藏的大变局，使江苏的发展既面临重大机遇，也面临严峻挑战。

1. 世界经济增速整体放缓，发展的不确定性增加

当今世界，产业分工、信息化已经使人类的生产、生活紧密联系在一起，长期来看全球化的趋势不会改变。但是，短期内全球化将出现“逆流”，主要表现在四个方面。一是全球贸易紧张局势加剧，国际贸易尤其是中美贸易摩擦增多，贸易成本大幅增加。二是国际金融环境整体收紧，跨国直接投资规模大幅削减。三是发达国家纷纷推出“再工业化”战略，技术含量高、附加值高的制造业环节逐步向本国回流。四是技术壁垒不断增加，尤其是限制本国核心技术外溢，跨国科研、学术交流受到越来越多的限制。以上严重破坏了全球化的规则体系，对全球经济增长带来不利影响。

2020 年，新冠肺炎疫情对世界经济社会造成巨大冲击，使得全球经济增长低迷，进一步加剧了国际经贸领域的摩擦，而且未来一段时期内，世界

各国将更加聚焦解决国内事务，经济发展的区域化、碎片化态势将进一步加剧，全球经济能否回暖依然存在较大的不确定性。2020 年 10 月，国际货币基金组织发表的《世界经济展望》预计，全球经济将继续深度衰退，全球增速预计 -4.4%，其中发达经济体 -5.8%，新兴市场和发展中经济体 -3.3%，预计有 9000 万人将陷入极度贫困。到 2021 年，全球经济才有望复苏。

2. 我国经济整体运行平稳，但仍面临诸多风险点

新冠肺炎疫情考验着各国的治理能力和经济社会发展韧性。我国统筹推进新冠肺炎疫情防控和经济社会发展，疫情得到有效控制，经济整体运行平稳。2019 年，国内生产总值达到 990865.1 亿元，经济发展质量持续提高：三次产业结构调整为 7.1∶39.0∶53.9，战略性新兴产业增加值比上年增长 8.4%，高技术制造业增加值比上年增长 8.8%，人均 GDP 达到 10276 美元，已经进入工业化后期阶段。2020 年，我国率先实现经济复苏，前三季度 GDP 同比增长 0.7%，第三季度 GDP 同比增长更是达到 4.9%。

但是，我国经济发展中仍存在诸多风险点，包括：中美经贸摩擦对制造业和外贸造成持续冲击；原创性技术不足，关键核心技术存在堵点、卡点；企业特别是中小微企业存在发展困难，经济发展仍面临较大的挑战和压力。

3. 江苏的发展具备多重国家战略叠加的优势

江苏拥有多重国家战略叠加的重大机遇。“一带一路”倡议、长江经济带发展战略、长三角区域一体化发展战略、自由贸易试验区战略以及江苏沿海开发战略、苏南现代化建设示范区战略、苏南国家自主创新示范区战略等多重国家战略在江苏省内密集叠加，为江苏的高质量发展提供了新的机遇。目前，江苏高水平全面建成小康社会基本达标，经济发展将长期向好，但是也面临着出口紧缩，国内去产能、去杠杆，自身增速边际递减等多重压力。未来将进入由高速增长向高质量发展转型的关键期，创新尤其是原始创新对经济发展的支撑作用持续增强，发展方式、产业结构不断优化调整；深化改革、扩大开放的攻坚期，更加注重改革的系统性、全面性和协同性，改革的红利将逐渐释放，对外开放的广度和深度进一步拓展；由全面小康向基本实

现社会主义现代化转型的交汇期，基本实现现代化以全面小康为基础，但不是全面小康的线性延续，而是发展目标、质量和结构的全面跃升，全面小康使基本的经济和生存安全得到保障，基本实现现代化将更加强调公平正义、归属感、尊重、审美等文化社会需求。

（二）全面建成小康社会的任务要求

江苏高水平全面建成小康社会，要立足世界科学技术和经济发展的新趋势，立足我国经济发展新常态和自身的发展基础，围绕提质升级和长治久安两大目标，不断提升自主创新能力，优化经济结构，提高人民生活水平，提升社会治理能力，提高社会文明程度，实现绿色发展，高水平实现《全国全面建成小康社会统计监测指标体系》认定标准，在“强富美高”新江苏建设和六个高质量发展上取得突破。

1. 提升经济发展水平和发展质量

一要稳增长。坚持发展是第一要务，充分发挥市场在资源配置中的决定性作用，创新宏观调控方式，进一步激发企业和社会活力，确保经济运行在合理区间，人均 GDP 保持正增长，达到并超过 58000 元（2010 年不变价）。

二要促转型，通过转型激活新动能，实现高质量的增长。坚持创新是第一动力，多渠道增加科研投入，确保 R&D 经费投入强度≥2. 5%；加大力度推进产学研合作，加大金融对创新的支持力度，促进创新成果产业化，科技进步贡献率≥60%。实现产业结构升级，以供给侧结构性改革为主线，提升信息化发展水平，互联网普及率指数达到 100%，用“互联网 +”对传统产业进行改造，加快发展先进制造业、高新技术产业、创意产业、信息产业、生物医药产业、现代服务业，确保服务业增加值占 GDP 比重≥56%，战略性新兴产业增加值占 GDP 比重≥15%。

三要促开放，强化双向开放新优势，更高层次参与国际竞争合作。抓住国家“一带一路”倡议机遇，加快江苏自由贸易试验区建设，坚持“引进来”与“走出去”并重，促进服务领域开放，提升对外开放质量，确保高技术产品出口额占出口总额比重≥30%，服务贸易占对外贸易比重≥16%。

实现进口与出口、引进外资与对外投资的平衡。

2. 全方位提高人民生活水平

一要坚持富民优先。以就业保障民生，在稳增长的基础上更大力度促进就业、创业，鼓励企业家精神，通过职业培训和教育终身化不断提升居民的职业素养和科学文化素质，从而提高就业质量，确保劳动报酬与生产率同步提高，城镇登记失业率≤5%，劳动年龄人口平均受教育年限≥10.8 年。确保安全生产，单位 GDP 生产安全事故死亡率≤0.078 人/亿元。多渠道增加城乡全体居民的收入，居民人均可支配收入（2010 年不变价）≥25000 元，恩格尔系数≤30%。

二要不断提高社会保障水平和公共服务水平，提升富民的含金量，使社会保障和公共服务成为“隐形财富”。扩大保障范围和覆盖面，加大对低收入人口的保障和扶持力度。实现基本公共服务均等化，在人民最关心的教育、医疗、养老等领域加大投入力度，全方位增加优质公共服务供给，城乡居民家庭人均住房面积达标率≥60%，每千人口执业（助理）医师数≥2.5 人，每千老年人口养老床位数≥35 张，基本社会保险参保率指数达到 100%。

三要把人的全面发展放在首要位置。通过发展公共服务、提升人的素质等促进“综合生活质量”全面提高，不断提升人民的获得感和幸福感。坚持法治与德治相结合，深入实施公民道德建设工程，让人民享有健康丰富的精神文化产品，创造积极、友善的社会交往空间，让每个人都过上有尊严的生活。

3. 加强民主法治建设，实现社会治理社会化、法治化

一要坚持党的领导核心地位。充分发挥党委在把方向、谋大局、定政策、促改革等方面的领导核心作用，通过党委领导形成各治理主体间的最大公约数。坚持从严治党，全面加强党的建设，提升全省各级党组织的政治领导力、思想引领力、群众组织力、社会号召力等。

二要切实发挥社会治理在解决社会问题、化解社会矛盾、增强社会活力等方面的作用。提高治理社会化水平，不断提升人民参与治理的能力，确保

公众的知情权、表达权和监督权，基层民主参选率≥92%，每万人拥有社会组织数≥6.5个。提高治理法治化水平，提高政府依法决策、依法行政的能力，确保改革沿着法治轨道有序推进，形成遵法守法的社会氛围，人民陪审员参审率≥78%，每万人拥有律师数≥2.3人。提高治理信息化水平，推进数据共享，借助互联网建设多元主体互动协商平台，形成全要素网格化社会治理模式，利用大数据描绘人民的需求偏好，建立以真实需求为靶向的政府服务体系。

4. 加强文化建设，提高全社会文明程度

一要以文化强省。发展文化事业，强化政府的文化产品和服务供给责任、公共文化服务供给向农村的倾斜，保障人民文化权利的公平实现，人均公共文化财政支出≥220元，“三馆一站”覆盖率≥120%，行政村（社区）综合性文化服务中心覆盖率≥95%。发展文化产业，采取文化+科技、文化+创意、文化+旅游等多元化发展模式，实现文化发展的经济效益和社会效益的统一，文化及相关产业增加值占GDP比重≥5%，城乡居民文化娱乐服务支出占家庭消费支出比重≥4.2%。

二要建设文化强省。挖掘吴韵汉风、崇文尊教的深厚文化底蕴，坚持以文化人，从提升国民素质、弘扬社会主义核心价值观和传承中华文化的高度进行文化建设，实现文化向下扎根、道德向上攀登，推动“三强两高”文化强省建设向纵深发展。

5. 加强资源环境保护，实现绿色发展

一要加强源头防控。建立资源节约型、低碳环保型、循环再生型经济体系，从招商引资、产业落户的源头上做好污染防治，发展节能环保产业，推广应用低碳技术，推进产业结构升级，提高单位土地的产出效率，确保每亿元GDP建设用地使用面积≤53公顷，每万元GDP用水量≤80立方米，每万元GDP能耗≤0.605吨标准煤。倡导绿色生活方式，提倡简约适度的消费观，从绿色建筑、绿色交通、绿色家电等方面入手促进节能减排。

二要加强末端治理，打好污染防治攻坚战。实施雨污分流、垃圾分类处理、人居环境综合整治工程，提升垃圾、污水、固废、危废等处置能力建设，持续加强生态保护和生态修复。确保污水集中处理指数、生活垃圾处理指数均达到100%，城市生活垃圾无害化处理率≥95%，地级及以上城市空气质量优良天数比率≥80%，地表水达到或好于Ⅲ类水体比例≥70%，城市建成区绿地率≥38.9%，一般工业固体废物综合利用率≥73%。

三要形成保护环境的制度体系。加强环境统计、环境监测和绿色政绩考核三大体系建设，建立生态补偿机制，实现环境保护与经济社会发展同步推进、人类与自然的和谐共生。

6. 拉长板补短板，打赢三大攻坚战

一要补齐短板领域，打赢污染防治攻坚战。比对"全面建成小康社会统计监测指标体系"自查，在补齐短板领域上多用力，加快民生发展，加强环境保护，提升教育、医疗等优质公共服务供给水平，增加文化精品供给；同时，密切关注城市空气质量等容易出现波动的指标。

二要补齐短板地区。缩小苏南苏中苏北的发展差距，地区经济发展差异系数≤0.45；打造城乡共同体，在体制机制理念、基础设施建设和公共服务上实现城乡一体化，充分释放乡村生态优势，确保基尼系数≤0.47，城乡居民收入比≤2.7。加快经济薄弱县区的发展，打赢精准脱贫攻坚战，确保农村贫困人口全部脱贫，完善社会救助体系，降低救助门槛，使人人都能公平地享受到发展成果。

三要提升防范化解风险的能力。建立完善的风险预警和应急指挥体系，对金融、自然环境、卫生、社会等领域的风险做好监测预警，提升对突发事件和群体性事件的应急处理能力，坚持堵疏结合、有序化解、标本兼治，防范化解重大风险。确保广义货币供应量与国内生产总值之比≤2.0，政府负债率≤40%，规模以上工业企业资产负债率≤60%。

7. 开启基本实现社会主义现代化新征程

全面小康是中国特色社会主义现代化的阶段性目标，是"两个一百年"奋斗目标的第一步，基本实现现代化是在全面小康基础上更高、更强的目标，是对全面小康的提升和跨越。高水平全面建成小康社会的意义不仅在于增长和达标，更在于发展能力的提升，即具备高起点开启基本实现现代化新

征程的能力。从全面小康到基本实现现代化，既有机衔接，又不是简单延续，而是质的飞跃，要有更宽广的视野、更宏大的战略，实现经济模式、生产方式乃至文明形态的根本性飞跃。

二 江苏全面建成小康社会现状评估：优势与短板

根据2018年国家统计局制定的《全国全面建成小康社会统计监测指标体系》，共有经济发展、人民生活、三大攻坚、民主法治、文化建设、资源环境6大类53项共计61个指标：人民生活类14项16个指标，权重28；经济发展类10项11个指标，权重20；资源环境类共12项指标，权重17；三大攻坚类指标共7项12个指标，权重15；文化建设类共6项指标，权重12；民主法治类共4项指标，权重8。其中，人均GDP和居民人均可支配收入的权重为3，在单项指标中权重最高。结合江苏省情和指标适用性，本文采用51项指标对江苏全面建成小康社会进展情况进行评估。

江苏2019年全面建成小康社会实现程度比上年进一步提升，超过98%：人民生活和民主法治两大类指标已全部达标，三大攻坚和文化建设两大类指标实现程度超过99%，资源环境和经济发展两大类指标实现程度在95%左右。预计到2020年，三大攻坚类指标完成压力较小，文化建设、资源环境和经济发展仍需聚焦短板，精准发力。

（一）江苏全面建成小康社会的优势

1. 经济高质量发展特征凸显，创新引领能力不断加强

从经济发展类的10项指标来看，共有7项指标已达标，在综合经济实力、产业结构调整、创新引领、创新质量等方面表现突出。

一是综合经济实力提升。人均GDP是衡量小康社会水平最重要的两个指标之一。党的十八大报告提出国民生产总值比2010年翻一番，全面建成小康指标体系进一步将这一指标调整为人均GDP比2010年翻一番，到2020年实现58000元（2010年不变价）。2019年，江苏实现人均GDP为123607

元，折算成2010年不变价接近目标值的2倍，在全国各省、区中处于首位。按IMF统计数据，江苏人均GDP水平相当于全球排名第45位的经济体。[①] 2019年，江苏实现地区生产总值99631.5亿元，相当于14442亿美元，经济总量超过了澳大利亚（13867.6亿美元）。全社会劳动生产率达到123607元/人，保持了年均7.3%的增长水平。劳动生产率的提高，反映出单位投入的产出不断增加，江苏经济社会发展的质量和效益不断提升。江苏城镇化率达到70.6%，部分城市如南京（83.2%）、苏州（77%）、无锡（77.1%）等已达到或接近发达国家城市化水平（2017年，美国城市化率为82%，英国为83%，德国为77%）。

二是产业结构持续优化。2019年，服务业增加值占GDP的比重上升至51.3%，比上年提高了0.3个百分点。服务业对经济贡献的逐步提高，一方面，现代服务业的发展反映了江苏制造业的转型升级步伐加快；另一方面，生活性服务业的发展也反映了消费需求能力的提高和消费结构的变化。战略性新兴产业在工业总产值中的占比达到32.8%，比上年提高0.8个百分点，反映出制造业结构不断优化，未来发展潜力持续增强，发展新动能日益壮大。随着产业结构的调整，江苏贸易结构也在不断变化。服务贸易发展速度加快，2019年，服务贸易在对外贸易中的比重比上年提高了1.4个百分点，显示了江苏开放格局的优化和国际需求市场的多元化。高新技术产品出口额比重虽然存在一定的波动，但从绝对量来看，总体保持了较高的增量水平。

三是科技引领不断强化。反映创新发展的指标优势明显：科技进步贡献率是反映科技竞争力和科技成果转化能力的关键指标，2019年，江苏达到64%，比上年提高了1个百分点，高于目标值4个百分点；R&D经费投入为2.72，比上年提高了0.08，比目标值高出0.22。江苏R&D经费投入达到了2710亿元。从研发经费的构成来看，企业投入达2419.7亿元，占全社会研发支出的87.1%，比上年增加10.4%，企业创新主体地位不断加强。

---

① 排名第45位的国家为巴巴多斯，2019年人均GDP为18069美元，江苏人均GDP按美元计为17917美元。

四是创新质量逐年提升。江苏发明专利申请量和授权量保持了较高的水平，万人专利拥有量从2016年的18.5件提高到2019年的30.2件，居全国各省区第一。技术合同成交额从2015年的700亿元提高到2019年的1675.6亿元，年均增幅达19.1%，反映出全省技术需求增加，技术市场的流动性和活跃程度大幅提高，科技创新市场化能力增强。近年来，江苏重大科技创新成果不断涌现，2019年，全省共有55个项目获国家科技奖，已连续3年获奖总数居全国各省第一位。

2. 民生福祉持续改善，脱贫攻坚巩固提升

从人民生活类的14项指标来看，所有指标均已达标。在居民收入、消费支出、社会保障、攻坚脱贫等方面继续向更高水平推进。从民主法治类的4项指标来看，各项指标均已达标，且超出目标值水平。从文化建设类的6项指标来看，有5项指标已达标。从三大攻坚类的6项指标来看，共有4项指标已达标。

一是居民收入持续增长。居民人均可支配收入是衡量小康社会水平的另一项最重要的指标，要在2010年基础上翻一番，到2020年实现25000元（2010年不变价）。2019年，江苏实现居民人均可支配收入41400元，比上年增长8.7%，在全国居于前列，按不变价计接近目标值的1.5倍。2019年，城镇居民人均可支配收入为51056元，农村居民可支配收入为22675元，城乡居民收入比下降至2.25，大幅低于目标值（2.7）。

二是消费水平不断提高。2019年，江苏人均消费支出为26697元，其中城镇居民消费支出为31329元，农村居民消费支出为17716元，城乡支出比为1.77；恩格尔系数为26.1（2018年数据），生活富裕程度继续提高。

三是社会保障扩面提标。全省基本养老保险覆盖人口逐年增加，2019年达到5754.3万人，从2015年以来年均增长6.8%；保障水平逐年提高，基本养老保险基础养老金最低标准由2016年的115元增加到2019年的148元，医保人均最低财政补贴由2017年的470元增加到2018年的589元。平均预期寿命由2015年的77.51岁提高到2018年的78.1岁。教育、医疗、养老、文化等公共服务和社会保障基础设施与投入均提前超过了全面建成小

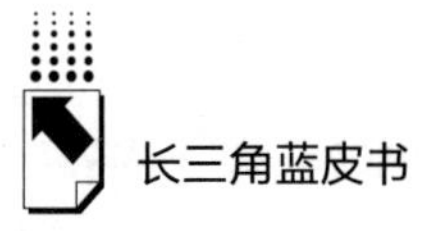

康社会指标的目标值。

四是民主法治完善发展①。2018 年，江苏基层民主参选率为 94.6%，高于目标值 2.6 个百分点；每万人拥有社会组织数为 12 个，是目标值 6 个的 2 倍；人民陪审员参审率、每万人拥有律师数较大幅度地超过了目标值。

五是文化建设大力推进。2019 年，江苏人均公共文化财政支出超过了目标值（220 元），城乡居民文化娱乐服务占家庭消费支出比重超过了目标值（4.2%），代表的文化建设基础设施投入水平“三馆一站”覆盖率、广播电视综合覆盖率、行政村（社区）综合性文化服务中心覆盖率这三项指标均已提前达标。

六是脱贫攻坚成效显著。按照国家标准，江苏全省贫困人口已全部清零；按照江苏省定人均年收入低于 6000 元的标准，未达标的还有零星户数。在绝对贫困人口数字清零的基础上，江苏重点防止脱贫人口返贫。采用稳岗就业、项目复工、消费扶贫等措施，防止低收入人群受疫情影响返贫。2020 年 1～6 月，全省有 75.5 万低收入劳动力外出务工，未外出的 3.6 万人基本落实了帮扶措施，823 个扶贫龙头企业全面复工，1684 个扶贫车间基本复工；对因感染患病、居家隔离、停产停业导致基本生活陷入困境的人员实施临时救助 11.74 万人次，支出救助金 5380 万元，面向 419 万人次困难对象发放价格临时补贴 5.01 亿元。

3. 生态文明进展良好，风险防范深入推进

从资源环境类的 11 项指标来看，有 8 项指标已达标。三大攻坚中，防范化解重大风险的 2 项指标的实现程度好于目标值，贫困人口数字已经清零。

一是环境质量稳步提升。2019 年，全省 $PM_{2.5}$ 平均浓度 43 微克/米^3，同比下降 6.5%，空气质量优良率达 71.4%，均超额完成国家考核目标；104 个国考断面水质优Ⅲ类比例 77.9%，同比提高 8.7 个百分点，国考省考断面和主要入江支流断面全部消除劣Ⅴ类，长江、淮河等重点流域水质明显改

① 因 2019 年数据尚未公布，民主法治类指标数据采用了 2018 年数据。其中，因基层民主参选率仅在换届选举年统计，此处采用的是最近一次换届年度 2016 年数据。

善，太湖治理连续 12 年实现“两个确保”，13 个设区市及太湖流域县（市）建成区基本消除黑臭水体，近岸海域优良海水面积比例同比提高 41.2 个百分点。①

二是节能减排成效显著。加快淘汰低水平落后产能，全年压减水泥产能 333 万吨，平板玻璃产能 1410 万重量箱，全面完成“十三五”任务。全年关闭化工企业 735 家。绿色江苏建设有力推进。全年高耗能行业投资同比下降 10.4%，其中化学原料和化学制品制造、有色金属冶炼和压延加工、火力发电投资分别下降 28.3%、23.0%、32.4%。规模以上工业企业新能源发电量为 641.7 亿千瓦时，同比增长 18.4%。②

三是农村人居环境持续改善。2019 年，农村自来水普及率超过 99%，无害化卫生户厕普及率达 95%，10 万户苏北农房改善年度任务全面完成。

四是重大风险加强防控。江苏规模以上工业企业资产负债率为 52.9%，低于目标值 7.1 个百分点。

（二）江苏全面建成小康社会面临的短板与弱项

指标体系既是对既有发展成果进行评价的标准，也是指引未来发展的风向标。全面建成小康社会指标体系，总体上更加强调发展的全面性和均衡性，更加契合中国特色社会主义理论和党的十八大、十九大精神，有助于各地在全面建成小康社会决胜期能够更好地把握当前小康社会建设情况和发展水平。通过对 2019 年各项指标的评价可以发现，江苏仍有一些指标未能达标，不平衡不充分仍然存在。

1. 经济结构有待进一步优化提升

江苏是制造业大省和外贸大省，对照指标体系可以发现，全省在经济发展类有 3 项指标未达标，相比传统优势产业和贸易方式，服务经济和新兴产业等“新”元素在产业结构和贸易结构中的比重有待进一步提高。2019 年，

① 《2019 年江苏省国民经济和社会发展统计公报》。

② 《2019 年江苏省国民经济和社会发展统计公报》。

从省级层面看，江苏服务业增加值占 GDP 的比重提高到了 51.3%，距离目标值有 3.7 个百分点，实现程度为 91.6%。从纵向看，2019 年比 2015 年提高了 2.7 个百分点，除了 2016 年度比上年提高了较高幅度，达 1.5 个百分点外，其余年份增幅在 0.2～0.7 个百分点；服务贸易是伴随着服务业发展而发展的，尽管近年江苏服务贸易发展较快，从 2015 年起保持了 10% 以上的增速，但江苏长期形成了货物贸易巨大体量，服务业增加值占比和服务贸易比重如期达标存在难度。2015 年以来，战略性新兴产业产值保持了较高的增长速度，总量占规上工业总产值比重从 2015 年的 29.4% 稳步提高到 2019 年的 32.8%，由于战略性新兴产业对创新依存度较大，如期达标需要加大创新对新兴产业发展的支撑力度。

2. 三大攻坚有待进一步巩固成果

江苏财政金融风险总体可控，但需防范出现局部区域、局部领域可能产生的重大风险，重点防范地方隐性债务风险。2019 年，江苏精准脱贫按照国家标准已提前清零，按照江苏省定标准也能如期达标，但仍需巩固脱贫成果，防止低收入人群因疫情、自然灾害、重大疾病返贫。各项主要污染物排放逐年下降，均能超额完成国家考核目标。

3. 文化建设有待进一步提高供给

文化建设方面，唯一的供给类指标“文化及相关产业增加值占 GDP 比重”尚未达标，根据现有数据估算，2019 年可达到 4.6%，比上年提高 0.1 个百分点，实现程度为 94%，按照现有发展速度，如期达标压力较大。这一指标偏弱，显示出在文化产业发展中，产品层面的市场创新能力不足，企业层面缺乏领军型文化企业，产业层面缺乏良性发展生态。江苏文化基础设施类指标如“三馆一站”覆盖率、综合性文化服务中心覆盖率、广播电视综合人口覆盖率这三项指标均已提前达到并超过目标值。宏观层面人均公共文化财政支出和微观层面的居民文化娱乐服务消费支出也已超过目标值。但基础设施的利用效果，需要更加丰富的文化产品和繁荣的文化产业做支撑。

4. 资源环境有待进一步破解瓶颈

尽管近年来江苏在节能减排和生态建设方面不断取得积极进展，但生态

环境仍然较为脆弱。由于全省能源资源禀赋不高而经济规模不断扩大、人民生活水平不断提高，能源资源对外依存度高，仍然面临短缺风险。虽然江苏的风能、太阳能等清洁能源开发利用步伐加快，但供给量占比仍然比较小，能源对外依存度下降空间有限；在能源消耗方面，由于清洁能源替代能力不高，非化石能源占比距离目标值差距较大，实现程度仅为85%左右。同时，江苏产业结构偏工偏重，制造业能源消耗强度是农业和服务业的5倍左右。虽然目前能源消耗类指标均已较高水平达标，但与发达国家相比还存在2~4倍的差距。此外，地级及以上城市空气质量优良天数比率和森林覆盖率实现程度也不足85%。

5. 区域发展有待进一步协调均衡

江苏地区经济发展差异指数为0.21，从指标实现程度来看已在较高水平上达标。但从发展板块来看，苏中、苏北在全面建成小康社会实现程度上仍低于全省总体水平。

在经济发展类指标中，人均GDP是衡量小康社会建设最核心的指标之一，但苏北仍有个别城市达标存在困难。在创新指标方面，苏北地区的科技进步贡献率、R&D经费投入强度等指标从市级层面评估距离目标值存在较大差距，创新指标滞后显示出苏北地区在培育发展新动能方面存在较大压力。

在人民生活类指标中，2019年，苏北地区居民人均可支配收入这一指标实现程度最为薄弱，除盐城外居民人均可支配收入尚未达标，预计徐州、淮安将在1~2年内达标，宿迁实现程度仅为80%左右，如期达标难度很大。城乡居民家庭人均住房达标率、劳动年龄人口平均受教育年限、平均预期寿命等指标均有个别城市不达标。

民主法治类指标中，苏中、苏北地区每万人拥有律师数这一指标仅扬州和徐州达标，这一指标实现程度与地方法治环境和人才环境密切相关，短期内提高存在一定压力。

文化建设类指标中，人均公共文化财政支出这一指标实现最为困难，苏中、苏北仅扬州提前达到目标值，大部分城市实现程度不足70%，个别城市实现程度不足40%。

资源环境类指标中，由于苏北地区总体产业层次偏低，高能耗、高污染、排放产业比重较高，仍有部分城市单位GDP建设用地面积、单位GDP用水量等指标如期达标存在困难。

三 推进江苏高水平全面建成小康社会：发展思路与应对策略

江苏省第十三次党代会确立了“聚力创新、聚焦富民，高水平全面建成小康社会”的奋斗目标，这是江苏省委省政府对全省人民做出的庄严承诺。2020年是全面建成小康社会收官之年，必须坚持问题导向，紧扣“高水平”和“全面性”，按照“聚焦创新、找准短板、突出亮点、体现均衡”的总体要求，积极抢抓战略机遇，使高水平全面建成小康社会成果得到人民认可，经得起历史检验。

（一）聚力创新，推动经济高质量发展

切实转变发展方式，以创新引领新旧动能转换，推进现代化产业体系建设。一是提升创新能力和效率，增强经济发展新旧动能转换的内生动力。找准创新引领发展过程中面临的主要问题，紧跟全球科技发展步伐，加速科教资源向现实生产力转化，突破若干“卡脖子”关键核心技术，打造实体经济、科技创新、现代金融、人力资源协同发展的现代产业体系。二是加快供给侧结构性改革，推动产业迈向中高端水平。立足光电、半导体、智能制造等高端产业，打造具有国际竞争力的现代产业集群。以若干龙头企业和知名品牌，以及一批中小型“隐形冠军”企业为重点，形成高效协作的产业创新和生产网络；深入推进信息化与工业化深度融合，加快改造提升传统产业，着力培育战略性新兴产业；顺应制造服务化趋势，大力发展现代服务业，积极培育新业态和新商业模式。三是提升对内对外开放水平，拓展开放型经济新空间。构建内外联动、东西互济的新格局，促进内需和外需平衡、

进口和出口平衡、引进外资和对外投资平衡，实现资源的全球优化配置。以企业为主体积极融入长三角一体化、长江经济带、“一带一路”等国家战略或倡议，加快产业协同和资源优化配置。增创开放型经济发展新优势。加快融入以国内大循环为主体、国内国际双循环相互促进的新发展格局，实施开展内销选择性征收关税政策，积极拓展内销市场，稳住外贸企业产能。四是建设良好的营商环境，提升区域发展软实力。以降低实体经济成本、减轻企业负担为重点，继续深化集成改革试点工作，着力提高政府服务的能力和质量，发挥政府在新旧动能有序转换中的作用。五是实施乡村振兴战略，实现城乡高质量融合发展。推动城区和农村在资源、要素、产业、空间等方面的“共建共享”，实现城乡之间土地、资本、技术、劳动力等要素的互补互通。

（二）聚焦“大富民”，切实提高民众的获得感

现阶段富民是“大富民”的概念，不仅仅是增加收入，还包括完善公共服务、实现精神富裕、建设良好生态等层面。富民的核心是提升人民群众的获得感和幸福感，聚焦富民，必须要树立“大富民”理念。一是坚守富民的根本，创造高质量就业机会。从收入构成上看，工资性收入是居民收入最主要方面。工资的基础是就业，以制造业为主导的实体经济，是江苏的优势所在。应推动产业结构迈向中高端，带动就业与收入结构迈向中高端，进而实现就业富民。实施更加积极的就业政策，坚持产业升级和扩大就业规模、调整就业结构联动推进，有针对性地安排一批富民产业项目，积极拓展就业新空间。二是挖掘富民的最大潜力，推动“双创”全面开花。增加经营性收入的关键在于创业，通过激活创业，使之成为居民致富的最大潜力。要革新体制机制，营造“大众创业、万众创新”的制度与环境土壤。突出重点，深入推进以大学生、城镇失业人员、农民、回国留学人员和科技人员等群体为重点的全民创业。鼓励返乡下乡人员创业，引导和支持小微创业者在“双创”中实现创业致富。顺应趋势，抓住“互联网+”条件下“大众创业、万众创新”的时代机遇，积极作为。三是补齐富民的短板，攻坚全省扶贫工作。要确保在富民路上一个不少、一户不落。坚持技能扶贫。通过

举办公益性、实用性技能培训，增强贫困人口的创业就业能力。坚持特色产业扶贫。在实地调研的基础上，精准实施“一村一品”“村企共建”，以公司带动农户脱贫。坚持专项资金扶贫。贫困人口的脱贫具有脆弱性、反复性。专项资金在扶贫时，不仅要“拉上马”，还要“送一程”，以确保扶贫工作取得长久实效。四是重视富民的“隐性财富”，提供更高水平公共服务。完善的公共服务能减少人民群众的直接支出，间接增加他们的收入，从而提高富民的含金量。要做好基础性工作，推进基本公共服务标准化。坚持普惠性、保基本、均等化、可持续方向的基本公共服务清单和建设标准，科学确定公共服务设施服务半径和覆盖人群，努力实现布局优化。以民生热点为抓手，积极响应人民群众的痛点与难点。维护基础教育的公平，优化教育资源配置，逐步缩小城乡、校际差距；深化医疗卫生体制改革，推动优质医疗资源向基层和农村下沉；强化居家养老基础性地位，发挥公办养老机构托底保障作用，促进社会力量参与。短板地区重点在苏北，要找准发展定位和发展方向，以高铁全覆盖和信息高速公路建设为契机，实现城市功能的全面提升，推动优质公共服务资源向苏北倾斜。

（三）立足城乡均衡，推进教育高质量发展

教育在整个现代化进程中具有基础性、先导性、全局性地位。高水平建成全面小康，实现教育现代化是应有之义，也是重要载体。教育既要围绕小康目标补短补弱，又要面向未来、服务发展，为全国探路。一是要完善城乡教育布局规划制度和学校布局调整机制。强化省级人民政府对基础教育的统筹规划，以县为基础，建立健全与常住人口变化趋势和空间布局相适应的城乡学校布局建设机制，合理规划学校服务半径，优化城乡基础教育布局。推动职业教育和培训与人口分布相适应、与主体功能区相匹配、与产业园区相对接，完善职业学校布局结构。优化高等教育资源区域布局与层次结构，科学制定全省高等学校设置规划，推进高等教育分类发展、合理布局。二是要优化学校规模调整。制定城乡幼儿园办学规模标准，规划好幼儿园基础设施投入经费，设定好幼儿园校内布局结构。构建城乡一体化义务教育均衡发展

机制，严格控制学校规模，实行标准班额办学，办好必要的村小和教学点。三是贯彻实施“乡村振兴战略”，振兴乡村教育。乡村教育要为农业发展和乡村建设提供人才和智力支持，培养一代高素质新型农民，推动学前教育的难点在乡村，支持乡村普惠性民办幼儿园的发展，确保农村幼儿“幼有所育”。推进县域义务教育发展基本均衡。农村教育既要办好农村普通高中，也要办好中等职业学校。振兴乡村教育要依靠公办学校，也要支持办好民办学校，吸引更多符合条件、热心农村教育的人参与发展农村教育事业。“扶贫先扶智”，教育扶贫是治本之策，确保贫困人口子女都能接受良好教育。调整优化乡村学校布局，持续改善乡村学校办学条件，健全完善有利于乡村教师安心从教的激励机制。建立城乡教师轮岗交流机制，解决乡村学校师资力量薄弱和教育质量不高问题。要大力培育新型职业农民，支持新型职业农民通过弹性学制参加中高等农业职业教育。

（四）文化引领，实现文化高质量发展

文化现代化作为文化变迁的一种形式和国家现代化的重要组成部分，突出表现为文化、文化设施、文化制度与观念、文化产业、公共文化服务体系的现代化。亟须突出文化现代化的引领作用，健全人民文化权益保障制度，为高水平建成全面小康社会、开启现代化新征程提供价值支撑和精神动力。一是健全完善公共文化服务体制机制。强化公共文化服务的针对性。按照按需服务、多样化提供的原则，制定收集不同阶层居民文化需求的信息反馈机制，进一步推动文化惠民项目与群众真正文化需求的有效对接。坚持公共文化服务主体多元化。激发社会主体参与公共文化服务的积极性，形成政府、市场、社会多元主体共同提供公共文化产品和服务的格局。二是坚持大运河文化带建设的“惠民性”。加强整体谋划，做好科学规划，坚持重点突破与整体推进相结合，督促各项考核工作的具体落实。探索创新大运河的综合保护、文化发展和产业融合的共生路径，努力使大运河文化带成为示范工程，成为满足人民群众日益增长的多样化精神文化需求的民心工程。坚持有所为、有所不为。构建和完善大运河文化带建设的准入和退出机制，严守

“入口关”，坚决淘汰和杜绝各类不符合大运河文化带建设定位的产业，为市场主体营造良好的发展环境。以增强人民群众获得感、幸福感为旨归，加大对大运河沿岸公用设施、生态环境、教育文化、健康养老等公共服务和民生保障的投入力度。三是积极推动文化和旅游深度融合。创新文旅融合的理念。一方面坚持用文化为旅游赋能，增加旅游附加值，推动旅游优化升级；另一方面，坚持以旅游为载体，推动文化“走出去”，助力文化高效传播，从而实现文化和旅游的和合共生。找准文旅融合的最大公约数，实现文化内涵发掘与旅游品位提升的统一、文化遗产保护和旅游业发展的平衡、公共文化设施与旅游服务的资源共享和优势互补。合理引导文旅融合的实践。立足江苏特有的自然禀赋和人文优势，推出一批具有融合特色的活动载体，打造有温度、有故事、有品位、有体验的文化客厅，让它们成为传播文明、体验文化、展示特色的重要窗口。

（五）互补互动，形成政府和市场合力

进一步理顺政府行为边界，推动有效市场和有为政府更好结合，引导市场主体积极主动参与，探索迈向现代化的不同维度、不同路径，形成现代化建设的强大合力。一是深化行政体制改革，转变政府职能。在厘清政府和市场关系的基础上实现政府管理重心的转移，淡化其经济功能，强化其经济调节、市场监管、社会管理和公共服务职能。简而言之，全能主义的政府要向市场和社会还权。政府要从“强管控”向“强服务”为核心的社会治理模式转型。通过有效的政策工具，进一步加大政府向社会购买服务的力度，凡适合市场、社会组织承担的，尽量通过委托服务、承包、采购等方式由市场和社会组织进行供给。科学界定政府各部门在社会治理和公共服务中的职责，建立与此相应的责任机制、考核机制和奖惩机制，实现部门间的合理分工与整体协作。通过“激发活力”“补缺短板”“完善职能”，提高政府社会治理能力。二是增强政府行为的法制化、透明化和规范化程度。以问题为导向推进“放管服”改革，切实解决试点过程中出现的“放”而不简、“服”而不优等问题，精简审批事项、创新审批方式；强化政府的“店小

二”服务意识，着力解决企业等市场主体急难愁盼问题，让市场主体有实实在在的获得感。三是构建亲清政商关系。要把亲、清的价值导向和行为准则入法入规，纳入相关调整政府和企业关系的规章制度之中，并制定相应配套的实施细则，使亲清行为有法可依、有章可循，使其成为可预期、可操作、可追责、可复制的法定行为准则。提升基层商会的活力与凝聚力。充分发挥基层商会的利益协调、社会服务功能，畅通政企沟通渠道，推动商会组织不断提质增效。坚持问题导向、需求导向，精准服务民营经济。深入贯彻落实中央及省市民营企业座谈会精神，以高的站位、实的举措提升营商服务的精准度和覆盖面。四是激发和保护企业家精神。厚植具有爱国情怀、勇于创新等特质的企业家精神土壤，完善对民营企业家的容错帮扶机制，切实加强对民营企业家群体的政治引导，寓教育培养于日常联系服务之中，有针对性地开展理论、政策、法律培训，深入开展理想信念教育实践活动。着力培养一支政治上有方向、经营上有本事、文化上有内涵、责任上有担当的企业家队伍。

（六）多管齐下，增强经济社会风险防范能力

着力防控各类风险，确保社会大局和谐稳定。一是进一步强化底线思维，及时化解消除风险点，做到预防在先、处置在前。对社会稳定的风险点，更多地运用法治思维和法治方式加以解决，结合社会治理创新健全群众诉求的表达机制、解决机制、反馈机制；拓宽协商求同的民意表达渠道。二是提高公共政策制定科学化水平。通过制度性安排，探索设立人大代表、政协委员的“群众接待日”、意见箱、联系点等方式，广泛听取民意、把握社情、了解需求。规范议事协商会议、民主听证、基层党务公开等项制度，完善专家咨询、合法性审查制度。三是完善社会风险评估机制。对关系人民群众切身利益且涉及面广、容易引发社会稳定问题的重大决策事项，要进行社会稳定风险评估，努力做到“全领域、全覆盖”和应评尽评。运用网上论坛、民情恳谈和圆桌会议等市民参与形式，增强群众监督和舆论监督能力。四是增强对经济运行和安全生产的风险防控。对经济运行特别是金融的风险

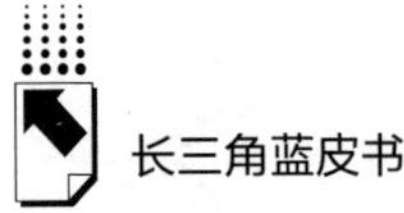

点，切实增强风险意识，保持高度警惕；对安全生产的风险点，严格落实安全生产责任制，加强安全生产全过程监管，严厉打击各类违法非法行为，确保安全生产形势持续好转。五是加强网络舆情引导和实时监测，提高网上舆情处置能力。在危机应对中，信息的公开透明化和政府的坦诚至关重要。政府部门要着力强化自身应对舆情的素质，完善引导舆论的能力，切实满足公众的知情权，以挤压谣言产生和传播的空间。

参考文献

王存刚：《中国发展的外部环境：当下形态、未来趋势与战略选择》，《人民论坛》2020 年第 24 期。

刘振中：《“十四五”时期我国产业发展环境的五大趋势性变化》，《经济纵横》2020 年第 8 期。

国际货币基金组织：《世界经济展望》，2020 年 10 月。

专题报告

Special Reports

B.6

长三角地区服务业发展研究

孙克强*

摘　要：发展较快、占比较大、特色较明显，一直是长三角地区服务业发展的重要特点。2020年，长三角地区服务业发展仍然充满生机、朝气蓬勃，取得了良好成绩。通过大力实施促进服务业发展的一系列战略措施，未来长三角地区服务业发展的潜力与空间将更加广阔。这些有效措施主要是：着力推进生产性服务业发展，大力推进项目载体建设，加大优质企业培育力度，推动各项工作争先创优，推进国家级服务业改革试点示范工作，研究完善促消费体制机制，完善服务业发展的创新体系，加快“文化+”服务业融合改革，优化服务业空间布局，加大扶持力度，鼓励发展现代服务业。

关键词：服务业　结构优化　长三角地区

* 孙克强，江苏省社会科学院财贸研究所所长，研究员。

2020年，面对新冠肺炎疫情的突然侵袭，长三角地区三省一市党委政府坚决贯彻执行党中央与习近平总书记关于统筹疫情防控与经济社会发展的一系列重要指示精神，着力做好“六稳”工作，全面落实“六保”任务，齐心协力做好疫情防控、复工复产等各项工作，实现了经济社会较快恢复与发展。

一　长三角地区经济社会发展取得新进展

尽管新冠肺炎疫情来得十分突然，但长三角地区也与全国一样，在党中央的正确领导与全体群众的共同努力下，经济社会的秩序与发展局面很快得到了恢复与稳定，并在疫情得到较好控制的形势下，加快推进了经济社会的发展进程（见表1）。

表1　2020年长三角地区三省一市重要经济指标

项　　目	上海市	江苏省	浙江省	安徽省
地区生产总值(万亿元)	3.87	10.27	6.46	3.87
粮食(亿斤)		745.8	121.1	803.8
工业(规上工业增加值,%)	1.7	6.1	5.4	6.0
投资(增长率,%)	10.3	0.3	5.4	5.1
进出口(亿美元)	34828.5	44500.5	33808	780.5
消费(亿元)	15932.5	37086.1	26630.0	18333.7
财政(亿元)	7046	9059	7248	3216
居民收入(元)	72232	43390	52397	28103
外资(亿美元)	202.3	283.8	158	183.1
规上工业利润(亿元)		7365.3	5545	1996.3

上海市坚决贯彻落实党中央、国务院和中共上海市委的决策部署，自觉践行“人民城市人民建，人民城市为人民”重要理念，统筹推进疫情防控和经济社会发展工作，实现了经济持续健康发展和社会大局稳定。

江苏省面对新冠肺炎疫情、世界经济萎缩等带来的严重冲击和空前挑战，坚持“两手抓、两手硬”，统筹推动疫情防控和经济社会发展，在疫情得到有力有效控制并做好常态化疫情防控的前提下，用力踩足复工复产“大油门”、按下经济恢复“快进键”，先后出台“苏政 50 条”、“惠企 22 条”、稳外贸外资等政策措施，全省减税降费达 2520 亿元，金融机构向企业让利 1500 亿元，经济社会迅速恢复正常，“六稳”“六保”任务有效落实。

浙江省全面贯彻党的十九大和十九届二中、三中、四中、五中全会精神，深入贯彻习近平总书记视察浙江重要讲话精神，忠实践行“八八战略”，奋力打造“重要窗口”，坚持“两手硬、两战赢”，扎实做好“六稳”工作，全面落实“六保”任务，为发展聚力、为企业赋能、为小康增色、为治理提效，推动经济社会发展取得新成绩。

安徽省全面贯彻党的十九大和十九届二中、三中、四中、五中全会精神，以饱满的爱国热情和奋进精神，稳中求进，攻坚克难，统筹做好稳增长、促改革、调结构、惠民生、防风险、保稳定各项工作，着力推进五大发展行动计划，较好完成省十三届人大二次会议确定的目标任务，“十三五”规划主要指标进度符合预期，全面建成小康社会和现代化五大发展美好安徽建设取得新的重大进展。

二　长三角地区服务业发展特色明显

（一）上海市服务业引领产业结构加快优化与升级工作

根据地区生产总值统一核算结果，2020 年上海市地区生产总值 38700.58 亿元，按可比价格计算，比上年增长 1.7%，增速比前三季度提高 2.0 个百分点。分产业看，第一产业增加值 103.57 亿元，下降 8.2%；第二产业增加值 10289.47 亿元，增长 1.3%；第三产业增加值 28307.54 亿元，增长 1.8%。第三产业增加值占全市生产总值的比重为 73.1%，比上年提高 0.2 个百分点。

金融中心建设加快。在全市服务业稳步回升的同时，金融业和信息服务业领先增长。上海市第三产业增加值比上年增长 1.8%，增速比前三季度提高 1.1 个百分点。其中，金融业与信息传输、软件和信息技术服务业是支撑服务业增长的主要力量。金融业增加值 7166.26 亿元，增长 8.4%，增速比前三季度提高 0.5 个百分点；信息传输、软件和信息技术服务业增加值 2760.60 亿元，增长 15.2%，增速提高 0.1 个百分点。全年全市金融市场成交额 2274.83 万亿元，比上年增长 17.6%。其中，上海证券交易所股票成交额增长 54.4%，上海期货交易所成交额增长 35.8%，中国金融期货交易所成交额增长 65.8%，上海黄金交易所成交额增长 50.7%。12 月末，全市中外资金融机构本外币存款余额 15.59 万亿元，比上年末增长 17.4%；中外资金融机构本外币贷款余额 8.46 万亿元，增长 6.0%。房地产业由降转增，房地产业增加值 3393.40 亿元，由前三季度同比下降 0.3% 转为增长 1.7%。流通领域持续恢复，批发和零售业增加值 4869.89 亿元，下降 3.3%，降幅比前三季度收窄 3.6 个百分点；交通运输、仓储和邮政业增加值 1474.82 亿元，下降 8.4%，降幅收窄 2.7 个百分点。

全社会消费形势良好。全年全市社会消费品零售总额 15932.50 亿元，比上年增长 0.5%，前三季度为下降 4.6%。分行业看，批发和零售业零售额 14754.23 亿元，由前三季度同比下降 2.5% 转为增长 2.6%；住宿和餐饮业零售额 1178.28 亿元，下降 19.6%，降幅比前三季度收窄 5.8 个百分点。分商品类别看，饮料类、金银珠宝类和化妆品类零售额增长较快，分别增长 35.6%、24.0% 和 21.9%。全年全市网上商店零售额 2606.39 亿元，比上年增长 10.2%，占社会消费品零售总额的比重达 16.4%，比上年提高 2.3 个百分点。

航运中心建设效果明显。2020 年上海市货物进出口实现增长，利用外资较快增长。全年全市货物进出口总额 34828.47 亿元，比上年增长 2.3%，增速比前三季度提高 0.6 个百分点。其中，出口总额 13725.36 亿元，与上年持平；进口总额 21103.11 亿元，增长 3.8%。从进出口结构看，民营企业进出口增长 11.3%，外商投资企业进出口增长 2.9%，国有企业进出口下降 12.8%。从进出口商品类别看，高新技术产品进出口增长 6.3%，机电产品进出口增长 3.9%。

全年全市外商直接投资实际到位金额为 202.33 亿美元，比上年增长 6.2%，增速比前三季度提高 0.1 个百分点。其中，第三产业外商直接投资实际到位金额增长 10.6%，占全市的比重为 94.5%。

（二）江苏省服务业对全省发展的贡献度不断提升

2020 年，江苏统筹推进疫情防控和经济社会发展各项工作，全面落实“六稳”“六保”政策，服务业生产经营稳步复苏，重点行业发展态势较好，新动能加速积聚，韧性与活力共同彰显。

规模以上服务业发展稳中有进。2020 年 1 ~ 11 月，全省规模以上服务业营业收入同比增长 5.6%，高于全国增速 4 个百分点，其中全省信息传输软件和信息技术服务业、科学研究和技术服务业营业收入分别同比增长 16.4%、14.7%，增速分别高于全国 2.9 个、4.8 个百分点，合计拉动全省规模以上服务业增长 5.4 个百分点。2020 年，全省各设区市抢抓发展机遇，新动能不断集聚，南京、苏州、无锡、常州、南通等规上高技术服务业总量较大的地区实现快速增长。

金融业发展态势良好。存贷款较快增长。2020 年末，全省金融机构人民币存款余额比上年末增长 12.9%，增速比上年末提高 3.5 个百分点。存款规模较大的市保持平稳较快增长，南京、苏州、无锡分别增长 12.6%、11.1% 和 9.9%。2020 年末，人民币贷款余额比上年末增长 15.9%，比上年末提高 0.7 个百分点。贷款余额前三位的南京、苏州、无锡分别增长 13.9%、13.5%、12.9%。

证券业快速发展。2020 年，全省新增境内上市公司 61 家，居全国第二位，新增科创板上市公司 30 家，居全国第一位。2020 年，全省实现证券交易额 88.7 万亿元，比上年增长 41.9%。13 个市证券交易额均实现正增长，南通、苏州、无锡分别增长 67.7%、60.3%、57.2%。

保险业平稳增长。2020 年，全省实现保费收入 4015.1 亿元，比上年增长 7.1%。南京、南通分别增长 16.7% 和 10.4%。

交通运输业稳步恢复，邮政、电信业较快增长。2020 年，全省交通运输完成综合客运量恢复至上年的70.5%，完成综合货运量同比增长2.6%。其中，铁路货运量增长11.3%，公路货运量增长6.1%。公路货运量规模较大的徐州、苏州、南京、无锡等市公路货运量分别增长为6.2%、6.2%、6.7%和6.2%。

快递业务是拉动邮政业务总量增长的主要动力。2020年，全省快递业完成业务量增长21.5%，受快递业快速增长拉动，全省邮政业业务总量增长19.1%。苏州、南通、无锡、宿迁邮政业务总量同比分别增长14.8%、37.1%、23.8%和24%。

互联网服务成为拉动电信业务量增长的新动能。2020年，全省移动互联网传输流量增长27.9%，受互联网传输业务增长拉动，全年全省电信业业务总量增长21.7%。业务总量较大的苏州、南京、无锡、徐州、南通分别增长17.7%、18.4%、20.6%、23.6%和22.9%。

（三）浙江省服务业特色化发展效果显著

根据地区生产总值统一核算结果，2020年全省生产总值（GDP）为64613亿元，按可比价格计算，比上年增长3.6%，增速高出全国1.3个百分点。分产业看，第一产业增加值2169亿元，增长1.3%；第二产业增加值26413亿元，增长3.1%；第三产业增加值36031亿元，增长4.1%。三次产业增加值比例为3.3∶40.9∶55.8。

服务业稳步复苏，生产经营持续改善。2020年，第三产业增加值增速比GDP高0.5个百分点，拉动GDP增长2.1个百分点，增长贡献率达59.4%。其中，房地产业、批发和零售业、交通运输仓储和邮政业增加值分别增长5.1%、2.0%和0.6%，增速比前一季度回升6.3个、15.5个和15.8个百分点；住宿和餐饮业增加值下降9.1%，降幅比前一季度收窄21.0个百分点。据初步估数，规模以上服务业营业收入增长10.8%，增速比上半年提高4.8个百分点。其中，信息传输、软件和信息技术服务业，科学研究和技术服务业营业收入分别增长16.3%和22.7%，增速分别快于规模以上服务业5.5个和11.9个百分点。下半年以来，境内疫情防控形势趋

稳，居民恐疫心理渐消，全年旅游业恢复到上年的近八成，餐饮业恢复到九成。2020年，旅游人数5.7亿人次，恢复到上年的78.5%，旅游总收入8275亿元，恢复到75.8%；餐饮收入8～12月实现正增长，累计降幅逐步收窄，从第一季度的42.3%收窄到全年的8.4%。

消费复苏态势逐步巩固，部分商品销售表现亮眼。随着疫情防控取得重大战略成果，居民生活和消费市场逐步恢复，消费潜力加快释放。2020年，社会消费品零售总额26630亿元，比上年下降2.6%，降幅比第一季度（-14.7%）、上半年（-6.3%）和前三季度（-4.9%）明显收窄。第四季度各月社会消费品零售总额实现正增长。2020年限额以上单位18个商品大类中，粮油食品（9.2%）、饮料（8.1%）、日用品（4.8%）零售额保持平稳增长，体育娱乐用品（30.9%）、烟酒（15.5%）、化妆品（13.1%）和文化办公用品类（12.6%）零售额较快增长，7大类商品合计拉动限额以上商品零售额增长1.9个百分点。在汽车零售额下降8.5%的情况下，新能源汽车逆势增长23.9%，上拉限额以上单位商品零售额增速0.3个百分点，在特斯拉等促销政策的刺激下，新能源汽车自7月份以来月平均增速超60%。特别是升级类商品消费需求持续释放，新型消费模式加快发展。在居民消费途径和方式变化下，新兴业态呈现强大的生命力，对市场形成有力支撑。从限额以上单位零售额看，升级类商品零售势头较好，2020年，可穿戴智能设备、新能源汽车、计算机及其配套产品分别增长40.8%、23.9%、16.3%。受疫情影响，居家消费需求明显增长，“宅经济”带动新型消费模式加快发展，网络消费持续较快增长，全年通过公共网络实现的零售额比上年增长19.2%，拉动限额以上单位商品零售额增长3.3个百分点。据浙江省商务厅统计，全年实现网络零售22608亿元，比上年增长14.3%；省内居民网络消费11072亿元，增长10.9%。

（四）安徽省三次产业结构进一步优化，服务业发展潜力巨大

根据地区生产总值统一核算结果，全年全省生产总值38680.6亿元，比上年增长3.9%。其中，第一产业增加值3184.7亿元，增长2.2%；第二产

业增加值 15671.7 亿元，增长 5.2%；第三产业增加值 19824.2 亿元，增长2.8%。

服务业持续复苏，现代服务业增势较好。全年服务业增加值比上年增长2.8%，比全国高0.7个百分点。其中，信息传输软件和信息技术服务业、金融业等现代服务业行业增加值分别增长18.2%和6.7%。1~11月，规模以上服务业企业营业收入同比增长7.1%，其中信息传输软件和信息技术服务业、租赁和商务服务业、科学研究和技术服务业分别增长11.2%、10.5%和15.1%。

市场销售逐步回暖，升级类商品销售恢复较快。全年社会消费品零售总额18333.7亿元，比上年增长2.6%，全国为下降3.9%，增速居全国第3位。按经营地分，城镇消费品零售额增长2.4%，乡村消费品零售额增长3.9%。按消费类型分，商品零售额增长3.8%，餐饮收入下降6.3%。限额以上商贸单位零售额中，汽车类增长4.2%，家用电器和音像器材类增长3.6%，中西药品类增长5.2%，化妆品类、建筑及装潢材料类分别增长9.6%和10.1%。

三 长三角地区推进服务业发展的主要措施

一是着力推进生产性服务业发展。根据《长江三角洲地区区域规划》的要求，长三角地区将进一步推动国际先进制造业基地建设进程。为此，长三角地区纷纷加快了制造业与服务业的融合发展步伐。苏州市召开全市生产性服务业推进大会，总投资870亿元的20个生产性服务业重点项目现场签约。开展了2019年度全市生产性服务业发展综合评价工作，对综合评价得分靠前的6个地区给予通报表扬。无锡市在全省率先出台《关于推动先进制造业和现代服务业深度融合发展的实施意见》，围绕实施市级两业深度融合试点，促进全市产业由生产制造型向生产服务型转变。

二是大力推进项目载体建设。有序推进服务业重点项目建设。截至2020年9月底，苏州市111个市服务业重点项目实际完成投资519.8亿元，完成年度计划的 82.4%，超序时进度 7.4 个百分点。推动集聚区提档升级，组织开展 2019 年度市级服务业集聚区发展综合评价工作，15 家集聚区获评优秀。新增认定 1 家市级服务业集聚区。

三是加大优质企业培育力度。认定 2019 年度平台经济示范企业 10 家，评选出首批市级领军企业 28 家。围绕服务业新业态新模式，评选出 2020 年度服务业创新示范企业 38 家。

四是推动各项工作争先创优。针对服务业发展的具体项目，长三角地区各地都制定和实施了多项措施。苏州市在推进冷链物流和港口物流枢纽建设过程中，加快推进相关工作，并做好配套设施建设，目前冷链物流基地已经成功入选首批国家骨干冷链物流基地建设名单，为江苏省唯一入选的冷链物流基地。苏州港口型国家物流枢纽成功入选 2020 年国家物流枢纽建设名单。该市生产性服务业发展被省政府办公厅列入“生产性服务业发展成效明显的地方”。

五是推进国家级服务业改革试点示范工作。深化杭州、宁波“十三五”国家服务业综合改革试点工作，打造全省服务业高质量发展双引擎；做好国家物流降本增效综合改革浙江试点工作，建立试点工作专班，加强对试点工作的协调。推进杭州、宁波、温州、金华、义乌、舟山等地现代服务业改革试点、国家服务贸易创新试点、国家服务外包示范城市、国际贸易综合改革试点、国家跨境电商综合试验区等建设，集聚区域优势优化空间布局。支持杭州、温州、常山国家家政服务业提质扩容“领跑者”行动重点推进城市建设。

六是研究完善促消费体制机制。探索完善扩大消费培育国内市场的体制机制。深化收入分配制度改革，提高劳动报酬初次分配比重，扩大高校和科研院所等事业单位收入分配自主权，建立技术、知识、管理、数据等要素按贡献决定报酬机制。完善服务消费领域准入和监管机制，实施服务消费负面清单制；加大消费者权益保护力度，积极探索集体诉讼制度。

七是完善服务业发展的创新体系。浙江省在促进服务业创新发展的过程中，制定和出台了产业创新服务综合体建设管理考核办法，推动完善综合体

运行机制和服务功能；加快组建评审评估、成果评奖专业机构，完善评审专家库管理机制；探索赋予科研人员职务科技成果所有权或长期使用权，科研项目经费使用“包干制”等改革试点；建立浙江省科技创新指数发布机制。探索打造以游戏为基本活动的浙江幼儿教育新样板；制定《浙江省关于加快推进独立学院转设工作实施方案》；探索建立科学的评价导向，推进终身教育学分银行建设。

八是加快“文化+”服务业融合改革。推动文化和科技融合，制定关于促进文化和科技深度融合的实施意见，做优做强杭州、宁波、横店等国家级文化和科技融合示范基地。深化文旅融合，推进文化元素转化为旅游产品和旅游产品文化植入，启动文化场馆景区化计划和唤醒“沉睡”文物行动计划，修订景区复核办法等促进文旅融合。加快文化金融创新，深化“文化+资本”投资引导模式，强化“政银企合作”融资引导模式，探索建设国家文化金融合作试验区，推动建立多方合作、风险共担的文化产业融资合作机制。

九是优化服务业空间布局。合肥市在推进服务业发展进程中，着重强调发展生产性服务业和新兴服务业，规划在产业发展上有两大创新。一是规划增加了服务业内容，首次将中介服务业、家庭服务业、医疗健康产业、养老服务业、气象服务业、软件和信息服务业、物联网7大现代服务业进行规划，拓宽了合肥市现代服务业发展思路，扩大了服务业发展领域。二是规划首次提出构筑“一核（主城区）引领、多区（服务业集聚区）联动”的现代服务业空间布局，提出了“以重点项目带动，以主城区为引领，以服务业集聚区为支撑”的发展思路。同时，布局重点服务业聚集区，分别划分为旅游集聚区、物流集聚区、金融集聚区、商贸流通集聚区、文化创意集聚区和海关特殊监管区。

十是加大扶持力度，鼓励发展现代服务业。为促进现代服务业发展，合肥市规划明确提高现代服务业规划用地权重和标准。中心城区的工业企业迁出后，退出的土地原则上用于发展现代服务业。规划确定的商业、服务设施用地，不得改作他用。支持利用工业厂房、仓储用房、传统商业街等存量房产资源兴办电子商务、信息服务、研发设计、文化创意等现代服务业。

此外，进一步优惠现代服务业水电气价格，对列入国家鼓励类服务业企业的用水、用气价格比照工业企业价格标准执行，逐步缩小商业照明用电与普通工业用电价格差别。此外，合肥市将进一步优化政务服务环境，降低市场准入门槛，简化现代服务业项目审批环节，推行网上审批、并联审批，减少事前审批，加强事后监管。

B.7
长三角半导体产业战略布局及协同发展研究

聂献忠*

摘　要：半导体产业是国民经济和社会发展的战略性、基础性和先导性产业。目前长三角地区半导体产业已经具有相当大的规模和竞争优势，已经成为战略性新兴产业的重要组成板块和投资热点。长三角地区半导体产业布局呈现明显的空间集聚性，上海成为长三角乃至全国半导体产业的重心和引领城市，南京、杭州和合肥则呈现分工明确且细分优势明显的差异化特征，分别成为芯片设计与代工封装、芯片设计与应用、半导体显示与器件的集聚中心城市，其他半导体器件产业则围绕杭州湾沿岸大城市和沪宁合经济带进行空间布局。在产业链上游，高端材料制造、设备制造、精密模板等核心设备目前正从中低端向高端推进，中游的芯片设计与晶圆代工、封装测试在国内处于引领者地位，下游应用端海康威视与大华股份的安防产业、合肥京东方显示屏产业、余姚舜宇光学产业等已成为规模领先的国际行业龙头。未来，长三角应立足于具有国际竞争力产业集群的战略目标，在芯片设计、晶圆代工制造与封装测试、终端应用等产业链上下游拥有关键核心技术，培育形成若干国际一流企业，在国际半导体产业链上若干环节占据高端核心地位，其关键是强有力的

* 聂献忠，浙江省社会科学院经济所副所长，研究员。

政策支持特别是资金与人才的支持。同时要积极引进大体量行业龙头企业，打造半导体产业集群，积极完善平台配套服务，大力完善提升科研创新力。

关键词： 半导体产业 产业链 产业集群 长三角

半导体是培育发展战略性新兴产业、推动信息化和工业化深度融合的核心与基础，是调整经济发展方式、调整产业结构、保障国家信息安全的重要支撑，半导体产业也是国民经济和社会发展的战略性、基础性和先导性产业。近几十年来，全球电子信息产业规模不断壮大，人工智能、物联网、大数据、云计算等领域的快速发展，深度推动半导体产业需求不断增长。因此，半导体作为第三次工业革命中必不可少的基础环节，发展前景将长期向好。对半导体产业的研究主要是基于泛半导体概念，半导体作为常温下导电性能介于导体与绝缘体之间的材料，是工业经济和现代化产业的重要心脏，而集成电路（IC）通过把一定数量的常用电子元件（电晶体等）以及这些元件之间的连线，通过半导体工艺集成在一起形成特定功能电路，集成电路就是把很多的半导体组合在一个电路板上集成使用。其中芯片是集成电路的载体，也归属于集成电路。一般所指半导体产业多指泛半导体行业，包括半导体、集成电路、平板显示、LED 以及光伏等行业领域，因此半导体产业研究主要是基于广泛半导体上的概念。

2020 年 8 月 4 日，国务院正式印发《新时期促进集成电路产业和软件产业高质量发展的若干政策》，在财税优惠、支持投融资、保护知识产权等 8 大方面提出 37 条政策措施。在集成电路资金投入方面，国家层面上联合地方政府与企业成立规模达几千亿元的两期大基金，持续聚焦扶持晶圆制造、封装与芯片、半导体设备和材料领域，国产替代进程不断加快，产业规模高速增长，国内半导体供应链与产业链程度不断完善与提升。大力发展半导体产业，既是长三角地区各城市加快布局战略性新兴产业的重要抓手，也是提升区域经济竞争力和拓展延伸产业链的重要动力，目前长三角地区半导体产业已经具有相当大的规模和竞争优势，已经成为战略性新兴产业的重要组成板块和投资热点。根据半导体行业协会排名，2019 年全国半导体制造十强企业、封装测试十强企业和半导体功率器件十强企业，长三角地区分别占 5 家、7 家和 6 家，已成为我国半导体产业布局的重要集聚地和国内高端的代表地区，但是在发展规模与发展质量上与国外相比还有很大的距离与空间。长三角作为全球重要的战略性新兴集聚区和高端先进制造业基地，半导体产业也应在国际经济舞台和产业链上占据高端。长三角半导体产业应立足于具有国际竞争力产业集群的战略目标，着力提升自主创新协同创新能力，在芯片设计、晶圆代工制造与封装测试、终端应用等产业链上下游拥有关键核心技术，培育形成若干头部企业或国际一流企业，在国际半导体产业链上若干环节占据高端核心地位。

一　国内外发展半导体产业的战略布局与经验

近些年来，全球半导体产业从欧美、韩国、中国台湾到中国大陆的转移进程不断加快。国内各大城市积极布局半导体产业，北京、上海、深圳在半导体上下游尤其是晶圆代工制造、封装测试、芯片设计以及下游服务应用领域大力扩张并已经成为重要战略高地，而杭州、武汉、西安、成都、南京、苏州、无锡、合肥等城市在半导体部分细分行业领域各具优势，产业蓬勃兴起，整体行业规模高速扩张。

（一）从国际看

得益于众多巨头企业在研发支出上积极投入，甚至每年超过收入的 20%，美国半导体产业在创新层面领先全球，特别是细分领域集中的芯片设计与应用环节，英特尔、英伟达、高通与美光等代表性企业在高端芯片设计领域始终占据全球产业高端，应用领域的苹果、微软更是全球头部企业，对其他国家形成绝对优势。欧洲半导体产业在半导体设备、芯片元器件方面具有领先优势，代表企业是英飞凌、意法半导体和恩智浦以及全球领先的阿斯

麦光刻机等。上游的半导体材料主要生产商则集中在日韩，半导体设备领先商阿斯麦在荷兰，晶圆代工与封装测试集中在我国台湾。从全球看，半导体产业链分工专业化明显，上下游保持友好合作持续多年。虽然，美国在半导体材料设备与晶圆代工封装测试环节布局很少，但美国依然利用其技术专利垄断形成瓶颈，对我国正在崛起的半导体产业肆意打压。

日本与韩国自 20 世纪 70 年代开始就非常重视发展半导体产业，并在产业链高端的存储芯片与半导体设备、半导体材料等部分领域占据绝对优势与垄断地位。韩国萌芽于 1965 年，20 世纪 80 年代中期至 90 年代初开始从技术引进到自主研发，并成为全球第二大系统芯片大国。半导体产业是韩国的支柱产业之一，历经数十年发展，韩国至今依然在世界范围内保持着半导体强国地位。三星和 SK、LG 都是韩国乃至全世界半导体产业中的代表性企业。在产业发展进程中，优惠产业政策与资金支持是半导体产业发展的重要支撑。韩国政府为促进韩国企业开展技术研发，推动半导体产业技术创新，建立健全相关法律法规，构建软件层面的“基础设施”，完善交通、电力、用水等硬件层面的基础设施。韩国政府强化研发力量，制定国家研发规划，在税收和资金层面加大了对产业研发的扶持力度，在基础科学领域增设奖励。特别是亚洲金融危机爆发后，韩国企业面临研发投入不足的困境。韩国政府大幅提升对产业研发的资金支持。2000 年后，韩国半导体产业从依靠政府支援转变成企业自身主导企业发展。更为重要的是，企业自身保持对技术研发的持续大手笔投入也是韩国半导体企业成功的关键。半导体行业发展日新月异，随着产业发展尤其是技术进步，对半导体核心器件的品质、速度与效率的要求有增无减。因此三星等半导体厂商面对高通、美光的竞争压力纷纷加大研发力度，不断缩小与世界顶级产品的技术差距。日本借助半导体材料与半导体设备优势加强产业链布局形成产业集群。九州因其水电资源、人力充足和航空优势受到日本政府和产业界的关注，成为集成电路集聚地。

（二）从国内看

除深圳与上海等沿海城市外，武汉、成都、合肥与西安等中西部城市在

打造半导体与集成电路产业上高度重视，围绕各自产业布局尤其是行业龙头积极打造延伸产业链，目前初步形成各有特色、分工明确的差异化明显的若干半导体集聚城市群。

深圳作为我国重要的科技创新领先城市，半导体产业多年保持高速增长，构建了从材料、设备、设计、制造、封装测试到下游应用的完整产业链，半导体产业竞争力尤其是在芯片设计与半导体照明、5G 应用等细分领域远远领先国内其他城市。华为海思与中兴微电子在 5G 手机芯片、汇顶在屏下指纹芯片、奥比中光在 3D 结构光芯片、云天励飞在人工智能安防芯片等领域研发全球领先，晶圆制造与封测领域实力稍弱，但深科技、深爱半导体、方正微电子和中芯国际深圳产线等晶圆代工与封测企业布局不断提升。国际一流企业华为、中兴构建了从芯片设计到应用的强大核心产业链，紫光集团则在设计、制造、封测领域布局较强。目前，比亚迪半导体、昂纳科技、金泰克、基本半导体、拉普拉斯等正加紧战略布局第三代半导体抢占优势。

武汉致力打造具有全球影响力的产业创新中心，打造国家信息光电子中心等一批重大的创新平台。武汉《关于推进重点产业高质量发展的意见》明确重点发展集成电路产业、光电子信息产业、汽车产业、大健康产业、数字产业、航空航天产业、智能制造及高端装备产业、新能源与新材料产业八大重点产业，谋划到 2022 年武汉市重点产业主营业务收入达到 1.7 万亿元。京东方 10.5 代线、TCL 柔性 6 代线等一批重大项目启动后，液化空气集团、康宁公司等一批世界 500 强企业迅速配套。上下游的芯片、显示屏、智能制造、网络安全和大数据、新能源等前沿新兴产业强力集聚。目前，以光通信、集成电路、新型显示、移动终端、地球空间信息为核心的世界级产业集群正在显现。

成都围绕集成电路、新型显示、智能终端、高端软件、人工智能、信息网络六大领域，打造集“芯屏端软智网”于一体的具有国际竞争力和区域带动力的电子信息产业生态圈。近年来，成都通过加快构建产业生态圈和生态链建设，在电子信息产业领域，汇集英特尔、高通、海思等国内外知名企业形成集设计、制造、封装测试及配套于一体的较为完整的产业链，汇集京

东方第六代柔性 AMOLED、中电熊猫 8.6 代线、紫光 IC 国际城、成都海光等重大创新引领项目，在射频微波、北斗导航、互联网、消费电子等方面形成领先优势。到 2022 年打造成为全球电子信息高端研发制造基地和世界软件名城。其中，成都高新区作为集聚基地，全力打造西部领先、全国一流、世界知名的集成电路产业高地，进一步推动电子信息产业功能区良性发展，加快建设国家高质量发展示范区和世界一流高科技园区。

西安自 20 世纪 60 年代就是国内重要的半导体基地，西安微电子所等科研机构众多，科研实力强劲。从 2012 年三星电子存储芯片进驻后，产业链配套企业相继跟进，形成从原材料和设备的研发生产，到设计、制造、封装、测试及系统应用的完整产业链。2018 年，西安颁布《西安市光电芯片（集成电路）产业发展规划》，依托移动通信、存储器、北斗导航、新能源和汽车电子优先发展 IC 设计业，着力引进和发展晶圆代工业，提升封装测试业。目前，西安主要在功率半导体、第三代半导体和存储器等优势领域，吸引美光、华为、中兴及阿里、京东等龙头，谋划全球半导体产业基地地位。在西安航天基地，隆基股份已成为全球最大的单晶硅光伏产品制造商，并带动配套商美畅股份等太阳能光伏产业强势崛起。2018～2019 年部分省市集成电路产量比较如表 1 所示。

表 1　2018～2019 年部分省市集成电路产量比较

单位：万块，%

省　市	2019 年	2018 年	增速
江　苏	5162883.00	5642402.20	-8.50
甘　肃	3898581.00	3177018.00	22.71
广　东	3632445.10	3007888.90	20.76
上　海	2075941.20	2334806.80	-11.09
北　京	1544893.00	1374911.50	12.63
浙　江	1434530.80	653605.10	119.48
四　川	772217.30	765897.40	8.25
安　徽	597447.90	12494.00	4681.9
重　庆	337143.40	54062.30	523.6
山　东	212873.40	4446.70	4687.2

资料来源：国家统计局。

总体来看，武汉、深圳、成都、西安、南京、无锡、合肥和杭州等城市作为我国半导体产业发展最快最集中的主要城市，离不开当地政府部门的政策支持与鼓励，特别是强有力的人才、技术、补贴政策和产业战略规划。珠海对列入市重点企业目录的企业，其新引进的人才可享受每月不等的住房补贴。武汉对企业新增人员给予培训补贴，鼓励高校通过设立相关专业、支持建设微电子学科，以及建立微电子学院和培训体系等方式，从高校层面开始着重培养产业人才。西安则建立专业的人才培训基地，通过国家级微电子师范学院和高校间的合作，通过操作实训生产线培养产业所需的实用性、工程化人才。南京围绕高性能基础芯片、射频、光电和 AI 等重点领域积极引进拔尖人才并给予奖补。为培养紧缺适用型人才，成立产学融合的“南京集成电路产业创新学院”，瞄准产业高端领域和企业发展的迫切需求，建设一流国际化和产业化的人才培育南京高地。

二　长三角地区半导体产业的空间布局

长三角地区半导体产业布局呈现明显的空间集聚性，上海因培育聚集众多半导体行业细分领域龙头企业，成为长三角乃至全国半导体产业的重心和引领城市，南京、杭州和合肥则呈现分工明确且各自细分优势明显的差异化特征，分别成为芯片设计与代工封装、芯片设计与应用、半导体显示与器件的集聚中心城市，其他半导体器件产业则形成围绕杭州湾沿岸大城市和沪宁合经济带的空间布局。

（一）沪宁合经济带上的半导体与集成电路产业，围绕设计服务与制造代工两核心，软硬并重

上海是我国半导体与集成电路产业链最为齐全且占据相对高端的重要城市，特别是在芯片设计、硅片制造和晶圆代工等领域绝对领先。2017 年，上海推出《关于本市进一步鼓励软件产业和集成电路产业发展的若干政策》，打造具有国际影响力的 IC 产业集群和创新源，并发布《上海市软件

和集成电路产业发展专项支持实施细则》。其中，张江高科技园区汇聚上海超过一半的半导体产业，被称为“中国硅谷”，汇聚了以硅产业集团、中芯国际、华虹微电子以及韦尔股份、澜起科技、中兴微电子等为代表的内生型创新企业，和以高通、安森美等为代表的外资企业。上海硅产业集团（沪硅产业）是国内半导体硅片研发生产的代表企业，技术实力与核心优势领先。其子公司上海新昇是国内首个300mm大硅片项目的承担主体，填补了中国大陆300mm半导体硅片产业化空白，彻底打破了我国大尺寸硅材料基本依赖进口的局面，使我国基本形成了完整的半导体产业链。中芯国际公司是我国大陆规模最大、技术最先进、配套服务最完善的跨国晶圆代工企业，华虹半导体与华润微电子同样技术实力突出，是国内晶圆代工领域最为前沿的代表性企业。

南京主要集中在芯片设计与封装测试领域，成为台积电、紫光、安谋、新思科技、富士康等众多国际一流半导体企业投资集聚高地，成为继上海、北京之后的第三大集成电路产业城市。2019年2月，南京市出台《南京市打造集成电路产业地标行动计划》，明确了以江北新区为“一核”，以江宁开发区、南京经济开发区为“两翼”的集成电路产业空间布局，要求抢抓集成电路产业新一轮发展机遇，打造全省第1、全国前3、全球有影响力的集成电路产业地标。江北新区作为南京集成电路产业地标主阵地，已经形成以芯片设计、晶圆制造、封装测试、终端制造为重点的产业集群，集聚集成电路上下游企业200余家，吸引包括华大半导体、展讯通信、中星微电子等芯片设计，安谋电子、新思科技、中科芯、中电科、华大等细分行业重点企业。

无锡与苏州半导体产业主要集中在封装测试、半导体器件生产制造等领域。无锡是国内半导体产业的高地和“国家南方微电子工业基地中心”，2013年就明确提出集成电路设计业要围绕物联网、互联网、三网融合、智能终端、大数据和云计算等战略性新兴产业和重点领域的应用需求，致力于构建半导体产业集聚的超级生态圈，集聚全球顶级的人才、技术，并涵盖设计、制造和封装等集成电路的全产业链环节，形成较为完备的产业链，集聚包括华虹半导体、华润微电子、长电科技、中科芯、江化微、东晨电子、宜兴中环等在内的200多家企业，涵盖集成电路设计、制造、封装测试、装备与材料等多个领域和全产业链格局。苏州2016年推出《关于推进软件产业和集成电路产业跨越发展的若干政策》，在财税、投融资、创业创新以及优化产业环境等方面积极扶持。目前，已成为国内半导体封装测试产业集聚城市，吸引三星半导体、瑞萨半导体、新义半导体、飞索半导体、飞利浦半导体等，在芯片设计领域已积累一批实力企业。

合肥以显示屏产业链为主的半导体产业链集群逐步成型。国家和安徽省高度重视合肥集成电路产业发展，合肥集成电路产业已成为全国集成电路产业发展最快、成效最显著的城市之一，跃升为国内集成电路产业的重要城市。自2008年京东方六代线落户开始，京东方累计超千亿元投资，吸引康宁、法国液化空气、住友化学等70多家上下游关键零部件如玻璃基板、液晶材料、背光源组件、偏光片、IC、化学材料等相关产业发展。合肥围绕“合肥芯”“合肥产”“合肥用”产业链条，打造IC之都，聚集上下游企业超过200家，培育出合肥长鑫等一批代表性企业，长鑫集成电路制造基地项目总投资达2000多亿元，包括长鑫12英寸存储器晶圆制造基地、空港集成电路配套产业园、空港国际小镇片区，致力于打造产城融合国家存储产业基地、世界一流的存储产业集群。目前，合芜蚌地区正成为国内面板产能最大、产业链最完整、技术水平一流的新型显示产业集聚区。

（二）以杭州湾沿岸地区的杭嘉绍甬为主要集聚地，半导体与集成电路设计及终端应用发达，代工制造与封装测试等硬科技短板正加快布局

从全省看，2017年发布《浙江省人民政府办公厅关于加快集成电路产业发展的实施意见》，此后又发布《浙江省集成电路“强芯”三年行动计划》。据浙江省半导体行业协会报告，全省99%的设计企业分布在以杭（州）、嘉（兴）、绍（兴）、甬（宁波）为代表的杭州湾区域，其中85%以上的设计企业和95%以上的设计业务收入集中在杭州。不论是人才还是发

展环境，杭州湾区所属城市均具有良好的产业基础与发展优势。尤其是杭州、嘉兴、绍兴和宁波等城市完全有条件打造半导体与集成电路大湾区，其中嘉兴与绍兴更是优势明显，发展空间巨大。经过多年发展，杭州湾地区集成电路已经形成一定的先发优势，主要细分行业集成电路设计、集成电路晶圆制造、集成电路封装测试、新型半导体材料和高端大直径单晶硅片大生产线建设、电子化学品生产等领域快速增长。

杭州作为国家集成电路产业设计基地高地，具有集成电路产业发展基础和先发优势，拥有中天微、士兰微、杭州国芯等知名设计企业，应用端更是集聚新华三、海康威视和大华股份等一流企业。2018 年，杭州市发布《杭州市人民政府办公厅关于印发进一步鼓励集成电路产业加快发展专项政策的通知》，明确重点扶持集成电路企业技术创新、应用创新、产业链整合等项目，重点培育若干个国内外知名的集成电路龙头企业，扶持一批“专、精、特、新”的中小型集成电路企业。近年来杭州正大力布局补产业短板，集聚了杭州积海半导体有限公司 12 英寸集成电路制造项目、芯迈 IDM 模拟集成电路芯片生产线项目、青山湖科技城高端储存芯片产业化项目、中欣晶圆大尺寸半导体硅片项目、士兰集昕微新增 8 英寸芯片技术改造项目、杭州镓谷射频集成电路产业园项目等。随着阿里平台与数据需求大幅增长，阿里开始投资布局 AI 公司尤其是独角兽企业，包括寒武纪、深鉴、耐能、翱捷科技、中天微、恒玄科技等。2018 年阿里旗下达摩院联合中天微成立芯片公司——平头哥半导体。旗下新款芯片玄铁 910 为业界性能最强的一款处理器，可以用于设计制造高性能端上芯片，应用于 5G、人工智能以及自动驾驶等领域。

嘉兴成为承接上海产业转移与布局的半导体与集成电路新城。嘉兴以全面融入长三角一体化发展国家战略为首位战略，明确集中精力聚焦集成电路、航空航天、人工智能、生命健康等引领未来发展的新兴产业。因距离上海、杭州近，接受产业辐射和带动的效果明显。特别是上海漕河泾开发区在嘉兴的分园区建设，半导体产业集聚力强劲。近年来，嘉兴科技城主攻新一代电子信息技术、高端装备制造两大主导产业，突出做大做强以移动终端和

集成电路为重点的数字经济，着力培育生物技术、柔性电子、VR/AR 等新兴产业。南湖区启动微电子“万亩千亿”新产业平台建设，做强集成电路产业。2017 年，海宁把泛半导体产业作为培育重点，主攻集成电路关键装备和材料领域两个方向，并延伸培育集成电路设计、制造、封装、测试等核心产业。

绍兴曾是我国集成电路产业重镇，在 20 世纪 80 年代原国家集成电路五大骨干企业之一的华越微电子有限公司（八七一厂）落户绍兴，带来了当时最前沿的技术与人才，开启了绍兴集成电路产业的序幕。目前绍兴集成电路产业已基本涵盖设计、制造、封装测试、装备制造等多个领域，形成了较为完整的 IC 产业链条。《长江三角洲区域一体化发展规划纲要》首次提出建设“绍兴集成电路产业创新中心”，推动集成电路产业在绍兴市等长三角城市的布局。而在浙江省首批“万亩千亿”新产业平台培育名单中，绍兴集成电路产业平台成为 7 个平台中唯一以集成电路为主导产业的平台，总投资达 600 亿元的两岸集成电路创新产业园规划落地。2018 以来，中芯国际投资 8 寸芯片制造和封装项目，长电科技打造全球最先进的芯片封装测试基地，绍兴豪威半导体建设全球封装测试基地，紫光存储建设芯片制造基地，都将为绍兴打造全球先进性半导体基地形成重要支撑。

三　长三角地区半导体产业链布局

从半导体产业链看，上游支撑产业链主要包括半导体设备生产制造和洁净生产环境建设，下游需求产业链是行业发展的根本驱动力，包括手机、PC、汽车电子、5G、AI、物联网等领域，而中游产业链包括半导体产品的设计、制造（前道工序的晶圆加工）和封装测试（后道工序），往往也是半导体产业链最为关键的核心环节，受制于美国的贸易制裁和封锁，目前这一环节也正是我国半导体产业链向高端提升面临的薄弱环节和短板。核心产业链流程是 IC 设计公司根据下游客户（系统厂商）的需求设计芯片，然后交给晶圆代工厂进行制造；这些 IC 制造公司的主要任务就是把 IC 设计公司设计好的电路图移植到硅晶圆制造公司制造好的晶圆上；完成后的晶圆再送往下游的 IC 封测厂，由封装测试厂进行封装测试，最后将性能良好的 IC 产品出售给系统厂商。

目前，在产业链下游应用推广上，国内相关产业进展迅速、前景看好，但在上游与中游领域，长三角地区相关企业虽然占据国内领先地位，但技术积累与国际相比仍然相对薄弱，高端材料制造、设备制造、精密模板等核心设备基本由欧洲、韩国、日本等垄断，在材料与设备两大领域上的国产替代目前正从中低端向高端推进，但尚需时日。从上游看，以上海中微公司、宁波江丰电子、晶盛机电等为代表的企业迅速崛起，正由国内一流向国际一流迈进，将逐步形成对国际同行业的高端替代。在中游核心环节以中芯国际、长电科技等为代表的国有企业加快布局，不断突破国际封锁与垄断，成为重要的支撑。此外，华润微电子公司也成为我国领先的拥有芯片设计、晶圆制造、封装测试等全产业链一体化运营能力的半导体企业。闻泰科技通过收购从恩智浦剥离出来的安世半导体，打通产业链上游和中游，形成从芯片设计、晶圆制造、半导体封装测试到终端产品研发设计、生产制造于一体的产业平台。

（一）上游支撑产业链包括半导体材料支柱、设备生产制造和生产环境（包括洁净工程等）支撑产业链，为相关半导体与集成电路产品的生产提供必要的工具、原料和生产环境等

其代表企业包括中微公司、长川科技、晶盛机电、盛美半导体、华兴源创等优势公司。

在半导体设备领域，上海占据半导体设备研发高地，在杭州、绍兴、无锡和嘉兴、合肥等地也有一些半导体设备投资布局。上海中微公司是国内半导体设备的龙头公司，MOCVD 设备全球领先，在全球氮化镓 LED 设备市场中领先，刻蚀设备制程已达 5nm 技术水平，目前公司正在开发能覆盖更先进制程和工艺的刻蚀机，正大力拓展深紫外光和功率器件等领域。晶盛机电是国内技术领先的晶体生长设备供应商，晶体生长设备产品主要服务于太阳

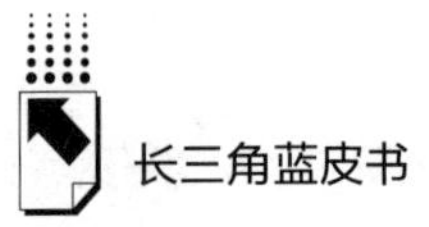

能光伏和集成电路行业等。杭州长川科技从事集成电路专用设备的研发、生产和销售，致力于提升我国集成电路专用装备技术水平、积极推动集成电路装备业升级。在模拟产品测试、重力式产品线、平移式产品线、中道产品线和模组自动化测试装备等高端智能制造方面竞争优势明显。苏州华兴源创科技股份有限公司是国内领先的检测设备与整线检测系统解决方案提供商，应用于 LCD 与 OLED 平板显示、集成电路、汽车电子等行业。合肥易芯半导体从事大尺寸半导体硅晶体与硅片、全自动硅晶体生长炉研发，在 12 英寸及以上硅晶体生长炉拥有核心技术与工艺。

在半导体材料领域，半导体材料主要运用于制造和封装环节，且大部分材料均为消耗性材料，在集成电路制造过程中需要多次投入。半导体原材料由稀有金属组合而成，主要是硅和锗。半导体材料是集成电路产业的立足根本，也是我国集成电路产业的竞争短板之一。半导体材料属于高壁垒行业，技术含量高、生产难度大。半导体材料的国产化率仍处于较低水平，国内相关企业相比国际龙头的竞争力仍有较大差距。如光刻环节需要使用掩膜版和光刻胶及清洗用的各类湿化学品，刻蚀环节需要用到硅片、电子气体等。还有制造环节需要的溅射靶材以及晶圆抛光的 CMP 抛光材料等。

在半导体材料中，硅是集成电路生产中最重要的原材料，硅片市场约占整个半导体材料市场的 1/3。目前，90% 以上的集成电路芯片是用硅片作为衬底制造出来的，硅是集成电路重要的承载基础。市场上的半导体硅片以 12 英寸和 8 英寸为主，目前仅有沪硅产业旗下的上海新昇、中环股份和金瑞泓等企业能够生产。沪硅产业是主流半导体企业供应商，提供产品类型涵盖 300mm 抛光片及外延片、200mm 及以下抛光片、外延片及 SOI 硅片。客户包括台积电、中芯国际、华虹宏力、华力微电子、长江存储、武汉新芯、华润微等芯片制造企业。下属上海新昇 12 英寸硅片产品已经通过华力微和中芯国际的认证，国内领先。杭州中欣晶圆半导体是国内规模最大、技术最成熟，拥有自主核心技术并真正可量产半导体大硅片。另外，在半导体硅片环节，也有一部分涉及光伏产业。如无锡上机数控专业从事光伏设备与半导体单晶硅片的研发生产，保利协鑫能源公司在多晶硅片、单晶硅硅片以及颗

粒硅的研发制造方面同样具有一定的技术积累与优势（国内除长三角地区外，陕西隆基股份、北京京运通、江西晶科能源和河北晶澳股份等企业也生产光伏硅片）。晶盛机电是国内规模、技术、效益领先的光伏设备供应商，已建立覆盖全自动单晶炉、多晶铸锭炉、切磨复合加工一体机、截断机、切片机、叠瓦自动化生产线等较为齐全的光伏设备产线。

靶材生产企业主要集中在上海、宁波和苏州等城市。宁波余姚江丰电子以“成为世界一流的溅射靶材企业”为发展愿景，是国内材料最齐全、工艺最完整、设备能力最强和产能最大的超高纯度金属材料及溅射靶材生产基地，主要应用于半导体、液晶显示和太阳能灯领域。宁波金瑞泓科技是我国硅单晶锭、硅研磨片、硅抛光片、硅外延片、芯片制造的完整产业链的半导体企业，在硅材料、化合物半导体材料、人工晶体材料、复合半导体材料等领域打破国际垄断。上海安集科技成功打破国外厂商对集成电路领域化学机械抛光液的垄断，是国内抛光液及光刻胶去除剂双龙头，是国内抛光液唯一生产商，公司的抛光液具有全球竞争力。上海新阳的氟碳涂料、晶圆超纯化学材料快速增长，半导体传统封装领域功能性化学材料销量与市场占有率全国第1，在集成电路制造关键工艺材料领域芯片铜互连电镀液及添加剂、蚀刻后清洗液已实现大规模产业化。正在加快开发光刻技术，积极布局半导体硅片、半导体湿法工艺设备、平板液晶显示用光刻胶、半导体芯片制造用研磨液等业务领域。南大光电则在半导体材料特别是 MO 源合成制备、纯化技术、分析检测、封装容器等方面全面达到国际先进水平，在这一重要光电子原材料领域成功打破国外垄断。上海飞凯材料深度切入紫外固化等半导体材料和屏幕显示材料等电子化学材料领域，目前正加快推进公司光刻胶、OLED 材料、半导体配套材料项目合作和生产建设。常州强力新材是全球 PCB 光刻胶专用电子化学品重要供应商，在 LCD 光刻胶光引发剂领域，肟酯类高感度光引发剂打破巴斯夫等跨国公司垄断，在光固化领域形成丰富的产品体系和技术储备。苏州晶瑞股份在超净高纯试剂方面，电子级双氧水、氨水达到全球第一梯队的技术品质，在光刻胶方面、功能性材料技术领先。上海至纯科技形成以不纯物控制的高纯工艺系统为核心，涵盖泛半导体、生物制药等下游行业前沿需求的核心技术体系，致力于打造高端湿法设备制造开发平台。公司产品腔体、设备平台设计与工艺技术都和国际湿法设备厂商路线一致。另外，洁美科技的纸质载带、苏州金宏气体等在各自领域也逐步形成国产替代。

（二）中游核心产业链包括芯片设计、前端晶圆制造和后端的封装测试

长三角地区半导体中游的布局比较广泛，芯片设计与晶圆代工、封装测试的优势较为明显，在国内处于引领者地位。主要集中在以上海、杭州和无锡为中心城市的芯片设计，以及以上海、苏州、无锡、合肥和绍兴为代表城市的晶圆代工制造与封装企业。

在芯片设计领域，上海与杭州成为典型的集聚中心城市。上海富瀚微负责集成电路的设计及产品质量管控，晶圆制造、封装、测试等生产制造环节均通过委托第三方加工方式完成。上海韦尔股份从事芯片设计与制造，在 CMOS 图像传感器电路设计、封装、数字图像处理和配套软件领域积累了显著的技术优势。上海晶晨半导体主要从事多媒体智能终端 SoC 芯片的研发、设计和销售。上海贝岭定位为国内一流的模拟和数模混合集成电路供应商，主要聚焦智能计量及 SoC、电源管理、非挥发存储器、数据转换器、工控半导体五大领域。此外，上海乐鑫科技在物联网通信芯片，上海聚辰股份在智能手机摄像头芯片、智能卡芯片、音圈马达驱动芯片，上海晶丰明源半导体在智能 LED 驱动芯片，苏州固锝在半导体芯片设计与制造，中颖电子在工业控制微控制芯片和 OLED 显示驱动芯片，苏州杨杰科技在分立器件芯片、功率二极管、整流桥等半导体分立器件，无锡芯朋微电子在家用电器类芯片、标准电源类芯片、移动数码类芯片和工业驱动类芯片，都有各自的研发与领先优势，上海芯原微电子向客户提供平台化的芯片定制方案，并可以接受委托完成从芯片设计到晶圆制造、封装和测试的全部或部分服务环节。长三角主要城市集成电路行业设计代表企业如表 2 所示。

表 2　长三角主要城市集成电路行业设计代表企业

单位：亿元

城市	2017 年产值	2018 年产值	产业特色	代表企业
上海	480	577	以本土企业与外资为主	中芯国际、华大半导体、富瀚微、韦尔股份、博通集成、盈方微、复旦微电子
杭州	118	135	以本土企业为主	士兰微、海康、阿里达摩院、新华三、国芯科技、中天微、中科微、华澜微
无锡	110	132	以外资企业为主	SK 海力士、华润微、长电科技、宏湖多芯片、海太半导体
南京	66	70	以外资企业为主	台积电、思科、安谋、芯驰科技、新思科技、南京拓微、晶门科技
合肥	—	11	以本土企业为主	富芯微、联发科技、合肥君正、龙讯半导体、合肥兆芯、合肥宁芯

资料来源：中国半导体行业协会集成电路设计分会。

在晶圆代工制造环节，上海集中了我国最强的几家半导体龙头公司中芯国际、华虹半导体和华润微电子，合肥晶合集成在手机显示面板驱动芯片代工领域有一定的国际优势。晶圆代工属于技术及资本密集型产业，寡头效应极为明显。台积电是半导体代工行业的领导者，约占全球一半的市场份额。晶圆代工最关键的是制造流程的精细化技术，为攻克最先进制程需巨额资本开支及研发投入。中芯国际目前居于全球第 2 位，提供纳米晶圆代工与技术服务，装备大陆最先进的光掩膜生产线，全面一体的晶圆代工解决方案，光罩制造、IP 研发及后段辅助设计服务到外包服务。目前中芯国际在 7nm 先进制程研发方面取得重要性突破并即将量产。华虹半导体是全球领先的特色工艺纯晶圆代工企业，是全球首家提供场截止型 IGBT 量产技术的 8 英寸晶圆代工企业，在导通压降、关断损耗、工作安全区、可靠性等方面均达到国际领先水平。华润微电子旗下无锡华润上华科技有限公司在国内模拟晶圆代工行业处于领先地位，是目前国内特种工艺平台的主要提供者。

芯片封装测试业务主要集中在无锡、上海、南京、合肥、南通和苏州等地。代表企业包括长电科技、通富微电、太极实业和华天科技的南京工厂，以及上海日月光半导体、苏州矽品等全球封装测试行业的知名外资企业。这也是我国在半导体产业链上目前最强的环节。根据拓墣产业研究院2020年全球十大封测企业营收排名，江苏长电、天水华天、通富微电上榜。其中长电科技和通富微电都在长三角地区，天水科技也在南京布局大产能。2019年长电科技市场占有率11.3%，排名全球OSAT（外包封测厂商）营收第3。无锡太极实业子公司海太半导体保持与SK海力士稳定的长期合作，收入规模国内行业排名第2、全球行业排名第6。经过多年创新发展，公司拥有全球领先的CPU/GPU量产封测技术。苏州晶方科技也是长三角地区规模较大集成电路的封装测试公司，专注于集成电路先进封装技术的开发与服务，聚焦于传感器领域，封装的产品主要包括影像传感器芯片、生物身份识别芯片等，相关产品广泛应用在智能手机、安防数码、身份识别、汽车电子、3D传感等市场领域。无锡华润微电子也是领先的拥有芯片设计、晶圆制造、封装测试等全产业链一体化经营能力的半导体企业。目前落地德清的熔城半导体芯片系统封装和模组制造基地项目将成为我国技术最先进、单一体量最大的集成电路先进封装和模组智能制造基地，实现5G通信、汽车电子等领域高端进口芯片及微集模组的国产化。

（三）下游的半导体产业主要是指需求产业链，包括通信、计算机、消费电子、汽车电子、政府与军事等领域

从全球范围来看，半导体产业正在从技术驱动时代走向应用驱动时代，下游需求的增长和变革，将积极推动半导体上中游加快技术创新进程。目前，国内半导体产业链下游企业竞争力强，很多企业在国际舞台上同样具有强大的号召力与引领力，包括华为与中兴、长城与联想电脑、浪潮服务器以及均胜电子等。这方面，长三角地区以海康威视与大华股份的安防产业、宁波均胜电子的汽车电子、合肥京东方的显示屏产业以及余姚顺宇光学的光学为代表，纷纷成为规模领先的国际行业龙头。

当下，以碳化硅与氮化镓为代表的第三代半导体材料因其高功率高频率

应用场景，在第三代半导体产业上，长三角地区众多城市也在加速布局。闻泰科技通过收购安世半导体，加大在第三代半导体领域的投资力度，大力发展氮化镓和碳化硅技术。浙江博方嘉芯集成电路科技有限公司氮化镓射频及功率器件项目、世纪金光碳化硅全产业链基础上的第三代半导体功能材料和功率器件、华通芯电第三代化合物半导体项目、新微半导体第三代化合物半导体制造平台项目、浙江露笑碳硅晶体有限公司新建碳化硅衬底片产业化项目将成为第三代半导体产业的重要支撑。

四　谋划推进半导体与集成电路产业发展的思路与举措

以半导体为代表的新兴制造业是工业经济的根基，是确保我国信息技术与信息经济稳步发展提升、走在前列和实现全球领先的重要底气所在。近年来，在长三角地区内部各个城市产业政策高度重视与强力推动下，以半导体与集成电路为代表的新兴制造业正成为重要的制造业布局重点。加快长三角地区半导体产业跨越式高质量发展，关键在于强有力的政策支持，特别是资金与人才支持是非常重要的。

（一）积极引导鼓励各类社会资金设立多种形式的基金，加大资金支持力度

为半导体产业营造更加有利于创新的环境，并进一步完善基础设施建设，《广东省加快半导体及集成电路产业发展的若干意见》提出加大财政支持力度，设立省半导体及集成电路产业投资基金，鼓励产业基金投向具有重要促进作用的制造、设计、封装测试等项目。对于半导体及集成电路领域的基础研究和应用基础研究、突破关键核心技术或解决“卡脖子”问题的重大研发项目，省级财政给予持续支持。鼓励有条件的地市设立集成电路产业投资基金，出台产业扶持政策。在投融资政策方面，深圳、上海、北京和无锡都设立不同规模的产业投资基金。深圳通过政府设立集成电路资金目标500 亿元，引导和鼓励天使和风险投资基金投资。上海 2015 年就设立上海

市集成电路产业基金，目标为500亿元，投资于集成电路制造。北京2014年设立集成电路产业发展股权投资母基金，规模300亿元，投资于制造装备、设计封测领域。南京引导设立300亿～500亿元的集成电路产业投资基金，重点投资全市集成电路制造设计和材料等领域。近年来嘉兴积极探索采用“基金制”的方式，支持全市实体经济发展，促进优质资本、项目、技术、人才集聚。嘉兴发挥财政资金的引导和撬动作用，吸引金融资本和社会资本共同设立产业基金，利用市场化方式开展投资和经营业务，创新金融管理和服务，构建功能较为完善的金融服务体系，提升政府产业基金运作效率，支持生产力布局。

（二）加强人才培养与引进

集成电路产业是典型的知识密集型、技术密集型、人才密集型和资本密集型的高科技产业，对人才的依赖尤为突出，集成电路行业高水平人才储备与培养是打造半导体产业链的核心所在。目前，半导体人才与需求相比面临着巨大的短缺。数据显示，2020年前后，我国集成电路行业人才需求规模约为72万人左右，而我国现有人才存量仅为40万人，人才缺口达到32万人。同时，普遍面临集成电路产业人才总量不足、领军人才缺乏、人才结构不合理等局面，并且急缺具备工程实践能力、能够解决工程应用问题的工程型、创新型人才。因此，集成电路产业作为长三角地区市重点培育的战略性新兴产业，人才的培养刻不容缓。目前，南京与绍兴等地成立专门机构，南京江北新区联合企业、高校共同成立南京集成电路大学，推进产教融合。绍兴文理学院与中芯集成电路有限公司共建集成电路产业学院，绍兴技师学院成立微电子学院。长三角地区城市在经济实力上完全有条件，加强优化人才政策支持包括各类奖补政策非常重要，加强产学结合，特别是在培养和引进人才方面给予优秀人才住房、工作、医疗和子女就学等补贴。坚持不懈引进高端人才，建设全球创新人才“栖息地”。整合区内人才政策，制定人才培养引进整体方案及中长期行动计划，联合知名企业设立国际人才招募基金。

（三）积极引进大体量行业龙头企业，打造半导体产业集群

加大行业龙头大企业引进力度，培育产业集群，是增强产业竞争力与城市竞争力的重要路径。在培育本土半导体企业的同时，还要着力吸引国际半导体巨头投资，吸引国际科技组织建立总部或分支，建设国际科技大项目合作基地，加快集聚全球创新能量。合肥引进京东方多项半导体项目带动配套厂商进驻，辐射带动上下游数千亿元规模投资，产业规模快速扩张，极大地完善提升了半导体产业链。西安、武汉与成都分步引进三星、京东方与台积电等龙头集聚，打造芯谷、光谷、硅谷，苏州、无锡、宁波及嘉兴等也纷纷引进国内外龙头企业，规划布局半导体城。嘉兴重点布局南湖微电子集成电路产业，重点推进中晶半导体、氮化镓、斯达半导体项目建设，打造微电子原材料、设计、封测、智能终端应用产业链。在海宁，加快培育以半导体专业装备、基础材料和核心元器件产业为重点的泛半导体产业。目前，中芯国际在绍兴打造 8 寸芯片制造和封装，长电科技在绍兴打造全球最先进的芯片封装测试基地，豪威半导体在绍兴打造全球封装测试基地、晶圆测试及重构封装基地，紫光在绍兴打造存储芯片制造基地。绍兴着重打造半导体两岸集成电路创新产业园，聚焦 8 英寸和 12 英寸晶圆制造，导入 200 家上下游集成电路相关企业。

（四）完善平台配套服务，大力完善提升科研创新力

聚焦大平台建设有助于提升产业集聚力和协同创新效率，上海、无锡和杭州已建成国家集成电路产业化基地，南京、合肥与苏州等城市也在优势区域规划半导体集聚区，谋划区域整体发展。各城市应完善区域创新平台协同创新功能与配套服务，加快以半导体材料和工艺技术研发为核心，吸引上下游设备、材料、封测和设计公司及产业培育孵化，打造一个集科技研发、人才培养的综合性平台，形成集成电路产业集聚效应。当前面对美国对我国半导体产业的肆意打压，面对华为、中兴、中芯国际以及海康威视、京东方被列入美国商务部黑名单，长三角作为半导体产业的国内高端引领代表，产业

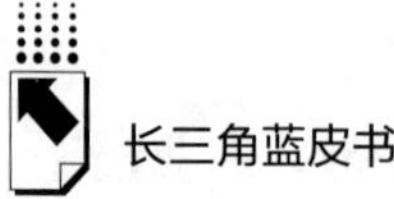

链上下游企业应积极围绕关键环节与核心技术领域，加强共性技术研发、联合攻关协调创新，提升产业整体竞争力。在半导体规划集聚区域，应增强创新平台建设，建立完善的服务知识产权、公平贸易保护机制，引领企业创新导向和加强产业保护，鼓励与国内外知名高校或科研机构合作，共同建设核心技术攻关载体，打造半导体产业科技创新力。

B.8

合肥市高新技术产业发展现状、问题与对策研究

程惠英　吴华明　王　虹*

摘　要：　高新技术产业是合肥实现创新发展的重点领域和基础力量。本文分析了合肥高新技术产业发展的现状，剖析了产业发展中存在的问题及其原因，从打造现代产业体系、构建创新生态体系、完善财金支撑体系、强化人才支撑体系、优化服务保障体系等方面提出未来的发展方向和对策建议。

关键词：　高新技术产业　产业集群　新生态体系　合肥市

高新技术产业是当前新一轮科技革命和产业变革的重点行业，是实施供给侧结构性改革、培养经济发展新动力、取得未来竞争新优势的关键领域。发展高新技术产业对于抢占经济和科技发展的制高点，推动产业结构优化升级和经济高质量发展，提高劳动者的生产效率和企业经济效益，具有不可替代的作用。党的十八大以来，合肥主动适应经济新常态，稳步推进经济高质量发展，高新技术产业规模不断壮大，质量效益不断提升，科技含量不断提高，创新载体建设加快，为推动全市经济结构优化升级和高质量发展发挥了重要作用。

* 程惠英，安徽省社会科学院经济研究所副所长，副研究员；吴华明，安徽省社会科学院经济研究所助理研究员；王虹，安徽省社会科学院科研处。

一　合肥高新技术产业发展的现状

（一）产业规模不断扩大

2019 年，全市实现高新技术产业总产值 7569.9 亿元，比上年增长 7.8%；高技术制造业增加值比上年增长 20.7%，占规模以上工业的比重为 29.5%，比上年提高 2.0 个百分点；新一代信息技术、节能环保、新能源和生物产业分别增长 22.9%、15.9%、14.3% 和 11.4%。平板显示及电子信息、光伏及新能源、家用电器制造业分别比上年增长 23.4%、16.7% 和 9.4%，分别拉动规模以上工业增长 5.3 个、0.6 个和 1.2 个百分点。高新技术产业出口交货值 88.41 亿元，比上年增长 9.7%。

（二）发展载体不断完善

合肥以综合性国家科学中心建设为契机，着力构建由国家实验室、大型科技基础设施集群、前沿交叉学科科研和产业创新平台、“双一流”大学等组成的创新体系。目前，全市有国家级（重点）实验室 10 个，部属（重点）实验室 36 个，省级（重点）实验室 130 个。省级以上企业技术中心、工程技术研究中心、工程研究中心、工程实验室分别为 347 个、139 个、61 个、52 个；市级以上众创空间 90 个，其中国家级 18 个；科技企业孵化器共 68 家（其中国家级 16 个），在孵企业 2552 家，累计毕业企业 1540 家。累计孕育省级“专精特新”中小企业 409 家，国家级“专精特新”小巨人企业 4 家。采取市校合作共建、股份制公司运营等模式，与清华大学、北京大学、中国科技大学、哈尔滨工业大学等 21 家知名高校院所共建 26 个协同创新平台。全国首座以创新为主题的“安徽创新馆”建成运行。

（三）优势产业不断集聚

2019 年 9 月，新型显示器件、集成电路、人工智能三个产业获批为国家级战略性新兴产业集群。集成电路产业先后获批首个海峡两岸集成电路产业合作试验区、“芯火”双创示范基地。全国首个定位于人工智能领域的国家级产业基地“中国声谷”蜚声海外，国家新一代人工智能创新发展试验区获批建设。2020 年，蔚来汽车中国总部落户合肥，德国大众 21 亿欧元入资江淮和国轩，合肥将成为全国领先的新能源汽车之都。全市共梯次培育逐步形成了 3 个国家级、7 个省级、6 个市级高新技术产业集群。

（四）政策扶持不断落实

精准制定“综合政策 + 专项政策”的全方位政策体系。在综合政策方面，出台“高质量发展 30 条”政策，每年拿出 100 多亿元“真金白银”支持产业发展。在专项政策方面，聚焦重点产业领域，出台“中国声谷”、人工智能、集成电路、新能源汽车、光伏、新基建等专项政策，2019 年安排近 29 亿元支持企业培育、项目建设、平台建设等关键环节。对战略性新兴产业重大基地、重大专项、重大工程，市财政专项切块支持。

（五）融资方式不断创新

充分发挥国有资本引导撬动社会资本投资重大项目建设，实现技术和产能的突破。2008 年以来，合肥市通过产业基金与京东方合作，以“国有资本投资入股—通过资本市场退出—循环再投入”的形式，带动社会资本高强度投资以京东方为龙头的新型显示产业，先后建设了京东方 6 代线、8.5 代线、10.5 代线，实现了新型显示产业的跨越赶超，面板出货量约占全球的 5%。强化资本支撑作用，成立芯屏产业基金（总规模 250 亿元）、集成电路产业基金（总规模 300 亿元）、人工智能产业基金（总规模 50 亿元）等数十只产业专项基金。

二　合肥高新技术产业发展中存在的问题及原因分析

（一）合肥高新技术产业发展中存在的问题

1. 高新技术产业企业整体规模偏小，发展质量较低

长期以来，合肥市高新技术产业总产值和增加值在中部省会城市中位居中等，与东部地区差距较大。目前，以汽车及新能源汽车、电子信息、生物医药等产业为代表的高新技术产业已经成为合肥市新的经济增长点，但其发展规模还相对较小，产出质量、产业层级仍处于产业链低端，高新技术产业目前仍然以低端产品组装为主，没有摆脱“高端产业—低端环节”的发展层次。

2. 高新技术产业创新能力较弱，关键技术受制于人

产业发展中所需的核心技术、关键零部件、工艺装备的研究开发和配套能力较弱，拥有自主知识产权、自主品牌、高附加值、具有竞争力的产品相对较少，产品核心技术和关键基础部件主要依靠进口，相关软、硬件设施更是严重受制于国外企业，这些都制约着合肥高新技术产业的进一步发展。如合肥京东方整体设备国产化覆盖率约40%，玻璃基板、偏光片等核心原材料国产化配套比例不足10%；长鑫存储整体设备国产化覆盖率约5%，光刻机、光刻胶等全部依赖进口（见表1）。

表1　合肥相关产业需突破的“卡脖子”技术

产业领域	“卡脖子”技术
集成电路	一是光刻机、光刻胶、封装与测试等装备，二是超精密抛光等工艺，三是汽车控制、电池管理、高档智能装备等专用芯片
新一代信息技术	一是高端真空蒸镀机、曝光机、高端滤波器等，二是基板玻璃制造、有源无源一体化、调制调解、光谱探测等技术
人工智能	一是生物传感器、量子传感器、加速度传感器、姿态传感器、激光雷达等设备，二是指纹识别、人脸识别、声纹识别、基础算法等技术

续表

产业领域	“卡脖子”技术
先进制造	一是中高精密轴承、高端液压柱塞泵、减速器、控制器、伺服系统、高档成套数控装备等,二是机器人技术、3D 打印技术、工业设计、制造、控制软件等
新能源汽车	一是激光器、超声焊接机、高端电视、轮毂电机、电池铝薄膜等,二是燃料电池堆技术、燃料电池发动机技术、智能网联汽车技术、高度自动驾驶技术等
高性能材料	一是特种轴承钢、高强不锈钢、刀刃具钢、高弹性钢、耐磨钢等,二是高性能材料一致性、稳定性、可靠性方面

资料来源：作者根据调研资料整理。

3. 高新技术产业的集聚程度较低，辐射能力较弱

合肥虽然在空间上实现了高新技术产业的集聚，但高新企业的密集程度不足，难以发挥合作协同效应，存在“集而不聚”的现象，无法发挥高新技术产业对其他产业的辐射和带动作用，不利于区域整体经济的发展。缺少能够引导产业链发展的龙头企业，上下游企业缺乏核心技术和产品，产业之间关联度低，使得产业很难拧成一股集聚力，产业集群效应不理想。

（二）合肥高新技术产业发展不足的原因分析

1. 高新技术企业融资困难

合肥多数高新技术企业创建时间短，规模较小，难以通过上市或债券融资。合肥市用于高新技术开发研究的经费占全市产品销售收入的 8% 左右，仅仅能为高新技术研究活动的开展提供最基本的保障，无法满足高新技术产业的发展需求。为高标准推动合肥综合性国家科学中心建设，对纳入中心的项目，省、市按照 1∶2 的比例给予资金支持，但由于受经济下行、减费降税等因素的影响，财政持续投入的压力加大，势必会影响高新技术产业的发展。

2. 高新技术产业发展环境有待优化

一是高新技术产业发展的政策环境日益严峻。国家对于产业发展过程中的节能环保、土地供给、行业准入等方面的要求日益严格，势必对高新技术产业的发展提出新的要求。二是支持和保护高新技术产业发展的软环境有待

优化。合肥市尚未建立起健全、有效的知识产权保护体系，企业知识产权保护观念缺乏，保密措施和约束机制不够严格。三是产学研结合的创新体系不够完善。合肥市以企业为主体、以市场为导向、产学研结合的技术创新体系尚未真正确立。四是高新技术服务水平较低。技术创新服务机构数量不多且规模较小，运行机制和管理体制不健全，无法在技术上向企业进行有效推介。如合肥仅有一家集成电路设计分析验证公共服务平台投入运营，能服务的企业数量较少，服务能力较弱。

3. 高新技术产业政策扶持和落实有待加强

一是现行政策扶持对象范围不合理。各项政策局限于支持企业本身发展，缺少对于融资环境、营商环境等关乎整个产业发展条件的政策支持；侧重于支持进驻产业园区内的高新技术企业，忽视了园区外的同类高新技术企业的发展要求；侧重于支持龙头高新技术企业，忽视了那些刚起步的中小高新技术企业。二是政策扶持的力度不够。奖励额度有限，很多企业申报高新技术企业的积极性不高。三是激励技术创新的财税政策存在缺陷。现行的财税激励政策大多采取成果后补贴的方式，难以满足企业创新活动初期对于资金的大量需求，削弱了激励性政策的作用。四是高新技术企业申报的程序复杂，致使很多企业望而却步，加之第三方服务机构的服务水平和专业知识层次不高，导致一些具备一定条件的高新技术企业没有顺利申报。

4. 高新技术产业人才资源缺乏

一是合肥对于高级人才缺乏吸引力。受市场化程度不高等因素的影响，合肥高新技术企业存在效率不高、待遇较低等问题，这些使得本地的高学历人才和青年劳动力不愿意留在本地发展。二是政府未能及时出台有效的政策去留住高端人才，对高端技术人才的财政政策的激励作用依旧比较弱，人才流失严重。同时，利益分配上的不合理之处导致人才向外流失，降低了研发人员从事技术创新的积极性，对培育高端人才的根植性不利。LinkedIn（领英）中国、上海科学技术政策研究所和清华经管学院2018年10月联合发布的《长三角地区数字经济与人才发展研究报告》显示，长三角区域内对高水平人才吸引力最高的城市是上海，人才流入/流出比达到1.50，对高水平

人才吸引力较大的城市是杭州，人才流入/流出比是 1.03；南京和合肥的人才流入/流出比较低，分别为 0.51 和 0.62，人才流失比重较高。①

三 合肥高新技术产业发展的方向

（一）以综合性国家科学中心建设为基础，推动高新技术产业发展

合肥应把握长三角区域一体化发展上升为国家战略的重大机遇，突出“两心”合作，推进建设长三角科技创新共同体，服务国家发展大局。当前合肥综合性国家科学中心建设的主要任务，就是要分层规划，重点发力。把综合性国家科学中心建设划分为核心层、中间层、外围层和联动层四个层级的建设，统筹规划基础科学研究、前沿高新技术研究、战略性工程技术研究，逐步形成一批支撑产业创新发展的技术成果，构建合肥创新发展的技术基础。综合性国家科学中心建设的重点在于新建一批大科学装置，显著提升现有大科学装置的技术水准和科研性能。依托中国科学技术大学、中科院合肥物质科学研究院等科研院所，建设世界一流的创新型院校和研发机构，提升现有公共技术研发平台的创新能力。以地方经济社会发展的重大需求为导向，围绕产业链发展的薄弱环节部署技术创新链，以中科大先进技术研究院、中科院合肥技术创新工程院等高端创新平台为依托，重点攻关突破一批具有全局性、前瞻性、带动性的关键技术难题，形成具有强大国际竞争力的高新技术产业集群。以大科学装置为基础平台，汇集国际一流科技人才，把合肥综合性国家科学中心建成高新前沿技术研发和转化的策源地，为合肥高新技术产业发展提供创新源泉。

（二）立足于合肥的资源优势和产业基础，打造世界级高新技术产业集群

合肥高新技术产业发展要统筹推进“三重一创”建设，推动新型显示、

---

① 李红兵：《合肥综合性国家科学中心建设现状与对策研究》，《科技中国》2020 年第 4 期。

集成电路、光伏及新能源、智能语音及人工智能等高新技术产业集聚发展，抢占量子信息、大数据、机器人等未来产业发展先机，提升高新技术产业在全球价值链中的发展潜力与位势。

大力发展新型显示产业集群。合肥的新型显示产业具有良好的产业发展基础，以京东方、维信诺为龙头的新型显示产业，正成为国内面板产能最大、产业链最长、技术水平一流、具有国际竞争力的集聚发展区。新型显示与机器人产业获批“国家战略性新兴产业区域集聚发展试点”①。在当代社会生活中，智能互联技术的应用日益广泛和普及，一个以显示为中心，涵盖智能终端、智能家居、车载网络、人工智能等场景互联互通的生态矩阵正在形成。高清视觉、虚拟显示、显示增强等技术成为支撑“泛在屏”时代的基础技术，柔性显示技术等更是作为最具颠覆性的创新科技之一，将承载与引领消费者高端科技需求，是当前新型显示产业实现创新突破的方向。合肥新型显示产业发展要抓住 OLED 产业发展的关键窗口期，超前做好技术布局与产业布局，完善配套、丰富应用，在良好的产业上更进一步，争取实现超越式发展。

大力发展新型集成电路产业集群。合肥以晶合集成、通富微电、联发科技等为代表的集成电路产业集群，实现了从材料、设计、晶圆制造到封装测试的全产业链覆盖。集成电路产业发展迅猛，先后被工信部列为全国 9 大集成电路集聚发展基地之一，被国家发改委列为 14 个集成电路产业重点发展城市之一。② 当前，合肥已成为全国集成电路产业发展最快、成效最为显著的城市之一，已逐步跃升为全国集成电路产业的“后起之秀”。半导体产业是电子工业的基础，随着 5G、物联网等新一代信息技术和人工智能等先进终端应用的落地，必将带动集成电路产业的高速发展。在集成电路产业发展上，合肥要利用多方资源加强合作，吸引更多企业和人才来发展，在本轮产

① 《70 年，合肥战略性新兴产业发展成就瞩目》，中安在线，http://ah.anhuinews.com/system/2019/08/22/008216317.shtml。

② 《70 年，合肥战略性新兴产业发展成就瞩目》，中安在线，http://ah.anhuinews.com/system/2019/08/22/008216317.shtml。

业转移中抢占先机。在集成电路配套产业方向也争取吸引全球新的技术落地、水平突破，加速合肥市集成电路产业的发展。同时要致力于克服芯片设计业缺乏龙头和国际影响力企业的短板，下一步应在制造和封测的基础上，以外来设计龙头为引导，培养本土龙头设计企业，打造合肥特色集成电路产业体系。

大力发展光伏及新能源产业集群。合肥以晶澳太阳能、通威太阳能、阳光电源等为龙头的光伏产业集群，已形成从多晶硅原料、太阳能电池、集成组件到发电工程的一条龙产业链。已聚集通威太阳能（电池片）、晶澳太阳能（组件）、阳光电源（逆变器）等近百家光伏企业。光伏新能源产业应用规模位居全国前列，跻身“国家分布式光伏发电应用示范城市”。[①] 合肥应以打造“中国光伏第一城”为目标，着力建设智慧能源集成示范基地，着力提升光伏产业集群的国际竞争力。积极研发储能、微网、智慧能源等前沿技术和核心产品，加大分布式智慧能源创新平台的投资强度，加快建设速度。大力推广光伏产品的应用与普及，实施分布式光伏屋顶、光伏建筑一体化、光伏下乡、光伏“领跑者”计划示范、光伏地面电站、光伏照明六大工程，推进光伏及新能源产业的快速发展。

大力发展智能语音及人工智能产业集群。合肥以科大讯飞、华米科技、科大国创等为代表的人工智能产业集群，已涵盖了基础层硬件和数据计算、技术层算法和通用平台支撑、应用层智能终端产品和行业应用方案等各个环节。语音产业获批首个“国家智能语音高新技术产业化基地”，被列入安徽省、工信部共同打造的千亿产业。[②] 2018 年，安徽省人民政府办公厅印发了《中国（合肥）智能语音及人工智能产业基地（中国声谷）发展规划（2018～2025 年）》，提出将“中国声谷”建设成为国内规模最大、实力最强、技术水平达到国际一流的智能语音及人工智能产业集聚发展基地。建成

① 《70 年，合肥战略性新兴产业发展成就瞩目》，中安在线，http：//ah.anhuinews.com/system/2019/08/22/008216317.shtml。

② 《70 年，合肥战略性新兴产业发展成就瞩目》，中安在线，http：//ah.anhuinews.com/system/2019/08/22/008216317.shtml。

以智能语音及人工智能技术为引领，以行业应用和互联网应用为特色的产业集群。到2025年，智能语音及人工智能互联网产品用户达到15亿户，“中国声谷”企业营业收入超过2000亿元。入驻企业总数超过800家，培育1家超500亿元级企业、2家100亿元级企业、10家10亿元级企业、50家以上亿元级企业，孵化企业达到500家。

大力发展生物医药产业集群。合肥以安科生物、立方制药、金域检验等一批重点企业为代表的生物医药产业集群，初步形成科技研发、生产制造、第三方服务等比较完整的产业链。[①] 近年来，合肥市生物医药产业规模稳步攀升，形成了高新区、经开区和巢湖经开区三大产业集聚基地，产业布局更加合理，各类创新要素加速集聚，正朝着集聚化和规模化发展。在合肥生物医药产业的发展上，要抢抓国家推进生物医药产业发展战略机遇，把握长三角G60科创走廊建设机遇，集聚资源、集成政策、集约服务，在产业链核心环节和价值链高端环节聚焦发力，发挥比较优势，在促进医药产业创新升级，全面提升发展质量和效益等方面加大力度，以实现生物医药产业做大做强。

大力发展新能源汽车产业集群。合肥以江淮汽车、安凯汽车、国轩高科等为龙头的新能源汽车产业集群，涵盖整车、电池、电机、管理系统、充电站（桩）开发以及建设管理、推广服务、金融投资等领域。新能源汽车推广应用规模位居全国前列，先后获批全国首批“节能与新能源汽车试点城市”“私人购买新能源汽车补贴试点城市”“新能源汽车推广应用示范城市”。[②] 在新能源汽车产业发展上，合肥应加快新能源汽车产业聚集基地建设，以整车为龙头，培育并带动动力电池、电机、电控系统、高效变速器、汽车电子、车身轻量化等产业链加快发展。推进纯电动汽车、深度混合动力汽车的研发和产业化，积极支持正极材料、负极材料、电解液、隔膜、电解质等汽车燃料电池的关键技术研发。加大示范应用推广力度，加快培育市

① 《70年，合肥战略性新兴产业发展成就瞩目》，中安在线，http://ah.anhuinews.com/system/2019/08/22/008216317.shtml。

② 《70年，合肥战略性新兴产业发展成就瞩目》，中安在线，http://ah.anhuinews.com/system/2019/08/22/008216317.shtml。

场，推动技术进步和产业发展。

抢占量子信息等未来产业发展先机。未来产业是面向今后 10～20 年，创新能力较强、市场引领作用显著的产业，具有高增长、高技术、高附加值等特征，很有可能形成经济发展的新动能和新增长点，对于产业结构的整体优化、区域劳动生产率的整体提升具有重大的促进作用。在未来产业的培育上，合肥应致力于打造量子信息、大数据、机器人等未来产业高地的发展基础，全面加快战略性新兴产业发展，提升产业在全国乃至全球价值链中的发展潜力与位势。

四 合肥高新技术产业发展的对策

（一）培育创新企业，打造现代产业体系

1. 加快产业集群发展，占领价值链高端环节

重点围绕市场需求，加大高新技术产业产品开发研发力度，以优质产品打开并挤进高端产品市场，逐步占据全球价值链的高端环节。以优势产业集群的“链”主企业为龙头，引导以本土“专、精、特、优”中小企业为集群的“链”主企业提供产业配套，实现规模效益、档次、水平上的新突破。积极引进国内外行业龙头企业，进行重点培育，不断提高企业的技术研发、系统集成、核心制造、市场开拓和融资能力。

2. 着力培育高新技术企业

一是分类推动企业创新发展。建立健全“科技型中小企业—市级高企—国家级高企—科技小巨人”全周期梯级培育体系。二是要加大奖补力度，解决企业申报的后顾之忧。全额补贴企业在申报过程中涉及的专利申请费、审计费、检测费、查新费、咨询费等成本费用，使企业申报无后顾之忧。建立专项奖励资金，对成功认定或复审的企业予以奖励，提高企业积极性。三是对申报企业进行专题培训，提高企业申报高企的通过率。

（二）强化内生动力，构建创新生态体系

1. 实施重大自主创新项目

围绕高新技术产业，强化重大项目顶层设计，选择龙头企业和核心技术，培育实施一批技术含量高、发展潜力大、提升带动作用强的重大项目，争取在国家科技重大专项863计划、国家科技支撑计划、国家级火炬计划等科技项目上实现突破。设立重大产业技术专项，以支撑重点产业和支柱产业的创新发展；在新材料、电子信息、新能源、生物医药等重点领域设立产业重大技术专项，其目标在于整合全市各类科技资源和人才资源，集中力量解决制约产业发展的关键技术瓶颈，在重点产业和重点行业实现高端突破，快速提高产业自主创新能力。

2. 加强创新平台建设

一是打造“国”字号创新平台。依托合肥大科学装置群和合肥综合性国家科学中心，积极创建量子信息科学国家实验室，争取合肥先进光源、大气环境立体探测设备等3个大科学装置进入国家“十四五”规划布局。支持合肥建设国家应用技术研究中心、国家产业创新中心等综合性研究平台，实现创新链与产业链的协同发展。二是依托安徽创新馆加快建设科技大市场。借鉴浙江“纵向+横向”一站式创新服务链的经验，建设“3+3”的服务体系，即横向搭建网上技术市场、科技大市场、知识产权交易中心3大平台，纵向覆盖省、市、县3级的服务体系，着力构建科技成果转化交易大机制、全国有重要影响力的科技大市场、安徽全产业链创新体系大支点。

3. 加强科技成果转化高地的建设

立足中国科技大学、合肥工业大学、安徽大学、合肥学院等高校和科研院所的研究力量，打通科技成果的转化通道，建立信息交流平台、共建研发平台和科技孵化平台。实施新技术新产品应用示范工程，建立“首购首用”风险补偿机制，促进装备首台套、新材料首批次、软件首版次产品的应用推广。

（三）扩大有效供给，完善财金支撑体系

1. 拓展投资主体，促进高新技术产业投资规模不断扩大

应通过发挥政府的引导作用，促进社会资本对于高新技术企业的投资。通过建立高科技创业的风险补偿机制，给予投资于初创高新技术企业和高新技术成果产业化项目的创业投资机构后补助、风险补助等措施的保障支持，分担和稀释高新技术企业的创业风险，提高社会资本的投资积极性，扩大高新技术企业健康发展的资本来源。

2. 谋划融资渠道，强化资金扶持

设立上市专项扶持基金，对企业上市前期费用进行补贴，推动高新技术企业快速上市，拓宽高新技术企业的融资渠道。支持高新技术企业发行公司债、企业债、短期融资券、中期票据、小微企业增信集合债等债务融资工具，推动开展可交换债、并购债券试点，对高新技术企业在全国法定公开市场发行创新融资工具给予资金补贴。

3. 组建科技银行，扩大信贷供给

建议加大对科技银行贷款风险代偿和利息补贴等方面的财政专项扶持力度，进而鼓励更多的银行机构按照“专营化、专业化”的发展理念新设或改造组建科技银行，创新管理机制，优化信贷流程，打造专业团队，提升专业化水平，扩大科技创新的信贷供给。

4. 创新金融服务，破解信贷障碍

支持银行业金融机构发行创新创业专项金融债，增加对科技型企业的信贷支持。鼓励银行业金融机构开展小巨人贷、履约贷、微贷通、知识产权质押、应收账款质押、仓单质押等创新融资业务。借鉴广州“技术流 + 能力流”硬科技评价指标体系，立足科创企业核心发展要素，逐步建立以大数据为支撑，涵盖管理团队、知识产权、产业链位置、核心成果、研发投入等多维度融资评价体系。

5. 加大政府投入力度，完善激励政策

一是建议对研发经费或技改支出占销售收入比例超过 5% 的企业，结合超出幅度及投入总额，分档次给予补助。二是建议建立高新技术企业培育库，每年筛选一批有潜力但距离认定标准还有差距的企业作为高新技术企业培育对象，安排培育辅导费，支持企业通过完善管理体系、挖掘知识产权等提升创新能力，在企业达到培育库入库标准时予以拨付。进一步提高对新认定企业的奖励标准，对符合申报标准并提交新认定或复审申请的企业，给予申报补贴，对复审通过的企业也要制定相应的奖励标准。

（四）创新引培机制，强化人才支撑体系

1. 积极引进国内外高端人才

政府要继续深入实施重点人才引进工程，重点引进高新技术领军人才，引进具有国际视野和管理运营能力等综合素质的全方位高端人才。发挥国家实验室及大科学装置建设的核心带动效应，引进若干以首席科学家为核心的具有国际竞争力的大科研团队。围绕产业发展需求，引进拥有核心知识产权、具有国际一流水平、技术成果成熟并具有产品转化能力的科技创新团队，力争以团队引进促进项目转化，带动产业发展。

2. 健全人才激励机制

努力营造有利于人才成长和发挥才干的创新环境。从资金、税收、奖励等方面引导企业重视创新人才队伍培养，落实高新技术人才职称评定、薪酬发放、股权、分红、安居落户等激励机制，赋予首席科学家、实验室主任、创新团队负责人更大的人财物和技术路线决定权。建议借鉴先行示范区深圳市的经验（到2035年，人才房、公租房、安居房、商品房的比例为2∶2∶2∶4），实施住房激励政策，加大经济适用房和人才住房的建设力度，为科技人才提供住宿、安居上的便利和优惠条件，以吸引人才、留住人才。

3. 创新人才培养方式

健全、完善以行业企业为主体、职业院校为基础、学校教育与企业培养紧密联系、政府推动与社会支持相互结合的高技能人才培养体系。鼓励院校与企业加强沟通与交流，结合产业升级计划为企业提供“订单式”人才委培，结合“芯屏器合”产业需求，有计划地在中国科技大学、安徽大学、

合肥工业大学、安徽工业大学等高校和职业院校增设高新技术产业发展急需的专业，发展各个层次、各种类型的专业教育，培养高素质、实用型、国际型的产业融合方面等不同类型的人才，尤其需要培养与高新技术产业相适应的高级工程师和技能型员工。

（五）营造良好氛围，优化服务保障体系

1. 强化规划引领

依托合肥的产业基础和特色资源优势，尽快出台“合肥综合性国家科学中心”“十四五”规划，合理规划未来 3 ~ 5 年内高新技术产业的目标、思路和方向，明确主导发展产业、优先发展产业和突破发展产业，构建创新型产业体系，做到产业定位与布局的有的放矢、重点推进，避免出现“遍地撒网”式的发展。

2. 加大对知识产权的保护力度

政府应完善创新方面的相关立法和规范，通过知识产权评审、知识产权档案、技术管理计划来实施合同约束，运用专利、商标、版权、商业秘密等各种法律手段维护自有成果的完整性，大力解决企业创新中的知识产权纠纷问题，加大对侵犯知识产权行为的监督和处罚力度，进而推动高新技术产业的高质量发展。

B.9 长三角高技术产业发展研究*

——基于科技进步与协同创新的视角

陈清萍　孔令刚**

摘　要：　2018年，长三角区域一体化发展上升为国家战略，沪苏浙皖三省一市汇集了全国1/3的重大科技基础设施、1/3的中科院京外研究单位、1/4的“双一流”建设高校、1/4的国家重点实验室、1/4的国家工程研究中心，拥有上海张江、安徽合肥两大综合性国家科学中心，是高技术产业发展的天然摇篮。高技术产业对一个地区知识的转移与流动、技术的进步与扩散、产业结构的升级与优化以及分工地位的提升具有不可替代的作用，关乎整个区域的长期发展。在我国经济由高速增长转向高质量发展的新阶段中，研究长三角高技术产业发展具有重要意义。

关键词：　高技术产业　科技进步　协同创新　长三角

一　长三角高技术产业发展的现状

（一）长三角高技术产业的规模及在全国的地位

长三角高技术产业颇具规模。2018 年，沪苏浙皖三省一市高技术产业

* 本文为2019 年度安徽省社科规划重大项目“长三角更高质量一体化发展安徽的机遇和优势研究”（AHSKZD2019D01）阶段性成果。

** 陈清萍，博士，安徽省社会科学院城乡经济研究所副研究员；孔令刚，安徽省社会科学院城乡经济研究所所长，研究员。

的营业收入高达45215亿元，在全国占比高达28.80%，高出同期地区生产总值全国占比5个多百分点，体现了长三角高技术产业相对于其他地区较强的优势。从各省市地区生产总值与高技术产业营业收入的全国占比比较来看，对于上海和江苏，后者大于前者，分别超过1.2个和6.3个百分点；对于浙江和安徽，后者小于前者，分别低出1.5个和0.8个百分点。这表明长三角高技术产业的优势主要来自上海和江苏（尤其是江苏），它们高技术产业营业收入的全国占比约比地区生产总值的全国占比高出了7.5个百分点，不仅完全抵消了浙江和安徽在高技术产业规模上存在的劣势，而且还让整个长三角地区的高技术产业在全国崭露头角。

长三角高技术产业的企业数和利润总额也呈现相同的地区分布态势。但是，地处上海和江苏的企业数量的全国占比明显低于各自营业收入的全国占比，地处浙江和安徽的企业数量的全国占比明显高于各自营业收入的全国占比，表明上海企业和江苏企业的平均规模较大，浙江企业和安徽企业的平均规模较小。此外，浙江和江苏高技术产业利润总额的全国占比明显高于各自营业收入的全国占比，上海和安徽高技术产业利润总额的全国占比明显低于各自营业收入的全国占比，表明浙江和江苏高技术产业的盈利能力更佳，上海和安徽高技术产业的盈利能力略为逊色（见表1）。

表1　2018年长三角高技术产业的规模及全国占比

省市	地区生产总值		营业收入		企业数		利润总额	
	规模（亿元）	全国占比（%）	规模（亿元）	全国占比（%）	规模（个）	全国占比（%）	规模（亿元）	全国占比（%）
上海	32679.87	3.64	7566	4.82	1027	3.06	368	3.58
江苏	92595.40	10.32	26160	16.66	4870	14.51	1784	17.33
浙江	56197.15	6.27	7493	4.77	2785	8.30	754	7.33
安徽	30006.82	3.35	3996	2.55	1456	4.34	255	2.48
长三角	211479.24	23.58	45215	28.80	10138	30.20	3161	30.71

资料来源：《2019中国高技术产业统计年鉴》。

（二）长三角高技术产业的发展变迁

为了清晰地展现长三角高技术产业的发展变迁，本文绘出了上海、江苏、浙江和安徽2011～2018年高技术产业营业收入的发展趋势图。从发展趋势来看，上海高技术产业发展得较慢，从2011年的7063.6亿元到2018年7566亿元，八年来仅增长了502.4亿元，逐年来看同比增速时正时负，其间6年中有3年的产值仅为7000多亿元，有2年的产值仅为7200多亿元，增长势头较为微弱，年均增速仅为1.03%。而苏浙皖三省高技术产业的发展势头则较为强劲，表现远优于上海。具体而言，江苏的起点较高，2011年高技术产业营业收入就达19396亿元，2012～2016年一路高歌猛进，到2018年达到26160亿元，除2017～2018年出现下降之外，其余年份增速均达到5%以上；浙江的表现也比较不错，2011年高技术产业营业收入达3607.3亿元，2018年达到7493亿元，年均增速11%；安徽虽然起点最低，但增速较快，年均增速接近22%，位列长三角地区第1名，2011年高技术产业营业收入仅为1055.1亿元，到2018年达到了3996亿元，缩小了与江苏和浙江的差距。

从上海、江苏、浙江和安徽三省一市对比来看，浙江高技术产业营业收入的增长较为强劲，不但从未出现过负增长，而且在2017～2018年增速超出样本期间1～2个百分点；江苏和上海的起点虽然较高，但增速不太稳定，分别有2年和3年出现了负增长，尽管如此，2018年江苏和上海的高技术产业营业收入仍然超过浙江和安徽两省；安徽的平均增速虽然较快，但2017～2018年有所放缓，增速较样本期间平均增速低出将近16个百分点之多。总体来看，江苏呈现在高技术产业上雄厚的实力和强劲的增长态势，浙江通过自身的努力已经显著地缩小了与江苏和上海的差距，2018年浙江高技术产业营业收入与上海仅有区区73亿元之差，赶超指日可待，但是安徽到2018年仍处在3966亿元的低位水平，与2012年浙江大致相当，显示了安徽大约落后浙江6年，落后上海12年，与江苏可能存在数十年的差距（见图1）。

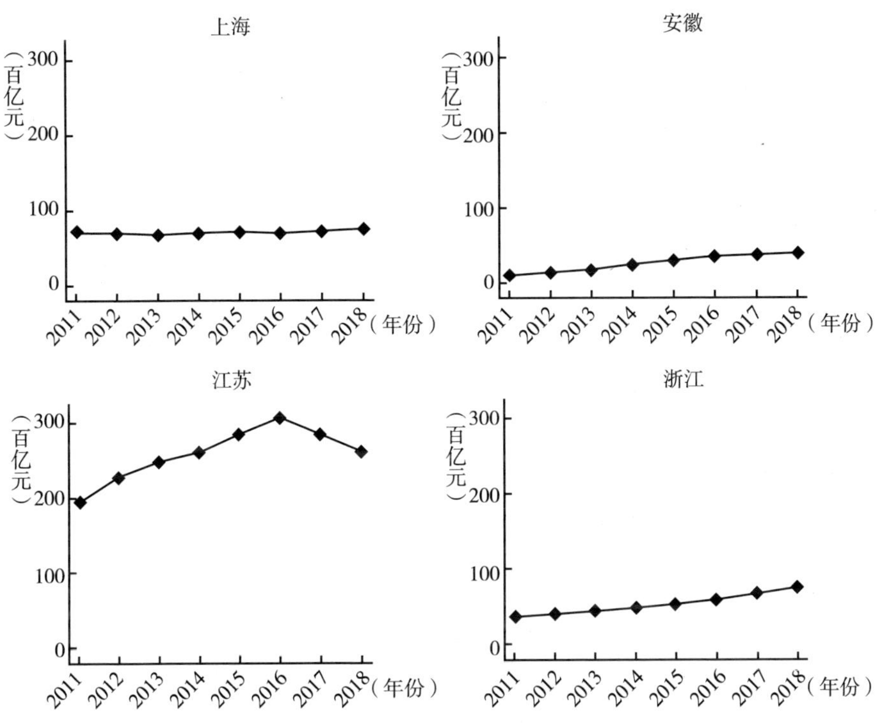

图 1　2011～2018 年沪苏浙皖高技术产业营业收入的发展变迁

资料来源：《2019 中国高技术产业统计年鉴》。

（三）长三角高技术产业的产业分布

为了观察长三角高技术产业的产业分布①，试图将长三角三省一市不同

① 在长三角三省一市各自公布的科技统计公报或科技统计年鉴中，对高技术产业的分类不统一，比如江苏的高技术产业分成8类、浙江11类、上海6类、安徽6类，并且彼此之间不完全重合。之所以产生上述分类的不统一，原因可能在于：第一，发展阶段不一致，比如起步较晚的安徽只将高技术产业分成电子信息和家用电器、汽车和装备制造、食品医药、材料和新材料、轻工纺织、能源和新能源六大领域，没有进行行业分类；第二，产业覆盖存在差异，除了图 2 四大行业之外，上海一直以来就单独列出了信息化学品制造业、苏浙皖都没有单独列出这一行业，江苏列出了智能装备制造业、新材料制造业、新能源制造业，浙江列出了化学原料和化学制品制造业、非金属矿物制品业、通用设备制造业、专用设备制造业、汽车制造业以及其他；第三，各细分行业的技术变迁周期不尽相同，连续周期内可能衍生出新的行业，但统计部门在短期内对行业分类做出调整存在一定困难。因此，本文使用《中国高技术产业统计年鉴》中的数据。

产业的营业收入加总，计算出五大高技术产业的占比。2018 年长三角电子及通信设备制造业营业收入高达 25893 亿元，是最大的高技术产业，占比颇高，为 57.27%，超过了高技术产业营业收入的一半；计算机及办公设备制造业次之，2018 年营业收入高达 7220 亿元，占比 15.97%，与电子及通信设备制造业的营业收入相差很大，营业收入不及前者的 1/3；医药制造业位列第三，2018 年其营业收入为 6631 亿元，占比 14.67%，与第二位的计算机及办公设备制造业仅相差 589 亿元；排在第四位的是医疗仪器设备及仪器仪表制造业，2018 年的营业收入为 4703 亿元，占比 10.40%，与第三位的医药制造业相差近 2000 亿元之多；规模最小的是信息化学品制造业，2018 年的营业收入仅为 768 亿元，占比只有 1.70%（见图 2）。并且从其地区分布来看，59% 以上的营业收入来自上海，江苏的贡献为 31.51%，浙江和安徽的贡献较小。

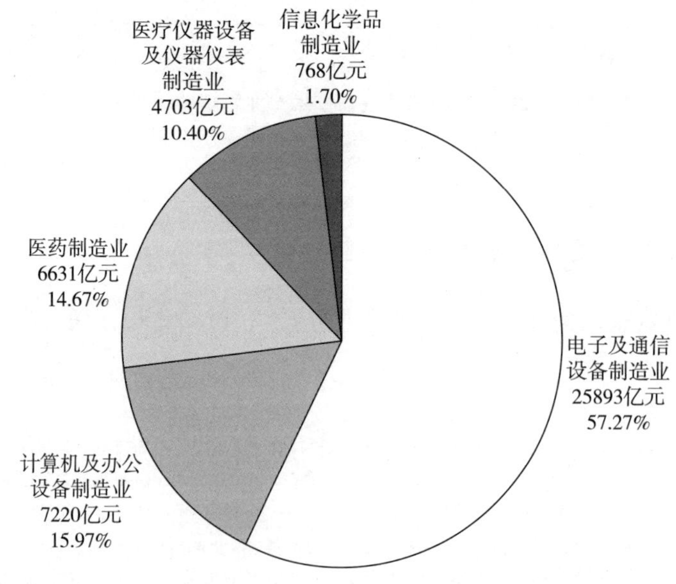

图 2　2018 年长三角高技术产业分布

资料来源：《2019 中国高技术产业统计年鉴》。

（四）长三角高技术产业的城市分布

与地区间存在差距类似，长三角高技术产业在不同城市的产值也存在较大差异，首位的苏州高技术产业产值是末位淮南的82倍多。在长三角排名前十的城市中，苏州位列第1，2018年高技术产业产值高达16360.18亿元，几乎是第二名南通的2倍，处于绝对领先的地位；宁波位列第3，2018年高技术产业产值为8490.60亿元，比第二位的南通少350多亿元；无锡和杭州分列第4、第5位，且两市高技术产业产值只有31.68亿元的差距；上海、合肥和南京分列第6、第7、第8位，上海高技术产业产值仅比合肥高出266.89亿元，合肥比南京高出341.54亿元，合肥高技术产业产值在2017年实现了对南京的反超，2018年首次跻身7000亿元俱乐部；居于第9和第10位的是常州和泰州，其2018年高技术产业产值分别为6565.98亿元、6047.39亿元。前十位城市中，江苏省达6个之多，浙江省2个，安徽省仅有1个，上海仅位列第6，在长三角高技术产业中并不突出；后11位城市中，安徽省达8个之多，浙江省3个，无一来自江苏。上述分析表明，江苏高技术产业雄厚的实力来自多个城市力量的合力，毗邻上海的苏州、南通、无锡、常州以及省会南京共同发力；而安徽仅有合肥表现较佳，省内“三小龙”城市的芜湖、滁州和马鞍山排名均比较靠后，分列第12、第23和第24位，因而在高技术产业省级排位中位列最后；此外，上海位列第6的地位表明其优势不再是高端制造业，而更多地在高端服务业（见表2）。

表2　2018年长三角高技术产业的城市分布

单位：亿元

排名	城市	产值	排名	城市	产值	排名	城市	产值	排名	城市	产值
1	苏州	16360.18	6	上海	7289.10	11	徐州	5586.67	16	盐城	3377.52
2	南通	8843.46	7	合肥	7022.21	12	芜湖	4774.15	17	绍兴	2873.50
3	宁波	8490.60	8	南京	6680.67	13	嘉兴	4759.00	18	台州	2718.40
4	无锡	7563.28	9	常州	6565.98	14	扬州	4670.55	19	温州	2462.40
5	杭州	7531.60	10	泰州	6047.39	15	镇江	4172.17	20	淮安	2240.84

续表

排名	城市	产值	排名	城市	产值	排名	城市	产值	排名	城市	产值
21	湖州	2219.70	26	金华	1601.30	31	安庆	805.47	36	池州	492.75
22	连云港	1993.49	27	铜陵	1435.44	32	衢州	755.70	37	宿州	422.53
23	滁州	1990.85	28	宣城	1160.92	33	六安	595.08	38	丽水	410.20
24	马鞍山	1853.54	29	宿迁	877.09	34	淮北	582.52	39	黄山	301.62
25	蚌埠	1801.35	30	阜阳	805.55	35	亳州	545.17	40	舟山	292.60
									41	淮南	197.90

注：1. 浙江省 2013 年和 2016 年高技术产业工业总产值数据缺失，采用插值法估算得出；2.《2019 中国高技术产业统计年鉴》为提供各市的数据，故使用三省一市提供的高技术产业工业总产值的数据进行分析。

资料来源：《上海统计年鉴》《安徽科技统计公报》《江苏科技统计公报》以及浙江省科学技术厅网站公布的历年浙江省相关科技活动数据公告。

二　长三角高技术产业的低端重构及其影响因素分析

（一）长三角高技术产业的低端重构分析

现状分析显示，近年来长三角高技术产业产值不断增长，但是 2017 ~ 2018 年增速放缓，除去经济增长周期的因素，还有长三角高技术产业存在普遍的低端重构问题，即它们不但在产业结构上具有较高相似度，并且创新能力有限，在国际价值链分工中处于低端环节。

以图 2 中电子及通信设备制造业为例，其是长三角最大的高技术产业，在三省一市均有布局。尽管江苏、浙江、上海和安徽电子及通信设备制造业的营业收入各异，各自在长三角中所占比重分别为 58.93%、18.10%、15.06%和 7.91%，但它们在地区生产总值中的占比却相差不大，分别为 16.48%、8.24%、11.93%和 6.83%，体现了长三角产业结构的雷同，三省一市的高技术产业可能存在重复建设的现象；并且这种情况随着时间的推移在不断发展，其中江苏与浙江已经形成高度同构，上海与浙江趋同的速度也在加快。产业结构的趋同拉低了长三角高技术产业的利润水平，2018 年上海、江苏、浙江和安徽高技术产业的利润仅分别占营业收入的 4. 86%、6. 82%、10. 06%和 6. 38%，揭示了高技术产业重复建设导致产业内竞争激烈、利润水平偏低的基本事实。

一般而言，高技术产业具有高研发投入强度和高研发产出双重特征，但是长三角的高技术产业的该特征并不明显，也从侧面证明了长三角高技术产业的低端重构问题。从研发投入强度来看，2018 年上海、江苏、浙江和安徽的 R&D 经费分别为 1359. 2 亿元、2504. 4 亿元、1445. 7 亿元和 649. 0 亿元，分别占地区生产总值的 4. 16%、2. 70%、2. 57%和 2. 16%，这在国际上处于较低水平，美国、英国、日本、法国、德国和韩国的研发经费投入强度分别达到 19. 74%、11. 10%、10. 51%、7. 74%、6. 87%和 5. 86%，长三角地区与发达国家动辄 5%以上的研发经费投入强度相距较远；从研发产出来看，2018 年，上海、江苏、浙江和安徽的万人发明专利拥有量分别为 47. 5 件、26. 5 件、23. 6 件和 9. 83 件，远低于同期发达国家水平。

（二）长三角高技术产业发展的影响因素分析

客观地说，近年来长三角三省一市的研发投入有所增长，对各地高技术产业的发展应该有所裨益。然而，我国长期推行的地方自由竞争发展模式带来了各地各自为政、市场分割和重复建设的不良后果，目前长三角科技创新工作中仍然存在合作乏力、协同创新困难等突出问题。为了考察不同区域之间协同创新如何影响长三角高技术产业的发展，本文试图进行实证检验加以分析。

1. 理论模型

理论研究表明，科技进步与协同创新是高技术产业发展的重要影响因素，本文拟采用如下模型来估计科技进步与协同创新对长三角 41 个城市高技术产业发展的影响：

$$MHQ_{it} = \beta_0 + \beta_1 TP_{it} + \beta_2 CI_{it} + X'B + \alpha_i + \mu_t + \varepsilon_{it} \quad (1)$$

其中，被解释变量 MHQ_{it} 度量 t 年 i 城市高技术产业发展水平，TP_{it}、

CI_{it}分别代表科技进步与协同创新，X'为一组控制变量组成的行向量，B 为它们的系数列向量，α_i为不随时间变化的个体效应，μ_t是表示时间的虚拟变量，ε_{it}是误差项。

从理论上说，科技进步一方面通过科技成果在本地的转化直接促进高技术产业发展；另一方面通过营造良好的社会氛围带动科学技术的更多创新，形成“滚雪球”效应间接促进高技术产业发展。上述两个机制均通过企业的规模效应、产业的集聚效应以及社会的乘数效应发挥作用，因此，TP_{it}的预期系数为正。此外，如果区域协同创新机制存在，外地的科技成果可能通过技术溢出效应促进本地技术进步，也可能在本地转化为生产力，促进本地高技术产业的技术水平提升和快速发展；如果区域协同创新机制缺失，外地科技成果可能阻碍本地的技术进步，其转化而来的高技术产品也可能与本地形成同质竞争关系，不利于本地高技术产业的发展。因此，外地科技创新的影响在本模型中可以被用作度量区域协同创新的工具，CI_{it}的系数为正预示着区域协同创新有效，CI_{it}的系数为负预示着区域协同创新不力。

2. 变量说明

（1）被解释变量

高技术产业发展水平（MHQ），采用各城市高技术产业产值对数值进行度量。本文的研究以长三角地区上海、江苏、浙江和安徽 41 个城市 2010 ~ 2017 年的面板数据为样本，如果无特别说明，实证检验的数据主要来源于历年《中国统计年鉴》《中国城市统计年鉴》以及各省市统计年鉴、科技统计年鉴或科技统计公报。

（2）核心解释变量

科技进步（TP_{it}）和协同创新（CI_{it}），分别用本地与外地的专利授权数量的对数值进行度量。经过授权的专利具有独创性，拥有真实的科技含量，往往是新产品或新工艺的核心，具有科技成果转化的基础和实力，因此，专利授权数量不仅仅是科技创新的产出，也蕴含着科技创新的投入绩效，能够更好更准确地反映一个地区特定时期的科技进步状况。同时，考察外地科技进步对本地高技术产业的发展能够反映区域协同创新的影响作用。

（3）控制变量

①对外贸易（$lntrade_{it}$）。一般而言，对外贸易水平越高，对国外市场需求了解得越多，进口获取高质量的中间投入品的渠道也越多，高技术产业发展水平越高。本文分别使用各市实际对外贸易额之和或者实际出口额（$lnexport_{it}$）和实际进口额（$lnimport_{it}$）表示。

②外商直接投资（$lnIFDI_{it}$）。外商直接投资大多集中于制造业，对推动长三角技术进步、促进高技术产业发展具有重要影响。选择各市实际利用外商直接投资额进行衡量。

③政府干预（gov_{it}）。在我国，政府对经济发展起着十分重要的作用。借鉴张学良等（2017）的做法，采用政府财政支出占 GDP 的比重来度量。

④资本存量（lnK_{it}）。本文将 2000 年作为基期，根据张军等（2004）的测算，得到沪苏浙皖 2000 年的资本存量。对于苏浙皖三省，以各城市在其所在省份的 GDP 占比为权重得出基期资本存量，并提取历年的固定资产投资数据、采用永续盘存法测算出 2010～2017 年不同城市的资本存量，固定资本形成总额的折旧率设定为 9.6%。

⑤人力资本（$lnCL_{it}$）。人力资本是高技术产业发展的重要决定因素。这里使用平均受教育年限作为人力资本的代理变量。平均受教育年限 =5 * s1 + 9 * s2 + 12 * s3 + 15 * s4，其中 s1～s4 分别表示中小学、普通中学、高中与高等学校在校学生数占比。

⑥市场规模（MS_{it}）。本文用各城市的全部就业人数来度量市场规模，市场规模越大，对制造业的需求越旺盛。从科技创新角度来看，成果转化为生产力不仅是专利的转让与应用，还涉及持续的调整与改进，市场信息的反馈是高技术产业发展的重要基础和推动力量。

3. 实证结果分析

（1）基本估计结果

本文运用双重固定效应模型对模型（1）进行估计，以检验科技进步、协同创新与长三角高技术产业发展之间的关系，结果如表 3 中回归（1）～（4）所示。

表 3　基准回归结果

	MHQ	MHQ	MHQ	MHQ	MHQ	MHQ	MHQ	MHQ
	(1)	(2)	(3)	(4)	(5)	(6)	(7)	(8)
TP	0. 214 ***	0. 213 ***	0. 368 ***	0. 363 ***	0. 307 ***	0. 313 ***	0. 265 ***	0. 272 ***
	(3. 279)	(3. 124)	(5. 511)	(5. 364)	(4. 478)	(4. 727)	(4. 045)	(4. 328)
CI			-0. 731 ***	-0. 736 ***				
			(-6. 141)	(-5. 744)				
CI_ip					0. 553 ***	0. 569 ***	0. 520 ***	0. 560 ***
					(4. 643)	(4. 471)	(4. 075)	(4. 068)
CI_op					-1. 249 ***	-1. 259 ***		
					(-7. 955)	(-7. 976)		
CI_op_ NSH_NHF							-0. 847 ***	-0. 858 ***
							(-6. 056)	(-6. 158)
CI_op _SH							-0. 666 **	-0. 684 **
							(-2. 669)	(-2. 650)
CI_op _HF							-0. 150 ***	-0. 167 ***
							(-2. 784)	(-2. 867)
lntrade	0. 442 ***		0. 510 ***		0. 348 **		0. 329 **	
	(3. 503)		(4. 216)		(2. 706)		(2. 395)	
lnexport		0. 298 **		0. 376 ***		0. 191		0. 146

续表

	MHQ	MHQ	MHQ	MHQ	MHQ	MHQ	MHQ	MHQ
	(1)	(2)	(3)	(4)	(5)	(6)	(7)	(8)
		(2.633)		(3.329)		(1.587)		(1.147)
lnimport		0.178**		0.175**		0.170**		0.186**
		(2.485)		(2.650)		(2.633)		(2.681)
lnIFDI	0.256***	0.258***	0.259***	0.262***	0.126**	0.125**	0.114*	0.107*
	(3.558)	(3.626)	(3.963)	(4.043)	(2.336)	(2.335)	(1.960)	(1.805)
gov	23.384**	23.942**	22.990**	23.201**	11.733	12.245	9.262	9.346
	(2.209)	(2.368)	(2.404)	(2.565)	(1.093)	(1.219)	(0.957)	(1.055)
lnK	0.398***	0.405***	0.549***	0.554***	0.589***	0.599***	0.890***	0.922***
	(3.992)	(4.185)	(5.163)	(5.309)	(5.043)	(5.227)	(5.894)	(5.909)
lnCL	−0.118	−0.101	−0.178	−0.201	−1.246	−1.193	−1.557**	−1.513*
	(−0.153)	(−0.134)	(−0.247)	(−0.282)	(−1.594)	(−1.565)	(−2.027)	(−1.943)
MS	0.130	0.128	0.246	0.231	−0.022	−0.016	−0.030	−0.021
	(0.454)	(0.461)	(1.029)	(1.032)	(−0.110)	(−0.085)	(−0.144)	(−0.109)
C	−3.553	−3.395	2.628	3.057	7.465***	7.412***	9.824***	9.726***
	(−1.470)	(−1.543)	(1.227)	(1.503)	(3.594)	(3.777)	(3.273)	(3.185)
N	328	328	328	328	312	312	312	312
R^2	0.69	0.69	0.73	0.73	0.76	0.76	0.76	0.76

注：***、**、*分别代表在1%、5%、10%的显著水平下显著，括号内为P值。

在表 3 回归（1）~（2）中，未控制协同创新指标，科技创新变量 *TP* 的系数稍小；控制了协同创新指标之后，科技创新变量 *TP* 的显著性明显提高，并且回归系数也明显增大，说明如果不考虑协同创新的影响作用，科技进步影响效应的估计可能出现向下的偏误［如回归（3）~（4）所示］。该回归结果表明，第一，科技进步对各市高技术产业发展具有显著推动作用，当其他条件不变时，专利授权数量每提高 1%，各市高技术产业产值平均提高 0.363%～0.368%，反映了科技进步对高技术产业发展较大的拉动力。第二，协同创新对各市高技术产业发展的影响作用为负，当其他条件不变时，外地专利授权数量每提高 1%，各市高技术产业产值平均下降 0.731%～0.736%，表明协同创新对各市高技术产业发展不但没有起到正面影响，反而产生了抑制效应，并且该效应甚至超过了科技进步的积极影响，前者约是后者的 2 倍。

从理论上看，科技创新对高技术产业发展的作用机制主要有如下三大渠道。第一，科技成果转化，当一项技术被运用到特定产品的生产时，科技成果真正转化成了生产力，直接促进了经济增长。第二，技术扩散效应，当以专利形式的科技成果被生产出来之后，人们对相关新技术的讨论与交流增加，它不但提升了科技成果的知名度，促进了技术交易的增长，而且有助于新技术的扩散、消化与升级。第三，创新激励效应，知识产权保护营造了良好的科技创新氛围，当科技成果为创新主体带来了良好的经济收益时，创新主体及其同行的创新热情和创新潜力得到最大限度的激发。如果不存在地区分割，上述作用机制存在并起效，但是出现地区分割时，结果并非如此。首先，地方政府不改善基础设施现状，任由地理空间与距离阻隔技术交流以及科技与产业的有效对接程度，妨碍了科技成果的异地转移转化。其次，地方政府不着力解决跨地区信息不对称问题，科技成果尽管受到了知识产权部门的授权，但卖家不能有效发布，潜在买家不能及时获悉知识产权新增信息，大大降低了科技成果与需求的匹配程度。最后，也是最重要的，由于地方保护主义的存在，各地政府均希望科技成果都能在本地创新并就地转化，因为本地转化能够带动相关产业的发展与本地就业，提高当地税收基数，为本地经济带来实实在在的好处。因此，往往人为设置出创新要素以及科技成果跨区域流动的行政壁垒，限制了科技成果的产出与异地转移转化。

实证检验的结果印证了上述影响机制的存在，表明科技进步的作用得到了较好发挥，但是区域协同创新乏力。深层次的原因是，地方自由竞争导致了长三角不少产业的重复性投入、粗放型发展和同质化竞争，不同地区之间差异化的产业布局远未形成。2019 年 4 月初，南京大学和《光明日报》共同发布的《长三角地区高质量一体化发展水平研究报告（2018）》就提到，长三角地区的产业结构相似性指数均在 0.9 以上。这一点在高技术产业领域不但没有幸免，反而更加严重，比如，长三角 2/3 的城市将新一代信息技术产业列为重点发展产业，30 多个园区均将其列为重要发展方向。[①]

其他控制变量大部分具有预期的符号。对外贸易和外商直接投资对各市高技术产业发展的影响为正，且前者大概是后者的 2 倍：对外贸易每提高 1%，长三角城市高技术产业产值提高 0.442% ~0.510%；外商直接投资每提高 1%，长三角城市高技术产业产值提高 0.259% ~0.262%。特别地，出口贸易每提高 1%，各市高技术产业产值提高 0.376%；进口贸易每提高 1%，各市高技术产业产值提高 0.175%；出口贸易的影响是进口贸易的 2 倍以上。政府干预对长三角各市高技术产业发展起着十分重要的作用，即政府干预每提高 1 个百分点，各市高技术产业产值提高 23.2% 之多，反映了长三角各城市对高技术产业的重视程度和扶持力度均处于较高水平。此外，固定资本投资对长三角城市高技术产业发展的影响同样不容忽视，资本存量每提高 1%，各市高技术产业产值提高 0.549% ~0.554%；但是，人力资本以及本地市场规模对各市高技术产业发展水平的影响并不显著，前者可能与长三角各城市之间人才争夺严重或者一些科技人才更多地兼业有关，后者可能与各地生产的产品不仅仅在本地销售有关。

---

① 《华略智库创始人任新建演讲实录：长三角一体化的演进逻辑》，搜狐网，https://www.sohu.com/a/316012527_100098381。

（2）长三角协同创新的地区合作与产业合作

①长三角协同创新的地区合作。基准回归表明，地方各自为政是长三角区域协同创新不足的根本原因。那么，当前地区合作机制是否存在？本部分试图考量地区合作存在与否及其具体的维度。首先，将协同创新区分为两类：一是与省内城市之间的协同创新，用 *CI_ ip* 表示；二是与省外城市之间的协同创新，用 *CI_ op* 表示。将上述两个变量替代协同创新变量 *CI* 重新对模型（1）回归，结果列示于表3 回归（5）~（6）中。实证表明，跨省协同创新显著地抑制了长三角各地高技术产业的发展，而省内协同创新对其却起到了促进作用；更让人惊喜的是，省内协同创新对长三角各城市高技术产业的积极效应甚至超过了本地科技进步的影响，前者几乎是后者的2 倍。上述结论充分表明，自然地理空间上的壁垒可以通过完善基础设施、提高信息通信效率等手段较好地在一个统一的行政区划内部得到规避和分解，跨行政区的制度壁垒才是长三角创新协作中的真正难题和瓶颈所在。这反过来暗示着，如果长三角能够形成跨省协同创新机制，对高技术产业发展将产生不可小觑的促进作用。因此，协同创新很可能是未来长三角一体化进程中取得突破、形成合力并推动高技术产业发展的重要发力点。

长三角区域经济一体化的优势不仅在于其优越的地理位置、庞大的经济规模和完善的产业结构，还体现在该地区拥有两大综合性国家科学中心——上海张江和合肥，占全国的1/2。上海是我国大陆地区 GDP 产值最大的城市，2008 年以来，上海提出了建设国际经济中心、国际金融中心、国际贸易中心和国际航运中心，2014 年习近平总书记要求上海“加快向具有全球影响力的科技创新中心进军”。从目前来看，上海的五大中心建设取得了初步成效，《2017 年上海科技创新中心指数报告》显示，全国 1/3 的顶尖科研成果由上海创造。长三角另一个综合性国家科学中心合肥在 2017 年 1 月获批，是全国第一个以整个城市为单元设立的综合性国家科学中心，拥有中国科学技术大学、中国科学院量子信息与量子科技创新研究院、能源研究院、人工智能研究院、临床研究医院等重要载体，在信息领域、能源领域、健康领域和环境领域等多个领域瞄准世界科技前沿，目前已建成同步辐射加速器、HT-6M受控热核反应装置、环流器HL-1装置、HT-7托卡马克、EAST托卡马克和稳态强磁场等7个大科学装置，将近为全国的1/3，后续还将建设加速器驱动嬗变研究装置和未来网络试验设施两个大科学装置。为了检验上海张江和合肥国家科学中心在长三角区域协同创新中是否发挥了引领作用，文章又将省外协同创新（*CI_ op*）进一步拆分为既非上海又非合肥的省外协同创新（用*CI_ op_ NSH_ NHF*表示）、上海的省外科技创新（用*CI_ op_ SH*表示）和合肥的省外科技创新（用*CI_ op_ HF*表示），放入模型（1）进行检验，如表3回归（7）~（8）所示。

结果发现，非上海非合肥协同创新*CI_ op_ NSH_ NHF*、上海协同创新*CI_ op_ SH*和合肥协同创新*CI_ op_ HF*的影响均显著为负，三者的系数绝对值依次递减。有关上海在协同创新中的作用，该回归结果具有两方面含义。一方面，上海在长三角创新一体化中取得了一定的成绩，区域协同创新机制缺失由于上海的努力而有所改善。举例来说，在2016年上海64230项授权专利中，在长三角内部发生转移的专利有5137项，占比8%①。另一方面，上海的引领作用尚未达到中央预设的最高目标，其与苏浙皖之间总体上仍然主要呈现相互竞争的关系，特别是在高技术产业领域，上海对长三角其他城市的影响力、辐射力和带动力还有待继续提升。此外，合肥在协同创新中所起的负面作用更小的结果暗示出，在未来长三角高技术产业发展中合肥很可能将成为一个重要的载体和增长极。这主要是因为合肥作为安徽省的省会，是长三角乃至全国重要的制造业基地，它已经连续两年成功举办世界制造业大会，拥有芯片、显示屏、装备制造、机器人、人工智能等“芯、屏、器、合”新兴产业的发展潜力，近年来通过发挥产业优势、技术优势、禀赋优势和制度优势，努力促进人工智能和制造业融合，激发出了科技进步与协同创新的巨大能量。

②长三角协同创新的产业合作。前文的分析表明，科技进步与协同创新

---

① 《科技创新：长三角一体化发展的不竭动力》，新浪财经，http：//finance. sina. com. cn/roll/2019-05-15/doc-ihvhiews1945675. shtml。

分别促进和阻碍了长三角城市高技术产业的发展。本部分关心的是，二者对其他产业的影响如何，即长三角各市的科技进步与协同创新在其他产业上是否存在合作。为了回答该问题，这里分别以第一产业、第二产业中剔除高技术产业之外的产业以及第三产业的实际产出作为被解释变量，针对模型（1）进行检验，结果如表4所示。

表4　长三角协同创新的产业合作

	第一产业		非高技术第二产业		第三产业	
	(1)	(2)	(3)	(4)	(5)	(6)
TP	0.041	0.040	0.155 *	0.160 *	-0.061 **	-0.057 **
	(1.121)	(1.051)	(1.798)	(1.899)	(-2.210)	(-2.067)
CI	0.133 *	0.124	0.298 **	0.303 **	0.108 **	0.113 **
	(1.846)	(1.677)	(2.294)	(2.237)	(2.331)	(2.391)
lntrade	-0.077		-0.070		-0.043	
	(-1.041)		(-0.586)		(-0.837)	
lnexport		-0.024		-0.056		-0.043
		(-0.328)		(-0.531)		(-1.076)
lnimport		-0.104 ***		-0.114 *		-0.050 **
		(-3.918)		(-1.807)		(-2.359)
lnIFDI	0.032	0.043	0.033	0.052	0.009	0.018
	(0.903)	(1.262)	(0.370)	(0.612)	(0.339)	(0.765)
gov	-1.723	-2.618	24.433	23.610	-5.130	-5.406
	(-0.393)	(-0.627)	(1.678)	(1.646)	(-1.275)	(-1.371)
lnK	-0.221 ***	-0.223 ***	-0.676 ***	-0.676 ***	0.365 ***	0.365 ***
	(-4.299)	(-4.644)	(-4.389)	(-4.494)	(10.954)	(11.545)
lnCL	0.176	0.095	0.022	-0.048	0.249	0.227
	(0.420)	(0.279)	(0.021)	(-0.046)	(0.731)	(0.727)
MS	0.574 **	0.543 **	0.276	0.235	0.181 ***	0.165 ***
	(2.263)	(2.163)	(0.889)	(0.749)	(2.707)	(2.774)
C	0.244	0.750	4.265	4.709	0.243	0.368
	(0.146)	(0.431)	(1.444)	(1.524)	(0.233)	(0.375)
N	328	328	327	327	328	328
R^2	0.30	0.35	0.30	0.31	0.74	0.75

注：***、**、*分别代表在1%、5%、10%的显著水平下显著，括号内为P值。

结果发现，对于第一产业，科技进步对其发展几乎没有太大影响，其系数很小且不显著，协同创新的系数为正，但显著性水平较低，资本存量与进口甚至损害了长三角第一产业的增长，市场规模的扩大起到了十分重要的作用；对于非高技术第二产业，科技进步的影响仍然为正，但系数相对于基准回归略有下降，显著性水平也大幅度降低，协同创新的影响由负转正，结合基准回归的结论可知，近年来长三角各城市之间的竞争主要集中于高技术制造业，非高技术制造业存在合作迹象；对于第三产业，科技进步的影响为负，协同创新的作用为正，但二者系数均较小且显著性水平低于基准回归，表明二者对第三产业的贡献有限，同时对外贸易、外商直接投资以及政府干预都未能对各城市第三产业产生影响，只有资本存量的影响显著为正。上述结论进一步证实，长三角的科技进步与协同创新偏向于第二产业特别是高技术制造业的发展，对第一产业和第三产业的作用微弱，这不仅说明了基准回归结果的稳健性，也表明在过去相当长的时期内第二产业一直是长三角各地经济发展的重点。此外，由于不同城市的发展水平参差不齐，长三角地区的整体发展重点转移到服务业可能需要较长时间，短期内上海、南京、杭州等大型城市将继续承担发展第三产业的艰巨任务。

（3）进一步的分析

①分样本估计结果。按照省份划分样本，本文继续考察科技进步与协同创新对安徽、江苏和浙江①高技术产业发展的影响是否存在差异，以验证前文结论的稳健性，表5列示了分样本回归的估计结果。

表5 安徽、江苏与浙江的分样本估计结果

	安徽		江苏		浙江	
	(1)	(2)	(3)	(4)	(5)	(6)
TP	0.314**	0.328**	0.250**	0.252**	0.413**	0.432**
	(2.644)	(2.733)	(2.772)	(2.787)	(2.999)	(2.840)
CI	−0.749***	−0.711***	−0.389***	−0.400***	−0.291*	−0.311*
	(−3.407)	(−3.427)	(−4.025)	(−3.970)	(−1.997)	(−2.119)
lntrade	0.293**		0.538**		0.244*	
	(2.758)		(2.994)		(2.002)	

① 对于上海，只有单市的汇总数据，没有下辖地区的细分数据，待估计参数个数超过了观测值的个数，无法单独进行估计。

续表

	安徽		江苏		浙江	
	(1)	(2)	(3)	(4)	(5)	(6)
lnexport		0.158		0.418 **		0.251 **
		(1.740)		(2.459)		(2.425)
lnimport		0.039		0.114		-0.047
		(0.408)		(1.110)		(-0.473)
lnIFDI	0.099	0.137	0.204 **	0.203 **	0.024	0.026
	(1.087)	(1.523)	(2.350)	(2.307)	(0.283)	(0.296)
gov	206.734	168.792	16.141 **	15.854 **	-310.317	-326.177
	(1.372)	(0.939)	(2.451)	(2.408)	(-1.446)	(-1.463)
lnK	1.123 ***	1.133 ***	0.130	0.124	0.178	0.129
	(10.328)	(9.885)	(1.147)	(1.077)	(0.952)	(0.638)
lnCL	0.837	0.812	-2.367 *	-2.343 *	-1.859	-2.206
	(1.165)	(1.095)	(-2.161)	(-2.116)	(-0.871)	(-1.163)
MS	-0.451 **	-0.535 **	-0.018	-0.039	2.347	2.689
	(-2.188)	(-2.220)	(-0.061)	(-0.127)	(1.706)	(1.592)
C	1.240	1.435	8.947 **	9.534 **	-7.085	-7.596
	(0.437)	(0.479)	(2.460)	(2.564)	(-0.994)	(-0.904)
N	128	128	104	104	88	88
R^2	0.91	0.91	0.69	0.68	0.39	0.39

注：***、**、*分别代表在1%、5%、10%的显著水平下显著，括号内为P值。

从表5可以看出，安徽、江苏和浙江的回归结果与基准回归类似，即科技进步均推动了高技术产业产值的不断提升，而协同创新的影响仍然为负。对比之下，浙江科技进步的影响作用最大，超过安徽和江苏，安徽的又大于江苏；单从协同创新的影响而言，它对安徽的负面作用最大，远远超过江苏和浙江，分别是江苏和浙江的1.85~2.01倍和2.37~2.65倍。这可能与安徽相对于其他地区而言科技创新成果体量不大有关，比如2017年安徽授权专利数量仅为58213项，而江苏和浙江分别拥有227215项和213091项，苏浙几乎是安徽的4倍。此外，尽管长三角两大综合性国家科学中心之一设在合肥，但是安徽因为地处中部及其产粮大省身份的定位，人均收入居中靠后，受周边地区的虹吸效应影响较大，多年来一直是全国知名的人才和资源

流出大省，高技术产业发展的创新要素基础略显薄弱。

此外，其他变量的估计参数也反映了三个省份高技术产业发展模式存在较大差异。对于安徽，目前尚处于投资拉动阶段，固定资产投资所起的作用巨大，对外贸易的影响也不容小觑，但本地消费规模的扩大带来了负面影响。对于江苏，高技术产业的发展模式趋于成熟，对外贸易、外商直接投资和政府干预均起到了非常明显的积极作用，且其不再依赖投资拉动，但遗憾的是，人力资本对高技术产业发展起到了反作用，暗示着近年来江苏大部分城市的人才流失问题可能普遍比较突出。对于浙江，高技术产业发展现状一方面与江苏类似，受出口贸易带动较大，几乎不依赖于固定资产投资；另一方面又与安徽相似，受外商直接投资、政府干预和人力资本的影响很小。三省的对比分析表明，苏浙皖高技术产业发展存在一些共性问题和相通之处，这些方面可能是今后长三角区域协同创新的重点和难点所在。

②科技创新的其他度量。基准回归中使用当年专利授权数量代表科技创新，但是，当年专利授权数量可能不能全面代表长三角各城市的科技创新水平，主要体现在如下两点。第一，授权的专利数量代表着重大创新，而那些提出了申请但未得到授权的专利可能含有一些潜在而有待开发的新技术，在理论上可能会对长三角高技术产业发展产生实质性影响。第二，使用“当年”专利授权数量度量创新只考虑了科技创新对高技术产业发展的短期影响，但是科技创新的影响还可能存在于较长期限之中。基于上述两点考虑，这里使用专利申请数量 TP'、CI'以及专利累计授权数量 TP_accu、CI_accu 分别替代专利授权数量 TP、CI，代入模型（1）进行回归，结果如表 6 所示。检验发现，不论是专利申请数量还是专利累计授权数量，结果都与基准回归高度一致，反映了指标选择的合理性和前文结论的稳健性。特别值得一提的是，相对于基准回归而言，TP_accu 的系数更大，是 TP 系数的 2 倍以上，CI_accu 的系数绝对值也有所增大。这一方面说明科技进步与协同创新对高技术产业发展具有长期影响，科技创新将是长三角乃至全国长期经济增长的不竭动力；另一方面也表明长三角城市之间的竞争关系由来已久，扭转地区重复建设与同质竞争将不是一朝一夕之功，如果仅仅依靠单个或少数城

市和市场力量走向创新合作可能收效甚微，亟须借助于外力推动或顶层设计以实现长三角地区的协同创新，进一步彰显了长三角一体化国家战略的前瞻性、紧迫性和必要性。

表 6　稳健性检验：科技创新的其他度量

	MHQ	MHQ	MHQ	MHQ
	(1)	(2)	(3)	(4)
TP'	0.354***	0.348***		
	(5.740)	(5.784)		
CI'	-0.638***	-0.635***		
	(-5.777)	(-5.594)		
TP_accu			0.739***	0.722***
			(5.728)	(5.579)
CI_accu			-0.857***	-0.842***
			(-6.537)	(-6.362)
lntrade	0.481***		0.484***	
	(4.168)		(4.557)	
lnexport		0.357***		0.365***
		(3.541)		(3.838)
lnimport		0.158**		0.138**
		(2.391)		(2.301)
lnIFDI	0.245***	0.249***	0.222***	0.230***
	(4.228)	(4.331)	(3.777)	(3.917)
gov	3.121	3.604	25.632***	25.429***
	(0.355)	(0.431)	(3.110)	(3.240)
lnK	0.624***	0.627***	0.532***	0.540***
	(6.050)	(6.249)	(3.260)	(3.354)
lnCL	-0.385	-0.413	0.343	0.281
	(-0.521)	(-0.571)	(0.478)	(0.385)
MS	0.117	0.101	0.386*	0.353*
	(0.658)	(0.592)	(1.945)	(1.839)
C	2.348	2.706	-0.270	0.176
	(1.095)	(1.308)	(-0.141)	(0.095)
N	328	328	328	328
R^2	0.72	0.72	0.75	0.75

注：***、**、*分别代表在1%、5%、10%的显著水平下显著，括号内为P值。

三　长三角高技术产业发展的政策建议

高技术产业是新时期经济高质量发展的重要依托，是突破西方发达国家技术封锁的关键所在。近年来，长三角高技术产业取得了较快发展，在全国高技术产业中占据了重要地位，但是，各地高技术产业也存在区域之间的差距较大、低端重构、增速不稳定等问题。未来，长三角高技术产业必须走自主创新和协同创新之路。2021 年是“十四五”开局之年，高技术产业科技进步与协同创新应从如下几个方面发力。

第一，发挥中央及地方政府职能，推动经济增长方式从要素驱动、投资驱动向创新驱动转变，立足全球视野，统筹全球创新资源，力促创新要素集聚，规划和支持建设重点科学研究中心与长三角现代创新集群，打造长三角高质量发展奠基地。

第二，重视顶层设计，打破过去彼此割裂、以邻为壑的狭隘落后观念，组建跨省域的高级别行政机构，以区域协同创新为突破口，让城市成为承担科技合作任务的责任主体，共同努力将长三角城市群建造成为具有重要影响力和地位的世界级城市群，引领全国高技术产业的发展。

第三，以上海为牵头城市，将各地均有布局且产值最大的电子及通信设备制造业作为长三角区域协同创新的试点行业，建立利益共享、成本共担的合作机制，以项目为载体，寻找攻克科技创新协作难点的试金石，为我国经济高质量发展提供可复制可推广的经验。

第四，围绕 G60 科创走廊建设，以上海张江和安徽合肥两大综合性国家科学创新中心为依托，扫除创新要素跨区域流动的壁垒，集结多方科研力量成立长三角产业技术研究院，创新科技成果的统计和考核机制，进行关键技术与共性技术的联合攻关，推动长三角区域协同创新。

第五，搭建政、产、学、研、金融和服务中介的交流沟通平台，成立三省一市等高对接的科技成果转化示范区，设立产业专项发展基金，用于制造业企业的技术研发、应用推广、市场拓展、兼并收购等，推动长三角创新链与产业链融合发展，探索科技成果异地转化新路径，建设长三角创新型高技术产业体系。

第六，整合各省市现有的资源和大数据中心，打造长三角科技成果综合性交易平台，按照应用属性对科技成果进行分级、分类、编码和打包，促进科技成果的有效转移与多频次交易，最大限度地放大科技创新对制造业高端化的推动作用。

参考文献

高培勇：《理解、把握和推动经济高质量发展》，《经济学动态》2019 年第 8 期。

刘志彪：《理解高质量发展：基本特征、支撑要素与当前重点问题》，《学术月刊》2018 年第 7 期。

朱学新：《科技创新和经济增长关系的实证研究》，《科学管理研究》2007 年第 6 期。

纪玉山、吴勇民：《科技创新促进经济增长的微观机理与政策选择》，《经济社会体制比较》2007 年第 5 期。

张林：《金融发展、科技创新与实体经济增长》，《金融经济学研究》2016 年第 1 期。

李政、杨思莹：《科技创新、产业升级与经济增长》，《吉林大学社会科学学报》2017 年第 3 期。

李翔、邓峰：《科技创新、产业结构升级与经济增长》，《科研管理》2019 年第 3 期。

杨武、杨淼：《中国科技创新驱动经济增长中短周期测度研究》，《科学学研究》2017 年第 8 期。

白俊红、蒋伏心：《协同创新、空间关联与区域创新绩效》，《经济研究》2015 年第 7 期。

黄向荣、谢如鹤：《长江经济带科技资源集聚与区域协同创新研究》，《科学管理研究》2016 年第 8 期。

杨耀武、张仁开：《长三角产业集群协同创新战略研究》，《中国软科学》2009 年增刊（下）。

王卫东：《长三角城市群协同创新发展机制研究》，《企业经济》2011 年第 12 期。

陈建华：《长三角区域协同创新的现状、问题与对策》，载《2019 年长三角更高质量一体化发展论坛会议论文集》。

张学良、李培鑫、李丽霞：《政府合作、市场整合与城市群经济绩效》，《经济学》2017 年第 3 期。

张军、吴桂英、张吉鹏：《中国省际物质资本存量估算：1952 ~ 2000》，《经济研究》2004 年第 10 期。

林斐：《安徽加入长三角经济一体化区域分工差异化研究》，《江淮论坛》2019 年第 5 期。

B.10
长三角农业农村现代化研究

徐志明　顾纯磊*

摘　要：“十三五”期间，长三角地区高度重视农业农村发展，不断推进农业结构调整和优化，不断提高农业科技水平，大力培育新型农业经营主体，推进美丽乡村建设，农民收入水平稳步提升，农业农村现代化不断迈进。与农业农村现代化要求相比，长三角地区仍然存在产业结构分工协作水平较低，小农户与现代农业的有机衔接不畅，社会化服务组织和体系发展滞后，农业效益和竞争力不足，人口老龄化空心化问题严重，生态环境压力加大和城乡融合的路径还不明晰等诸多制约因素。长三角要以新发展理念为引领，坚持走在全国前列的目标定位，坚决贯彻农业农村优先发展方针，加快推进农业现代化、农村现代化、农民现代化和城乡融合发展。在具体对策上，要积极利用信息化带来的新机遇，加快推动区域分工协作，努力构建城乡融合发展的体制机制，着力创建农业农村现代化示范区，加快建立科学合理的农业农村现代化考评体系。

关键词：农业农村现代化　“三农”工作　城乡融合发展　长三角

---

* 徐志明，江苏省社会科学院农村发展研究所所长，研究员；顾纯磊，博士，江苏省社会科学院农村发展研究所助理研究员。

党的十九大提出，到2035年基本实现社会主义现代化，到21世纪中叶把我国建设成为富强民主文明和谐美丽的社会主义现代化强国。实现现代化，短板在农业，难点在农村，实现农业农村现代化成为实现国家现代化的关键。长三角是我国经济发展水平最高的地区，有望在全国率先实现农业农村现代化。

一 长三角农业农村现代化基本状况

“十三五”期间，长三角地区高度重视农业农村发展，紧抓各种发展机遇，大力推进乡村振兴战略，在保持粮食产量稳定的情况下不断推进农业结构优化，不断提高农业科技水平，大力培育新型农业经营主体，推进美丽乡村建设，农民收入水平稳步提升，农业农村现代化不断迈进。

（一）在保持粮食产量稳定的情况下农业产业结构有所优化

“十三五”期间，长三角地区积极落实“藏粮于地、藏粮于技”战略，粮食播种面积基本保持稳定，亩产量稳步增加，粮食总量也基本稳定。2019年，上海市粮食亩产量最高，已经达到544.6公斤，安徽省粮食亩产量最低，只有370公斤（见表1）。长三角三省一市在保持粮食播种面积和产量基本稳定的情况下，油料、棉花、蔬菜、猪牛羊禽肉、水产品的种植面积或产量在“十三五”期间都处于不断调整当中。以江苏为例，江苏省油料和棉花种植面积大幅缩小，蔬菜种植面积则基本稳定，猪牛羊禽肉和水产品产量逐渐下降，上海、浙江、安徽的情况可做类似分析。长三角三省一市农业产业结构调整的原因在于适应市场需求变化和应对国际农产品市场冲击。另外，在新时代新要求下，长三角地区积极推动农业农村绿色高效发展，普通农产品种植面积不断缩小，扩大生态绿色有机农产品种植与供给，在品质层面上推动农业农村产业结构不断优化。2019年，上海市出台了《上海市都市现代绿色农业发展三年行动计划（2018～2020年）》，大力推进都市现代绿色农业发展；2018年，江苏省出台《关于加快推进农业绿色发展的实施意见》；2017年，浙江省出台《浙江省绿色农业行动计划》；2017年，安徽省出台《关于推进农业绿色发展五大行动计划的实施方案》。三省一市对于加快绿色农产品生产基本达成共识，这也成为将来长三角地区农业产业结构调整的主旋律。

表1 “十三五”以来长三角地区农业产业结构

地区	农业结构	2016 年	2017 年	2018 年	2019 年	年均增速(%)
江苏	粮食播种面积(万公顷)	543.3	540.6	547.6	538.1	-0.32006
	粮食亩产量(公斤)	425.3	436.5	445.6	459.1	2.581876
	油料播种面积(万公顷)	43.9	41.2	26.3	28.3	-13.6145
	棉花种植面积(万公顷)	6.3	4.2	1.7	1.2	-42.463
	蔬菜种植面积(万公顷)	143	140.8	142.5	142.4	-0.14006
	猪牛羊禽肉(万吨)	345.9	335.4	321.9	270.8	-7.835
	水产品(万吨)	524.7	520.1	493.4	484.4	-2.62869
浙江	粮食播种面积(万公顷)	125.5	128.2	97.573	97.7	-8.00795
	粮食亩产量(公斤)	399.4	399.6	409.36	404	0.382445
	油料播种面积(万公顷)	11.8	11.38	9.7	11.7	-0.28329
	花卉等种植面积(万公顷)	16	16.1	16.1	16.2	0.414943
	蔬菜种植面积(万公顷)	63.3	64.41	64.6	64.6	0.679937
	猪牛羊禽肉(万吨)	118	104.4	105	94	-7.29953
	水产品(万吨)	631	642.9	611	600	-1.66519
安徽	粮食播种面积(万公顷)	664.46	664.25	731.63	728.69	3.123582
	粮食亩产量(公斤)	342.9	348.9	365.1	370	2.567888
	油料播种面积(万公顷)	73.11	69.83	52.02	46.66	-13.9027
	棉花种植面积(万公顷)	18.34	14.7	8.63	16.66	-3.15173
	蔬菜种植面积(万公顷)	92.02	94.51	65.22	94.53	0.901079
	猪牛羊禽肉(万吨)	411.4	396.3	421.7	400.7	-0.87459
	水产品(万吨)	235.8	240	224.9	230.5	-0.75491
上海	粮食播种面积(万公顷)	14.01	11.87	12.99	11.74	-5.72208
	粮食亩产量(公斤)	473.7	500.7	532.4	544.6	4.759018
	生牛奶(万吨)	26.04	21.3	33.44	29.74	4.528165
	水产品(万吨)	26.05	25.74	30.85	32.47	7.619636

资料来源：长三角三省一市各年国民经济和社会发展统计公报。

（二）农业劳动生产率稳步提升

农业劳动生产率是农业农村现代化的重要衡量标准。长三角地区第一产业增加值稳步上升，2019 年第一产业增加值 9412.88 亿元，比上年增长 6.3%，但增速低于全国（8.8%）。上海市第一产业增加值起伏略大，其他三省基本都比较平稳，江苏和安徽增速明显（见表 2）。从江苏和安徽的第一产业从业人员数据看，2016～2019 年，江苏省每年的农业全员劳动生产率分别为 48446 元/人、51003 元/人、54147 元/人、584936 元/人，安徽省每年的农业全员劳动生产率分别为 18560 元/人、19157 元/人、19489 元/人、21647 元/人。[①] 浙江省 2017 年农业劳动生产率为 3.62 万元/人[②]，2019 年农业劳动生产率为 3.86 万元/人[③]。2016～2018 年，上海市农业劳动生产率分别为 80224 元/人、84521 元/人、86701 元/人[④]，三省一市虽然农业劳动生产率差异较大，但农业劳动生产率稳步提升的趋势是相同的。

表 2 “十三五”以来长三角地区和全国第一产业增加值及增速

单位：亿元，%

地　区	2016 年	2017 年	2018 年	2019 年
上　海	109.47(－0.3)	98.99(－9.6)	104.37(5.4)	103.88(－0.4)
江　苏	4078.5(2.3)	4076.7(0)	4141.7(1.5)	4296.3(3.7)
浙　江	1966(7.3)	2017(2.5)	1967(－2.4)	2097(6.6)
安　徽	2567.77(0.8)	2611.7(1.7)	2638.01(1)	2915.7(10.5)
全　国	63671(4.6)	65468(2.8)	6473(－1.1)	70467(8.8)

注：括号内数值为当年第一产业增加值增速。

资料来源：长三角三省一市各年国民经济和社会发展统计公报。

① 江苏省和安徽省农业劳动生产率根据两省历年《国民经济与社会发展统计公报》相关数据计算而得。

② 浙江省统计局：《“三农”发展新篇章　乡村振兴新征程——改革开放 40 年系列报告之五》。

③ 浙江省农办等：《浙江乡村振兴报告（2019）》。

④ 根据 2017～2019 年《上海市统计年鉴》相关数据计算而得。

（三）农业科技和装备水平不断提升

长三角地区大力推进农业科技和先进装备在农业当中的应用，农业科技进步贡献率大幅提高，农作物机械化率大幅提高。截至2019年，上海市成功创建8个蔬菜机械化生产示范基地，示范基地综合机械化水平达到55%，10个水稻机械穴播高产创建示范点，水稻机械化种植率达到86%，主要农作物耕种收综合机械化综合率达到95%。[①] 2019年，江苏农业机械化水平达86%，农业科技进步贡献率达69.1%，年末农业机械总动力5114万千瓦。[②]"十三五"期间，浙江省共投入省级涉农科技资金14.5亿元，农业科技进步贡献率达64%。截至2019年，浙江省水稻耕种收综合机械化率已经达到81.1%，拥有全国全程机械化示范县16个，省级农业"机器换人"示范县28个。[③]"十三五"以来，安徽省通过构建"十字形"架构的15个现代农业产业技术体系，搭建以共商共建共享为鲜明特征的农业政产学研推协作联盟，农业科技协同创新迈出新步伐。2018年，安徽省农作物耕种收综合机械化率达到79%，小麦生产基本实现全程机械化，综合机械化率达到96.3%，水稻、玉米生产综合机械化率分别达到84.8%和85%，农业科技进步贡献率达63%以上。[④]

（四）新型农业经营主体培育成果显著

长三角三省一市高度重视新型农业经营主体培育，把其作为解决农业劳动力后继无人问题的有力抓手。截至2019年，上海市被纳入统计范围的农民专业合作社2757家，其中市级农民合作社示范社124家，国家级农民合作社示范社86家；农业产业化重点龙头企业269家，其中市级以上龙头企业88家，国家级龙头企业24家；经农业农村部门认定的家庭农场4347家，

① 上海市农业农村委员会办公室（外事处）：《上海农业机械化发展报告》。

② 《2019年江苏省国民经济和社会发展统计公报》。

③ 浙江省农办等：《浙江乡村振兴报告（2019）》。

④ 安徽省农业农村厅：《农业概况》。

其中市级示范家庭农场76家。[①] 江苏省新培育高素质农民20万人，返乡下乡创业人员超过25万人，省级以上农业产业化龙头企业总数达823家，省级示范家庭农场1876家，农民合作社国家示范社476家，省级示范社1244家，农业产业化联合体500家。[②] 浙江省累计培育发展家庭农场3.7万家，农民合作社4.2万家，市级以上农业龙头企业2649家，社会化服务组织1.7万家，在全国首创新型职业农民评定高级职称。[③] 2018年，安徽省农机合作社发展到5300家，其中国家级、省级农机合作社示范社分别达到82家和526家，农机化经营服务总收入近600亿元，2014~2018年累计培训新型职业农民20.85万人。[④]

（五）美丽乡村建设成效显著

上海市着力开展美丽乡村示范村建设，目前基本在全域范围内形成了一批生态环境优美、产业特色显著、文化内涵深厚的美丽乡村。江苏农村人居环境持续改善，截至2019年，农村生活污水处理设施行政村覆盖率全省达63.2%，苏南、苏中已经实现农村生活垃圾收运处理体系全覆盖，苏北地区集中收运率超过96%。[⑤] 浙江全面创建新时代美丽乡村，截至2019年，农村生活垃圾分类处理建制村覆盖率76%，农村生活垃圾回收利用率46.6%，培育创建美丽乡村示范乡镇100个，特色精品村300个，高标准农村生活垃圾分类示范村200个，历史文化（传统）村落保护利用示范村20个。[⑥] 2019年，安徽省第一批认定454个行政村为美丽乡村示范村，145个行政村为美丽乡村重点示范村；第二批认定374个行政村为美丽乡村示范村，104个行政村为美丽乡村重点示范村。

---

① 上海市统计局、国家统计局上海调查总队：《2019年上海市国民经济和社会发展统计公报》。

② 江苏省政府门户网站：《“三农”工作》。

③ 浙江省农业农村厅：《浙江农业农村概况》。

④ 安徽省农业农村厅：《农业概况》。

⑤ 其中部分数据来自江苏省政府2020年《政府工作报告》，部分数据来自《江苏省农业农村发展情况报告》。

⑥ 《2019年浙江省国民经济和社会发展统计公报》。

（六）农民收入水平稳定提高

“十三五”以来，长三角三省一市农民收入水平持续提高。三省一市农民人均可支配收入均持续增长，连续多年高于城镇居民人均可支配收入增长速度，城乡人均可支配收入比连续下降。除安徽省农民人均可支配收入低于全国水平外，上海、江苏和浙江的农民人均可支配收入均远高于全国水平，2016～2019 年，上海、江苏、浙江、安徽和全国的农村居民人均可支配收入名义年均增长率分别为 9.16%、8.8%、9.32%、9.57%、9.02%。长三角三省一市城乡居民人均可支配收入比均优于全国水平，体现了长三角城乡发展差距在全国范围内较小的事实（见表 3）。

表 3 “十三五”以来长三角地区和全国农民收入状况

地区	城乡居民可支配收入	2016 年	2017 年	2018 年	2019 年
上海	城镇居民人均可支配收入(元)	57692 (5.5%)	62596 (6.7%)	68034 (7.0%)	73615 (5.6%)
	农村居民人均可支配收入(元)	25520 (6.6%)	27825 (7.2%)	30375 (7.5%)	33195 (6.6%)
	城乡居民人均可支配收入比	2.26	2.25	2.25	2.22
江苏	城镇居民人均可支配收入(元)	40152 (8.0%)	43622 (8.6%)	47200 (8.2%)	51056 (8.2%)
	农村居民人均可支配收入(元)	17606 (8.3%)	19158 (8.8%)	20845 (8.8%)	22675 (8.8%)
	城乡居民人均可支配收入比	2.28	2.28	2.26	2.25
浙江	城镇居民人均可支配收入(元)	47237 (6.0%)	51261 (6.3%)	55574 (6.0%)	60182 (5.4%)
	农村居民人均可支配收入(元)	22866 (6.3%)	24956 (7.0%)	27302 (7.0%)	29876 (6.0%)
	城乡居民人均可支配收入比	2.06	2.05	2.04	2.01
安徽	城镇居民人均可支配收入(元)	29156 (6.3%)	31640 (7.1%)	34393 (6.6%)	37540 (6.2%)
	农村居民人均可支配收入(元)	11720 (6.6%)	12758 (7.7%)	13996 (7.6%)	15416 (7.1%)
	城乡居民人均可支配收入比	2.48	2.48	2.46	2.44

续表

地区	城乡居民可支配收入	2016 年	2017 年	2018 年	2019 年
全国	城镇居民人均可支配收入(元)	33616 (5.6%)	36396 (6.5%)	39251 (5.6%)	42359 (5.0%)
	农村居民人均可支配收入(元)	12363 (6.2%)	13432 (7.3%)	14617 (6.6%)	16021 (6.2%)
	城乡居民人均可支配收入比	2.72	2.71	2.69	2.64

注：收入下括号内数据为当年城镇或农村居民人均可支配收入实际增长率。

资料来源：长三角三省一市各年国民经济和社会发展统计公报。

二　长三角农业农村现代化主要问题

与农业农村现代化的要求相比，长三角地区仍然存在产业结构分工协作水平较低，小农户与现代农业的有机衔接不畅，社会化服务组织和体系发展滞后，农业效益和竞争力不足，人口老龄化空心化问题严重，生态环境压力加大和城乡融合的路径还不明晰等诸多制约因素。

（一）农业农村产业结构分工协作水平依然较低

2019 年，上海、江苏、浙江、安徽第一产业增加值占比分别为 0.3%、4.3%、3.4%、7.9%，从长三角目前的产业结构现状看，第一产业所占比重较低并呈逐年下降态势，同时，农村第二、第三产业发展相对落后，各产业之间、各产业部门内部生产项目之间未能有效联结和相互支撑。合理的农村产业结构与协作水平应能做到产业部门之间和产业内部对资源利用和配置的优化组合，以实现农村中的农、林、牧、渔、工、商、运、建、服务等各个产业协作发展，共同提高，但是长三角目前的乡村产业结构分工协作水平离这一理想目标还有较大距离。如江苏省自实施农产品质量安全保障工程以来，全省已通过国家无公害农产品、绿色食品、有机农产品认证的安全优质农产品数量居全国前列，但截至 2020 年 9 月，江苏省特色农产品优势区名单仅 14 个，这和江苏省发展现代农业所要求的产业结构和分工水平还有较大差距。

（二）小农户与现代农业的有机衔接不畅

根据第三次农业普查数据，我国小农户数量占农业经营主体的98%以上，小农户从业人员占农业从业人员的90%，小农户经营耕地面积占总耕地面积的70%。长三角人多地少，短时间内无法全面实行规模化经营，所有地方都集中连片规模化经营也不现实。当前和今后很长一个时期，小农户家庭经营仍将是长三角农业的主要经营方式。长三角地区虽然经济基础好，农业现代化走在全国前列，但乡村依然面临比较严重的空心化和老龄化问题，小农户多是老人以及文化程度较低的留守妇女，导致小农户与现代农业的有机衔接依然难以做到。2019年，江苏省集中原农资综合补贴的20%用于支持粮食适度规模经营，虽然符合现代农业发展的趋势，但忽视了农业补贴对小农户发展农业生产的支持作用。

（三）农业农村社会化服务组织和体系发展滞后

社会化服务组织的高度发展是现代社会的重要标志，目前我国比较发达的城市社会化服务组织和体系已经有了一定程度的发展，但是在比较落后的农村，包括在长三角地区的大部分乡村，社会化服务组织和体系的发展依然严重滞后，缺乏社会化服务组织生存和发展的土壤，当地政府也不够重视农业农村社会化服务组织和体系的建设，缺乏在乡村培育和引进社会化服务组织的意识，导致一些专业化的服务，包括农业生产性服务、社会养老、教育培训等服务在长三角农村地区和农业领域严重供给不足。

（四）农业效益和竞争力不足

长三角地区农业提质增效虽然取得了一些成绩，但目前依然是农产品大路货多，品牌有而不响，“卖难”“买难”并存，农业产品结构调整的步伐跟不上城乡居民对于农产品消费需求的快速转变。近年来，长三角地区农产品亩均产量和价格基本稳定，但是农业生产资料价格上涨较快，用工成本也大幅提高，导致农业效益普遍较低。根据调研，江苏地区种粮的纯收入每亩只有1000元。受到价格和品质等因素制约，水稻、小麦等粮食在国际市场上竞争力不足。

（五）农业农村人口老龄化空心化问题日益严重

长三角三省一市的城镇化率提升明显。截至2019年末，上海、江苏、浙江、安徽城镇化率分别为88.1%、70.61%、70%、55.81%，除了安徽之外全部高于全国水平（60.6%）。但与此形成鲜明对照的是，农业农村劳动力的大量流失，特别是青壮年劳动力的大量流失，导致长三角部分地区，如苏北、皖北等同样出现了比较严重的老龄化和空心化问题，老人成为农村留守的主要人口，导致农业农村现代化面临严重的主体不足的问题。

（六）农业农村粗放式发展导致的生态环境恶化

长三角地区农村消费水平快速上升，同时也产生了大量的生活垃圾，但是农村的垃圾和污水处理设施建设相对滞后；而在生产过程中大量施用化肥、农药导致的土壤污染和水污染等，导致了比较严重的乡村生态环境问题。2018年，上海、江苏、浙江和安徽化肥施用量分别为8.4万吨、292.5万吨、77.8万吨和311.8万吨，上海、江苏、浙江农药施用量分别为3177吨、69600吨、43725吨，安徽农药使用强度仍偏高，2018年每公顷播种面积使用量达10.4公斤，高出全国23.7%，2019年仍有8.8万吨，长三角地区农业生产环保压力依然很大。虽然长三角地区在“十三五”期间大力开展农村人居环境整治和推动农业生产方式绿色转型等，但是过去农业农村粗放式发展导致的乡村生态环境恶化问题并没有得到根本解决。

（七）城乡融合的有效路径还不明晰

加快建立健全城乡融合发展的体制机制和政策体系是党中央对于未来我国城乡发展方向做出的新部署，也是农业农村现代化的必然要求。但长三角地区城乡二元结构依然明显，城乡收入差距较大，2019年，上海、江苏、浙江、安徽城乡居民人均可支配收入比分别为2.22、2.25、2.01、2.44，给城乡融合带来了较大困难。虽然长三角三省一市也都立足于自身发展实际在推进城乡融合发展，也取得了一定的成效，但是受到现行户籍制度、土地制度、财政金融制度、人才制度和公共服务体制等的制约①，产业融合主体多而不强，土地金融支持政策落地难，农民利益联结机制创新不多，农村产业融合发展人才短缺等问题在长三角三省一市依然不同程度存在，城乡融合的过程并不顺畅，各地城乡融合的有效路径还不明晰。

三　长三角农业农村现代化总体思路

长三角地区要以新发展理念为引领，坚持走在全国前列的目标定位，因地制宜，加快推进农业现代化、农村现代化、农民现代化和城乡融合发展。

（一）坚持区域一体化和高质量发展的指导思想

长三角农业农村现代化要以习近平新时代中国特色社会主义思想和党的十九大精神为指导，深入贯彻习近平总书记“三农”工作重要论述和对长三角一体化工作重要指示精神，坚持党对农村工作的全面领导，坚持农业农村优先发展方针，紧紧围绕当好全国高质量发展样板区、率先基本实现现代化引领区的目标定位，深入实施乡村振兴战略，树立系统思维、深化改革创新，注重问题导向、着力固优补弱，推进长三角农业全面升级、农村全面进步、农民全面发展、城乡全面融合，确保长三角农业农村现代化走在全国前列。

（二）坚持因地制宜和以人为本的基本原则

长三角农业农村现代化要牢固树立和切实贯彻创新、协调、绿色、开放、共享的发展理念，坚持解放思想、目标引领、因地制宜、以人为本的基本原则。一是坚持解放思想。发挥敢为人先精神，把思路创新和制度创新贯

① 孙昌乾：《建立健全城乡融合发展的体制机制和政策体系》，《经济研究导刊》2019 年第 24 期。

穿农业农村现代化建设的全过程，大胆突破制约城乡融合发展的体制束缚，充分尊重基层的首创精神，不断解放和发展农业农村生产力和发展活力。二是坚持目标引领。对照长三角农业农村现代化建设目标，将农业农村现代化工作放在全国农业农村现代化建设大局中谋划，深入分析研判农业农村发展中存在的新问题新挑战，精心细化建设方案，研究谋划攻坚举措，扎实推进农业农村现代化建设。三是坚持因地制宜。学习借鉴先进国家和地区农业农村现代化建设的经验成果，充分结合本地基础条件和特色优势。找准农业农村现代化的重点领域、重点方向，坚持精准施策，注重分类推进，从单个试点探索积累经验，逐步推广示范。四是坚持以人为本。始终坚持以人民为中心的发展思想，把实现好、维护好、发展好最广大农民群众的根本利益作为根本出发点和落脚点，进一步提升农村居民的获得感、幸福感、安全感。

（三）坚持走在全国前列的总体目标

以推动长三角农业农村现代化走在全国前列为目标定位，探索完善农业农村优先发展的体制机制，加快构建现代农业产业体系，加快建设美丽宜居乡村，加快推动城乡融合发展，在深化农业农村体制机制改革上形成制度成果，在推动“四化”同步、提升发展水平上实现重要突破，努力打造全国农业农村现代化的长三角样本。2022 年，上海、苏南、浙南率先基本实现农业农村现代化，2025 年，苏中基本实现农业农村现代化，2030 年，江苏、浙江全省基本实现农业农村现代化；2035 年，安徽基本实现农业农村现代化。一是提高农业现代化水平。以更广视野、更高标准，加快构建产业结构优、路径模式新、质量效益高、技术装备精、经营主体强的乡村产业体系。二是展现农村现代化格局。按照农村现代化示范区的发展定位，着力保护长三角农村的乡土特性和风貌，持续推进农村人居环境整治专项行动，开展美丽乡村示范建设，构建完善“党建引领、三治融合”的乡村现代治理体系，打造美丽宜居、和谐有序的农村家园。三是提升农民现代化素质。构建农民收入持续稳定增长机制，强化农民实用技能培训，引导农民高质量就业创业，营造健康向上的乡村风尚，推动农民收入持续增长、能力素质全面提升、精神面貌显著改善。农民人均可支配收入增幅超过城镇居民收入增幅，城乡居民收入比进一步缩小。四是构建城乡融合体制机制。促进资源要素在城乡之间双向自由流动，大力引导资本、人才、科技等优质资源进入农业农村，实现更高水平的城乡基础设施一体化和基本公共服务均等化，进一步增强农业农村发展活力。

四 长三角农业农村现代化对策建议

要以新发展理念为指引，充分利用信息化、消费升级、长三角一体化和乡村振兴战略实施提供的新机遇，把科技创新和体制创新贯穿农业农村现代化建设全过程，大胆突破制约城乡融合发展的体制束缚，开辟长三角农业农村现代化新路径。

（一）坚决贯彻农业农村优先发展方针

农业农村优先发展方针为全面推进农业农村现代化提供坚实支撑。要把落实农业农村优先发展方针作为做好“三农”工作的头等大事，纳入重要议事日程，坚持在干部配备上优先考虑，在要素配置上优先满足，在公共财政投入上优先保障，在公共服务上优先安排。推动农业农村现代化与乡村振兴两大战略在规划、政策、机制等方面有机衔接，通过乡村振兴战略的实施推动农业农村现代化的实现。

（二）加快推动区域分工协作

从经济、区位、劳动力等角度分析，长三角三省一市各自的特点突出，优势明显，且具有很强的互补性。长三角地区既有上海这样的大都市，也有安徽这样的农业大省。长三角三省一市要发挥各自优势，加快发展具有比较优势的产业，逐步形成既分工合理又相互协作的产业结构。一是以城乡居民消费升级为契机重新划分农产品基地的地区布局。随着城乡居民消费水平的不断提高，长三角地区高效农业、农产品加工业、休闲观光农业、农村电子商务等农村高新产业会有较快发展，农村产业结构会不断优化和提高。上海、苏南、浙东北等经济发达地区，要加快高效农业、农村旅游等都市型农业的发展，苏北、浙西南、安徽等经济相对欠发达地区则要在粮食、蔬菜等传统农业的提升上下功夫。二是以建立农产品产销联盟为载体助推区域市场对接。要建立长三角农产品产销联盟，为区域农产品流通一体化建立长效沟通渠道。通过联盟的成立，有效推动农产品信息的精准对接，通过打造线上线下的供应链提高产品的价值，并加速长三角经济一体化建设。三是农产品质量标准体系与食品安全标准体系的接轨与互认。建立农业信息共享机制，以标准化促进农产品的流通和农业的分工合作。四是以发展农村电子商务为途径促进农产品跨区流通。要依托优势特色产业，加快农村电子商务的发展，以此推动农产品和农业生产要素的跨区域流动，实现农村产业的优化升级和分工协作。要以大型超市的配送中心为纽带，构建整个覆盖长三角的现代农产品物流体系。

（三）积极利用信息化带来的新机遇

随着物联网、云计算、大数据等信息技术的广泛应用，农业进入4.0时代，农村进入信息化社会，信息化成为推动农业农村现代化发展的先导力量。习近平总书记指出，没有信息化就没有现代化，要瞄准农业现代化的主攻方向，提高农业生产智能化、经营网络化水平，推动互联网和实体经济深度融合，加快传统产业数字化、智能化。长三角要充分利用科技实力雄厚的优势，利用现代科技尤其是信息化带来的机遇，加快互联网在农业生产、农产品销售、农民创业、乡村治理中的应用，加快建设智慧农业、智慧社区。

（四）努力构建城乡融合发展的体制机制

破除城乡分割的体制机制，从制度上解决城乡发展不平等不平衡问题，是实现农业农村现代化的必由之路。长三角城乡一体化走在全国前列，但城乡差距依然较大。要促进城乡要素自由流动、平等交换和公共资源合理配置，加快形成工农互促、城乡互补、全面融合、共同繁荣的新型工农城乡关系。完善农村承包地“三权分置”制度，进一步激活承包地经营权；探索宅基地“三权分置”改革，适度放活宅基地和农民房屋使用权；在符合国土空间规划、用途管制的前提下，允许农村集体经营性建设用地入市，建设城乡一体的建设用地市场。推动资本下乡，积极鼓励和正确引导工商资本投资农业农村。制定财政、金融、社会保障等激励政策，鼓励大学生、外出经商人员、外出农民工等各类人员返乡创业兴业。

（五）着力创建农业农村现代化示范区

长三角三省一市之间自然条件和经济社会发展水平差异显著，工农城乡发展的阶段性特征存在较大差异，农情乡情的多元性以及民生诉求的多样化，不同区域农业农村现代化有不同的目标以及不同的实现路径。上海将在2022年左右率先基本实现农业农村现代化，江苏、浙江将在2030年左右率先基本实现农业农村现代化。鼓励发达地区建立不同类型的率先基本实现农业农村现代化示范区，在农业农村现代化的目标任务、实现路径等方面先行探索，为其他地区实现农业农村现代化提供有益经验。

（六）加快建立科学合理的农业农村现代化考评体系

实现农业农村现代化是一项长期性、系统性工程，长三角三省一市要结合自身实际，立足农业农村现代化内涵，从产业发展、生态宜居、乡风文明、乡村治理、农民素质、城乡融合等维度，建立一套科学合理的指标体系加以科学引领、精准监测，以评估农村现代化的实现程度，发现农业农村现代化的优势和制约因素，明确今后的主攻方向，并作为考核奖惩干部的重要依据。

B.11
长三角城市群品牌的构建与发展

宗传宏　刘饺　刘倩铃*

摘　要：长三角经济社会发展水平已经到了品牌发展的阶段，打造城市群品牌的基础和条件已经成熟。同时，长三角一体化进程的不断推进，为长三角城市群品牌发展带来巨大的空间。但同时，长三角城市群在品牌国际竞争力、品牌运作、品牌合作机制，以及品牌发展环境方面还需要进一步提升。对此，要融入长三角一体化进程，统筹规划布局城市群品牌体系，加快数字化的赋能，培育新型区域品牌，完善品牌合作机制，发挥上海品牌的龙头作用，为长三角一体化发展提供品牌力量。

关键词：长三角一体化　品牌经济　高质量发展　长三角城市群

经过多年发展，长三角已经成为我国经济社会发展的重要引擎之一。经过多年运作和经验积累，长三角已经到了一体化和高质量发展条件成熟的阶段。2018 年，长三角一体化上升为国家战略。2019 年，中央政治局会议审议通过并印发了《长江三角洲区域一体化发展规划纲要》。2020 年 8 月，习近平总书记在合肥主持召开扎实推进长三角一体化发展座谈会并发表重要讲话，进一步强调长三角“一体化”和“高质量”发展。因此，长三角高

* 宗传宏，上海社会科学院城市与人口发展研究所区域发展研究室主任，副研究员；刘饺，上海社会科学院硕士研究生；刘倩铃，上海社会科学院硕士研究生。

质量一体化发展成为未来一段时期的发展主线。

“高质量”是硬实力和软实力相结合的体现。随着经济社会的发展，长三角各地经济发展水平普遍提升，各城市已经从传统注重硬实力的阶段转向注重软实力的阶段。品牌则是软实力的重要表现。“一体化”则体现了长三角各地资源共享、优势互补、分工合作的状态。长三角城市群品牌实质是一个由宏观与微观组成，并相互作用的品牌体系。打造长三角城市群品牌的目的就是要以各地软实力为核心进行资源要素的统筹布局，来优化企业品牌、产品和服务品牌、城市品牌、区域品牌等品牌体系之间的结构，提升配置资源的能力，最终实现城市群整体品牌的提升。

在长三角迈向世界级城市群的进程中，长三角打造城市群品牌的基础和条件已经成熟。同时，长三角一体化进程的不断推进，为长三角城市群品牌发展带来了巨大的空间。对此，2013 年长三角经济协调会设立了品牌专业委员会，推进长三角品牌一体化发展。2016 年 11 月在安徽合肥举办“长三角城市 · 品牌发展会议”，会议以长三角城市合作为主题，以上海和合肥品牌合作为案例，将品牌合作纳入城市合作的重要内容，这标志着长三角城市群品牌发展开始成为长三角高质量一体化的主要内容之一。

但同时，品牌发展仍然存在许多亟须解决的难题与突破的困境。传统的以经济发展为核心的“硬指标”思维仍然占据较强的地位，招商引资一味地以重资产配置为主导的观念仍然在延续，城市品牌定位模糊，品牌发展路径不清晰，品牌体系不健全等问题还普遍存在。

因此，长三角城市群的品牌发展要在国内循环为主、国内国际双循环的大背景下，紧紧把握新时代长三角高质量一体化的发展趋势，顺势而为，对长三角城市群品牌进行统筹规划布局，步入与经济社会发展相匹配的良性循环圈中。

一 长三角城市群的发展现状及特点

近年来，随着国家区域发展战略的深入推进，长三角城市群成为国家区域发展的先行示范区。长三角保持了经济社会的稳定发展，城市群配置资源和集聚辐射能力不断增强，其范围从16个城市扩展到三省一市，基本形成以上海为中心，以杭州、南京、合肥为副中心，次级城市群分明，城市分工合理，要素流动频繁的网络化的空间格局，长三角已经进入从追求规模增长转向高质量发展的新发展阶段。

（一）总体发展稳定，县域经济实力凸显

长三角城市群经济发展势头良好，趋势稳中有进。在国内外风险挑战上升、经济发展减速的环境下，2019年长三角地区生产总值依然高达23.7万亿元，约占全国的23.9%，近乎1/4，保持6.4%的增长率，高于全国增速0.3个百分点，其中有6个城市GDP总量超过1万亿元，分别是上海（38155亿元）、苏州（19236亿元）、杭州（15373亿元）、南京（14030亿元）、宁波（11985亿元）、无锡（11852亿元），合肥（9409亿元）和南通（9348亿元）也即将踏入万亿俱乐部的门槛。苏浙皖三省2019年的GDP总值在全国行政区中也表现突出，引人注目。江苏省以99632亿元高居全国第2位；浙江省以62352亿元排在全国第4位，同比增速达到6.8%，高于全国0.7个百分点；安徽省以37114亿元居于全国第11位，比上年上升一位，GDP增速高达7.5%。

在衡量区域经济重要参考指标的中国县域经济与县域竞争力百强县（市）中，长三角城市群表现更是优异。该榜单从经济实力、增长潜力、富裕程度、绿色发展4个方面对全国县（市）进行了综合评价。在最新发布的2020年排行榜中，长三角城市群包揽了44个名额，近乎占到一半，排名前十位的县市占到8个，江苏省更是包揽了百强榜的前三名，分别是昆山市、江阴市、张家港市，江苏省也是上榜数量最多的省份，一共上榜了24个县（市），浙江省居于第2，上榜了18个（见表1）。

表1　2020中国县域经济与县域竞争力百强县（市）长三角上榜县市

单位：亿元

名次	县(市)	所属省份	2019年GDP
1	昆山市	江苏省	4045.06
2	江阴市	江苏省	4001.12
3	张家港市	江苏省	2850.00

续表

名次	县(市)	所属省份	2019 年 GDP
5	常熟市	江苏省	2470.00
6	慈溪市	浙江省	1898.64
7	宜兴市	江苏省	770.12
9	义乌市	浙江省	1421.00
10	太仓市	江苏省	1410.00
13	海门市	江苏省	1352.37
15	诸暨市	浙江省	1312.36
19	如皋市	江苏省	1221.00
20	乐清市	浙江省	1209.93
22	余姚市	浙江省	1166.26
23	启东市	江苏省	1160.00
25	海安市	江苏省	1133.21
26	丹阳市	江苏省	1121.99
27	温岭市	浙江省	1105.30
28	泰兴市	江苏省	1083.90
30	如东县	江苏省	1052.42
32	海宁市	浙江省	1026.57
33	溧阳市	江苏省	1010.50
34	瑞安市	浙江省	1003.96
35	靖江市	江苏省	979.57
36	桐乡市	浙江省	968.17
37	邳州市	江苏省	959.70
39	沭阳县	江苏省	950.17
40	东台市	江苏省	940.00
44	兴化市	江苏省	871.82
47	高邮市	江苏省	818.73
50	肥西县	安徽省	803.90
52	沛　县	江苏省	800.00
53	仪征市	江苏省	791.72
63	宁海县	浙江省	701.08
64	长兴县	浙江省	693.28
67	新沂市	江苏省	686.40
73	句容市	江苏省	661.48
74	苍南县	浙江省	652.21
75	东阳市	浙江省	638.45
80	永康市	浙江省	629.56
85	玉环市	浙江省	617.50
88	长丰县	安徽省	601.42
90	平湖市	浙江省	590.00
92	嵊州市	浙江省	589.15
93	嘉善县	浙江省	626.80

（二）服务经济发展迅速，品牌发展内生动力足

根据国外区域创新发展经验，区域产业发展、技术创新和资本集聚之间是相互影响、相互促进的，城市群与经济发展的关系遵循“城市第一定律”与“城市第二定律”。“城市第一定律”表明，当一个城市的重化工业发展到一定阶段，必然向第三产业转移。“城市第二定律”表明，当第三产业发展到一定阶段，就面临着迎接先进制造业的挑战，这就是先进制造业在提升能级、自主创新和世界市场的份额等诸多方面都比传统工业有了质的飞跃。目前，长三角重点城市正处于“第一定律”阶段末期，初步进入“城市第二定律”阶段。[①] 第一产业整体所占比重较低；第二产业方面，根据钱纳里（Hollis B. Chenery）的工业化阶段理论，长三角城市群已经进入后工业化时代，平均第二产业占比为44%左右；第三产业方面，除安徽省外，沪苏浙第三产业占比均超过50%，上海的第三产业占比更是高达70%以上。服务经济的高速发展带来了专业化的供给和高端化的需求，成为长三角城市群品牌发展的内生动力。

（三）同城化效应明显，要素流动效率提升

发达的交通基础设施是推进长三角一体化发展的最重要的因素之一。目前，从长三角城市群内部看，已形成以高速铁路、城际铁路、地铁等轨道交通和高速公路为骨干，以水运、民航为支撑，多种交通方式相互作用、相互衔接的综合城际交通网络体系。从外部看，长三角依托沿海、沿江、京沪等国家通道，已形成以上海、南京、杭州、合肥等中心城市为主要节点，立体化的内联外通综合运输通道。随着沪通、沪苏湖等城际铁路的建设和运行，传统的轴向通道已经被网络化交通布局替代，传统的“小时”经济圈的半径不断扩大。同时，集疏运体系、综合性枢纽、物流体系三大货运基础设施体系不断完善，多式联运体系逐步完善。在

① 张道根主编《2018年新时代发展的长三角》，社会科学文献出版社，2019。

现代信息技术高速发展的带动下，数字化对交通基础设施的规划建设、管理运行不断赋能，提升了基础设施的运行效率，要素流动的合理性和投入产出率不断提升。

（四）城市群结构日趋完善，资源配置水平不断提升

实际上，经过多年发展，长三角城市群体系逐步完善。目前，上海都市圈、南京都市圈、杭甬都市圈、合肥都市圈、苏锡常次级城市群已经引起共识，嘉昆太、长三角生态一体化示范区、苏北等次级城市群也在逐步形成。从人口集聚情况看，根据 2018 年的长三角人口数据以及国家的城市规模划分标准，长三角城市群已初步呈现“一超二特三大”的城市体系格局，是我国目前最为合理的城市群结构。一个超大城市为上海，两个特大城市为南京和杭州，三个 I 型大城市为合肥、苏州和宁波，以及若干中小型城市，即层次分明合理的“中心城市—副中心城市—次级城市群中心城市—中小城市”的城市体系。长三角城市群结构合理有利于在整体上形成分工合理、竞争有序、合作共享的格局，在大市场、大产业链、大价值链之间形成相互作用、相互影响、相互促进的态势，优化内部资源，集聚外部资源，提升辐射能力的水平越来越强。

二　长三角城市群品牌发展的现状

长三角城市群是对外开放的窗口，是推进国家战略和创新发展的重要策源地，也是区域一体化发展的先行探索者，其发展路径是基于走集约化、内涵式、高质量发展道路产生的必然结果。在新时代经济全球化大趋势下，城市群作为区域发展的最高阶段，既是一个相对独立的单元，也是对外开放的复杂系统，自身具有的品牌效应日益明显，对决策行为具有不可忽视的影响作用，发展区域品牌经济的价值已经越来越被人们所认识和接受。因此，长三角城市群的高质量发展之路必须要以品牌经济为核心。目前，长三角城市群品牌建设已具有一定的基础。

（一）分工明确引领品牌发展方向

目前，长三角城市群分工体系逐步形成，产业链逐步完善。上海以第三产业为主导，重点聚焦经济、金融、贸易、航运、科技创新这五大高附加值服务领域，积极建设“上海服务、上海制造、上海购物、上海文化”四大品牌。江苏以第二产业为主导，推进沿沪宁产业创新带发展，聚焦集成电路产业，构建中国集成电路产业链完整、产学研体系完善、人力资源丰富的产业体系，推动制造产业高质量发展。浙江数字经济发达，正在推进以阿里集团为代表的数字经济龙头企业向各类产业领域赋能，带动品牌经济向高端化发展。安徽聚焦发展特色制造业，以接轨沪苏浙为起点，发挥生态资源良好、内陆腹地广阔的优势，建立以创新为特色的制造业品牌。

（二）地方品牌不断涌现

长三角城市群在过去的发展中就已形成不少著名品牌，集聚了众多中华老字号品牌，占据了全国老字号品牌的1/3左右，像老凤祥、上海女人的中华老字号已成为长三角的标志。而随着发展，更是出现了像世界小商品集散中心义乌、电子商务中心杭州等著名品牌，衍生出苏南模式、温州模式、义乌模式等一系列发展模式。出现了多家世界500强企业，如上海汽车、阿里巴巴、物产中大、青山控股、苏宁易购、铜陵有色金属集团、海亮集团、上海医药集团等多家企业，成为长三角经济走向世界的名片。

（三）营商环境不断优化

长三角目前正在积极实施“最多跑一次”的企业服务，优化营商环境，全力打造市场化、法治化、国际化的营商环境。上海推动一网通办和一网统管建设；江苏省推动有效市场和有为政府更好结合，出台了20条措施；浙江省推出了企业服务码“10+N”便利化行动等工作；安徽省重点打造新型全省政务服务“皖事通办”平台，推进“一网通办”“全程网办”。在此基础上，上海、杭州、嘉兴、合肥等长三角9大城市已率先探索跨区域“一

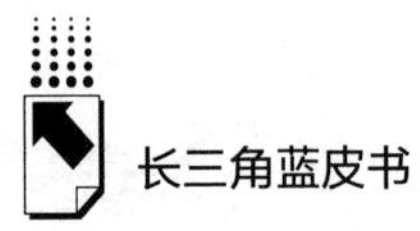

网通办”，企业可在支持该服务的任一城市异地办理原来需要在所在城市办理的涉企事项，无须跨城往返办理，大大减轻了企业负担。这是长三角城市群在营商环境领域建设的重要成果。

（四）科技创新助力品牌提升

品牌的发展离不开科技创新的赋能。实践证明，缺乏科技创新加持的品牌是短暂的和不可持续的。长三角城市群发挥对外开放的平台优势和国家战略的叠加优势，大力推进科技新元素的注入，为品牌发展提供前沿性和高质量的支撑。长三角城市群是我国科技创新的重要策源地，是新兴技术发展的区域性引擎。2019 年，长三角拥有 1207 家人工智能企业，吸引到外部资金高达 14.86 亿美元，2014 ~ 2019 年人工智能企业数量增长了 201.84%，呈现高速发展的态势。在开发区方面，2018 年长三角拥有 119 个国家级开发区，助力新兴产业和战略性高科技企业发展，企业专利申请数更是达到 1199134 件，长三角科技创新动力十足。此外，长三角城市群联手打造的 G60 科技走廊更是成为中国创新能力最强的区域之一，孵化培育出多家独角兽企业，科技成果和企业品牌倍出。

三 长三角城市群品牌建设中存在的主要问题

作为世界第六大城市群，长三角城市群从数量、结构、密度等方面都形成了稳定的网络化结构，在规模上、基础设施上都已经处于世界前列，但体现高质量发展的“软实力”方面明显不足。

（一）品牌国际竞争力不足

企业品牌是反映城市群品牌竞争力的一项重要指标，龙头企业的竞争力更是反映城市群竞争力的一面“镜子”。《财富》世界 500 强排行榜一直是衡量全球大型公司的权威性榜单。目前，长三角企业品牌距离国际一流企业的标准还有明显差距，即使在国内也不占绝对优势。在 2020 年《财富》世界500强排行榜中，中国有133家企业上榜，比上年多4家，也是中国入选企业数首次超过美国，位列全球第1。其中长三角中有19家企业上榜，新增三家企业，在中国入选企业中占比为14.29%，增长1.86个百分点。在前100强中，仍只有上海汽车一家企业排名第52位，其他企业排名基本靠后，有影响力、有竞争力的优势品牌少。上榜的长三角企业中，在布局上也呈现不均衡的格局，有9家企业总部位于上海，4家企业总部位于杭州，2家企业总部位于苏州，1家企业总部位于南京，1家企业总部位于温州，1家企业总部位于芜湖，1家企业总部位于铜陵（见表2）。

表2　2020年《财富》世界500强长三角上榜企业

单位：百万美元

排名	上年	公司名称	营业收入	总部所在城市
52	39	上海汽车集团股份有限公司**	122071.4	上海
107	181	恒力集团	80588.3	苏州
111	149	中国宝物钢铁集团	79932.0	上海
132	182	阿里巴巴集团	73165.9	杭州
162	150	交通银行**	66564.4	上海
176	202	绿地控股集团有限公司	61965.1	上海
193	199	中国太平洋保险(集团)公司	55799.6	上海
210	249	物产中大集团	51954.1	杭州
220	216	上海浦东发展银行**	51313.4	上海
243	220	浙江吉利控股集团**	47885.9	杭州
264	279	中国远洋海运集团有限公司	44655.1	上海
324	333	苏宁易购集团	38971.0	南京
329	361	青山控股集团	38011.7	温州
367	441	安徽海螺集团	33916.4	芜湖
423	—	上海建工集团股份有限公司*	29745.7	上海
455	—	盛虹控股集团有限公司*	27869.6	苏州
456	461	铜陵有色金属集团	27819.4	铜陵
468	473	海亮集团有限公司	27209.1	杭州
473	—	上海医药集团股份有限公司*	27005.4	上海

注：* 表示新上榜企业，** 表示排名下降企业。

（二）品牌运作的基础工作不完善

目前，长三角城市群仍然存在品牌发展理念不足的现象，具体表现在，一是区域品牌体系不完善。实践证明，城市群的品牌是由产品、企业、城市、区域、城市群等品牌形成的一体化体系，各品牌之间是相互联系、相互作用、相连成链的。目前，长三角城市群仍然处于单一品牌发展阶段，品牌体系尚未形成，无法形成品牌合力。例如世界五大城市群不仅是整体品牌突出，而且还在诸如硅谷、好莱坞等众多耳熟能详的区域品牌名称下，集聚了众多企业，并以区域品牌为引领，推动企业品牌的发展，很多企业以入驻这些区域为荣。日本太平洋沿岸城市群由次级城市群东京、阪神、名古屋三大都市圈组成，都市圈下面又有东京湾城市群、名古屋地区中小城市群等诸多知名的品牌区域。美国东北部大西洋沿岸城市群下的128公路，形成了环形高技术工业群。二是品牌发展缺乏战略性思路。长三角城市群仍然存在重重资产投入，轻轻资产运作；重注册，轻实操；重短期，轻长期；重单打独斗，轻合作共赢的理念，导致整体创新意识匮乏，品牌缺乏核心竞争力，产业链的整体附加值低。三是品牌数字化工作不完善。品牌是市场化为主运作的领域，基础数据非常重要。但目前品牌的数据统计标准不统一，品牌分类与产业目录不能无缝衔接，造成数据库建设不完善。四是品牌的法治化程度亟待提高。社会对品牌的认知程度及相关法律知识的认识还有待提高，品牌建设中执法专业化建设有待加强，商标保护、知识产权保护方面需要进一步加强，品牌维权的意识相对薄弱、维权成本高等。

（三）品牌合作机制需要进一步完善

长三角在城市经济协调会的层面成立了品牌专委会，并且引入了市场运作，有一定的效果。但由于品牌合作仍然刚起步，还滞后于区域一体化整体合作机制。从广度上，合作的范围和主体主要还是局部的，没有扩散到整个区域范围，品牌的渗透性不够，对长三角经济社会的影响力不足。品牌合作的领域还比较狭小，往往局限在单一的行业内部，跨行业品牌合作的模式需要进行创新。在深度上，品牌合作的模式和路径主要局限于传统的以产品为核心的合作，对品牌经济的概念和内涵尚未达成共识，对品牌中包含的服务、文化等价值链体系尚未达成共识，无法充分展开合作。

（四）文化相融度有待提高

文化是品牌的内涵精髓，品牌融合是城市群“唱响”品牌的基础。国外城市群的发展经验表明，文化融合最终是城市群内部城市之间长久合作的纽带，也是打造共同的城市群品牌的必要条件。实质上，文化相融是长三角城市群品牌发展中最容易忽视的环节之一，这也是城市群品牌发展刚处于启动期的阶段局限性所决定的。长三角城市群包括海派、江南文化、瓯越文化、徽文化，在打造城市群品牌的过程中，文化磨合不够而导致品牌项目不成功的案例仍然存在。

（五）品牌发展的区域支撑体系有待完善

与国外发达城市群品牌发展相比，长三角在区域支撑体系方面差距很大，主要体现在三个方面。一是城市群分工体系需要进一步完善。发达城市群的层级划分比较明显，次级城市品牌效应非常突出。在世界前五大城市群中，不仅是城市群整体品牌，像硅谷、好莱坞、128 公路、兰斯塔德、东京湾、欧洲之心等不同层级、不同形态的次级城市群在全球都享有品牌声誉。二是要素资源的布局不平衡弱化了品牌效应。国外发达城市基础设施、产业、教育、医疗、文化、公共服务等要素布局均衡，很多知名企业总部甚至在中小城市，有利于推进品牌体系的常态化发展。长三角要素资源在中心城市较为集中，中心城市品牌集聚，品牌发展的空间受到一定限制，也影响品牌辐射力。三是人口布局不均衡。国外发达城市群的人口在就业、居住、生活等方面的流动相对比较平衡。长三角人口仍然处于向大中城市集聚的阶段，对品牌的市场需求和均衡发展带来一定的影响。

四 长三角城市群品牌建设的对策建议

经过多年探索，长三角城市群品牌发展已经有了较好的基础，积累了多年的实践经验。解决长三角城市群品牌经济发展问题的关键是依托长三角高质量一体化发展进程，通过统筹规划布局要素资源，把分散化、碎片化的要素资源聚拢起来，从深度与广度上进一步突破体制机制的束缚，发挥出城市的特色与比较优势，加速推进要素资源的融合、联动，推进科学合理的分工协作，带动更多社会力量参与建设，形成全方位联动，最终实现区域一体化品牌发展目标。

（一）统筹城市群品牌规划

统筹规划是推进城市群品牌发展的基础性和关键性环节。上海市委书记李强提出未来长三角一体化发展中，第一个方面就是规划对接，强化功能布局互动，以形成分工合理、各具特色的空间格局。因此，要以《长江三角洲区域一体化发展规划纲要》为指导，统筹规划布局长三角品牌要素资源，建立健全长三角品牌体系。在条件成熟的情况下，要编制“长江三角洲区域品牌一体化发展规划”，对照国外发达城市群品牌发展能级，进一步高质量优化布局品牌要素资源，提升长三角城市群的品牌国际竞争力。

（二）打造知名区域品牌

区域品牌是长三角城市群品牌中承上启下的重要环节。区域品牌的打造要从两个方面着手。一是传承弘扬“老字号”传统区域品牌。实质上，长三角一直走在改革开放的前沿，形成了苏南模式、温州模式、义乌模式等一系列发展模式，也打造了华西村、苏锡常、义乌等一系列区域品牌。在长三角高质量一体化发展的新时代要求下，“老字号”区域品牌也应被赋予新的内涵，融入次级城市群发展。二是加快培育新型“增长极品牌”。目前，以大虹桥、长三角生态一体化示范区、大湾区、特色小镇等为代表的一系列新型

“增长极品牌”正在逐步成长。未来要加速培育一批面向未来的“增长极品牌”，形成新技术、新业态、新模式的融合发展，赋予区域品牌发展新动能。

（三）完善品牌市场化环境

一是率先构建长三角城市群品牌标准体系。从建立团体品牌标准入手，从易到难，逐步扩展到行业品牌、城市品牌、区域品牌标准，率先在全国建立城市群品牌标准体系。二是推进品牌专业人才培训和认证。利用长三角高校、研究机构资源，积极开展品牌培训工作。同时，品牌相关部门对培训合格的品牌专业人才颁发资质证书。获得资质证书的品牌专业人才在长三角范围内可以互认。三是加强品牌专业服务工作。做好长三角品牌基础数据库的建设工作，建立长三角品牌目录，开展信息咨询、宣传培训、市场辅导、法律顾问、商标指导等专业化工作。四是加强品牌保护。依托现有的长三角知识产权合作机制，营造良好的品牌知识产权保护的营商环境，共同执法，积极查办跨区域和社会反响强烈的商标侵权案件，加大对重大项目商标侵权行为的打击力度。

（四）加速推进数字化赋能

发挥长三角数字经济优势，打造网络化、智慧化、平台化和产业跨界融合发展的品牌发展模式。发挥互联网、新媒体的平台优势，调动社会公众参与到品牌发展中的积极性，进一步引导企业丰富品牌文化内涵，拓展品牌推广渠道，创新品牌竞争模式，形成适应数字化时代的全方位、多层次、立体化的品牌发展态势，不断提升品牌附加值。同时，加快推进跨区域品牌数字化治理水平，提高信息化工作水平，推进区域行政执法联勤联动，优化市场环境，提升监管部门执法工作效能，形成品牌的长效保护机制。

（五）完善品牌合作机制

一是完善长三角企业品牌联盟平台。以市场化为导向，创新长三角品牌合作模式。扩大长三角品牌专业委员会的合作范围，将企业、中介机构、行业协会、园区等品牌合作对象纳入合作机制，积极引导企业之间进行品牌合作。二是发挥区域合作品牌效应。在区域合作中，重点将品牌合作纳入合作范围，鼓励城市之间开展操作性强的市场化项目合作。三是构建全社会参与的品牌合作机制。积极推进文化交流，促进文化融合，积极鼓励社会力量参与品牌建设。

（六）发挥上海品牌的龙头带动作用

国外发达城市群品牌发展经验表明，核心城市往往是城市群的主地标，对城市群品牌的引领和带动作用非常明显。对此，上海要发挥对外开放桥头堡的作用，利用自贸区平台优势，引领长三角各城市集聚国际优质资源，在吸引跨国公司总部、国内龙头企业总部、国际机构总部、国际产学研合作、跨国技术转移、创新项目投资，以及中国企业品牌“走出去”的过程中，起到龙头带动作用。

参考文献

李湛、张彦：《长三角一体化的演进及其高质量发展逻辑》，《华东师范大学学报》（哲学社会科学版）2020 年第 5 期。

张玮、伍青生：《长三角地区城市品牌定位研究——以吸引投资为例》，《经济管理》2008 年第 10 期。

孙丽辉、史晓飞：《我国城市品牌产生背景及理论溯源》，《中国行政管理》2005 年第 8 期。

黄鹤群：《提升长三角城市品质的实践与思考——以南通依托江海资源建设港口城市为例》，《南通大学学报》（社会科学版）2009 年第 3 期。

李海超、王美东：《高技术产业对城市群经济增长的带动作用研究》，《科学学研究》2019 年第 6 期。

侯彩虹、陶丽娜、叶薇妮：《精细化管理视角下的上海城市品牌建设研究——基于在沪外国人实验性调查的发现》，《都市文化研究》2019 年第 2 期。

胡本田、曹欢：《长三角高质量一体化发展研究——基于人才吸引力视角》，《华东经济管理》2020 年第 10 期。

郑晨予、范红：《长江中游省会城市品牌特征研究——基于全球新闻报道大数据的判别》，《江西社会科学》2019 年第 10 期。

张道根主编《2018 年新时代发展的长三角》，社会科学文献出版社，2019。

B.12
长三角新型城镇化发展研究

王树华　郭玉燕*

摘　要：长三角地区是我国经济发展最活跃、开放程度最高、创新能力最强、吸纳外来人口最多的区域之一，城镇化水平位于全国前列。长三角一体化发展上升为国家战略，昭示着长三角地区在我国经济社会发展中的重要地位更加凸显。近年来，长三角三省一市新型城镇化持续推进，但在新型城镇化过程中仍然存在人的城镇化水平亟待提升，居民收入增速与 GDP 增速不相匹配，城乡发展不平衡亟待改善，生态环境质量有待提升等问题，需要从以下几个方面综合施策，以推进长三角地区新型城镇化的高质量发展：一是打破城乡二元结构障碍，构建城乡协调发展新格局；二是深化收入分配体制改革，构建居民收入与 GDP 同步增长机制；三是促进和改善民生，完善基础设施和基本公共服务均等化；四是完善生态环境配套设施，提高城乡生态环境质量。

关键词：新型城镇化　一体化发展　高质量发展　长三角

一　新型城镇化的政策演进

“新型城镇化”最早是伴随着 2002 年党的十六大“新型工业化”战略

* 王树华，江苏省社会科学院社会政策研究所副所长、区域现代化研究院副院长，副研究员；郭玉燕，江苏省社会科学院区域现代化研究院助理研究员。

提出来的，强调的是“统筹城乡经济社会发展”“全面繁荣农村经济”，根据工业化和现代化发展趋势，推进农业富余劳动力逐步向非农产业和城镇转移，进而逐步提高城镇化水平，“坚持大中小城市和小城镇协调发展，走中国特色的城镇化道路”。2007 年，党的十七大再次强调要走“中国特色城镇化道路”，要“按照统筹城乡、布局合理、节约土地、功能完善、以大带小的原则，促进大中小城市和小城镇协调发展”，这是新型城镇化的雏形。

2012 年，党的十八大正式提出了“新型城镇化”概念，要求“促进工业化、信息化、城镇化、农业现代化同步发展”“工业化和城镇化良性互动、城镇化和农业现代化相互协调”，形成“以工促农、以城带乡、工农互惠、城乡一体的新型工农、城乡关系”。2012 年 12 月召开的中央经济工作会议把生态文明理念和原则全面融入城镇化全过程，确立了集约、智能、绿色、低碳的新型城镇化概念。2013 年 11 月，党的十八届三中全会提出“推进以人为核心的城镇化，推动大中小城市和小城镇协调发展。产业和城镇融合发展，促进城镇化和新农村建设协调推进”。

2014 年《国家新型城镇化规划（2014～2020 年）》颁布，明确指出走“以人为本、四化同步、优化布局、生态文明、文化传承的中国特色新型城镇化道路”。2014 年 12 月，我国公布了首批 62 个地区和 2 个城镇的新型城镇化试点，表明我国新型城镇化从理论转移到实践。2017 年，“特色小镇”首次被写入国务院《政府工作报告》，则表明新型城镇化上升为国家战略。

党的十九大进一步深化了新型城镇化的政策内涵，强调要“以城市群为主体构建大中小城市和小城镇协调发展的城镇格局”。2020 年 10 月底，党的十九届五中全会提出要“全面实施乡村振兴战略，强化以工补农、以城带乡，推动形成工农互促、城乡互补、协调发展、共同繁荣的新型工农城乡关系”“构建国土空间开发保护新格局，推动区域协调发展，推进以人为核心的新型城镇化”。

结合新型城镇化的政策演进，本文认为，新型城镇化的施策重心至少包括以下三个方面：一是以人的城镇化为核心推进新型城镇化，二是以新型工业化为动力推进新型城镇化，三是以推动区域协调发展、构建新型工农城乡关系为重点推进新型城镇化。基于以上施策重心，新型城镇化发展的最终目标应该是全面提升城镇化发展质量的集约高效、环境友好、产城融合、城乡融合的城镇化发展模式。依此思路，我们分别对长三角新型城镇化的发展现状、存在问题及提升对策逐一展开研究。

二　长三角新型城镇化的发展现状

从区域范围来看，长三角地区经过20多年五次扩容，成员从15个增加到41个，实现了对上海市、江苏省、浙江省、安徽省三省一市行政区域的全覆盖，是我国经济发展最活跃、开放程度最高、创新能力最强、吸纳外来人口最多的区域之一。2018年11月，以习近平总书记在首届中国国际进口博览会上明确宣布支持长江三角洲区域一体化发展并上升为国家战略为标志，长三角地区的发展对推进全国现代化建设和高质量发展的重要意义日益显现。

党的十八大以来，长三角地区在科技、金融、产业、基础设施建设等领域建设步伐明显加快。据统计，2019年，长三角三省一市的地区生产总值合计为23.72万亿元，人口2.27亿人，常住人口的城镇化率超过了60%。长三角地区国土面积35.8万平方千米，也即长三角地区以不到4%的国土面积创造了我国近1/4的经济总量，1/3的进出口总额。分省市来看，经济总量和人均经济总量方面，2012～2019年，长三角地区GDP和人均GDP增长最快的均是安徽省，如果按当年价计算，年平均增长速度分别为11.6%和10.7%；GDP和人均GDP增速较慢的是浙江省，以当年价计算，其年均增长速度分别为8.8%和7.9%。产业结构方面，长三角各省市产业结构都处于优化升级过程中，三省一市产业结构都形成了“三二一”的格局，上海市第三产业所占比重最高，第一产业所占比重最低。但安徽省农业比重下降最快，表明安徽经济在非农化发展方面具有重大进展（见表1）。长三角地区这些经济指标的变化都是新型城镇化发展的重要环境。作为推动更深层次改革、更高水平开放的重大举措和应对百年未有之大变局的重要战略抉择，长三角新型城镇化将承担起更多的责任和使命。

表 1　2012 年、2019 年长三角地区分省市 GDP 与产业结构变化情况

地区	GDP(亿元)		人均 GDP(元)		三次产业结构(%)	
	2012 年	2019 年	2012 年	2019 年	2012 年	2019 年
上海	20101. 3	38155. 3	85000	157300	0. 6 : 39. 0 : 60. 4	0. 3 : 27. 0 : 72. 7
浙江	34606. 0	62352. 0	63266	107624	4. 8 : 50. 0 : 45. 2	3. 4 : 42. 6 : 54. 0
江苏	54058. 2	99631. 5	68347	123607	6. 3 : 50. 2 : 43. 5	4. 3 : 44. 4 : 51. 3
安徽	17212. 1	37114. 0	28792	58496	12. 7 : 54. 6 : 32. 7	7. 9 : 41. 3 : 50. 8

资料来源：2012 年数据来源于各省市统计年鉴，2019 年数据来源于各省市国民经济和社会发展统计公报。

（一）从城镇化率视角衡量：城镇化水平总体呈持续提升态势，但上海略降

城镇化率是衡量新型城镇化发展水平的一个重要指标。表 2 显示，党的十八大以来，长三角地区城镇化水平总体上呈持续提升态势。2019 年，上海城镇化率达到 88. 1%，江苏和浙江城镇化率都超过 70%，但安徽城镇化率仅为 55. 81%，和长三角其他两省一市相比还有较大差距，也低于全国 60. 6% 的平均水平。从城镇化率变化的绝对值来看，除上海市城镇化率小幅回落，浙江、江苏、安徽三省年均城镇化率都呈现增长的态势，其中安徽城镇化率年均增速最快，年均增长达到 1. 33 个百分点，江苏和浙江分别为 1. 09 个和 0. 97 个百分点。

表 2　2012 年、2019 年长三角分省市城镇化率及变化情况

单位：%，个百分点

地区	2012 年	2019 年	总体增加	年均增长
上海	89. 8	88. 10	-1. 70	-0. 24
浙江	63. 2	70. 00	6. 80	0. 97
江苏	63. 0	70. 61	7. 61	1. 09
安徽	46. 5	55. 81	9. 31	1. 33

资料来源：2012 年数据来源于各省市统计年鉴，2019 年数据来源于各省市国民经济和社会发展统计公报。

（二）从人的城镇化视角衡量：居民收支水平总体向好，失业率持续下降，住房情况得到显著改善

1. 城乡居民收入变化情况

从收入水平来看，2012～2019年长三角地区城镇居民人均可支配收入年均增速均超过10个百分点，其中上海城镇居民人均可支配收入增长最快，年均增速为11.9%，安徽排名第二，年均增速为11.2%。和城镇居民人均可支配收入增长速度相比，农村居民人均纯收入增长态势更加明显，按增长速度快慢排名为安徽、浙江、上海、江苏，年均增速分别为16.5%、15%、13%、12.3%。同时，城乡居民收入差距在逐步缩小，缩减速度从高到低依次为安徽、浙江、江苏、上海（见表3）。

表3　2012年、2019年长三角地区分省市居民收入与就业情况

	城镇居民人均可支配收入(元)		农村居民人均纯收入(元)		城镇居民恩格尔系数(%)	
	2012年	2019年	2012年	2019年	2012年	2019年
上海	40188	73615	17401	33195	—	24.1
浙江	34550	60182	14552	29876	35.1	—
江苏	29677	51056	12202	22675	35.4	26.1
安徽	21024	37540	7161	15416	38.7	31.2
	农村居民恩格尔系数(%)		**登记失业率(%)**		**城乡收入比**	
	2012年	2019年	2012年	2019年	2012年	2019年
上海	—	—	4.2	3.6	2.31	2.22
浙江	37.7	30.6	3.01	2.52	2.37	2.01
江苏	37.4	26.2	3.14	3.03	2.43	2.25
安徽	39.3	32.7	3.68	5.3	2.94	2.44

资料来源：2012年数据来源于各省市统计年鉴，2019年数据来源于各省市国民经济和社会发展统计公报。

2. 城乡居民消费结构变化情况

从消费结构来看，2012～2019年长三角地区居民食品消费支出占生活

消费支出的比例逐渐下降，降幅最为明显的是江苏省，全省城镇居民恩格尔系数在7年间下降了9.3个百分点，农村居民恩格尔系数下降了11.2个百分点。国家统计局统计数据显示，2019年全国城镇居民恩格尔系数为27.6%，农村居民恩格尔系数为30.0%。与全国平均水平比较，2019年上海、江苏城镇居民恩格尔系数优于全国平均水平，农村居民恩格尔系数仅江苏优于全国平均水平。

从城镇登记失业率的变化情况来看，2012~2019年上海、浙江和江苏城镇登记失业率呈现下降态势。考虑到安徽省2019年数据为第四季度数据，可比性不足，不做对比。对其他三省市比较，上海市城镇登记失业率变化最为明显，7年间下降了0.6个百分点，浙江次之，江苏变化最小（见表4）。

表4　2012~2019年长三角地区分省市居民收入与失业率相关指标变化情况

地区	城镇居民人均可支配收入增加额（元）	城镇居民人均可支配收入年均增速（%）	农村居民人均纯收入增加额（元）	农村居民人均纯收入年均增速（%）	城镇居民恩格尔系数变化（个百分点）	农村居民恩格尔系数变化（个百分点）	城镇登记失业率变化（个百分点）
上海	33427	11.9	15794	13.0	—	—	-0.6
浙江	25632	10.6	15324	15.0	—	-7.1	-0.49
江苏	21379	10.3	10473	12.3	-9.3	-11.2	-0.11
安徽	16516	11.2	8255	16.5	-7.5	-6.6	1.62

资料来源：根据表3整理。

3. 人均住房面积变化情况

从人均住房面积的变化情况来看，2012~2019年不论是城镇居民还是农村居民，长三角地区居民的住房状况都得到较大的改善。其中，城镇居民人均住房建筑面积增长最快的是江苏，第二位的是浙江，均超过了11平方米。农村居民人均住房面积增长最快的是安徽，7年间增加了17.6平方米。2019年，我国城镇居民人均住房建筑面积达到39.8平方米，农村居民人均住房建筑面积达到48.9平方米。[①] 与全国平均水平相比，除了上海市，2019年其他三省的城镇居民人均住房建筑面积和农村居民人均住房面积都超过了全国平均水平（见表5）。

表5 2012～2019年长三角地区分省市居民人均住房面积变化情况

单位：平方米

地区	城镇居民人均住房建筑面积		城镇居民人均住房增长	农村居民人均住房面积		农村居民人均住房增长
	2012年	2019年		2012年	2019年	
上海	33.9	37.2	3.3	—	—	—
浙江	37.1	48.5	11.4	61.5	67.3	5.8
江苏	35.2	46.9	11.7	49.9	56.4	6.5
安徽	32.4	41.8	9.4	35.9	53.5	17.6

资料来源：2012年数据来源于各省市统计年鉴，2019年数据来源于各省市国民经济和社会发展统计公报。

4. 社会保障变化情况

居民社会保障水平的高低也是衡量人的城镇化水平的一个重要因素。党的十八大以来，长三角地区居民社会保障的覆盖面逐步扩大，教育、医疗等公共服务逐渐完善。高等教育普及率稳步提高，2019年浙江和江苏两省的高等教育毛入学率分别为61.3%和60.2%，分别比2012年提高了11.8个和13.1个百分点。根据《2019年全国教育事业发展统计公报》，2019年全国高等教育毛入学率51.6%，浙江和江苏都超过全国平均水平。

以上海市为例，城镇职工基本养老保险参保人数从2012年的1326.38万人增加到2019年的1589.57万人，7年间增加了263.19万人；城镇职工基本医疗保险参保人数从2012年的1375.98万人增加到2019年的1540.69万人，7年间增加了164.71万人。以安徽省为例，城镇职工基本养老保险参保人数从2012年的783.7万人增加到2019年的1217.06万人，7年间增加了433.36万人。

① 王蒙徽：《2019年城镇居民人均住房建筑面积达到39.8平方米》，《人民日报》2020年10月23日。

（三）从生态环境的视角衡量：长三角生态环境状况趋于良好

分省市看，党的十八大以来，长三角地区空气质量总体较好。2019 年，上海、江苏、浙江、安徽空气质量优良率分别为 84.7%、71.4%、88.6%、71.8%。其中，浙江省全年空气质量优良率比 2012 年的 85% 提升了 3.6 个百分点，江苏省全年空气质量优良率比 2012 年的 60.3% 提升了 11.3 个百分点。农村人居环境持续改善，2019 年江苏省无害化卫生户厕普及率达 95%，浙江省无害化卫生户厕普及率达 99.1%。绿化覆盖面逐步扩大，以上海市为例，2019 年森林覆盖率比 2012 年增加了 5 个百分点。城市饮用水水质整体趋好，2019 年三省一市城市集中式饮用水水源地水质达标率都在 97% 以上，上海甚至达到了 100%。

三　长三角新型城镇化发展中存在的问题

（一）人的城镇化水平亟待提升

从长三角当前的发展实际来看，与全国大多数地区一样，仍然存在一些制约人的全面发展的体制机制障碍。在城镇化进程中，城市人口与乡村人口以及城市内部本地人口和外来流动人口之间存在双重二元结构。从城市内部情况看，经过多年来的发展，虽然进城务工人员的收入、公共服务等状况有所改善，但在政治权利、经济生活、文化素质等方面与当地居民存在较大差距，在选举权、被选举权和社会治理等方面的参与机会较少，在子女教育、社会保障、住房和医疗等方面享有城市居民同等待遇比重较低。一方面，城市尤其是特大城市大量低成本生活空间被更新改造，低成本生活空间越来越少；另一方面，制造业劳动生产率不断提升，资本和技术密集程度不断提高，劳动密集型产业减少，就业吸纳力下降，两方面因素的叠加使得农业转移人口进城机会降低，人的城镇化速度和水平总体滞后于土地城镇化。

（二）居民收入增速与 GDP 增速不相匹配

2012 年以来，长三角地区居民收入大幅增长，但和 GDP 增幅相比，还有提升空间。以可比价计算，2012～2019 年安徽省人均 GDP 年均增速为 14.7%，城镇居民人均可支配收入年均增速为 11.2%，二者相差 3.5 个百分点；江苏省则相差 1.3 个百分点，上海市相差 0.3 个百分点。令人欣喜的是，2012～2019 年浙江省城镇居民人均可支配收入增幅超过人均 GDP 增幅 0.6 个百分点，说明浙江省富民增收情况较其他两省一市更好（见表 6）。

表 6　2012 年、2019 年长三角地区分省市居民收入增速与 GDP 增速比较

地区	GDP(亿元)				人均 GDP(元)				城镇居民人均可支配收入(元)				
	2012 年	2019 年	增加值	年均增速(%)	2012 年	2019 年	增加值	年均增速(%)	2012 年	2019 年	增加值	年均增速(%)	增长速度差距(个百分点)
上海	20101.33	38155.32	18053.99	12.8	85000	157300	72300	12.2	40188	73615	33427	11.9	0.3
浙江	34606.0	62352.0	27746.0	11.5	63266	107624	44358	10.0	34550	60182	25632	10.6	-0.6
江苏	54058.2	99631.52	45573.32	12.0	68347	123607	55260	11.6	29677	51056	21379	10.3	1.3
安徽	17212.1	37114.0	19901.9	16.5	28792	58496	29704	14.7	21024	37540	16516	11.2	3.5

资料来源：2012 年数据来源于各省市统计年鉴，2019 年数据来源于各省市国民经济和社会发展统计公报。

（三）城乡发展不平衡亟待改善

近年来，长三角地区经济发展迅速，但不可否认，城乡之间的差距依然存在。这种差距在居民收入、消费和社会保障方面都普遍存在，在收入和消费上的表现更为明显。

从表 7 可以看出，与 2012 年相比，2019 年长三角三省一市农村居民人均纯收入与城镇居民可支配收入之间的绝对差距呈现扩大态势，尤其是上海和浙江的差距更为明显，分别增加了 10408 元和 9878 元，差距扩大数值最小的安徽，也增加了 1553 元。

表 7　2012 年、2019 年长三角地区分省市城乡居民收入差距变化

单位：元

地区	2012 年			2019 年		
	城镇居民人均可支配收入	农村居民人均纯收入	差距	城镇居民人均可支配收入	农村居民人均纯收入	差距
上海	40188	17401	22787	73615	40420	33195
浙江	34550	14552	19998	60182	30306	29876
江苏	29677	12202	17475	51056	28381	22675
安徽	21024	7161	13863	37540	22124	15416

资料来源：2012 年数据来源于各省市统计年鉴，2019 年数据来源于各省市国民经济和社会发展统计公报。

除安徽居民消费支出差距缓慢缩小外，其他三省市居民消费支出差距都呈现扩大态势。消费差距扩大幅度最大的是上海，与 2012 年相比，2019 年城乡居民消费差距绝对数值增加了 11666 元（见表 8）。

表 8　2012 年、2019 年长三角地区分省市居民消费支出变化

单位：元

地区	2012 年			2019 年		
	城镇常住居民人均消费支出	农村常住居民人均消费支出	差距	城镇常住居民人均消费支出	农村常住居民人均消费支出	差距
上海	26253	12096	14157	48272	22449	25823
浙江	21545	10208	11337	37508	21352	16156
江苏	18825	8655	10170	31329	17716	13613
安徽	15012	5556	9456	23782	14546	9236

资料来源：2012 年数据来源于各省市统计年鉴，2019 年数据来源于各省市国民经济和社会发展统计公报。

（四）生态环境质量有待提升

从表 9 中可以看出，上海和安徽全年环境空气质量优良率呈下降态势，2012 ~ 2019 年，安徽下降了 24.7 个百分点，上海下降了 9 个百分点。

表9 2012 年、2019 年长三角地区分省市空气质量变化情况

单位：%

地 区	全年环境空气质量(AQI)优良率	
	2012 年	2019 年
上 海	93.7	84.7
浙 江	85	88.6
江 苏	60.3	71.4
安 徽	96.5	71.8

资料来源：2012 年数据来源于各省市统计年鉴，2019 年数据来源于各省市国民经济和社会发展统计公报。

农村环境还有进一步的提升空间。江苏省 2019 年无害化卫生户厕普及率为 95%，浙江省 2019 年农村生活垃圾分类处理行政村覆盖率为 76%，均有不同程度的改善空间。

四 促进长三角新型城镇化高质量发展的对策建议

展望未来，长三角新型城镇化高质量发展应围绕“人的城镇化”强化推进力度。具体而言，要从破除体制障碍、增加居民收入、完善社会保障、提升环境质量等方面持续发力。

（一）打破二元结构障碍，构建城乡协调发展新格局

对包括长三角在内的全国大多数地区而言，城乡二元结构对城乡协调发展的阻碍依然普遍存在。城乡发展在硬件和软件上都存在差距。为此，长三角地区在打破城乡二元结构障碍方面，需要从以下方面加大工作力度。一是要推动户籍制度改革，构建城乡居民户籍登记一体化格局。全面放开大城市、中小城市及建制镇落户限制。二是要促进基础设施和公共服务一体化，让农村居民和城市居民一样共享经济社会发展的成果。三是推动城乡土地市场一体化。整合原有的法规和政策，建立一体化审核平台，实行执行一体化。

（二）深化收入分配体制改革，构建居民收入与 GDP 同步增长机制

党的十九大报告提出要在经济增长的同时实现居民收入同步增长，在劳动生产率提高的同时实现劳动报酬同步提高。在“同时”和“同步”中提高人民收入，是践行共享发展理念的应有之义，也是保持经济可持续增长的现实要求。长三角地区经济发展水平高，关键是要提高居民共享经济发展成果的份额和比重。一是扩大居民收入增长渠道，多渠道增加居民财产性收入，增加低收入者收入。二是完善工资正常增长机制和最低工资增长机制。不断提高最低工资标准和最低生活保障标准。三是加强对超高收入群体和高收入群体的个人所得税征收和监管，增强各地保障和改善民生的能力。

（三）促进和改善民生，完善基础设施和基本公共服务均等化

党的十九大报告提出，在全面建设小康社会的基础上，到 2035 年要基本实现基本公共服务均等化。对于长三角地区而言，完善基础设施和基本公共服务均等化的重点，一是推进城乡基础设施建设，包括农村生活设施和环境公共设施建设，改善农村人居环境。二是加大对农村地区特别是经济不发达地区的基本公共服务投入力度，扩大养老保险、医疗保险、失业保险覆盖面，把失业风险相对较高的灵活就业者、农民工等纳入保障范畴。三是建立多主体供给、多渠道保障、租购并举的住房制度，改善人民居住环境，提高居住水平。

（四）完善生态环境配套设施，提高城乡生态环境质量

一是提高生活垃圾分类覆盖面。2019 年 6 月，上海出台了“史上最严”的生活垃圾管理条例，成为全国第一个实行垃圾分类的城市。浙江、江苏、安徽也启动了生活垃圾分类工作。就覆盖面来讲，还需要进一步加大推进力度，要实现全区域生活垃圾分类的全覆盖。二是继续推进村庄环境整治。推进“厕所革命”，促进农村无害化卫生户厕全面普及。三是构建污染联防联

控机制，打赢污染防治攻坚战。长三角三省一市同时属于长江经济带重大国家战略发展覆盖区域，必须践行“共抓大保护、不搞大开发”，推进长江水生生物资源和水域生态保护修复。开展大气污染综合治理攻坚行动，如期完成打赢蓝天保卫战既定目标任务。

参考文献

黄晓东：《长三角新型城镇化发展水平评价及区域差异研究》，《经济发展研究》2019 年第 4 期。

单卓然、黄亚平：《“新型城镇化”概念内涵、目标内容、规划策略及认知误区解析》，《城市规划学刊》2013 年第 2 期。

黄佳豪、刘妍：《加快推进长三角基本公共服务均等化》，《安徽日报》2020 年 9 月 15 日。

李爱香：《长三角城乡区域协调发展目标实现分析》，《合作经济与科技》2020 年第 5 期。

方创琳：《中国新型城镇化高质量发展的规律性与重点方向》，《地理研究》2019 年第 1 期。

倪鹏飞：《新型城镇化的基本模式、具体路径与推进对策》，《江海学刊》2013 年第 1 期。

张占仓：《河南省新型城镇化战略研究》，《经济地理》2010 年第 9 期。

王国刚：《城镇化：中国经济发展方式转变的重心所在》，《经济研究》2010 年第 12 期。

刘建伟：《绿色发展理念引领新型城市群建设》，《西安日报》2018 年 3 月 12 日。

任远：《人的城镇化：新型城镇化的本质研究》，《复旦学报》（社会科学版）2014 年第 4 期。

B.13

“十四五”时期合肥市提升长三角世界级城市群副中心功能的思路和对策

林 斐*

摘 要： 本文通过探讨合肥市建设长三角世界级城市群副中心的理论背景与发展趋势，从不同空间尺度梳理合肥城市功能定位，围绕提升创新、制造、服务、开放“四大功能”确立“十四五”时期合肥市提升长三角城市群副中心功能目标，对“十三五”时期合肥城市功能的作用成效进行评价，分析存在的差距，提出“十四五”时期合肥建设长三角世界级城市群副中心强化核心功能、夯实基础功能、提高城市能级的思路与对策。

关键词： 城市群副中心 一体化发展 合肥市 长三角

长三角城市群一体化发展的新格局正在加快形成。习近平总书记强调“面对严峻复杂的形势，要更好推动长三角一体化发展，必须深刻认识长三角区域在国家经济社会发展中的地位和作用”。合肥市成为长三角世界级城市群副中心，是2014年9月安徽加入长三角后赋予的全新定位，比肩南京和杭州，从区域性中心城市前所未有地提升到一个全新的高度。“十三五”时期，合肥市建设长三角世界级城市群副中心夯实了基础，城市功能与能级

* 林斐，安徽省社会科学院经济研究所研究员。

提升显著，城市竞争力、影响力和辐射力得到进一步加强，跨入新一线城市。新形势下长三角按一体化与高质量发展的要求，率先形成新发展格局，“十四五”时期合肥如何更好地发挥长三角世界级城市群副中心的作用，值得深入探究。

一 背景与趋势

城市群由一个大区域的中心与次区域副中心城市组成，通过便捷的交通体系、较强的通勤联系，以中心城市为核心以及和这个核心具有紧密社会经济联系的大小城市的综合体，城市群中心与副中心主要从城市所承担的功能来定义。城市功能分为核心功能和基础功能两类，其中核心功能是指中心城市承担整个区域的主要功能，副中心城市在城市群中承担次区域中心的全部功能。人口、空间、经济总量等方面对城市核心功能起重要支撑作用。基础功能包括居住、交通、教育、金融、文化、医疗卫生、环境等方面功能。由核心功能与基础功能组成区域功能。功能之间相互关联，城市发展定位也会因功能变化而做出调整。

城市功能或许相同或类似，但城市能级是有差别的。城市能级是一个城市现代化水平的综合体现，按城市能级由高到低对应特大城市、大城市、中等城市、小城市和小城镇，从全球城市到国家中心城市再到区域中心城市，城市规模越大，等级越高，功能越丰富，能级越高。城市群的中心、副中心都是大城市、特大城市，均具有综合功能或复合型功能。

长三角地区是我国经济发展最活跃、开放程度最高、创新能力最强的区域之一，由于城市发展动力、方式、空间结构与路径都发生了变化，长三角城市群呈现城市化的高级形态的新趋势。

以中心城市引领城市群发展。“十三五”时期我国推进深度城镇化的思路有了调整，发展以中心城市为主转为以人口与经济密度高、城市密集的城市群（都市圈）。长三角、珠三角、京津冀并称我国三大城市群，长三角城市群人口占全国总人口的比例达 12%，人口规模在全国三大城市群居首，跻身全球第六大城市群。大力发展城市群（都市圈）是我国深度城镇化的重要趋势。

以创新驱动城市高质量发展。我国经过30多年经济高增长后，转向高质量发展，由中等收入迈向中高收入行列。长三角城市群率先进入高收入行列，发展动力从要素驱动转向创新驱动。以创新驱动城市高质量发展，满足人民日益增长的美好生活需要。推动城市品质导向的产品创新、融合导向的技术创新、开放导向的协同创新、多元导向的城市治理创新，成为常态化趋势。

由产业分工向功能分工拓展。随着长三角从低端到中高端制造业、从传统到现代服务业的不断升级，在更广域范围内实现资源要素的配置。长三角城市群已形成以中心城市为节点的网络化分工格局。高端服务业、生活性服务业向核心城市集中，生产、加工、制造和传统服务企业向周边地区扩散，城市群内分工正从产业关联走向功能关联，产业功能差异明显，创新功能各具优势，开放功能形成互补，形成产业链与功能链分工融合的新趋势。

从城乡一体化迈向同城化发展。我国进入城乡一体化发展的新阶段，党的十九大报告强调推动区域协同发展，构建以城市群为主、大中小城市和小城镇协调发展的新格局。长三角城市群建设五大都市圈把同城化发展作为切入点，推进交通基础设施建设、要素流动、环境共治、公共服务均等化等，打造城乡一体化发展升级版，同城化成为都市圈发展的重要趋势。

二　目标及定位

从国家、长三角、省域空间尺度定位合肥城市功能，对应多层级功能指向。综合在全国担负的重要功能和在长三角城市群中承担的全部功能，概括为“两中心”（综合性国家科学中心、长三角城市群副中心）、“一枢纽”（全国性综合交通枢纽），以“人口千万级、经济总量万亿级”建设特大型城市为支点，以推进发展高质量、城市高能级、生活高品质、治理高水平“四高”为任务，不断提升合肥城市功能的能级。“十四五”时期是合肥建设长三角城市群副中心的关键时期，围绕“五高地一示范”，以提升创新、

制造、开放、服务功能为核心，确定“十四五”时期合肥建设长三角城市群副中心的五大发展目标。

一是科创引领发展高地。全力推进综合性国家科学中心建设，建设全国科技创新引领发展先行区、科技创新的策源地，具有国际影响力的创新之都、长三角城市群的创新型城市。

二是全国综合交通枢纽。构建对接长三角、连接全国全球的集铁路、公路、航空、水运等多种运输方式于一体的立体化、现代化交通体系，建设国家物流枢纽承载城市，全国高铁客运中转、国际货物集散中心。

三是高端产业集聚地。建设新型显示器件、集成电路、人工智能国家战新产业集群基地，加快智能化、数字化赋能产业升级，创建现代服务业集聚区，构筑长三角乃至全国世界级先进制造业集群和高端产业新高地。

四是内陆开放门户。立足长三角，面向全国，走向世界，发挥“一带一路”和长江经济带双节点城市作用，打造内陆开放重要门户。拓展国际交流合作领域，培育一批跨国公司和知名品牌。建设安徽自贸区合肥片区，创造科技策源新供给，构筑投资贸易新机制、金融服务新模式，打造内陆开放新高地。

五是智慧生态宜居之城。坚持生态优先，建设环巢湖生态文明示范区，提升城市生活品质，服务配套提档升级，建设全国新型智慧城市，提高现代化治理水平，缩小城乡人均收入差距，增强居民的获得感、幸福感，打造生产、生活、生态有机融合的“城湖共生”宜居之城。

三　成效与差距

针对“十三五”时期合肥建设长三角城市群副中心功能所取得的成效，进一步分析存在的差距。

（一）对城市功能的承载作用

人口总量持续增长，增速需加快。长三角是全国人口净增长的区域，

2019 年净增人口 170 万人。合肥常住人口由 2015 年的 779 万人增加到 2019 年的 818.9 万人，增加了近 40 万人。常住人口城镇化率快速提升，进一步缩小了差距。2019 年长三角城市群常住人口城镇化率上海为 88.1%，南京为 83.2%，杭州为 78.5%，合肥为 76.33%。按《长三角城市群发展规划》，合肥 I 型大城市，规划 2020 年城市总人口为 860 万人，2030 年为 1000 万人。按现有人口增速，实现规划目标还有差距。合肥人口在全省比重明显提升，从 2005 年的 7% 提升至 2019 年的 12.9%，但占全省人口增量却不到 20%，低于南京与杭州的人口增量分别占全省 50%、42%，合肥人口净增量不到宁杭 1/2。

经济增长保持中高速，追赶力度需加大。"十三五"以来合肥 GDP 增速 8% 以上。沪宁杭 GDP 都过万亿元，2019 年上海 GDP 接近 4 万亿元，合肥 GDP 为 9409 亿元，杭州 2015 年、南京 2016 年已跨过万亿元门槛。沪杭宁人均 GDP 都在 2 万美元以上，进入高收入行列，合肥人均 1.48 万美元，跨入中高收入行列，差距明显。2019 年合肥 GDP 分别相当于南京、杭州的 61.2%、67.1%，争先进位压力增大。

功能布局不断拓展，空间需优化。2011 年撤销巢湖地级市，庐江县及巢湖市划归合肥，市辖区面积由 7024 平方公里扩大到 11445 平方公里。2013 年打破原"141"单中心格局，重新确立合肥城市总体规划"1331""组团 + 圈层"的空间格局，按照"建成区—主城区—都市区"空间向外拓展，陆续开发东部新城、合巢新城、西部运河新城、北部合肥空港经济示范区。主要问题有发展空间不足、建设用地已突破规划预期、主城区生态功能区保护任务重。城区化水平不高，基本农田占比较大，用地结构亟须调整以加强空间对发展的支撑。

（二）核心功能的聚集作用

创新引领作用增强，要素"短板"突出。上海是国际科创中心，整合全球创新资源有明显优势。南京科教资源丰富，科技成果获奖数量在全国居前列，产创优势突出。杭州拥有"创业新四军"（阿里系、浙大系、浙商

系、海归系），国家级众创空间、孵化器数量居副省级城市首位，人才净流入量居全国前列。合肥是综合性国家科学中心，基础研究与原始创新策源地有优势，以“科大系”为科创领头军，研发投入与沪宁杭不相上下。但合肥市人才等要素“短板”突出。由于人才竞争加剧，南京与杭州人才净增长都超过合肥。合肥吸引人才力度、集聚不足，结构不优。

开放平台支撑作用加大，开放水平有待提高。2019 年合肥市进出口额 322.2 亿美元，占全省近一半，形成“四港三区一中心”开放平台。2019 年跨境电商综合试验区的保税、直购进口业务开通，出口加工区进出口额居全国同类第 3 位。总体上，合肥市经济开放程度偏低，2019 年外向依存度 23.6%，比南京低 10.8 个百分点，比杭州低 12.8 个百分点。

制造与服务功能持续增强，集聚规模有待提高。2019 年合肥市战略性新兴产业增加值对全市规上工业增加值贡献率达 70% 以上，增速在全国省会城市居前。现代服务业集聚发展加快，2019 年互联网信息技术、商务服务等新兴服务业营业收入增长 14.2%。虽然“十三五”时期全市产值过千亿元的有家电、汽车零部件、装备制造等，但新型显示、集成电路与新能源汽车等战新产业产值都没有突破千亿元，关键技术和核心部件“瓶颈”凸显，产创、民创与宁杭差距较大，本土创新型企业缺少。

（三）综合交通枢纽的连接作用

大交通网络已形成，“治堵”难度加大。合肥拥有全国八条高铁交汇的“米”字形枢纽，形成了以合肥为中心“一纵四横四联”的“时钟型”高铁网络、“一环八线”高等级公路网络。重点加快市域交通地铁网建设，“十三五”进入“线网时代”。对外交通布局联网，扩建合宁、合巢芜、合安高速“四改八”，加快合宁高铁、京沪二通道、合新客运专线、合六城际、巢马城际铁路建设。打通省界的“断头路”，已建成长三角 1 ~ 3 小时的“交通圈”、2 小时高铁“通达圈”。主要问题有：合肥对接长三角交通东西向高速公路通道缺乏，尤其东向通道规模及等级不足，通行能力受限；往南京高铁客运速度不高，货运仍需绕行；东南向与宁波、杭州之间均借道南京，通道单一；对外城际交通建设快于对内城际交通，都市区交通同城化效应尚未显现；市域放射形干道虽加强了中心城区与外围地区的联系，但造成城内交通流量的聚集与拥挤；道路拥堵成为城市治理的一大“难点”，且随着人口密度增大，治理难度加大。

综合交通运输能力提升，运输“短板”明显。合肥市客运以公路、铁路为主，货运以公路为主。2019 年公路、铁路运输分别承担 94%、85% 的运量。航运增长较快，提高连通长江的高等级航道等级，江淮运河是打通连淮入江的第二通道，建设内陆地区重要的集装箱中转枢纽港和江淮航运中心。合肥新桥机场 2018 年旅客运量首次突破千万人次，2019 年达 1228.2 万人次，占全省的 81%。但全市综合交通运输能力有待提升，水运、航空是两大“短板”，与沪宁杭相比，运输量不在同一能级上。2019 年合肥集装箱吞吐量分别只及上海的 1%、南京的 11.8%，货物吞吐量分别只及上海的 8%、南京的 20.6%、杭州的 38%。全市货物运输市场服务半径有待扩大。

（四）城市基础功能的支撑作用

合肥市政设施和公共服务建设加快，仍然有不足。“十三五”以来提升了市政公用服务设施水平，增设变电站。市区新增公交车辆、公共停车场和泊位、新能源充电设施、5G 基地等，成为全省首批 5G 网络城市。入选“智慧城市国际标准试点城市”，成立大数据资源局，推广“互联网 + 政务服务”的“皖事通办”。加大了地下空间的规划开发利用力度。供热覆盖合肥市主城区和三大开发区，向开发区与县域延伸。主城区污水集中处理率达 95%，公共服务设施配套日渐完善。不足之处是中心城区拥堵，停车紧张，公交出行率偏低，公共空间不足，信息设施与沪杭还有差距，国际化高端教育、高端医疗中心与信息咨询等服务机构偏少等。

生态文明建设成效显著，环保压力加大。坚持生态修复、城市修补“双修”理念，实施了环巢湖综合治理、流域水土保持和雨污分流工程、水生态整治项目、农村面源污染网格化治理，启动建设环巢湖十大湿地。实现四级“林长制”“河长制”全覆盖。2019 年全市森林覆盖率 28.4%，绿化

覆盖率46%，建成区绿地率40.3%，人均绿地面积13平方米，在长三角地区表现突出。2019年成为全国水生态文明城市，在全省率先开展地表水生态补偿试点。但随着合肥市人口与经济密度提高，生态环境保护压力加大，大气优良天数比例提升至80%以上愈加困难，巢湖水质改善和环湖生态环境治理任务加重。

城市建设品质提升，更新改造任务艰巨。实施一环内老城区城市更新规划、背街小巷街道立面整容、干道整治、夜景亮化提升工程，“十三五”以来完成老旧小区改造300多个，推进全国首批城市设计试点市建设，实施了合柴1972文创园等一批城市更新项目、庐阳区“里子面子”双提升改造、瑶海区合钢片区老工业基地工业遗产保护与传承设计改造，高水准规划骆岗中央公园，建成安徽创新馆，推进环巢湖国家旅游休闲区建设。但合肥市老城区功能衰退，亟须更新改造，新城新区功能不全，建设任务繁重，亟须补齐城市风貌、文化特色不突出的“短板”。

（五）区域功能的辐射带动作用

县域经济发展加快，升级压力增大。2019年肥西、肥东、长丰综合实力突出，分居全省县域经济前3位。巢湖入选全国首批创新型县（市），庐江跻身全国投资潜力百强县。四县一市GDP占全市的比重1/3，财政收入占全市1/5。但是县域工业企业规模不大，主要以传统产业为主，规上工业企业数占全市的60.5%，创造了全市规上工业增加值的38.1%。县（市）工业投资增速放缓，转型升级压力大。产业小镇发展不充分，多数处在培育期，集聚能力不足，产城融合度不高。

乡村振兴成效显著，基础设施需要强化。美丽乡村“内外兼修”，南艳湖机器人小镇、长临河文旅小镇入选省级特色小镇，三瓜公社电商小镇典型经验在全国推广。推进农村专项整治“三大革命”，人居环境显著改善。开通了市区与郊区的城乡公交线、旅游线路。二级以上农村公路通达乡镇全覆盖，乡镇通公交、建制村通客车，实现了城乡客运一体化，农村公路建设水平居于全省首位。光纤到达全部行政村，4G网络全覆盖。但县域内高等级公路、快速道路占比不高，城乡交通基础设施一体化建设还需加快。村镇基础设施建设水平低，总量匮乏、分布不均，建设时序滞后。乡村生态环境污染防治任重道远。

城乡发展差距缩小，收入与社保水平待提高。农业转移人口的市民化机制进一步完善，居住证管理办法全面实施。2019 年全市城乡人均可支配收入比接近 2∶1 的合理区间（南京为 2. 26∶1，杭州为 1. 84∶1）。虽然建立了城乡统一的养老保险制度，但基础养老金标准（145 元/月）较低。合肥农村低保人群人均享受政府低保金 383. 37 元/月，与城市的 566. 23 元/月差距较大。全市村级集体经济薄弱，村集体收入 5 万元以下的“薄弱村”875 个，占全部的66. 7%，其中集体收入不足 2 万元的“空壳村”148 个。城乡融合发展程度不均，乡村镇公共服务配置不完善，义务教育、医疗、养老保障等公共服务差距明显。

四　思路与对策

“十四五”时期是合肥建设长三角城市群副中心的关键时期，应围绕强化核心功能、夯实基础功能，以提高城市能级为重点，按“强支撑、聚要素、补短板、优空间”的思路，从八个方面建设长三角城市群副中心。

（一）提升综合功能，增强现代化都市区的支撑

以发展特大型城市人口规模为目标，培育现代服务业集聚区与平台，吸纳技能型劳动力，支持劳动密集型产业发展，增加服务业就业群体。放开放宽户籍政策和条件，吸纳外省人口和鼓励高校新毕业生落户，加大住房和购房补贴力度。疏解老城区功能，以重大公共服务设施、现代服务业布局为抓手，推动人口与产业向新城新区集聚，推进三大开发区产城融合，优化人口空间布局，加快合肥空港经济示范区、运河新城、北部新城、安巢新城建设，提高人口集聚与产业建设匹配程度。扩大庐江、长丰、巢湖三大副中心的人口集聚规模。加快撤县设区步伐，提高城区化水平。完善农业转移人口

市民化成本共担机制，健全人口和用地指标、财政转移支付与人口规模相挂钩机制。

（二）增强创新功能，创建“双创”活力之城

推进科创与产创融合战略，增强创新功能。科技创新要围绕基础创新与原始创新打造自主创新高地，从技术领先和从产量领先对产业链、供应链环节进行深度介入，“选链”“强链”“补链”，提升产业与市场的掌控能力。产业创新要围绕“芯屏器合”“集终生智”重点新兴产业，加快科技创新与创新经济对接，构建“高新基”全产业链项目体系，打造一批产业创新转化平台。吸纳人才，补上创新要素“短板”，畅通高层次人才“绿色通道”，培育中科大一流大学和人才队伍，吸引全球顶级科研机构，鼓励企业加大研发投入力度，营造科创与产创生态圈。构建包容的创新生态环境，完善创新激励体系，加强自主创新示范区的制度保障。构建行政权力公开透明高效的运行系统，建设公共服务型政府，对标长三角建设营商环境最优城市。

（三）壮大制造功能，深化产业链分工合作

长三角新型产业分工正在从地带性极化走向空间网络化，向战略新兴产业与现代服务业拓展，构建以新经济为引领的长三角一体化发展差异化分工格局，合肥积极利用数字化技术平台，从老基建向新基建延伸，同步推进信息网络基础设施建设和战略性数字技术和产业发展，打通行业间数据壁垒，引入数字化平台型企业，助力传统企业数字化、智能化升级，建立网络化、平台化分工协同模式，建立产业链相互依赖、高度关联的产业生态，打造实体与虚拟相融合的集群化产业。适应消费的新模式、新业态，推动线上流量与线下资源融合。加强安徽省中心城市与长三角中心城市产业链分工合作，推动城市群与都市圈产业链对接。

（四）优化枢纽功能，提升门户城市综合运输能力

以提升长三角交通基础设施互联互通水平，强化枢纽功能。畅通对外大

通道，推进高速高铁运输能力升级，加密扩容省级高速公路通道，谋划东联沪苏浙、西接中西部的高速公路通道，提高国省干线公路通行能力。加快合肥新桥机场改扩建，加密航线覆盖和航班频次，提高国际航运客货运量，创建国家级合肥空港经济示范区，打造国际航空货运集散中心。推进引江济淮工程、兆西河通江一级航道、港口集装箱码头岸线建设，深化长三角铁海联运、江海联运等领域合作，建设通江达海的江淮航运中心。推进市域铁路和城市轨道交通建设。规划高运量的城际铁路，与地面快速路、城市骨干路组成一体化城市干路网络。优化完善城市快速路网，全面畅通市中心交通路网，加密主城区与各组团快速通道。实施智能化交通管理，提高通行效率，完善智慧道路系统。

（五）提升开放功能，取得双循环发展格局下的新突破

以培育“功能链”为核心，提升新发展格局下的开放功能。与长三角城市开放功能深度对接，提升关键产业国际供应链的主导能力，以自贸区、综保区、空港示范区等开放平台为重要载体，建设安徽自贸区合肥片区，加快贸易国际化、产业国际化、对外开放机制体制接轨进程。支持企业参与“一带一路”建设，投资设厂、办园区。发展空港经济与新型口岸经济业态，发挥指定口岸功能，扩大水果、冷鲜产品、跨境电商平台电子商务贸易，提升合新欧等制造产品国际物流通道的运力。加强产业技术研发和创新领域的国际合作，建设中德（合肥）智慧产业园等国际合作平台。发挥长三角创新协作优势，推进合肥滨湖科学城与上海张江科学城“双城”合作，深化长三角产创、科创、开放功能互补，推进 G60 科创走廊科技研发与科技创新合作。

（六）强化生态功能，优化都市区功能布局

坚持生态优先、“双修”理念，加强生态功能。高水平推进新一轮城市总体规划修编，强化生态修复的规划管控、生态系统整体性保护和全域规划管控，完善空间治理，塑造绿心廊道组团网络式的生态空间布局。建设环巢湖生态修复和城市修补的综合示范区，保护重要生态空间和生态系统，统筹

推进“河长制”、“林长制”、跨区生态补偿机制。优化主城区的功能布局，提升与完善老城中心、优化新城中心生态格局，建设城市中央公园、空港经济示范区国际小镇、运河新城、东部工业科技公园等生态空间。推进都市绿廊、绿楔、街心街角花园规划设计，完善绿道支路网和绿道网络，构建城湖共生、水城融合、集约紧凑的生态空间格局。

（七）提高基础功能，打造高质量发展新标杆

对标一线城市，全面提升基础功能。建设覆盖全市的停车资源信息化系统。结合地铁建设开发利用地下空间，推进新城新区地下综合管廊建设。推进生活垃圾、给排水、能源、5G通信、防灾和安全等设施与城市建设同步，实行医疗、公共卫生、教育、公共住房、养老等“软基建”超前规划布局。加快老城区更新和功能再造。加强城市出入口环境美化、骨干路桥亮化、街区立面净化、街区街道特色化“四化”整治，构筑有彰显度的文化品牌与文化地标。提升城市智能化、精细化与现代化管理水平，打造全国新型智慧城市高质量发展新标杆。

（八）完善服务功能，建设城乡融合的现代化都市区

以同城化为目标加快城乡融合发展，提升服务功能。以城际轨道交通为切入点，推动近郊班线公交化，构建半小时、1小时交通圈，实现县域交通与中心城区的快速连接。加强县域开发区升级与主城区的产业关联，加快传统优势产业转型升级、战略性新兴产业培育和现代服务业集聚发展。促进市区与县（市）资源共享、设施配套、功能互补。建设一批功能多样、产业集聚、设施完善的产业小镇。统筹输配电网、水、气、热、环卫等基础设施一体化规划建设标准衔接，肥东、肥西县外围乡镇加快融入主城区。三大副中心与主城区等高对接。按照同城化标准，对乡村道路的等级标准、水电气基础设施提档升级。实现电商配送网重点村全覆盖。建立健全城乡基本公共服务普惠共享的体系机制，推动公共服务向农村延伸、社会事业向农村覆盖，创建国家城乡融合发展示范区。

B.14

安徽协同推进长三角一体化高质量发展的战略目标与推进路径*

孔令刚**

摘　要：　2020年8月20日，习近平总书记在合肥召开推进长三角一体化发展座谈会并发表重要讲话，提出“实施长三角一体化发展战略要紧扣一体化和高质量两个关键词”，明确长三角地区的三大发展使命，即“率先形成新发展格局”、“勇当我国科技和产业创新的开路先锋”和“加快打造改革开放新高地”。长三角一体化发展国家战略进入全面提速发展新阶段。长三角区域三省一市明确了各自推进长三角一体化发展的总体思路、目标任务和重点举措。要在更高站位上认识安徽在长三角一体化发展中的功能，全面分析区域一体化国际经验与长三角一体化发展、长三角高质量一体化发展的战略背景、意义与目标定位，长三角一体化发展中安徽的地位与使命，长三角高质量一体化发展的合作协调机制与长三角高质量一体化发展推进路径等，为长三角更高质量一体化发展提供理论和案例参考。

关键词：　一体化发展　高质量发展　世界级城市群　长三角

---

* 本文系2019年度安徽省社科规划重大项目“长三角更高质量一体化发展安徽的机遇和优势研究”（AHSKZD2019D01）阶段性成果。

** 孔令刚，安徽省社会科学院城乡经济研究所所长，研究员。

2020年8月20日，习近平总书记在合肥召开推进长三角一体化发展座谈会并发表重要讲话，强调长三角地区的三大发展使命，即“率先形成新发展格局”、“勇当我国科技和产业创新的开路先锋”和“加快打造改革开放新高地”。2020年10月14日，安徽省委书记、省推动长三角地区更高质量一体化发展领导小组组长李锦斌主持召开领导小组第三次会议，深入学习贯彻习近平总书记考察安徽和扎实推进长三角一体化发展座谈会重要讲话精神，全面落实国家推动长三角一体化发展领导小组第二次全体会议、长三角地区主要负责同志专题视频会议部署。安徽要在更高站位上认识合肥在长三角一体化发展中的定位，在新方位上主动作为，承担新使命，在服务全国发展大局和长三角更高质量一体化发展中以主体心态、主角身份，主动作为，把合肥建设成为代表国家参与国际科技竞争的科技创新枢纽城市和长三角世界级城市群西翼中心城市。

一　长三角高质量一体化发展战略背景、意义与目标定位

长三角一体化发展战略是习近平总书记亲自谋划、亲自推动、亲自部署的一项重大战略，也是长三角地区高质量发展的一项重要的制度安排。

一是要充分认识长三角一体化发展事关国家发展的大局。长三角高质量一体化发展更好地引领长江经济带的高质量发展，实现东中西部地区的协调发展，是事关国家发展的大局。因此，党中央、国务院在把安徽扩容为长三角地区后，再决定把长三角一体化上升为国家战略，不仅兼顾了一体化发展的高度和尺度的要求，还能更好地服务于区域协调发展的国家大局，是具有战略眼光的科学决策。实现高质量一体化发展的机制、动力和效率都发生了深刻变革，长三角地区应按照经济发展的高质量、空间结构的高优化、市场机制的高效率和区域政策的高集成“四高”要求，推进高质量一体化发展。

二是要充分认识强调“更高质量的一体化发展”所具有的特殊意义。从国家层面来看，推动大的城市群协同和一体化发展，更多追求的是新时代

总体效率优先的目标，提升国家和区域竞争力的重大战略以及新时代国家区域协调发展的重大战略布局。一体化发展的一个重要目标是促进长三角区域内部发展水平的相对均衡，在政策设计上既要发挥高发展水平地区的引领作用，又要带动欠发达地区的发展水平，促进区域内部的协调发展。因此，长三角高质量一体化发展，在科技创新上应以“成为全球卓越的科创中心”为目标。

三是要在更广阔的背景下认知长三角一体化发展。长三角一体化上升为国家战略，其意义堪比 20 世纪 90 年代第二次改革开放。长三角一体化发展，一是引领建立我国网络化区域新格局，肩负着对内带动中西部地区发展和对外参与全球竞争的双重任务。二是引领我国更高层次对外开放，肩负参与全球竞争的国家使命。三是引领践行“五大理念”，肩负率先建设高质量现代化经济体系重任。四是打造区域治理“中国范本”，肩负创新区域协调体制高起点深化改革的重任。因此，对标国际，深化改革和开放，提升整个长三角区域在国内外的竞争力是长三角区域更高质量发展的重要任务，也是长三角区域一体化发展上升到国家战略的真正含义。

二　在更高站位上认识合肥在长三角一体化发展中的新定位

长三角更高质量一体化发展不仅放在重塑世界经济地理与中国区域发展战略格局演变这一背景中来分析，还要放到重塑世界大都市圈和全球治理模式变迁这一背景中来考察。长三角一体化发展进入新阶段，需要在更高站位上给合肥新定位。

一是在创新发展方面与上海差异化发展，建设代表国家参与国际科技竞争的科技创新枢纽城市。

综合性国家科学中心是国家创新体系建设的基础平台。合肥是全国三个综合性国家科学中心中唯一以城市命名的城市（北京怀柔综合性国家科学中心、上海张江综合性国家科学中心）。未来一段时间，合肥要与张江综合

性国家科学中心联动而又差异化发展，通过建设大科学装置，集聚国内外创新资源，汇集高层次人才和科研机构，开展基础研究和前沿交叉研究，为产生一系列原创性成果和变革性技术，建设国家级前沿性引领性技术研发中心、关键性共性产业技术产业化中心和新经济新动能制度创新中心，为建设代表国家参与国际科学竞争的科技创新枢纽城市奠定基础。

全球化将向纵深发展，进入网络化的新阶段。在国家主体战略的前提下，城市是国家主体战略实施的主要实体，也是国家力量的表现，而且节点城市会成为参与全球竞争与合作的主体。分析全球化发展、世界经济增长、全球技术变革、全球城市演进趋势，合肥要在全球创新链和产业链重构的背景下，在全球城市网络中寻找自己的定位，推动国际创新人才和创新资源的集聚，增强自主创新和发展能力，实现创新国际化、产业国际化、城市功能国际化、城市形象国际化。

在全球资源配置方式不断创新的情况下，城市将取代国家成为资源配置中心。因此，合肥要充分理解建设有国际影响力的创新之都的意义和价值，肩负国家使命、代表国家形象、体现国家意志，自觉地代表国家肩负起参与国际科学竞争的原始创新策源地的责任。依托中国科学院合肥物质研究院、中国科技大学等大院大所，聚集全球高端创新要素，实现基础前沿研究重大突破，形成一批具有世界影响力的原创成果。以国际视野在国际原始创新价值链高端介入上进行主体创新和功能建构，建设有国际吸引力的全球创新网络重要节点城市、具有国际影响力的原始创新策源地，成为国际科技创新枢纽城市。

二是以主角身份建设长三角世界级城市群西翼腹地中心城市。

《长江三角洲一体化发展规划纲要》中提出发挥上海龙头带动的核心作用，推动南京都市圈、杭州都市圈、合肥都市圈、苏锡常都市圈、宁波都市圈的同城化发展，明确了中央对长三角一体化发展“一极三区一高地”的战略定位，即通过一体化的发展，把长三角地区建设成为全国经济发展强劲活跃的增长极、全国经济高质量发展的样板区、率先基本实现现代化的引领区和区域一体化发展的示范区，成为新时代改革开放的新高地。安徽省

《实施〈长江三角洲一体化发展规划纲要〉行动计划》提出统筹“一圈五区”建设，即更高质量建设合肥都市圈，加快合芜蚌国家自主创新示范区建设、高水平打造皖北承接产业转移集聚区、高起点提升皖江城市带承接产业转移示范区功能、高站位振兴皖西大别山老区、高标准建设皖南国际文化旅游示范区。合肥要立足全省发展格局发挥省会城市优势，在功能定位、产业分工、城市布局、设施配套等方面引领全省发展，展现省会胸怀、省会气派和先锋作用，更要在合肥都市圈发展中起到引擎作用。

因此，合肥的另一个新定位是长三角西翼腹地中心城市。通过建设长三角世界级城市群西翼腹地中心城市，合肥要引领全省推进长三角西翼腹地协同发展，重塑经济地理格局，推进安徽在长三角产业合作分工层次、经济层级和创新能级的跃迁。

三　优化长三角高质量一体化发展推进路径

一是推动协同创新。上海、合肥两地拥有大量大科学装置，布局了国家若干重大的科学工程，进行技术攻关，促进国家原始创新，创造更多的科学技术成果，通过成果转化带动经济发展。利用上海、合肥两个创新增长极的辐射带动作用，可以促进长三角创新协同发展，打造中国创新引擎。长三角各省市要有全球视野、全局站位，在长三角一体化的大舞台上对标国际最高标准，整合全球高端资源，协同整合跨区域产业和科创等资源要素，打造长三角科创共同体。

二是加快各类经济要素（如产业、科创资源）沿交通走廊集聚布局。要放大上海要素资源辐射能力，向西形成G60科创走廊、G50绿色智造走廊、G42新兴产业走廊，推动南京、杭州和合肥等省会城市创新资源向省内其他区域扩散，推进建构长三角创新一体化“轴、廊、圈”体系，通过沿线核心节点城市对周围非核心节点城市的带动作用，促进长三角中西部地区协调发展和联动发展。

三是深化区域科技创新合作。提高区域整体创新能力是突破长三角区域产业结构不合理和增长方式粗放等重大瓶颈的必然战略选择。以协同创新推进长三角科技创新，着力打造长三角区域协同创新共同体，引领区域经济增长从要素驱动向创新驱动转型，是实现长三角区域经济与社会可持续发展的重要途径；要打破行政区划壁垒，实现创新要素在区域内更广范围和更深层次上的链接与聚合，将长三角地区各个创新示范区、创新走廊，各个区域的重点开发区有序连接起来，协同打造“长三角科技创新共同体”；要打造由“沪合杭宁”四个中心城市构成的科创走廊，特别是突出合肥在科创走廊建设中的重要作为。合肥下一步发展要在进一步突出发展原创技术的基础上，加快推进科技成果的“就地转化”和产业化。培育有利于科技成果就地转化的政策环境和区域创新体系，特别是加快培育以企业为主体的创新主体。要找准科技创新一体化的抓手。推动两大国家科学中心协同联动，形成“双中心”创新增长极。推进上海张江与合肥国家综合性科学中心建设，瞄准交叉点，协同合作，联动发展，实现创新资源、创新成果共享，成为长三角创新增长极。

四是推动产业合作联动。长三角一体化的基础在于产业合作，产业合作联动将促使区域内次区域的产业更能发挥它的规模经济优势进而产生竞争优势，使得每一个地区都进行专业化分工，放在整个区域来看，就是所有地区的福利水平均会提高。长三角区域实现合理分工并具备自身独特的全球竞争力，必须共同打造世界制造业创新中心，推动产业迈上全球价值链的中高端，打造世界先进制造业集群。积极推动价值链分工协作，努力建设一批具有国际竞争力的新兴产业集群，联手打造世界级产业集群。要加快推进长三角产业合作示范区建设和毗邻地区产业合作。坚持“统一规划、统一招商、统一管理、统一建设”，突出“高”“新”“绿”产业发展导向，尽快建出成效、创出品牌，要加快产业和技术创新联盟建设。在智能语音、平板显示、智能家电、集成电路等领域建设一批国家级产业和技术创新联盟，积极布局量子信息、靶向药物、类脑芯片、第三代半导体等未来产业。

五是加强跨区域协作治理。从更大范围推动生态环境联防联控，是更高质量一体化发展的重要保障。要切实落实新发展理念，落实主体功能区配套政策。进一步深化改革创新，强化新安江—千岛湖国家生态补偿机制示范区建设，建设长三角生态产品交易市场，实现环境共治、产业共谋，共生共融、共同发展。实现浙皖、长江流域、淮河流域等省际区域合作，以及省内区域合作，建设跨区域生态协作区（如环巢湖生态旅游协作区、浙皖生态旅游协作区、千里淮河生态旅游协作区），构建精品生态旅游线路和生态风景道，努力打造长三角生态文明建设的重要样板区。加强生态资源的保护与开发。依托本区域的低山、森林、湿地、温泉等特色资源，注重保护与开发的协同发展。共建长三角地区生态安全屏障。在全省推广新安江跨省流域横向生态补偿机制，加快推进长江生态廊道（安徽美丽长江经济带）、淮河—洪泽湖生态廊道和皖西大别山生态屏障、皖南—浙西—浙南生态屏障建设，推动长三角开发地区、受益地区与保护地区健全横向生态补偿机制，与苏浙共建绿色生态屏障。

参考文献

Tinbergen，J.，*International Economic Integration Amsterdam*：*Elsevier*，Publishing Co.，1954.

程必定：《完善区域一体化政策与稳增长、促发展》，在中国区域经济 50 人论坛上的致辞，2019 年 4 月。

宋宏：《一体化新格局下的浙皖深度合作》，《浙江日报》（理论版）2019 年 4 月 2 日。

陈雯、王珏、孙伟：《基于成本—收益的长三角地方政府的区域合作行为机制案例分析》，《地理学报》2019 年第 2 期。

干春晖：《长三角一体化上升为国家战略的新要求和突破口》，在 2019 长三角更高质量一体化发展论坛上的发言，2019 年 4 月 27 日。

李小年：《世界级大湾区区域协调机制对长三角区域协同开放发展的启示》，在 2019 长三角更高质量一体化发展论坛上的发言，2019 年 4 月 27 日。

杨开忠：《加大实施区域协调发展战略的力度》，《区域经济评论》2019 年第 3 期。

傅晓：《安徽在长三角一体化发展中如何发挥优势》，《安徽日报·思想周刊》2019 年 5 月 14 日。

陈耀：《实行地带间协调与城市群协同并举的区域政策》，《区域经济评论》2019 年第 3 期。

胡国良：《着力提升长三角创新力》，《浙江日报・理论周刊》2018 年 12 月 27 日。

范从来：《安徽在长三角一体化中的使命与作为》，《安徽日报・思想周刊》2019 年 5 月 7 日。

成长春、叶磊：《对标世界级城市群实现长三角高质量一体化发展》，《经济日报・理论周刊》2018 年 11 月 8 日。

陈建军：《长江三角洲区域一体化与区域协调发展》，《区域经济评论》2019 年第 2 期。

赵红军：《长三角高质量一体化有哪些内涵》，《第一财经日报》2019 年 6 月 26 日。

陈建军：《长三角何以实现一体化发展》，《安徽日报・理论周刊》2019 年 5 月 21 日。

刘志迎：《长三角一体化面临的“剪刀差”难题及破解对策》，《区域经济评论》2019 年第 4 期。

胡国良：《推进长三角产业发展一体化的对策》，《安徽日报・思想周刊》2019 年 5 月 28 日。

钱运春：《安徽落后地区融入长三角一体化机制创新》，在 2019 长三角更高质量一体化发展论坛上的发言，2019 年 4 月 27 日。

吴凯、范从来：《中国省区间要素收入的整体同构化研究》，《社会科学战线》2018 年第 12 期。

陈耀：《长三角更高质量一体化发展的思考》，《安徽日报・思想周刊》2019 年 6 月 18 日。

陈清萍：《安徽在长三角更高质量一体化发展中的作为与推进路径》，《长三角观察》2019 年第 6 期。

刘志彪：《长三角区域高质量一体化发展的制度基石》，《人民论坛・学术前沿》2019 年第 4 期。

胡艳：《开放创新双轮驱动长三角高质量一体化发展》，在 2019 长三角更高质量一体化发展论坛上的发言，2019 年 4 月 27 日。

张学良、林永然、孟美侠：《长三角区域一体化发展机制演进：经验总结与发展趋向》，《安徽大学学报》（哲学社会科学版）2019 年第 1 期。

范剑勇：《更高质量一体化，长三角产业如何布局?》，《环境经济》2019 年第 3 期。

林斐：《新时代长三角地区皖浙深度合作着力点》，《浙江经济》2019 年第 3 期。

徐剑锋：《探索建设苏浙皖邻界区域合作平台》，《安徽日报・思想周刊》2019 年 5 月 28 日。

赵蓓文、李丹：《长三角对外开放新格局》，载《2018 年新时代发展的长三角》，社会科学文献出版社，2019。

B.15
推进长三角生态环境保护一体化，决胜全面小康建设

孙可智　周冯琦*

摘　要：　实现可持续发展、改善生态环境、促进人与自然和谐共生是全面建成五位一体小康社会的重要组成部分，“十三五”以来长三角地区在环境治理、产业和能源结构转型、区域协作机制建设方面做出了巨大努力，生态环境质量、资源利用效率得到显著提升。“十四五”时期长三角生态环境质量进一步提升面临着自然资源禀赋不高，经济水平与产业结构不协调，环境治理效率不平衡发展的约束，需要在一体化协作治理机制、统一环境标准、配套经济产业政策等方面做出更大努力。

关键词：　生态环境　环境保护　协作治理机制　长三角

长三角生态环境保护一体化对于全面建成小康社会的生态文明建设具有区域引领作用。长三角区域污染防治协作机制自成立以来，不断突破机制创新、配套产业与能源政策，已经在大气和水污染联防联治方面取得一定成效，长三角地区生态环境质量得到提升。然而，由于长三角三省一市自然禀赋与地理特征存在差异，经济结构与发展质量不平衡，各地政府部门环境治

---

* 孙可智，上海社会科学院生态与可持续发展研究所助理研究员；周冯琦，上海社会科学院生态与可持续发展研究所所长，研究员。

理投入强度不同，地方行业环境标准不统一等，加之长三角生态环境保护协作机制尚处于发展阶段，长三角生态环境质量进一步提升的难度加大，与全面建成小康社会的生态文明建设目标还有一定距离。本文从观察分析长三角三省一市生态环境质量的短板问题入手，进一步探究长三角地区生态环境质量发展不平衡、不达标的原因，提出长三角进一步推进生态环境保护一体化、全面决胜小康社会生态文明建设的政策建议。

一 “十三五”期间长三角生态环境保护一体化进展与成就

（一）长三角生态环境保护协作机制创新

“十三五”期间长三角生态环境保护一体化不断推进机制创新，促进区域大气污染、水污染联防联控、协作治理工作的实现，为改善长三角地区生态环境质量、建设美丽长三角作出了巨大贡献。“十三五”以来，长三角地区在大气环境方面开展大气污染源清单调查，建立协作预警机制和大气数据共享平台，推动区域大气污染联防联控机制完善；在水污染防治方面则成立区域水污染防治协作小组，落实并推动新安江等水流域生态补偿机制发展。2019 年 11 月国家发改委发布《长三角生态绿色一体化发展示范区总体方案》，以青浦、吴江、嘉善两区一县作为长三角生态环境保护一体化发展的示范区，率先探索生态环境保护一体化的创新机制，为长三角生态环境保护一体化提供先行经验。2019 年 12 月国务院印发《长江三角洲区域一体化发展规划纲要》，长三角区域一体化发展上升为国家战略，其中“生态”一词出现 72 次，一方面提出加强生态环境“协同防治”和“协同监管”，另一方面提出“高水平建设长三角生态绿色一体化示范区”，表现出中央对长三角生态环境保护一体化的重视，意味着长三角污染物联防联治将从地区间横向合作模式发展为纵向管控和横向合作的联合模式。

（二）产业与能源结构转型升级，助力生态环境质量改善

长三角三省一市在产业和能源政策方面也配套支持区域生态保护一体化发展，助力区域生态环境质量提升。在产业结构方面，上海、江苏、浙江、安徽三省一市 2019 年第三产业增加值占 GDP 比重相对于 2016 年分别上升 7.35 个、5.43 个、8.57 个、30.00 个百分点。其中安徽省尽管前期第三产业发展相对于其他两省一市较为缓慢，但在“十三五”期间发展迅速；江苏省截至 2019 年底已经全面完成“十三五”淘汰落后产能的目标任务，大幅压缩水泥、平板玻璃等高耗能产业的投资与生产。与此同时，长三角地区能源结构也倾向于绿色化发展。2017 年，上海、浙江、安徽新增发电机组容量中新能源发电装机容量分别达到 82.5%、84.7%、83.1%，位于全国领先水平；2018 年，江苏、浙江、安徽新能源发电装机容量占新增发电机组容量比重也分别达到 51.6%、51.0%、50.9%。2017 年上海、江苏、浙江、安徽三省一市单位增加值能耗相对于 2015 年分别下降 14.59%、15.12%、11.16%、13.8%。

“十三五”期间长三角地区在能源利用效率、经济高质量发展方面取得显著进步，带来生态环境质量的显著提升。其中，上海市在空气质量提升方面效果显著，地表水质量也有大幅改善，但近岸海域水质尚未有明显改善。2019 年上海全年环境空气质量（AQI）优良率比 2015 年提高 14.0 个百分点，二氧化硫、可吸入颗粒物（PM_{10}）、细颗粒物（$PM_{2.5}$）、二氧化氮、一氧化碳年日均浓度分别下降 10 微克/米^3、24 微克/米^3、18 微克/米^3、6 微克/米^3、0.2 毫克/米^3；地表水达Ⅲ类标准比例上升 33.6 个百分点；近岸海域水质达四类标准仍维持在 2015 年 31% 左右的水平。相比之下，浙江省“十三五”期间空气质量和近岸海域水质均有显著提升，地表水质也有一定程度的改善。2019 年浙江环境空气质量（AQI）优良率相比 2015 年提高 14.9 个百分点，其中 $PM_{2.5}$浓度降幅显著，比 2015 年下降 38.30%；地表水达Ⅲ类标准比例相对于 2015 年上升 18.5 个百分点；近岸海域水质达二类标准比例上升 16.4 个百分点。而江苏和安徽空气质量改善幅度较小，2019 年

两省全年环境空气质量（AQI）优良率比2015年分别提高4.6个和4.7个百分点。江苏地表水质和近岸海域水质改善幅度相对于其他地区较大，2019年江苏地表水达Ⅲ类标准比例相对于2015年上升36.1个百分点，海洋达二类标准比例上升14.6个百分点。

（三）长三角加大环保投资力度，促进生态环保项目实施

“十三五”期间长三角三省一市积极加大生态环境保护与治理投资力度，促进长三角生态环境一体化重大项目落地与实施。2019年浙江、安徽生态环保和环境治理业投资分别相对于上年增长19.5%、48.8%；至2019年底，“十三五”期间上海用于环境保护的资金投入累计达3815.54亿元，年均增长率达11.08%。在环境治理投资方面，“十三五”期间长三角三省一市投资水平基本与2015年保持一致，2016~2017年上海、江苏、浙江、安徽环境治理投资累计额分别达到365.7亿元、1481亿元、1103.5亿元、1003.2亿元。对生态环境保护和治理的投入使得长三角三省一市污水和垃圾处理能力显著提升：2018年上海、江苏、浙江、安徽垃圾无害化日处理能力相对于2015年分别提高41.99%、14.86%、32.96%、43.10%，污水日处理能力相对2015年分别提高3.57%、17.79%、30.25%、27.57%。[①]“十三五”以来，长三角大力推进生态环境一体化重大项目，如淀山湖打造世界级湖区项目、沪浙洋山区域开发合作项目、青浦生态廊道项目等，打破生态环境保护的行政边界、建立长三角区域跨省市生态环境保护与治理的协同机制。

二 长三角地区决胜全面小康建设的生态环境短板问题

从1997年长江三角洲城市经济协调会成立，到2014年建立长三角区域大

① 本节数据来源于2015年、2019年长三角三省一市国民经济和社会发展统计公报、生态环境状况公报，2018年、2019年中国电力行业年度发展报告。

气污染防治协作机制，再到2019年长三角一体化战略提出“高水平建设长三角生态绿色一体化发展示范区”，长三角区域环境治理从简单的城市间政府横向合作发展为纵向管控与横向协同并存的结构，取得显著的环境治理效果。然而由于城市环境自然禀赋差异、经济发展水平差异、政府纵向干预和横向协调不足、环境治理能力差异等原因，长三角区域内城市生态环境质量发展不平衡，部分城市生态环境质量仍然与小康社会的要求不符，如太湖流域、杭州湾发展需求与环境保护的矛盾仍然十分突出，江苏、安徽部分城市空气质量问题突出。

（一）长三角三省一市生态环境质量发展不平衡

长三角区域三省一市生态环境质量发展不平衡。依据《生态环境状况评价技术规范》（HJ 192－2015）评估的生态环境状况指数①，2018年上海、江苏、安徽生态环境状况良好，浙江生态环境状况优秀。各省（市）内部也存在显著差异，上海下辖区生态环境状况指数变化范围在38～70，除崇明、金山、青浦、奉贤、松江、浦东、嘉定、闵行8个区为良好之外，其余地区均为一般，生态环境质量呈现由城市中心向外围逐渐向好的状况；江苏13个设区市生态环境状况分布较为均衡，范围在61.6～70.4，均处于良好状态；浙江各县生态环境质量范围在48.2～90.2，等级为优、良、一般的地区占全省面积分别为83.45%、16.52%、0.03%，省内生态环境质量较低的地区主要集中在浙江北部的杭州市、嘉兴市；安徽16个设区市生态环境质量指数在56～88，黄山、池州、宣城、安庆和六安市生态环境状况优，其余地区均为良好，其中北部的淮北、宿州、亳州、阜阳生态环境指数低于60。

（二）长三角三省一市中心城市二氧化氮排放严重，江苏、安徽空气颗粒物和臭氧浓度偏高

从大气环境质量来看，2019年长三角地区相对于全国空气质量优良天

① 数据来源于长三角三省一市2018年、2019年生态环境状况公报。生态环境状况指数综合反映地区植被覆盖度、生物多样性、人类生活适合程度，大于或等于75为优，55～74为良，35～54为一般，20～34为较差，小于20为差。

数比例偏低，$PM_{2.5}$、PM_{10}、二氧化氮、臭氧浓度偏高。三省一市空气质量也呈现显著差异，其中上海、浙江环境空气质量优良天数比例高于长三角地区均值，$PM_{2.5}$、PM_{10}、二氧化硫、一氧化碳、臭氧年均浓度均优于江苏和安徽的平均水平。具体而言，上海 $PM_{2.5}$、PM_{10}年均浓度均达到国家环境空气质量二级标准；二氧化硫年均浓度达到国家环境空气质量一级标准；二氧化氮年均浓度超出国家二级标准 2 微克/米^3，主要由市中心地区的排放引起。臭氧在污染日中首要污染物占比达 46.4%，污染仍较为突出。浙江省 11 市优良天数比例介于 76.7% ~100%，其中，宁波、温州、金华、衢州、舟山、台州和丽水 7 个城市环境空气质量达到国家二级标准。江苏 13 市优良天数比例介于 59.2% ~80.8%，13 个设区市均未达到国家环境空气质量二级标准。具体而言，13 市 $PM_{2.5}$浓度均超标；徐州、常州、淮安、扬州、镇江、宿迁 6 市 PM_{10}浓度超标；除南通、盐城 2 市外，其余 11 市臭氧浓度均超标；南京、常州、苏州 3 市二氧化氮浓度超标。13 个设区市二氧化硫和一氧化碳浓度均达标。安徽省 16 个设区市优良天数比例介于 56.5%（亳州）~95.9%（黄山），黄山市环境空气质量全面达标，但合肥、芜湖二氧化氮年均浓度超过国家二级标准，淮河以北的淮南等地 $PM_{2.5}$、PM_{10}污染严重，除黄山、宣城、铜陵、六安、蚌埠 5 市，其余地区臭氧浓度均超过国家二级标准。

（三）长三角三省一市局部湖泊、海洋污染问题突出，上海地表水质偏差

从水环境质量来看，上海地表水质量相对于长三角其他地区较差，2019 年全市主要河流的 259 个考核断面中地表水达Ⅲ类标准比例仅占 48.3%，远低于浙江、江苏、安徽。上海辖区内主要河流为黄浦江、苏州河、长江口，其中苏州河高锰酸盐、氨氮浓度相对于其他河流较高。浙江省水环境质量在三省一市中最优，221 个地表水断面中 91.4% 的达到Ⅲ类标准。浙江省辖区内钱塘江、曹娥江等八大水系和京杭运河水质均达Ⅰ~Ⅲ类标准，南湖等湖泊水质则相对较差。江苏水环境质量在三省一市中较好，380 个地表水

断面中84.30%的达Ⅲ类标准。江苏省辖区内主要流域为太湖流域（达Ⅳ类标准）、淮河流域（达Ⅲ类标准）、长江流域（达Ⅱ类标准）。其中，太湖流域环境质量相对于其他流域较差，总磷、总氨浓度较高，且处于轻度富营养状态，2019年共计发现蓝藻水华聚集现象129次。安徽省内320个地表水断面中72.8%的达Ⅲ类标准，辖区内主要流域包括长江流域（优）、淮河流域（优）、新安江流域（优）、巢湖流域（轻度污染）。

从海洋环境质量来看，2019年上海海域劣于第四类标准的监测点位占69.2%，相对于长三角其他省份海洋环境质量较差。上海海域包括长江口外海域、杭州湾海域，其中长江口外海域劣于第四类标准的监测点位占62.5%，杭州湾海域所有监测点均劣于第四类标准，污染突出。江苏海洋环境质量在长三角地区省市中最优，98.00%的近海域监测点达海水水域三类标准（见表1）。浙江海洋环境质量较为一般，43.30%的监测点达三类标准，温州、台州、宁波、舟山、嘉兴附近海域由南向北水质依次递减，嘉兴近岸水域严重富营养化，其中杭州湾、象山港、乐清湾全部为劣四等水质。

表1　2019年长三角三省一市水环境和海洋环境质量

单位：%

地　区	地表水达Ⅲ类标准比例	海洋达三类标准比例
江　苏	84.30	98.00
浙　江	91.40	43.30
上　海	48.30	30.8（达四类）
安　徽	72.80	—

资料来源：长三角地区各省市生态环境状况公报。

（四）长三角三省一市跨界环境污染问题

长三角三省一市山水相连，水、大气、土壤的跨界环境污染问题与全面建成小康社会的生态文明建设要求相违背。在跨界水污染方面以太湖流域为例，尽管在各省市的横向协作治理与中央政府的纵向管控下，太湖流域水环境状况向好，但由于水污染物排放与征税标准不统一、流域产业结构调整进展缓慢、跨界协同治理机制不完善等，污染密集型产业仍然相对集中于环境规制强度较低的地区，治理项目推进遇到瓶颈，进一步提升水环境质量难度增加。2019 年太湖水质仍属于Ⅳ类，轻度污染，并处于轻度富营养状态，东西水环境质量发展不平衡。其中，西部江苏辖区内太浦港、殷村港、百渎港沿岸区属于Ⅴ类水质，中度污染、中度富营养；南部浙江辖区内由西向东，水质从Ⅳ类过渡到Ⅲ类。在跨界大气污染方面，由于三省一市大气污染物排放标准和排污税征收标准不统一、污染密集型产业分布不平衡、污染物减排与治理能力不均衡等，皖北和苏北地区大气环境质量相对较差，对周边地区存在跨界污染问题。

（五）长三角三省一市生态空间格局存在的短板问题

长三角三省一市生态空间格局分布不平衡、生态资源相对匮乏，制约了生态环境质量进一步提升的空间。从总体上来看，长三角三省一市人口、经济活动密集，但生态资源相对匮乏、生态空间密度低于全国平均水平。长三角三省一市以全国 7.72% 的水资源、4.00% 的森林资源承载着全国 16.14% 的人口，产生全国 24.20% 的生产总值。[①] 2017 年浙江、安徽、江苏、上海的耕地、园地、林地及牧草地面积占比分别为 82.66%、75.74%、58.38%、40.83%，低于 85.82% 的全国平均水平。从长三角内部地区比较来看，三省一市生态空间发展不均衡，为生态环境协同治理的统一标准制定增加了难度。如图 1 所示，上海市城镇及工矿用地、交通运输用地等建设用地面积比重均大于长三角其他三省；而江苏省耕地和其他农业用地面积比重相对于其他地区占比较大；浙江省土地面积中则有较大部分为林地、草地、园地，生态空间密度大于其他两省一市。由此可见，浙江省相对于长三角其他地区有较好的生态资源，而上海生态资源禀赋较弱，针对不同地区制定统一的环境评价标准，将对生态资源禀赋较弱的地区造成较大压力。从长三角

① 根据国家统计局 2018 年地区年度数据计算。

各省市内部来看，生态空间趋于缩减，城市中心生态空间空心化。2017 年上海、江苏、浙江、安徽林地及牧草地面积相对于 2010 年分别下降 7.20%、2.17%、0.77%、2.27%，水资源总量呈现波动下降趋势。上海生态空间密度由城市外围向城市中心递减，江苏省内生态空间密度呈现北高南低状态，浙江省生态空间密度则为北低南高状态，安徽省生态空间密度由南部的黄山向北呈现逐渐降低的分布。

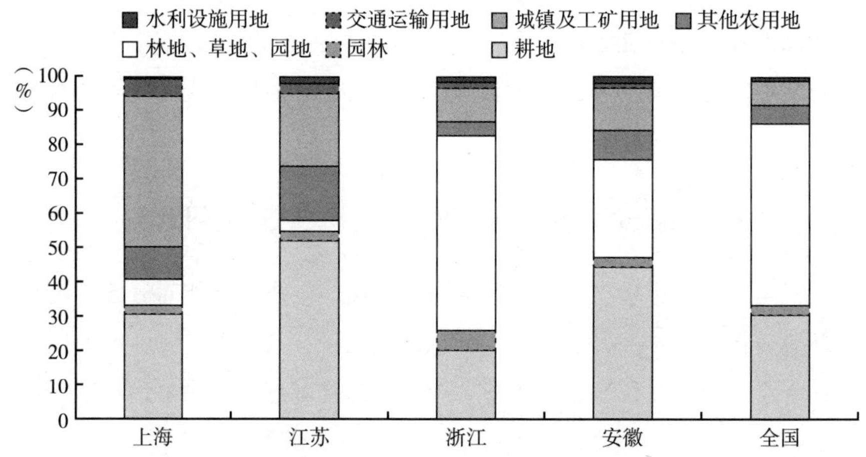

图 1　2017 年长三角三省一市土地利用情况

资料来源：《中国国土资源统计年鉴 2018》。

三　长三角生态环境保护一体化发展不平衡的原因

环境问题无地界，而政府管辖范围有地界，生态环境具有公共品性质，管辖范围和层级划分使得政府在环境保护方面存在外部性问题，产权界定不清导致各地政府争相抢用生态资源，造成“公共用地悲剧”，在环境治理方面则会出现“搭便车”现象。区域政府部门进行生态环境保护协作能够解决跨界污染问题，一地区的生态环保投入也能够惠及相邻地区，这种非零和博弈的利益驱动政府在环境问题上进行合作。许多学者研究区域间政府环境协同治理成效的影响因素。李虹和张希源（2016）构建地区生态创新协同度指标，认为政府层面的环境管理投入、生态创新投入，市场层面的竞争力，区域层面的开放度对区域生态创新协同度有影响。刘阳和秦曼（2019）估计中国东部沿海地区四大城市群绿色效率，结果表明城市群之间存在显著的绿色效率差异，经济发展水平、产业结构、政府规划、城市化水平、市场开放度是导致城市群绿色效率差异的主要原因。任亚文等（2019）的研究表明长三角地区生态环境受到经济城镇化、人口城镇化、资源效率的深度影响。针对长三角地区生态环境协同保护的研究则指出经济发展质量瓶颈、生态环境超载、区域生态环境规划协同度低等因素制约了长三角生态环境保护一体化的发展（刘新宇等，2019；周冯琦，2020）。本文从经济结构与经济发展质量、自然资源禀赋与地理位置、环境污染治理投入与环境污染治理效率等方面分析长三角三省一市生态环境发展不平衡、协同度低的原因。

（一）自然禀赋与地理特征差异

自然禀赋与地理特征差异在很大程度上影响长三角三省一市生态环境质量的不平衡发展。例如，2017 年浙江省森林覆盖率达 59.4%，远高于上海（14.0%）、江苏（15.2%）、安徽（28.7%），因而在生态环境质量方面具有天然的优势，在空气质量方面优于长三角其他省市。此外，水环境质量和海洋环境质量与地区自然禀赋和地理特征有更为紧密的联系，上海尽管在水资源利用效率、水污染物排放强度等方面领先于长三角平均水平，但单位水域面积的废水及其污染物排放量却大大高于长三角其他各省，并且由于上海辖区内黄浦江、苏州河、长江口相对于安徽、江苏地处长江下游，因此市内地表水质相对于长三角其他地区较差，相邻海域污染也较为严重。由此可见，一方面，自然禀赋和地理环境的差异在很大程度上造成了长三角三省一市生态、大气、水、海洋等方面的质量差异；另一方面，三省一市也由于地理和自然特征而建立起紧密相连的社会、人文、经济关系，生态环境质量息息相关，迫切需要通过建立污染物联防联控体系实现长三角区域生态环境质量提升、达到小康社会目标的任务。

（二）经济结构与质量发展不平衡

长三角地区三省一市处于经济转型发展的不同阶段，经济结构发展不平衡，必然带来资源消耗、污染物排放强度的差异。上海领先于其他三省步入以服务业为主的发展阶段，于1999年实现第三产业增加值超过第二产业增加值，2019年上海市服务业增加值已经占全市GDP总额的72.74%；江苏、浙江分别于2015年、2014年实现第三产业增加值超过第二产业增加值，2019年两省服务业增加值均占全省GDP的50%以上；安徽经济转型的步调略微落后于长三角其他省市，2018年以前第二产业增加值均超过服务业增加值，截至2019年，农业仍然贡献了安徽省7.86%的生产总值。总体而言，上海以金融业、批发零售业为主的服务业发展领先于全国平均水平，贡献了上海七成以上的增加值，而江苏、浙江、安徽相对于全国平均水平仍然有较高的工业化水平。2016年，江苏、浙江、安徽、上海工业销售产值分别占全国的13.53%、5.78%、3.67%、2.70%。从工业部门支柱行业来看，江苏仪器仪表制造业、化学纤维制造业销售产值均占全国同业销售产值的30%以上，电器机械和器材制造业、化学原料和化学制品制造业销售产值均占全国销售产值的20%以上；浙江化学纤维制造业销售产值占全国同业销售产值的30%以上，纺织业、家具制造业、纺织服装和服饰制造业销售产值均占全国同业销售产值的10%以上；安徽废弃资源综合利用业销售产值占全国同业10%以上，电器机械和器材制造业、黑色金属矿采选业、印刷和记录媒介复制业、橡胶和塑料制品业销售产值均占全国同业5%以上；上海金属制品、机械和设备修理业，烟草制品业销售总值占全国同业10%以上，汽车制造业，燃气生产和供应业，计算机、通信和其他电子设备制造业，通用设备制造业销售总值占全国同业5%以上。[①] 由此可见，江苏、浙江、安徽相对于上海重污染产业规模更为庞大，废水、废气、废渣等环境污染物排放问题严峻，生态环境质量保护的需求十分迫切。

---

① 根据《中国工业统计年鉴2017》计算。

由于经济发展结构等方面的不同，长三角三省一市表现出经济发展质量的差异，进而表现为地区间生态环境质量发展不平衡。单位产出的资源消耗、污染物排放反映地区对生态资源的利用效率，高效率的生态资源利用在一定程度上表明地区经济高质量发展。从能源消费强度的角度来看，长三角三省一市单位 GDP 的总能源消费量均低于全国平均水平，表现出较高的经济发展质量；但安徽省能源消费强度相对于长三角其他省市偏高，比能源利用效率最高的江苏高出 29.73%，经济发展质量在长三角区域中有待提高。从具体的能源种类来看，安徽省能源强度偏高主要是由过度依赖煤炭使用引起的，2017 年安徽省总折算为标准煤的能源消费中煤炭占 69.14%。从水资源消费强度来看，上海和浙江单位 GDP 用水量远低于全国平均水平，表现出较高的水资源利用效率，而安徽用水强度相对于全国平均水平较高，水资源利用效率低（见表 2）。污染物排放强度越低，也在一定程度上表明一个地区经济发展质量越高。

表 2　2017 年长三角三省一市能源、水资源消费强度

地区	能源/GDP（吨标准煤/万元）	煤炭/GDP（吨/万元）	石油/GDP（吨/万元）	天然气/GDP（立方米/万元）	电力/GDP（千瓦时/万元）	用水/GDP（立方米/万元）
上海	0.39	0.15	0.12	27.17	498.41	34.21
江苏	0.37	0.31	0.04	27.68	676.36	68.86
浙江	0.41	0.28	0.06	20.27	809.88	34.67
安徽	0.48	0.60	0.06	16.42	711.19	107.45
全国	0.55	0.51	0.07	27.71	762.93	71.34

资料来源：根据《中国统计年鉴》《中国能源统计年鉴》数据计算。

“十三五”期间，三省一市污染物排放强度均有显著下降，表现出经济发展质量的提升，其中上海市在水污染物排放强度和大气污染物排放强度方面相对于其他三省均具有优势，尤其在化学需氧量、二氧化硫、烟粉尘排放强度方面遥遥领先于长三角其他地区，表现出较高的经济发展质量。此外，虽然三省一市污染物排放强度随时间推移趋向于一致，但其中安徽省相对于其他省市较为落后，2017 年安徽省化学需氧量排放强度、二氧化硫排放强度、烟粉尘排放强度分别比表现最优的上海高出 2.96 倍、13.43 倍、5.77 倍。江苏省在水污染物排放强度方面表现较好，但在氮氧化物和烟粉尘两类大气污染物排放方面有待提升（见图 2 至图 7）。

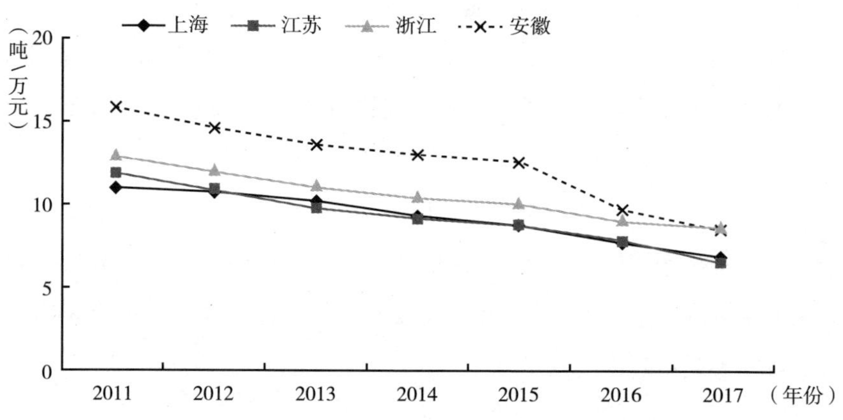

图 2　2011～2017 年长三角三省一市废水排放强度

资料来源：根据《中国统计年鉴》数据计算。

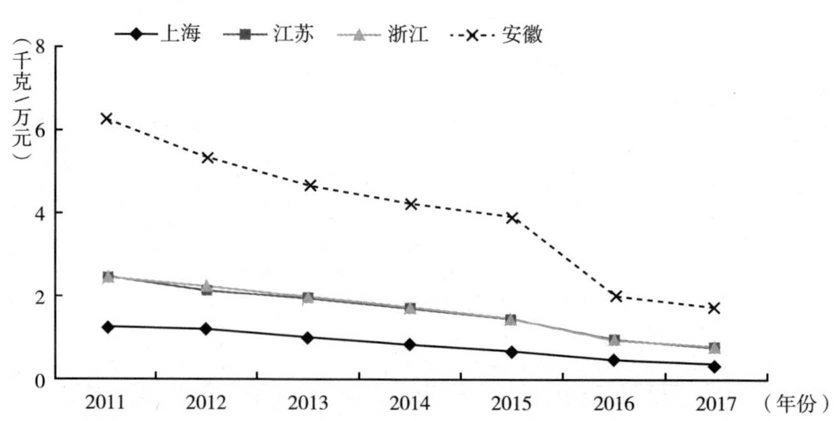

图 3　2011～2017 年长三角三省一市化学需氧量排放强度

资料来源：根据《中国统计年鉴》数据计算。

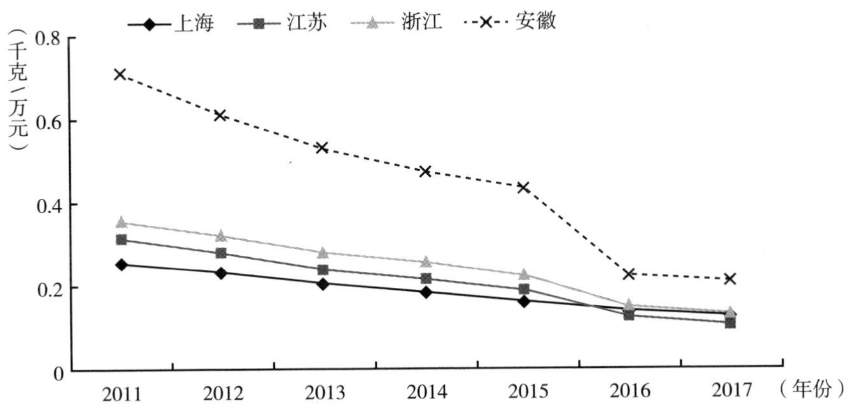

图4　2011～2017年长三角三省一市氨氮排放强度

资料来源：根据《中国统计年鉴》数据计算。

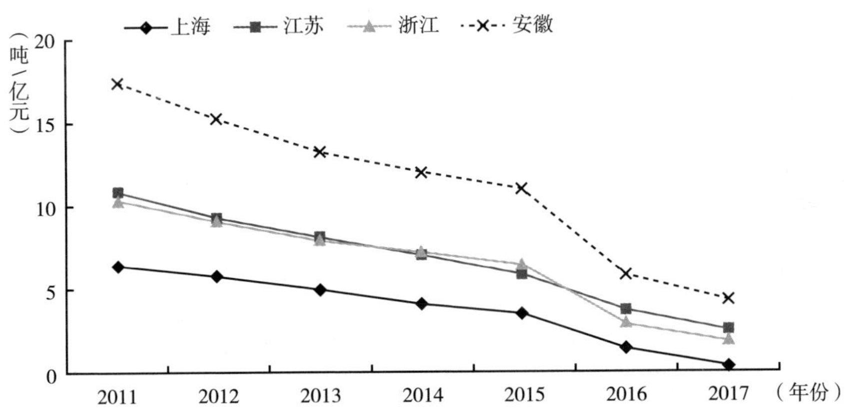

图5　2011～2017年长三角三省一市二氧化硫排放强度

资料来源：根据《中国统计年鉴》数据计算。

（三）环境污染治理投入与效率差异

长三角三省一市在环境治理方面的投入与各地污染排放情况紧密相关，同时环境治理投入强度也影响了各地的生态环境质量，能够在一定程度上反映政府部门对生态环境问题的关注程度。尽管三省一市环境污染治理投资总

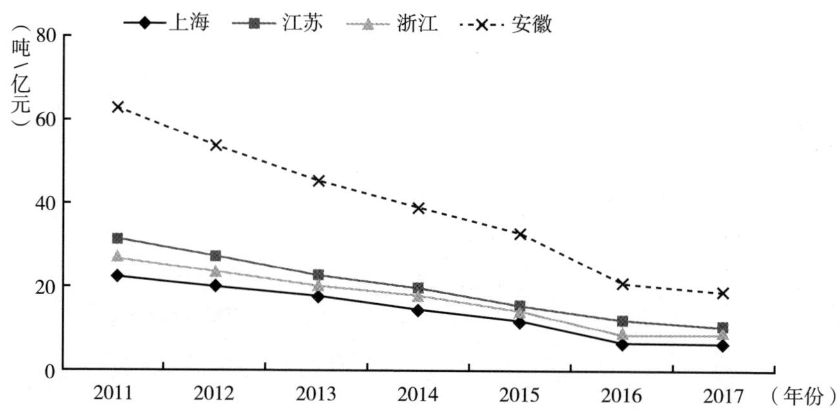

图6　2011～2017年长三角三省一市氮氧化物排放强度

资料来源：根据《中国统计年鉴》数据计算。

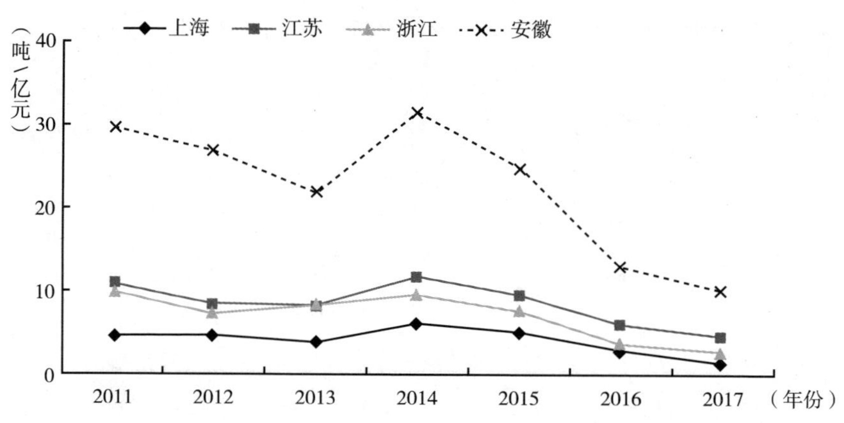

图7　2011～2017年长三角三省一市烟粉尘排放强度

资料来源：根据《中国统计年鉴》数据计算。

额均呈现上升趋势，但环境治理投资相对于GDP的比重却呈现不同的变化趋势。近年来，上海、江苏、浙江环境污染治理投资总额占GDP比重均呈现下降趋势，分别从2005年的0.96%、1.61%、1.19%下降到2017年的0.53%、0.83%、0.87%；而安徽环境污染治理投资总额占GDP比重却呈现上升趋势，从2005年的0.92%上升到2017年的1.84%。一方面，由于

上海、江苏、浙江目前处于经济发展质量较高的阶段，资源消耗强度、污染物排放强度低，单位 GDP 所需要的污染治理成本较低，因而环境污染治理投资占 GDP 比重相对于安徽较低；另一方面，安徽省环境污染治理投资占 GDP 比重相对于长三角其他地区较高，也表明该省随着经济发展对生态环境问题的关注和投入提升。图 8 展示了 2017 年三省一市各类环境治理投资的比重和人均投资额，其中工业污染源治理投资直接用于解决工业污染造成的环境问题，在这一方面上海的投入强度远高于其他三省，2017 年上海市人均工业污染源治理投资达到 185.28 元，体现了上海对工业环境污染治理的重视。

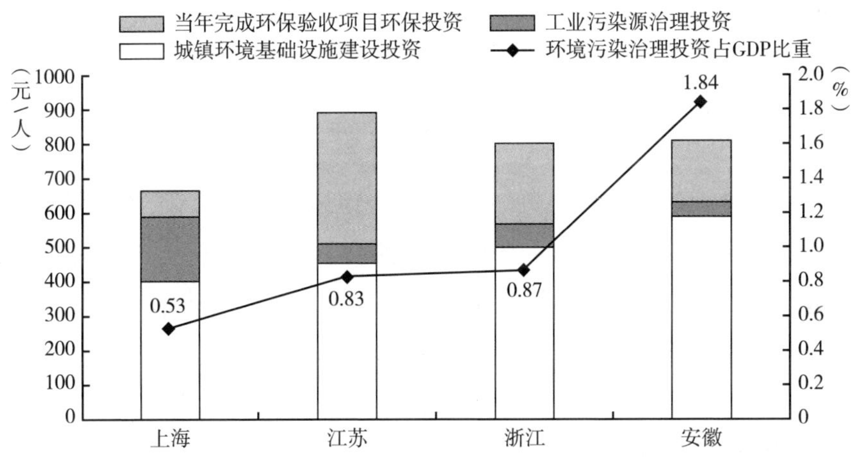

图 8　2017 年长三角三省一市环境治理投资情况

资料来源：《中国环境统计年鉴 2018》。

在环境污染治理投资总额中，工业污染源治理投资更能够反映各省市在水污染、大气污染等方面的投入和重视程度。尽管上海环境污染治理投资总额占 GDP 比重相对于其他省市较低，但污染治理投资中很大一部分用于工业污染治理，工业污染源治理投资总额占 GDP 比重远高于其他三省，表明上海市政府部门对工业污染治理的高度重视。此外，三省一市工业污染治理投资结构呈现异质性，上海相对于其他地区在废水治理方面投入更多，而安徽、浙江、江苏则在废气治理方面投入更多。由此可见，上海在废水治理方面的投资在一定程度上遏制了水环境质量、海洋环境质量的进一步恶化，上海政府部门高度重视水环境、海洋环境问题；而安徽、浙江、江苏政府部门相对更加重视大气污染问题，浙江在废气治理方面的投入有效改善了当地空气质量，但江苏、安徽仍然有进一步改善空气质量的空间（见表3）。

表3　2017年长三角三省一市工业污染治理投资构成

单位：%

地区	治理废水	治理废气	治理固体废物	治理噪声	治理其他
上海	22.20	29.77	14.82	0.01	33.20
江苏	18.07	51.32	6.52	0.29	23.79
浙江	16.83	65.12	0.12	0.43	17.50
安徽	7.65	76.34	1.62	0.71	13.69

资料来源：根据《中国环境统计年鉴2018》数据计算。

工业污染物治理的单位投入不仅能够反映地区在各类污染物治理方面的投入力度和重视程度，也在一定程度上反映了各地区污染物治理的效率。表4展示了2017年长三角三省一市单位水污染物排放的废水治理投资、单位大气污染物排放的废气治理投资。上海相对于长三角其他地区单位废水及其污染物排放的治理投资成本偏高，单位废水治理投入是江苏的3.3倍、安徽的5.5倍，其中单位化学需氧量排放的治理投入是江苏省的6.4倍、安徽省的17.5倍。尽管上海在水污染治理方面投资力度很大，但水环境质量仍然有进一步提升的空间，而位于长江流域上游的安徽、江苏水污染治理投入力度较小，但水环境质量较好。由此可见，长三角地区水环境保护需要加强地区之间的协同污染治理和管控，降低地区之间水环境质量、污染治理投资的不平衡。在大气污染物治理投入方面，上海相对于长三角其他各省单位污染物排放的治理投资力度更大，与此同时，大气污染物排放强度在三省一市中最低，因而上海空气质量在三省一市中表现优秀；浙江单位大气污染物排放治理投入成本相对于上海较低，但排放强度相对于上海较高，空气质量在三省一市中表现较为优秀，由此可见，浙江空气污染治理效率较高；安徽、江苏单位大气污染物排放治理投资在三省一市中处于较低水平，而大气污染物排放强度相对较高，空气质量相对较差，由此可见，安徽、江苏对大气污染物治理的投入强度和重视程度不够。因此，长三角大气污染物治理需要三省一市进一步完善联防联控机制，激励并督促污染物排放强度高的地区提高对大气污染物排放的控制和治理强度，降低地区之间大气污染物治理成本不平衡程度，提升长三角大气污染治理效率。

表4　2017年长三角三省一市单位污染物排放治理投入

指　　标	上海	江苏	浙江	安徽
废水治理投资/废水排放(元/吨)	0.47	0.14	0.14	0.08
废水治理投资/化学需氧量排放(元/千克)	7.02	1.09	1.48	0.40
废水治理投资/氨氮排放(元/千克)	26.89	8.00	9.31	3.44
废气治理投资/二氧化硫排放(万元/吨)	7.21	0.56	1.26	0.84
废气治理投资/氮氧化物排放(万元/吨)	0.69	0.25	0.56	0.40
废气治理投资/烟粉尘排放(万元/吨)	2.84	0.59	1.57	0.70

资料来源：根据《中国环境统计年鉴2018》数据计算。

（四）生态环境标准不统一，存在产业逐低竞争

目前，长三角三省一市生态环境标准尚不统一，不适应区域生态环境保护一体化的需要，导致高污染、高耗能行业向环境准入标准低、环境规制程度低的地区聚集，造成产业逐低竞争现象，违背小康社会生态文明建设的需要。长三角三省一市地方行业排污标准不统一的现象较为普遍，例如在磷肥工业污水排放方面，浙江、安徽执行《磷肥工业水污染物排放标准》（GD 15580－2011），自2013年4月起针对不同类型磷肥生产执行氨氮直接排放限10mg/L或15mg/L；江苏省针对磷肥生产按《化学工业水污染物排放标准》（DB32/939－2020）的地方标准，限制氨氮直接排放8mg/L或12mg/L；上海《污水排放综合标准》（DB31/199－2018）则规定污染物排放监控位置氨氮浓度一级标准1.5mg/L、二级标准5mg/L、三级标准45mg/L，向敏感水域直接排放的单位执行一级标准，向非敏感水域直接排放污染物的单位执行二级标

准，间接排放污染物的单位则执行三级标准。相比之下，上海和江苏针对磷肥工业水污染物排放都有较国家标准更为严格的限制，提高了行业进入门槛，增加了相关企业污染治理成本，在一定程度上会影响相关企业的区位选择，导致高污染、高排放企业向周边低环境标准地区转移。在大气污染物排放方面，安徽省针对水泥工业制定相对于国家标准更为严格的《水泥工业大气污染排放标准》（DB34/3576－2020），要求水泥制造二氧化硫、氮氧化物、颗粒物排放浓度分别低于50mg/米^3、100mg/米^3、10mg/米^3；江苏针对水泥行业大气污染物排放自2019年8月1日起执行国家《水泥工业大气污染物排放标准》（GB4915－2013）特别排放限值标准，要求水泥制造二氧化硫、氮氧化物、颗粒物排放浓度分别低于100mg/米^3、320mg/米^3、20mg/米^3；上海和浙江均自2020年7月1日起执行国家特别排放限值标准，此前执行更为宽松的一般排放标准。尽管地方制定更为严格的污染物排放标准有助于控制当地的环境污染问题，但增加了高污染企业向周边低环境标准地区转移的可能性，不利于区域一体化生态环境保护机制的建立和完善，需要在长期内逐步统一环境标准。

（五）协作治理机制不完善

长三角生态环境协作治理机制尚不完善，存在污染物治理边界划分与行政区域边界划分不一致、各省市生态环境保护治理目标体系不一致、信息共享机制不完善、法律保障机制尚未形成等问题。在边界划分方面，大气、水、土壤污染具有空间溢出效应，环境污染问题需要相邻地区的共同参与和协作，但长三角三省一市相应的区域间环境保护和污染治理合作机制尚未完善，针对环境问题的产权尚未明晰，地区间政府的有效横向合作机制有待加强。在生态环境保护目标体系方面，三省一市的五年规划纲要针对地区经济、环境、能源发展目标具有异质性，在一定程度上造成长三角生态环境保护协作机制进一步完善的瓶颈，需要各地针对生态环境保护协作制定更为一致的目标体系。在信息共享方面，长三角三省一市环境基础数据、企业环保信用数据、环境监测与预警等信息的共享机制尚未形成，在一定程度上制约

了长三角跨界环境问题的协同治理。在法律保障体系方面，长三角三省一市尚未形成跨界环境污染协作治理的统一法律保障体系，不利于环境协作治理机制的完善。

四　长三角生态环境保护一体化达标策略

长三角三省一市处于经济转型发展的不同阶段，生态资源禀赋、空间格局各具特征，能源消费结构、污染物排放强度存在差异，环境治理投入强度和治理效率有所不同，各行各业污染物排放标准尚不统一，生态环境协同治理机制需要进一步完善。推进长三角生态环境保护一体化，实现小康社会建设目标，需要分阶段分行业制定长三角地区统一的生态环境标准，从信息共享机制、法律机制、预警联动机制等方面进一步完善长三角一体化环境治理协作机制，配套产业、能源、生态空间布局支持，推进生态环保一体化重大项目的实施。

（一）分阶段分行业统一生态环境标准

目前，长三角各省市行业环境标准尚不统一，部分地区针对当地污染严重的关键行业制定相对于国家标准较为严格的污染物排放限值，尽管短期内有益于本地排放的减少，但在长期内可能导致污染密集型企业向周边地区转移，最终导致本地污染。首先，长三角生态环境准入标准不统一加剧了地区生态环境质量、经济发展质量不平衡问题。地区之间准入标准不统一使得高污染、高耗能企业转移至环境技术准入标准低的地区，导致区域之间环境矛盾突出。其次，长三角污染物排放标准、处罚标准不统一还会导致企业绿色创新、污染防治投资缺乏内生动力。有必要通过建立长三角地区统一污染物排放标准、处罚标准，明晰生态环境资源产权，建立生态环境保护市场化机制，充分反映生态环境价值，建立企业环境污染问题内部化的统一标准。

长三角区域发展一体化上升为国家策略，长三角区域生态环境合作逐步从单一的横向合作模式转变为横向合作、纵向干预相结合的复合模式，国家层面对长三角环境保护一体化的政策管控为建立长三角统一环境准入标准提供了基础条件。针对长三角目前的生态环境现状，有必要加大区域生态统一环境标准制定的研究投入力度，从国家层面宏观量化调控长三角地区企业进入统一环境标准，引导资源利用效率高、污染排放强度低的绿色创新项目落地长三角；以长三角生态绿色一体化发展示范区作为构建统一环境准入标准的试点，进而推广到长三角地区；针对重点地区的重点污染物排放行业从统一行业生产技术入手解决地方突出环境污染问题，建立绿色先进生产技术的区域共享机制，提高行业生产技术标准；进而分阶段分行业逐步统一环境标准，为推进长三角生态环境保护一体化、共建美丽长三角奠定基础。

（二）完善长三角一体化环境治理协作机制

长三角区域已经初步建立起区域大气和水污染防治协作机制，有效推动长三角污染物联防联控工作进展和生态环境质量提升，但目前的协作机制在信息共享、法律保障、风险预警响应联动等方面仍然存在缺陷，成为长三角生态环境质量进一步提升的瓶颈。首先，有必要建立生态环境质量与监管信息共享机制，搭建长三角环境质量、环境治理信息共享平台，为三省一市跨界污染治理协作提供基础支撑。其次，建立生态环境保护协同立法机制，制定跨界污染协同防治法律，为解决跨界污染问题提供法律保障。最后，建立环境风险预警响应联动机制，三省一市针对环境污染高风险事件采取协作应对措施。此外，长三角一体化环境治理协作机制的完善还需要发挥非营利组织的积极作用。环保非营利组织是政府、企业、公众之外的生态环境保护参与者，能够弥补政府部门在提供环境公共品方面的不足，也是推动区域环境协作治理机制发展的重要力量。

（三）配套产业、能源、生态空间布局支持

长三角地区之间生态环境质量发展不平衡主要由地区之间产业结构、能源消费结构、生态空间布局的差异引起，推进长三角生态环境保护一体化需

要配套产业、能源、生态空间布局的支持。在产业政策方面，引导三省一市产业结构升级、调整过剩产能，因地制宜、发挥地区禀赋优势，促进三省一市产业结构布局趋向一体化发展，降低地区间经济活动、产业密集度的差异，减少区域发展不平衡；在能源政策方面，加快能源市场化进程，促进区域一体化发展、提高能源要素在区域间的流动性和配置效率，支持可再生能源发展，促进能源结构清洁化；在生态空间布局方面，加强城市绿化建设，缓解城市中心氮氧化物排放浓度偏高问题，加大造林投资力度，提高地区生态空间密度。

（四）推进生态环保一体化重大项目实施

跨区域联防联控项目的投资和落地是打开长三角地区“金山银山”“绿水青山”相互转化通道的契机，是长三角生态环境保护一体化建设方案落地的具体途径，通过推动生态产业的发展带动经济高质量发展，为缓解长三角三省一市生态环境发展不平衡、经济质量发展不平衡提供基础支持。2020年，长三角地区在生态环保一体化发展方面新开工项目投资占三省一市新开工一体化重大项目的3%以上，其中5亿元以上48项生态环保新开工项目投资总额达661亿元，主要涉及绿色发展、生态修复、流域治理等生态环保联防联控方面。例如，长三角生态环境保护示范区的生态廊道项目，计划在2021年完成沪渝高速、拦路港—泖河—斜塘、青松、吴淞江、朱家角沿线总面积11281亩的生态廊道建设，总投资4亿元，不仅促进地区生态空间布局优化，还促进当地就业和经济增长，为长三角地区经济高质量发展、生态环境质量改善作出贡献。

参考文献

李虹、张希源：《区域生态创新协同度及其影响因素研究》，《中国人口·资源与环境》2016年第6期。

刘新宇、胡静、沈爱萍：《长三角生态绿色一体化发展示范区生态环境管理机制研究》，《中国发展》2019 年第 6 期。

刘阳、秦曼：《中国东部沿海四大城市群绿色效率的综合测度与比较》，《中国人口·资源与环境》2019 年第 3 期。

任亚文、曹卫东、张宇等：《长江经济带三大城市群城镇化与生态环境时空耦合特征》，《长江流域资源与环境》2019 年第 11 期。

周冯琦：《长三角生态环境共保联治的挑战与建设》，《中国环境监察》2020 年第 1 期。

B.16

长三角外商直接投资对产业结构升级的影响研究

刘 慧　汝 刚　沈桂龙*

摘　要： 长三角作为我国经济最活跃、发展程度最高的地区之一，应为国家的转型升级和高质量发展作出重要贡献。本文基于长三角地级市层面的面板数据，采用实证的方法研究外商直接投资对地区产业升级的影响，结论表明：在长三角地区经济发展的早期阶段，外商直接投资确实可以在一定程度上促进地区的产业结构升级，但发展到一定程度后，外商直接投资的整体产业结构升级效应逐渐变弱，产业合理化效应也不明显。进一步的机制检验发现，外商直接投资主要能促进第二产业发展，不利于第三产业发展，因此难以通过高级化的第三产业发展来促进区域的产业结构升级。

关键词： 外商直接投资　产业结构高级化　产业结构合理化　长三角

2020年初一场突如其来的新冠肺炎疫情席卷全球，各主要经济体在疫情冲击下经济增速全面回调甚至出现负增长。中国虽然在此次疫情中表现良好，经济发展实现了全球主要经济体中唯一的正增长，但面对更加严峻的内外环境，

* 刘慧，博士，上海立信会计金融学院讲师，研究方向为区域经济与大城市发展；汝刚，上海财经大学博士研究生，研究方向为宏观经济理论与政策；沈桂龙，上海社会科学院世界中国学所所长，博士生导师，研究方向为国际投资与国际贸易。

实现经济高质量发展的任务仍任重道远。长三角作为我国经济发展最为活跃的地区之一，在“长三角一体化”发展战略的指引下，已经成为重要的增长极和外商直接投资的活跃区。外商直接投资不仅能带来丰裕的资本、先进的技术与管理经验，也在诸多方面影响长三角地区的经济发展与产业升级，因此研究外商直接投资对产业结构升级的影响不仅具有理论意义，更具有重要的现实意义。

一　文献综述

外商直接投资对区域产业结构升级的影响是国内外学者关注较早的研究课题，研究成果也相对丰富。归纳、梳理现有研究中关于外商直接投资对产业结构升级影响的文献，大多数学者认为外商直接投资能够优化东道国的产业结构，促进产业整体的转型升级，也有部分学者采用某些国家或地区的阶段性数据，得出外商直接投资对东道国产业结构升级影响较小，甚至展现出负向影响。

（一）外商直接投资能够促进产业结构优化升级

二战后，世界进入和平发展的黄金期，外商直接投资也逐渐增加并成为全球经济发展的重要影响因素，学者们关于外商直接投资对产业结构升级影响的研究也层出不穷，大多数学者都认为外商直接投资虽然存在一定的缺点，但整体上能够促进产业结构优化升级。Blomstrom 和 Persson 研究外商直接投资促进产业结构升级的路径，发现技术外溢能够有效地提升墨西哥制造业发展的技术水平，并通过外溢效应促进国家整体产业结构的优化升级。①Markusen 和 Venables 的研究发现，外商进入东道国后，东道国的企业会积极向外资企业学习先进的生产技术与管理经验，并在现有基础上配套外资企业所需的上下游产业，成为跨国公司上下游产业链中的重要环节，参与全球价值链的分工，随后东道国企业通过学习效应逐步掌握各类技术后就会与跨

① Magnus Blomstrom, Hakan Persson. “Foreign Investment and Spillover Efficiencey in an Underdeveloped Economy: Evidence from the Mexican Manufacturing Industry,” *World Development*, 1983, 11 (6): 493 - 501.

国公司展开竞争，从而促进整个国家的产业结构优化升级。[①] E. Sinani 和 K. E. Meyer 研究认为外商直接投资能够对东道国企业在技术与管理上形成一定的示范效应，成为东道国企业学习先进技术、推动国内产业变革、提升整体生产效率的重要力量，进而起到产业优化升级的重要作用。[②] 裴长洪研究外商直接投资对产业结构的影响，发现外商直接投资虽然会挤占国内企业的部分投资，使部分产业在发展过程中对外资产生一定的依赖，但总体上看外商直接投资对推动中国产业结构优化升级仍然起到了积极作用。[③] 聂名华、朱继军研究外商直接投资对湖北省产业结构升级影响时发现，外商直接投资虽然对第二、第三产业发展均有较大的促进作用，但对第三产业的促进作用更为明显。[④] 邢夫敏认同聂名华和朱继军的观点，还发现外国直接投资可以通过一系列的措施产生产业集群效应，进而带动本土企业的产业优化升级。[⑤] Yuandi Wang 等通过构建"溢出效应模型"研究外商直接投资对产业结构优化升级的影响，认为外资拥有较好的创新能力，对东道国也会产生强大的溢出效应，能够有效提升所在地区的生产效率，进而对促进产业结构优化升级具有重要作用。[⑥] 周忠宝等研究发现，外商直接投资不仅能促进产业结构的优化升级，在推进经济高质量发展方面也发挥着重要的作用。[⑦]

---

① James R. Markusen, Anthony J. Venables. "Foreign Direct Investment as a Catalyst for Industrial Development," *European Economic Review*, 1999, (43): 335 – 356.

② E. Sinani, K. E. Meyer. "Spillovers of Technology Transfer from FDI: the Case of Estonia," *Journal of Comparative Economics*, 2004, 3 (32): 445 – 466.

③ 裴长洪：《吸收外商直接投资与产业结构优化升级》，《中国工业经济》2006 年第 1 期。

④ 聂名华、朱继军：《外商直接投资与湖北产业结构调整的实证分析》，《湖北社会科学》2010 年第 5 期。

⑤ 邢夫敏：《FDI 主导型产业集群特征与本土企业产业升级对策——基于苏州笔记本电脑产业集群的经验分析》，《科技进步与对策》2013 年第 2 期。

⑥ Yuandi Wang, Lutao Ning, Jian Li, Martha Prevezer. "Does Technological Diversification Matter for Regional Innovation Capability? Evidence from China," *Regional Studies*, 2016 (5): 805 – 822.

⑦ 周忠宝、邓莉、肖和录、吴士健、LIU Wenbin：《外商直接投资对中国经济高质量发展的影响——基于 Index DEA 和面板分位回归的分析》，中国知网，https://doi.org/10.16381/j.cnki.issn1003 – 207x.2019.1040。

（二）外商直接投资对产业结构优化升级效应不显著

虽然大多数学者的研究都认为外商直接投资能够对产业结构优化升级产生积极影响，但部分学者研究发展中国家的相关数据时发现，外商直接投资在部分发展中国家不仅没有起到积极的产业升级作用，反而对东道国产生了负向的影响。Haddad 和 Harrison 以 1981～1997 年委内瑞拉的数据研究外商直接投资对产业结构升级的影响，研究发现由于委内瑞拉本身制造业较为弱小，国内各个产业的生产效率也相对低下，国内产业无法吸收外商直接投资的先进技术与管理经验，外商投资企业对国内的企业形成了强烈的竞争冲击，即研究认为外商直接投资不利于产业结构的优化升级。[①] Albert 将匈牙利的外商直接投资分为以市场导向型为主的外商直接投资和非市场导向型为主的外商直接投资，研究发现市场导向型的外商直接投资能够产生极大的技术外溢效应，进而促进相关产业的优化升级，而非市场导向型的外商直接投资产生的技术外溢效应非常有限，难以形成强大的产业结构升级效应。综合而言，由于匈牙利当时的国情限制，非市场导向型的外商直接投资规模更大，总体上外商直接投资对产业结构优化升级的效应不显著，甚至出现负向影响。[②] 刘宇使用中国 1984～2003 年省级层面的面板数据研究外商直接投资对产业结构升级的影响，研究发现由于外商直接投资在三大产业直接的分布存在严重的不均衡情况，这又加剧了产业之间的合理化的偏离度，从而不利于整体产业结构的优化升级。[③] 杨军、宁晓刚、张波构建 VAR 模型研究我国外商直接投资和产业结构升级的关系，研究发现外商直接投资对我国产业结构升级的推动作用不能长期持续，在后期甚至产生了负向的影响。[④] Ben Li 从东道

① Haddad M. & Harrison A., "Are There Positive Spillovers from Direct Foreign Investment? Evidence from Panel Data for Morocco," *Journal of Development Economics*, 1999, 412－435.

② Albert, "Economic Growth and FDI Inflows: A Stochastic Frontier," *Analysis Journal of Developing*, 2010 (2): 143－158.

③ 刘宇：《外商直接投资对我国产业结构影响的实证分析》，《南开经济研究》2007 年第 1 期。

④ 杨军、宁晓刚、张波：《外商直接投资对我国产业结构升级影响的总体效应分析》，《商业经济研究》2015 年第 1 期。

国的创新发展角度研究外商直接投资对当地产业结构升级的影响，研究发现外商直接投资虽然能够为东道国的发展带来丰裕的资金、先进的生产技术和管理经验，但是这也会使东道国的企业对外资产生极大的依赖性，严重降低东道国企业自主创新的动力与积极性，不利于东道国的产业结构升级。①

通过对国内外学者关于外商直接投资与产业结构升级的研究的梳理，发现针对不同的研究对象，外商直接投资对产业结构产生的影响各不相同，即使是对同一研究对象在不同的研究时间、选取的研究方法与研究视角不同，所得到的研究结果也会存在一定的差异。

综上所述，外商直接投资是一把双刃剑，在不同的东道国发挥的作用不尽相同。当东道国的产业本身发展具有一定基础，国内企业能够通过接收外商直接投资企业的示范效应、带动效应、集聚效应以及技术溢出效应时，外商直接投资能够促进东道国的产业结构优化升级，但若东道国本身在引入外商直接投资时未结合本国的实际情况，则会使得外商直接投资企业挤压本土企业的发展空间，进而对产业结构升级产生负向影响。长三角一体化已经上升为国家战略，长三角三省一市的交流与合作日益频繁，一体化发展进程不断加速，但是长三角的各个省市之间在产业布局和经济发展上存在较大的差异，研究外商直接投资对区域内各地区产业结构的影响，分析外资在不同地区产生的效应，对于区域内各地区相互借鉴引资经验，促使各地区高效利用外资资源，积极发挥外资正向效应，促进整体区域一体化进一步发展有着重要意义。

二 长三角地区外商直接投资与产业结构演变

（一）长三角三省一市外商直接投资演变

长三角地区是我国对外开放较早的地区，也一直是我国经济最发达、发

---

① Ben Li，“Altemation of Legislation of Foreign Investment in CHma：Response to Legislation Cooperation of International Investment，” *International Journal of Law and Management*，2017，51（4）：220-225.

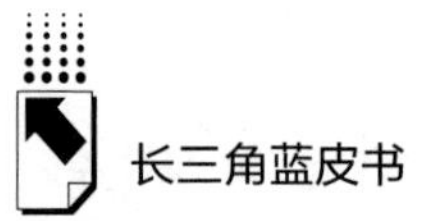

展速度最快的地区之一，基础设施、法律制度、市场化程度等吸引外商直接投资的“软环境”和“硬环境”也都处于国内一流水平，因而也成为吸引外资较多、外商直接投资比较活跃的地区。2003 年之前，上海的外商直接投资一直居于长三角三省一市之首，这主要是得益于邓小平同志南方谈话之后，上海率先抓住发展机遇，促成浦东新区的开发与开放，上海吸引外资的规模得到了空前提高，此后上海就成了外商直接投资的重要窗口，因而外商直接投资一直以较快的速度增长。2003 年之后，上海的外商直接投资规模逐渐低于江苏省，但一直高于浙江省和安徽省，这主要是由于经过长时间的改革开放，江苏省的对外开放水平也在持续提高，江苏省区域面积更大，能够进行投资的区域也更加广阔，加之江苏省给予外商直接投资大量优惠政策，在这些因素的综合作用下江苏省外商直接投资规模超过上海，并且一直保持着外商直接投资规模最大的地位。浙江省的外商直接投资规模一直处于上海和江苏之后，但这与浙江省大力发展民营经济是分不开的，外商直接投资虽然具有资金投入、技术转移、技术溢出等积极影响，但也会带来强大的挤出效应，浙江省为了保护弱小的民营企业发展，给予外商直接投资的各项政策优惠要低于江苏省。安徽省由于地处内陆，没有享受到改革开放中优先发展东部沿海的优惠政策，其经济发展水平相对于上海、江苏、浙江明显偏弱，基础设施等吸引投资的硬件条件也比较差，不符合外商直接投资的地域要求，因而其外商直接投资规模和水平一直是长三角地区最差的。长三角一体化为安徽发展带来了重要机遇，2015 年之后，安徽省紧抓长三角一体化发展机遇，出台了多项重点招商引资政策，外商直接投资规模有了较大的增长。

外商直接投资大多是依托外资企业实现的，由图 1 可以看出，长三角三省一市外商直接投资的规模与外资企业数量基本一致，2008 年之前，上海的外资企业户数低于江苏省但高于浙江省和安徽省，2008 年之后，由于上海优越的地理区位和国际化的发展定位，上海外资企业数量高于江苏、浙江、安徽，成为单个行政区内外资企业数量最多的。江苏省在政府大力招商引资以及充分发挥比较优势的条件下，吸引了大量的外资企业入驻，成为长三角地区外资企业数量第二多的省份。浙江省为保护民营企业的发展，在招商引资的力度上要低于江苏省，对外资的限制也相对较多，因而其外资企业数量低于江苏省但高于安徽省。安徽省是农业大省，也未享受到国家发展东部的相关政策，其经济发展水平要低于江苏省与浙江省，外资企业数量也是最少的。

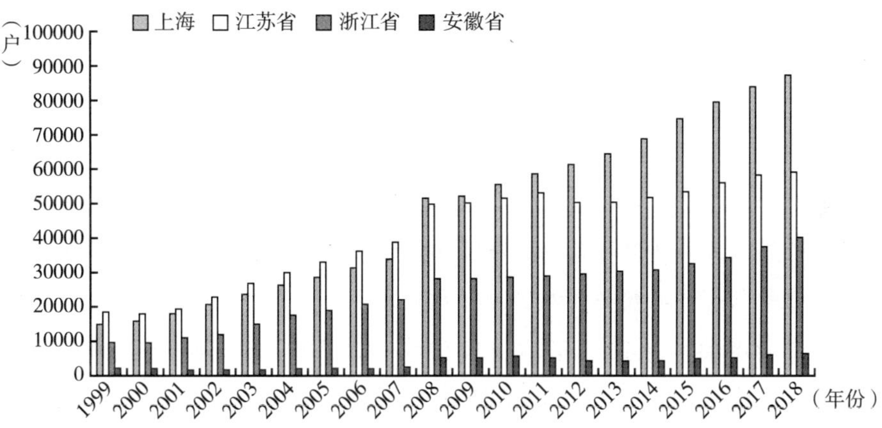

图1　1999～2018 年长三角地区外资企业户数

资料来源：国家统计局、上海市统计局、江苏省统计局、浙江省统计局。

（二）长三角三省一市产业结构变迁状况

产业结构是经济社会发展的重要表征，涉及国民经济不同产业的相对比例关系。上海是改革开放较早的城市，是较早承接发达国家产业转移的地区。1998 年之前，上海的第二产业一直在国民经济中占据绝对主导地位，第二产业中的工业产值占该产业总产值比重高达 90% 以上，第三产业产值规模虽比第二产业低但高于第一产业，产业结构呈现出“二三一”的发展格局。1999 年之后，上海经济迈入了更快的发展通道，第三产业加速发展，在产值上超过第二产业，在三次产业中占据主导地位，上海的产业结构也就调整为“三二一”的发展格局，并且服务业占整体 GDP 的比重也已经超过了 60%，生产性服务业占服务业整体的比重也超过了 60%，表明上海产业结构愈加合理。江苏省在改革开放之后就踏入了经济发展的快车道，1993年江苏省的 GDP 为 1998.16 亿元，2019 年为 99631.52 亿元，较 1993 年增长 49 倍，年均增速超过 20%。在江苏省国内生产总值不断攀升的过程中，其产业结构也在从“质”和“量”两个维度向高级化方向演进。江苏省的第二产业产值自 1993 年起就高于第一和第三产业，产业结构一直总体呈现出“二三一”的发展格局，直到 2015 年这种局面才随着第三产业规模的不断扩大发生扭转，形成“三二一”的产业发展布局。浙江省自改革开放后就呈现民营经济发展较为活跃的状态，在响应国家沿海地区优先发展的政策中积极承接发达国家的产业转移，产业结构呈现第二产业的产值高于第三产业和第一产业，呈现“二三一”的发展格局。浙江省的产业结构虽然与江苏省有所类似，但其第三产业的发展却呈现相对滞后的状态。随着民营经济发展对第三产业需求愈加强烈，以金融和地产为代表的第三产业开始迅猛发展，2002 年产值就达到了 3227.99 亿元，占 GDP 的比重也达到 40.33%，成为产值规模最大的产业，也促使浙江省的产业结构先于江苏省调整为“三二一”。安徽历来是我国的农业大省，丰富的农业资源是安徽大力发展农业的保障，因此安徽省在改革开放早年第一产业产值占总产值的比重较大，产业结构呈“一二三”的发展格局。2000 之后，由于提高经济发展效率及优化产业结构的需要，安徽逐渐注重第二、第三产业的发展。随着安徽被纳入长三角，积极承接长三角产业转移，安徽第二、第三产业得以进一步发展，2013 年安徽省第三产业增加值首次超过第一、第二产业，形成“三二一”的发展格局。

三　外商直接投资对产业结构升级影响的理论机制分析

外商直接投资在推动世界经济全球化发展方面作出了巨大贡献，其不仅能为东道国的发展带去丰裕的资本、先进的生产技术、高级的管理模式，还能够在投资所在地形成积极的引领示范作用、技术溢出效应以及驱动竞争发展的“鲶鱼效应”，对东道国的产业发展及产业结构优化升级产生重要的推动作用。但是外商直接投资进入东道国后也势必会对当地企业形成一定的挤压，本土较为弱小的企业难以同外商直接投资企业抗衡，导致东道国的本土产业发展困难。此外，外商直接投资落户的地区大多是东道国各项条件都较好的区域，会形成“好”上加“好”的效果，进而形成地区产业效应和产业结构不平衡效应。外商直接投资对东道国而言是一把“双刃剑”，既有积极的资本促进作用、引领示范作用、技术溢出作用，也有挤出效应、地区差异效应和产业结构不平衡效应。东道国在引进外商直接投资时要充分衡量外商直接投资的积极效应与消极效应，要理性、全面地看待外商直接投资，趋利避害，最大限度发挥外商直接投资的正向溢出效应，促进产业结构优化升级。

（一）外商直接投资对产业结构升级的正向效应

1. 资本促进效应

外商直接投资为东道国的经济社会发展带来其稀缺的资本，东道国可以发展更有利于其经济发展的资本密集型、技术密集型的高端产业，提高资源、劳动的配置效率，提升产业和经济竞争力，对促进东道国产业结构优化升级和经济增长有重要作用。首先，外商直接投资进入的领域大多是资本与技术密集的第二、第三产业，扩大第二、第三产业的生产规模与产值，吸引大量的本地资本和优质人才进入，从而形成产业优化升级的良性循环，进而不断推动东道国产业结构优化升级。其次，外商直接投资进入东道国后能够通过资本的关联效应带动产业链上下游相关产业的发展，从而促进东道国整体的产业升级。最后，外商直接投资进入东道国后能够迅速创造生产力，对本土企业造成激烈的竞争，形成强烈的“鲶鱼效应”，进而使得外商直接投资产生加大的乘数效应，促进东道国产业结构优化升级。

2. 技术促进效应

外商直接投资在给东道国带来资本的同时，也带来了先进的生产技术和管理经验，先进的生产技术和管理模式会对东道国的本土企业形成强烈的示范引领作用和技术外溢作用，能够极大地提升东道国的生产技术，进而推动产业结构的优化升级。首先，外商直接投资直接将先进技术转移给东道国企业。外商直接投资企业进入东道国之后为了快速收回投资以及满足市场多样化的需求会不断扩大生产，跨国公司为完成扩大生产的任务需要和东道国的企业进行合作，在合作的过程中会直接将部分技术转移给东道国的企业，进而提升东道国企业的技术水平和生产效率，促进其产业结构优化升级。其次，东道国在外商直接投资企业产业链上的企业通过“学习效应”，间接吸收外商直接投资企业的先进技术和管理经验，形成了跨国公司的非自愿性技术溢出。

3. 竞争与示范效应

外商直接投资企业由于拥有先进的技术和高效的经营管理手段，其生产的产品大多成本低廉但品质良好，在东道国的市场上极具竞争力，这对生产相近产品的东道国企业施加了较大压力，但也成为东道国企业吸收先进技术，推动产业结构调整升级的重要途径。首先，外商直接投资企业进入东道国后，由于其生产技术先进，管理水平较高，这势必会对东道国相同产业的企业形成强烈的竞争，东道国企业面对强有力的竞争对手会积极发挥自身的“学习效应”，积极主动地进行自主创新，努力提升企业的生产技术水平和效率，最大限度发挥本土化优势，加强自身产品的竞争力，尽全力巩固产品和扩大产品的销量。外商直接投资企业与东道国企业之间的激烈竞争不仅能够极大地提高资源配置效率，革新落后的生产方式，优化产业发展质量，进而还能推动东道国的产业结构升级。其次，外商直接投资企业进入东道国后需要雇佣本土员工进行生产，为提升企业的劳动生产率，外商直接投资企业会加强对东道国员工的培训，提高东道国劳动力的素质，从而提升东道国的生产技术水平，使生产技术逐步向高级转变，促进产业结构调整升级。最后，外商直接投资除了发挥“鲶鱼效应”之外，还对东道国的企业形成了良好的示范效应。跨国公司企业进入东道国后势必要和其上下游的企业发生经济联系，这为东道国企业成长与发展提供了示范的模板，也给东道国提供了学习、模仿、吸收先进技术与管理经验的机会，进而通过产业间互促互进的传导性联系促进整个产业的优化升级。

（二）外商直接投资对产业结构升级的负向效应

外商直接投资虽然能够通过资本促进效应、技术促进效应、竞争与示范效应为东道国提高生产技术水平和劳动生产率，进而为产业结构优化升级带来积极影响，但是其也在一定程度上存在挤出效应、地区差异效应以及产业结构的不平衡效应等难以规避的不利因素，这会对东道国产业结构优化升级产生一定的负面影响。

1. 挤出效应

外商直接投资进入东道国后，一方面会为东道国提供丰裕的资金支持，另一方面也会对东道国的内部投资产生一定的挤出效应，导致东道国国内投资减少，投资热情降低。外商直接投资公司资本雄厚，技术、管理与经营水平均高于东道国，并且产品的品质也优于东道国企业的产品，这在一定程度上挤占了东道国企业的市场，再加上东道国企业特别是刚刚发展起来的企业基础薄弱，技术、管理与经营水平不高，与外商直接投资公司差距较大，难以与其进行竞争，因此，跨国公司的进入会挤占这些企业的市场，造成东道国企业的经营状况下滑，导致企业面临逐渐衰落的局面，从而抑制国内投资，阻碍东道国企业的健康发展和产业结构优化升级。

2. 地区差异效应

外商直接投资具有极强的逐利性，期望在最短的时间内获得最高的投资回报，因此，外商直接投资大多流向东道国经济较发达的地区，而对于严重缺乏资金、经济欠发达的地区流入的少，这使得东道国本来经济就发达的地区会拥有更多的资金，掌握更先进的技术，促进其产业结构优化升级。而东道国的经济欠发达地区，则由于缺乏资金，产业结构单一、不合理且发展滞后，这些地区也难以吸引优质的外商直接投资，这使得东道国欠发达地区与发达地区的差距越来越大，产业升级也困难重重，进而使得东道国的产业与经济发展愈加不平衡，阻碍了东道国整体产业结构优化升级和经济发展。

3. 产业结构不平衡效应

外商直接投资除了会造成东道国地区发展不平衡外还会产生产业发展不

平衡现象，即外商直接投资大多都分布在利润率较高的工业部门和服务业部门，农业获得外商直接投资的概率非常低。外商直接投资除了选择东道国第二、第三产业之外，即使在第二产业内部也会选择能够获得高额投资回报收益的电子信息、精密制造等行业，这些行业本身在东道国内部就已经拥有了较好的发展基础，也具有明显的比较优势，外商直接投资不断进入这些行业会形成“信号作用”，东道国优质的生产要素也会源源不断地流入这些行业，造成优势产业产能过剩。此外，由于外资的逐利特性，那些对经济社会发展具有重要意义且投资周期长的行业会因资本、技术投入不足而难以发展，导致产业发展不均衡。总之，外商直接投资的目标与东道国的发展目标不一致加剧了地区之间和产业之间的结果失衡，产业结构难以优化升级。

四　长三角外商直接投资对产业结构优化升级的实证分析

（一）变量选取和数据说明

产业结构优化升级作为被解释变量，这里用产业结构升级指数、三产二产比、产业结构合理化三个指标来衡量。产业结构优化升级不仅包括产业结构的高级化，还包括产业结构的合理化。产业结构高级化用产业结构升级指数、三产二产比来衡量，产业结构合理化借鉴收入分配泰尔指数的思想，采用产业结构泰尔指数来衡量。

外商直接投资采用地方年末外商直接投资实际利用额占地区 GDP 的比重来衡量。在估计中，为了控制其他变量的影响，这里加入了地区人均实际 GDP（取对数）、地区固定资产投资（占 GDP 比重）、金融发展规模、金融发展效率、政府财政支出、教育发展、互联网普及程度以及对外开放等变量。

本节使用变量的原始数据大部分来自《中国城市统计年鉴》、《中国统

计年鉴》、CEIC 数据库、EPS 数据平台以及部分省市的统计年鉴与各地市的历年国民经济与社会发展统计公报，个别缺失值采用线性插值法进行补充。变量的描述性统计如表 1 所示。

表 1　变量的描述性统计

变量名	含义	样本量	均值	标准差	最小值	最大值
pop	年末总人口	656	4939	2694	709. 1	14624
fdi	外商直接投资	656	1392	2409	5. 340	18514
gdp	地区生产总值	656	274. 1	391. 6	7. 550	3601
fixa	固定资产投资	656	1525	1534	36. 34	7737
pgdp	人均 GDP	656	46224	33843	2559	174270
expedu	教育财政支出	656	61. 32	95. 75	1. 180	918. 0
finsa	年末金融机构存款余额	656	506910	1159000	8713	12110000
finlo	年末金融机构贷款余额	656	377334	760937	6598	7327000
fisexp	财政支出	656	37135	72877	920. 2	835154
imexpt	进出口总额	656	2586000	6926000	1366	51560000
intnet	互联网宽带接入户数	656	887. 9	1156	15. 41	8042
pirat	第一产业占比	656	0. 106	0. 0810	0. 00291	0. 448
sirat	第二产业占比	656	0. 490	0. 0861	0. 232	0. 747
tirat	第三产业占比	656	0. 404	0. 0753	0. 234	0. 709
indadv	产业结构高级化	656	0. 866	0. 285	0. 313	2. 466
inddax	产业结构升级指数	656	2. 298	0. 131	1. 860	2. 706
indra	产业结构合理化	656	0. 132	0. 0892	0. 0000202	0. 431
rpgdp	人均实际 GDP	656	34982	23081	2437	115411

（二）特征事实

基于长三角的外商直接投资（即 FDI，这里使用外商直接投资实际利用额占地区生产总值的比重来表示）数据，可以画出外商直接投资与产业结构升级衡量指标的散点图（见图 2 和图 3）。从图中可以看出，外商直接投资与产业结构高级化（indadv）呈负相关关系，而在使用产业结构升级指数

（inddax）的指标中，FDI 与之呈微弱的正相关。这说明在长三角地区，随着外资的进入，不一定能驱使地区产业结构的升级，而可能造成低端产业锁定，不利于产业结构的升级。至于产业结构合理化方面，随着外商投资的进入，也并没有发现地区的产业结构合理化有所改善。

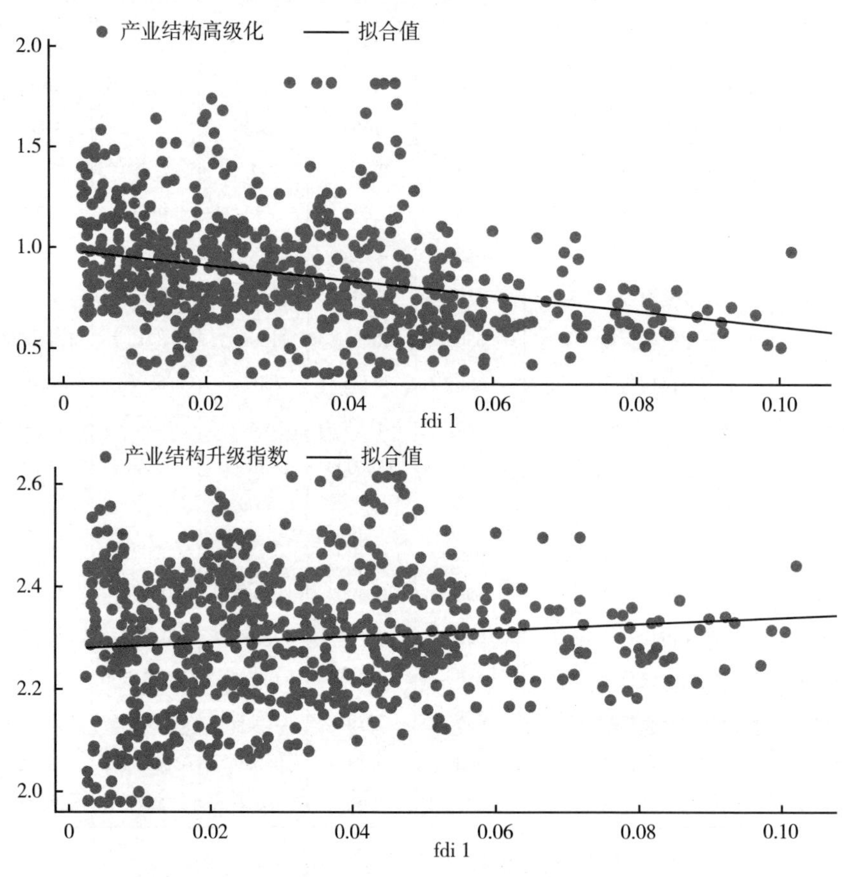

图 2　外商直接投资与地区产业结构高级化散点示意

而使用具体某一产业与 FDI 做散点图（见图 4），可以看出随着 FDI 占地区生产总值的提高，地区的第二产业倾向于比重提高，即 FDI 的进入，有利于地区第二产业的发展，而对于第三产业方面，不利于服务型等第三产业的发展。以上这些特征事实只是基于散点图的简单描述，并不能说明二者存

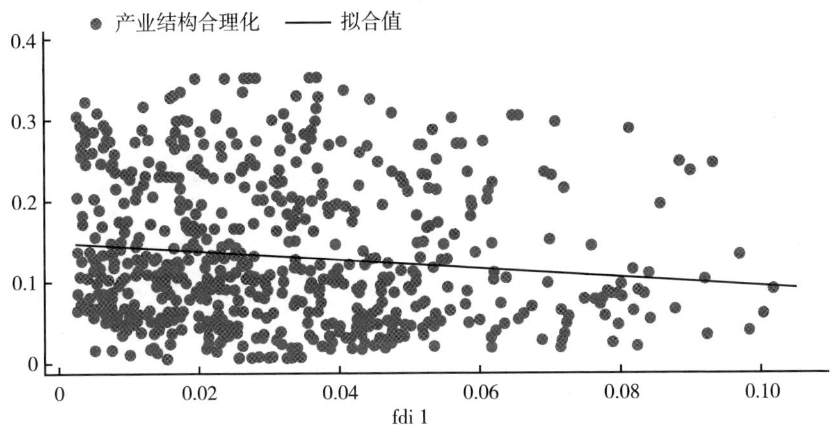

图 3　外商直接投资与地区产业结构合理化散点示意

在严格的因果关系，要找出二者的深刻内在逻辑关系，需要借助于计量经济分析。

（三）模型设定

参考研究产业结构升级类型文献的做法，设定如下计量估计方程：

$$\text{Inst}_{i,t} = \beta_0 + \beta_1 \text{FDI}_{i,t} + \gamma Z_{i,t} + \lambda_i + \eta_t + \varepsilon_{i,t} \tag{1}$$

这里 i 和 t 分别代表第 i 个城市和第 t 年，$\text{Inst}_{i,t}$代表产业结构优化升级，$\text{FDI}_{i,t}$为外商直接投资（这里为占 GDP 的比重），$Z_{i,t}$为一系列控制变量，λ_i为城市固定效应，η_t 为年份固定效应。

（四）计量结果分析

1. 基准模型分析

运用长三角地区三省一市地级市层面的面板数据，进行计量分析与统计检验，结果如表 2 至表 5 所示。

表 2 展示了利用产业结构升级指数（inddax）进行估计的结果，第一个模型为不加控制变量的结果，外商直接投资前的估计系数为 -0.0296，

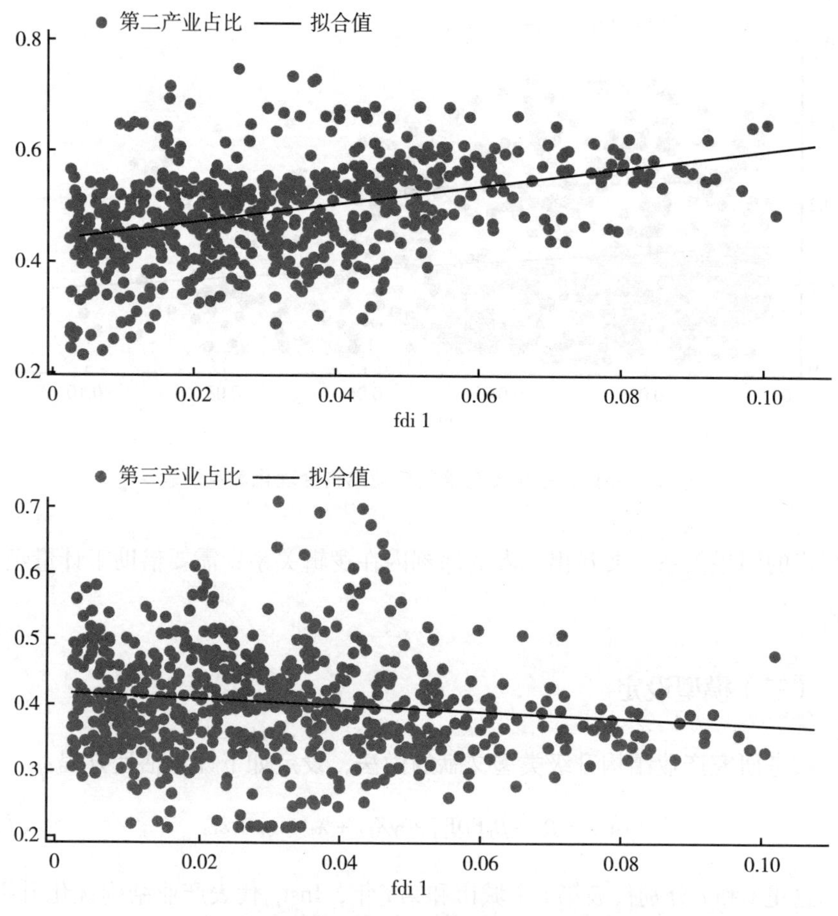

图 4　外商直接投资与地区具体产业散点示意

但在统计上不显著。第二个模型是在加入一系列重要控制变量后的估计结果，外商直接投资前的估计系数为 0.178，并且在 10% 的显著性水平上显著，说明随着外商投资的进入，有利于整体的产业结构升级，但显著性不是很高，这种统计规律不是很可靠和稳定。但这一结论说明，吸引外资确实能在一定程度上促进地区的产业结构升级，特别是在经济发展的早期阶段。

表 2 长三角外商直接投资影响产业结构升级基准回归（一）

	inddax			
	(1)		(2)	
	估计系数	t 值	估计系数	t 值
FDI1	-0.0296	-0.37	0.178 *	1.84
控制变量	NO		YES	
控制时间	YES		YES	
控制地区	YES		YES	
常数项	2.222 ***	360.53	1.475 ***	12.11
样本量 N	656		656	
F 统计量	130.8 ***		106.0 ***	
R 平方	0.777		0.811	

利用产业结构高级化（indadv）的其他指标，进行关于 FDI 与产业结构关系的重新估计，新的结果呈现在表 3。

在这部分估计中，可以看出在控制了一系列重要控制变量后，以及控制了年份固定效应与城市固定效应后，FDI 前的系数 t 值很小，没有通过 10% 的统计显著性检验，说明外商直接投资并没有促进产业结构的优化升级，这是在长三角地区的一个重要发现。结合上面的结论，这说明外商直接投资在长三角的样本期内，虽能微弱促进整体的产业结构升级，但并不能促进第三产业比重的提高，说明吸引外商投资应结合自身的特点、发展阶段和优势，只有符合发展阶段和自身优势，才能促进产业结构的优化升级，这一结论也能说明 FDI 对产业发展的异质性影响。

表 3 长三角外商直接投资影响产业结构升级基准回归（二）

	indadv			
	(3)		(4)	
	估计系数	t 值	估计系数	t 值
FDI1	-3.329 ***	-10.21	0.267	0.84
控制变量	NO		YES	
控制时间	YES		YES	
控制地区	YES		YES	
常数项	0.969 ***	38.30	2.876 ***	7.15
样本量 N	656		656	
F 统计量	35.50 ***		62.89 ***	
R 平方	0.487		0.719	

由于产业结构优化升级不仅包括产业结构的高级化，还包含产业结构的合理化。利用产业结构泰尔指数作为产业结构合理化的度量指标，对外商直接投资再次进行回归检验，具体的检验结果报告在表4中。

估计结果表明，外商直接投资不仅在促进产业结构高级化方面效应微弱，在促进产业结构合理化方面更是难以发挥效应。无论是否加入控制变量，以及采取更严格的控制时间、地区固定效应，FDI前的系数均不显著，这与前面的结论具有某种程度上的关联性。

表4　长三角外商直接投资影响产业结构升级基准回归（三）

	indra			
	(5)		(6)	
	估计系数	t值	估计系数	t值
FDI1	0.0612	0.73	0.0903	0.83
控制变量	NO		YES	
控制时间	YES		YES	
控制地区	YES		YES	
常数项	0.179***	27.44	-0.0535	-0.39
样本量N	656		656	
F统计量	12.46***		9.751***	
R平方	0.250		0.284	

为了进一步打开外商直接投资影响产业结构高级化内部的黑箱，我们在这里用外商直接投资对具体的产业进行回归。由于外资进入中国以及长三角很少投资第一产业，或者说不适合第一产业，因此，这里主要对占国民经济主体的第二产业（sirat）、第三产业（tirat）进行回归，具体的估计结果报告在表5中。

表5的前两列为FDI对第二产业的估计，前一列为不加任何控制变量，后一列为加入一系列控制变量的结果，并且二者都控制时间和地区固定效应。具体产业的估计结果表明，外商直接投资能够非常显著地促进第二产业的发展，说明第二产业是外资投资的重点，而且由于制造业具有较强的技术门槛，引入外资进入本地，不仅扩大了本地区的物资资本，而且本地其他企

业还可以吸收外资企业溢出的技术，产生本地企业的技术提升效应。FDI 对第三产业估计的后两列结果表明，外商投资的进入不利于本地第三产业的发展，产生明显的抑制效应。外商投资的进入，不仅带来了资本，还大量吸引了本地的劳动力，特别是看重中国劳动力廉价优势的劳动密集型加工业，过重发展这些产业可能会产生低端产业的锁定效应以及对劳动力的虹吸效应，都不利于第三产业的发展。并且外商直接投资往往是利用中国的劳动力优势发展加工贸易，产品主要是用于满足国际市场，并且在此过程中赚取高额利润，这显然不利于本国内需市场的启动和培育，不利于服务业的发展。

表 5　长三角外商直接投资影响产业结构升级的进一步分析

	sirat				tirat			
	(7)		(8)		(9)		(10)	
	估计系数	t 值	估计系数	t 值	估计系数	t 值	估计系数	t 值
FDI1	1. 14 ***	13. 16	0. 154 **	1. 97	-0. 585 ***	-8. 86	0. 0123	0. 16
控制变量	NO		YES		NO		YES	
控制时间	YES		YES		YES		YES	
控制地区	YES		YES		YES		YES	
常数项	0. 429 ***	63. 78	-0. 863 ***	-8. 78	0. 397 ***	77. 50	0. 669 ***	6. 95
样本量 N	656		656		656		656	
F 统计量	26. 27 ***		65. 73 ***		80. 12 ***		76. 26 ***	
R 平方	0. 412		0. 727		0. 682		0. 756	

2. 稳健性检验

前面的基准估计进行了多样化的估计和分析，这里还需要进行一系列稳健性的检验，以测试前面基准模型的稳健性和可靠性。

由于长三角地区上海地位的特殊性，这里先剔除直辖市上海的影响，重新进行回归，并采用产业结构优化升级的多重指标，估计结果报告在表 6 中。结果表明，剔除上海市后，所有模型的 FDI 系数均不显著，说明外商直接投资确实不能显著地促进长三角地区的产业结构优化升级，支持了基准模型的估计结果，模型的稳健性较高。

这里还进行了其他的稳健性检验，如更换估计方法、替代关键变量以及对变量进行99%的缩尾，这些稳健性检验都基本支持了基准模型的结果，限于篇幅和简洁性，这里不再展示和赘述。

表6　稳健性检验

	inddax	indadv	indra
	(1)	(2)	(3)
FDI1	0.140 (1.41)	0.00162 (0.01)	0.0745 (0.67)
控制变量	YES	YES	YES
控制时间	YES	YES	YES
控制地区	YES	YES	YES
常数项	1.444*** (11.74)	2.857*** (7.35)	-0.0494 (-0.36)
样本量N	640	640	640
F统计量	101.3***	54.29***	9.577***
R平方	0.808	0.693	0.285

五　政策建议

（一）持续优化营商环境，提升引资效率

营商环境已经成为影响外商直接投资的重要因素，在国际形势越来越复杂，全球化遭遇逆流，单边主义、保护主义抬头，未来经贸摩擦会越来越多的情况下，长三角能否打造出世界一流的营商环境、提升引资效率，关乎其未来能否持续成为中国经济的强大增长极和世界一流城市群。首先，继续推进市场化、法制化、国际化的营商环境建设，打造以法治为核心的市场经济发展环境，为各类市场主体营造一个公平竞争的法治环境，吸引优质的外商直接投资项目进入，提升外商直接投资的层次与水平，为长三角产业结构优化升级增添新动力。其次，树立对外资包容、普惠、创新的监管理念，简化外商直接投资进入的各类行政审批手续，降低外资进入的时间成本和制度交

易成本。最后，要由普惠式的招商政策向精准的招商引资转变，吸引能够有效提升长三角地区产业结构水平的外商投资。营商环境只有更好，没有最好，持续不断地提升营商环境、提高引资效率，将为长三角经济高质量发展打开无限的想象空间。

（二）完善引资渠道，提高外资质量

引资渠道的多样化能够吸引更多国家的外商直接投资，便于让长三角三省一市根据自身发展需要对外商投资进行筛选，以促进整个区域引进外资的质量。首先，拓宽发达国家优质外资的引进渠道，提高欧美发达国家的引资比例。从目前长三角地区外商直接投资的来源看，虽然外商直接投资的来源国众多，但日本以及我国香港、台湾等亚洲国家和地区占引进外资的比例较高，而引进的欧美发达国家和地区的外资则相对较少，因此，继续完善引资渠道，积极引进欧美等发达国家和地区的外资，提高发达国家和地区外资比例，不仅能提高引资质量，还能够充分发挥来自发达国家和地区外资企业的示范与竞争效应，优化地区产业结构。其次，优化外商投资导向。积极引进拥有长三角产业发展急需的先进技术和管理经验的外资，通过引进、吸收再创新来提升长三角地区的产业结构。最后，支持外资参与自由贸易港建设，强化上海自由贸易港在筛选外资中的作用，进而提升整个长三角地区的产业结构。

（三）引导外资流向，优化产业结构

长三角地区的三省一市在产业发展方面虽有同质化竞争的问题，但即使相同的产业发展程度也存在较大的差异。上海外资主要流向第三产业，苏浙皖地区外资主要流向第二产业，要优化提升长三角地区整体的产业结构，就需要积极引导资金流向。首先，继续引导外商直接投资流向集成电路、人工智能等高新技术产业，提升整个地区的产业发展质量和产业结构。其次，根据三省一市各自的比较优势，着力引进高新技术制造业、现代服务业、现代农业和节能环保产业等新兴产业的外资，加强自身在引进外资领域的上下游

产业发展，逐步形成具有自身特色的经济发展高地，进而促进产业结构优化升级。最后，对上海地区要适当降低房地产行业的外资引进，逐渐引导外资流向金融服务业、租赁和商务服务业，优化第三产业内部结构；苏浙地区要引导外资流向第三产业，并适当降低第二产业外资比例，同时逐步减少食品加工业、纺织业等行业的外资流入，扩大通信设备制造业、电子信息产品制造业等高端制造业的外资比例，进一步调整第二产业内部结构。

（四）加强区域合作，协调引资政策

长三角地区产业发展同质化问题较为严重，因此，在引进外资时要积极加强区域合作，协调引资政策，形成三省一市相互促进、协调发展的良好局面。首先，在引进外资方面，三省一市要做好区域协调工作，协调外商引进政策，顾全整个区域发展大局，促进长三角区域产业结构优化与经济发展。其次，加强长三角地区的基础设施建设，在交通、教育、医疗等方面互联互通，加强区域间的经济合作，使得引入的外资能够最大限度地发挥技术转移与外溢效应。最后，各地区政府可以建立信息共享平台，通过政府间的合作、交流，分享各地外资引进情况，共同商讨各种外资最适合发展的地区，促进外资在区域间流动，实现外资利用效率的最优化。

参考文献

Magnus Blomstrom, Hakan Persson, "Foreign Investment and Spillover Efficiencey in an Underdeveloped Economy: Evidence from the Mexican Manufacturing Industry," *World Development*, 1983, 11 (6).

Magnus Blomstrom, Ari Kokko, Marro Zejan, "Host Country Competition, Labor Skills, and Technology Transfer by Multinationals," *Weltwirtschaftliches Archive*, 1994, (130).

James R. Markusen, Anthony J. Venables. "Foreign Direct Investment as a Catalyst for Industrial Development," *European Economic Review*, 1999, (43).

E. Sinani, K. E. Meyer, "Spillovers of Technology Transfer from FDI: the Case of Estonia," *Journal of Comparative Economics*, 2004, 3 (32).

Andersna, "Developed Economy Investment Promotion Agencies and Emerging Market Foreign Direct Investment: The Case of Chinese FDI in Canda," *World Business*, 2015 (5).

Yuandi Wang, Lutao Ning, Jian Li, Martha Prevezer, "Does Technological Diversification Matter for Regional Innovation Capability? Evidence from China," *Regional Studies*, 2016 (5).

裴长洪:《吸收外商直接投资与产业结构优化升级》,《中国工业经济》2006 年第1 期。

聂名华、朱继军:《外商直接投资与湖北产业结构调整的实证分析》,《湖北社会科学》2010 年第 5 期。

邢夫敏:《FDI 主导型产业集群特征与本土企业产业升级对策——基于苏州笔记本电脑产业集群的经验分析》,《科技进步与对策》2013 年第 2 期。

蒋艳荣:《FDI 对广西产业结构变动的影响分析》,《现代经济信息》2015 年第 1 期。

李颖:《外商直接投资与天津制造业产业结构升级研究》,《现代商业》2016 年第 1 期。

林伟:《外商直接投资对广东省产业升级的影响研究》,博士学位论文,吉林大学,2017。

Markusen, "Foreign Direct Investment as a Catalyst for Industrial Development," *European Economic Review*, 1999, (2).

S. M. Bwalya, "Foreign Direct Investment and Technology Spillovers: Evidence from Panel Data Analysis of Manufacturing Firms in Zambia," *Journal of Development Economics*, 2006, 81 (2).

Wijeweera Albert, Villano Renato, Dollery Brian, "Economic Growth and FDI Inflows: A Stochastic Frontier Analysis," *Journal of Developing Aress*, 2018.

吕康:《外商直接投资对产业结构升级的影响研究》,硕士学位论文,南京财经大学,2008。

叶志东:《外商直接投资对区域产业结构影响的分析与思考》,《经济研究导刊》2010 年第 32 期。

赵培华:《外商直接投资对河南产业结构升级作用研究》,《经济研究导刊》2013 年第 21 期。

Haddad M. & Harrison A. , "Are There Positive Spillovers from Direct Foreign Investment? Evidence from Panel Data for Morocco," *Journal of Development Economics*, 1999.

Albert, "Economic Growth and FDI Inflows: A Stochastic Frontier," *Analysis Journal of Developing*, 2010 (2).

Ben Li, "Altemation of Legislation of Foreign Investment in CHma: Response to Legislation Cooperation of International Investment," *International Journal of Law and Management*, 2017, 51 (4).

刘宇:《外商直接投资对我国产业结构影响的实证分析》,《南开经济研究》2007 年第 1 期。

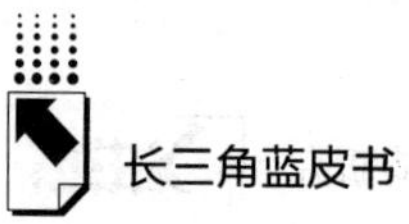

刘素凤：《外商直接投资对泉州产业结构影响的实证分析》，《重庆大学学报》2012年第6期。

杨军、宁晓刚、张波：《外商直接投资对我国产业结构升级影响的总体效应分析》，《商业经济研究》2015年第1期。

B.17
长三角外资外贸发展的新趋势

赵蓓文　王振磊*

摘　要：本文分析了长三角、长三角城市群、长三角国家级新区引进外资的总体趋势和特点、地区分布和投资方式，并对新形势下长三角外贸发展的趋势和特点进行了研究，得出贸易投资不断实现联动发展、长江三角洲城市群出口增长出现差距、外资企业出口贡献度近半且民营企业比重不断上升等结论，进而提出上海自贸区新片区引领长三角进一步对外开放已成为长三角地区发展的新动能。

关键词：外资　外贸　长三角

2019年5月13日，习近平总书记主持召开中共中央政治局会议，审议通过《长江三角洲区域一体化发展规划纲要》。该纲要指出，“2018年11月5日，习近平总书记在首届中国国际进口博览会上宣布，支持长江三角洲区域一体化发展并上升为国家战略，着力落实新发展理念，构建现代化经济体系，推进更高起点的深化改革和更高层次的对外开放，同‘一带一路’建设、京津冀协同发展、长江经济带发展、粤港澳大湾区建设相互配合，完善中国改革开放空间布局”。[①] 同年12月，《长江三角洲区域一体化发展规划

---

* 赵蓓文，经济学博士，现任上海社会科学院世界经济研究所副所长，研究员，博士生导师；王振磊，上海社会科学院世界经济研究所硕士研究生。

① 国务院：《长江三角洲区域一体化发展规划纲要》，2019年12月1日。

纲要》印发实施，进一步促进了长三角一体化的形成，为长三角地区稳外贸、稳外资做出了重要的政策引领。

一　长三角引资的新趋势、新特点

改革开放以来，上海一直是中国对外开放的重要窗口之一，以上海为龙头的长三角地区在吸收外资方面也是稳中有升，在全国居于领先地位。

（一）长三角引资总量占据全国半壁江山

如图1所示，自1983年以来，中国累计实际利用外商直接投资（Foreign Direct Investment，FDI）总额增长显著，其中，长三角地区累计实际利用FDI金额占全国比重稳中有升，在中国吸引外国直接投资中发挥了重要作用。截至2019年底，长三角地区累计实际利用FDI金额10814.07亿美元，占全国累计实际利用FDI总额的近一半，达到49.78%。

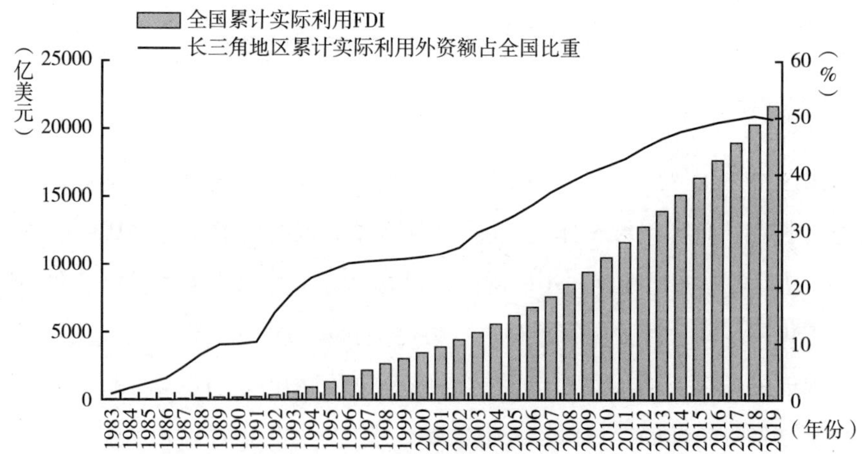

图1　1983～2019年长三角地区累计实际利用外资额占全国比重趋势

注：长三角地区数据按照上海市、江苏省、浙江省、安徽省数据总和计算。

资料来源：国家统计局官方网站、商务部官方网站、历年《中国统计年鉴》《国民经济和社会发展统计公报》《上海统计年鉴》《江苏统计年鉴》《浙江统计年鉴》《安徽统计年鉴》。

（二）2014～2019年长三角地区引进外资分布总体趋势

如图2所示，从2014～2019年长三角地区内部三省一市引进FDI规模来看，沪苏浙皖大致相当，江苏省略胜一筹。从产业结构来看，则三省一市明显拉开差距。例如，江苏省第一产业独占鳌头，占据整个长三角地区的半壁江山，第二产业引进FDI在长三角地区内部所占份额虽比第一产业略低，但优势显著，是三省一市中占比最高的，而上海市第一产业和第二产业所占份额均为最低，第三产业却占据了长三角地区内部引进FDI的最大份额，位列长三角地区三省一市之首。虽然三省一市在第三产业引资方面差距并不太大，但从相关数据仍然可以看出，上海市在第三产业引进FDI方面具有优势，只是优势有趋于缩小的态势。

如图3所示，在2008～2019年的12年间，长三角地区每年新设立外商投资项目数的变化趋势有一定波动，但实际吸收FDI金额增长趋势总体平稳，实际吸收FDI项目金额则呈现稳中有升态势。

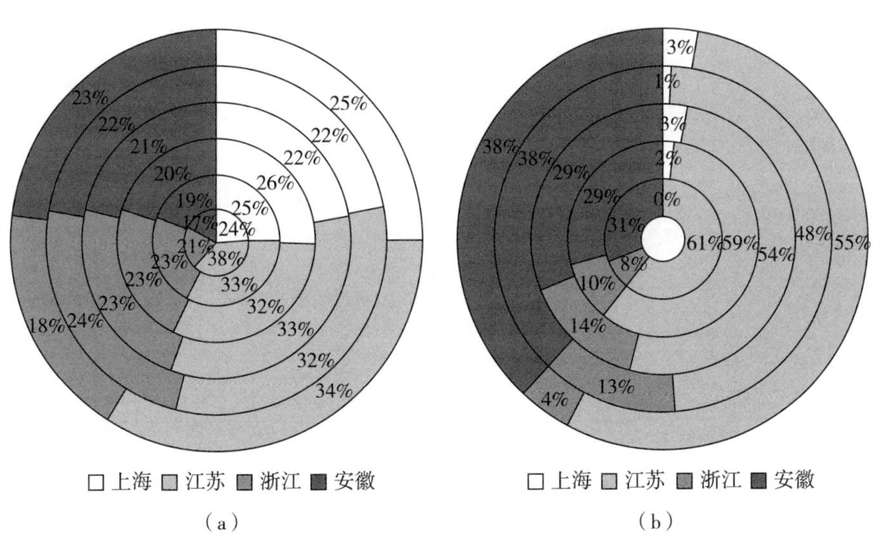

（a）　　（b）

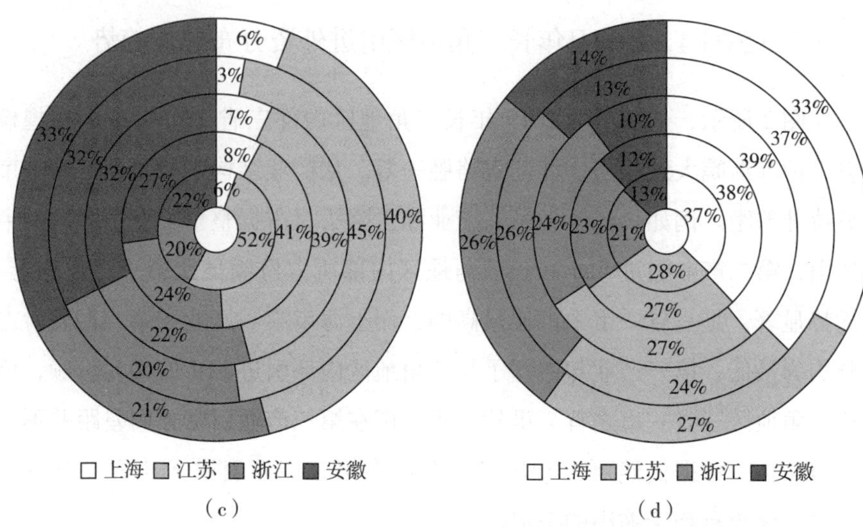

图2　2014～2019年长三角地区实际利用FDI的地区分布

注：图（a）从内至外分别为2014～2019年长三角地区总体FDI的地区分布，图（b）（c）（d）从内至外分别为2014～2018年第一、第二、第三产业的FDI。

资料来源：上海市、江苏省、浙江省、安徽省统计年鉴。

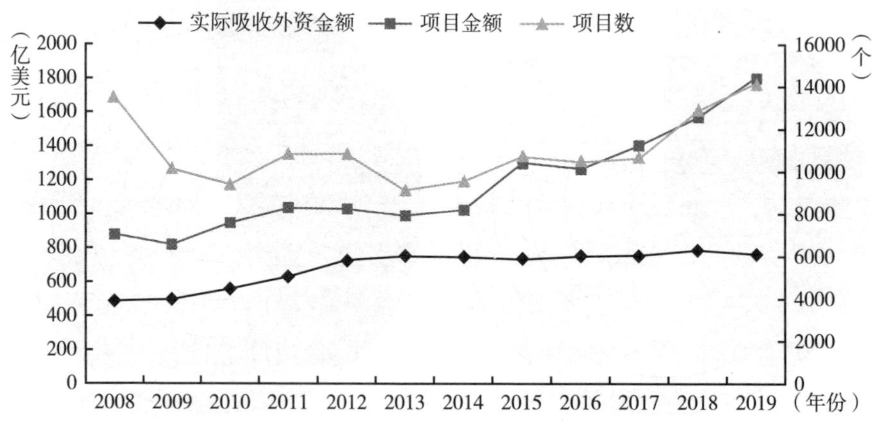

图3　2008～2019年长江三角洲三省一市实际利用外资的变化趋势

资料来源：历年上海市、江苏省、浙江省、安徽省统计年鉴。

（三）长三角地区实际利用外资的主要特点

总体来看，长三角地区实际利用外资呈现以下三大特点：外资来源地高度集中、产业分布以第二、第三产业为主、独资化倾向日益显著。

1. 投资来源：外资来源地继续呈现高度集中

从表 1 和图 4 可以看出，2008～2018 年，长三角地区外资来源地继续呈现高度集中，主要外资来源地仍然集中在中国香港、新加坡、日本、美国、中国台湾、韩国、维尔京群岛、法国、德国、英国等国家和地区。其中，中国香港是长三角地区最主要的外资来源地，其占比超过 50%，近 10 年已经由 2008 年的 39.34% 增至 60.51%。

表 1　2008～2018 年长三角 FDI 来源地变化情况（按实际利用 FDI 金额百分比计算）

单位：%

国家或地区	2008 年	2009 年	2010 年	2011 年	2012 年	2013 年	2014 年	2015 年	2016 年	2017 年	2018 年
中国香港	39.34	44.34	50.78	53.23	51.48	56.62	63.60	59.92	60.55	60.61	60.51
新加坡	5.35	4.69	5.40	6.47	5.38	6.29	3.87	5.15	4.62	3.79	3.78
日本	5.57	5.63	4.78	7.09	7.62	6.77	4.30	3.28	3.29	3.62	2.77
美国	4.32	3.76	3.65	2.68	3.35	3.90	3.30	3.74	3.26	2.32	1.93
中国台湾	2.59	3.12	3.45	2.36	3.62	2.20	3.15	1.75	2.56	2.30	2.81
韩国	2.06	2.44	2.43	1.97	2.03	1.58	1.50	1.41	1.84	2.14	1.86
维尔京群岛	4.82	2.69	2.13	2.10	1.98	1.57	1.86	2.10	2.72	1.67	2.36
法国	0.92	0.89	1.26	0.94	0.81	1.27	0.52	1.43	0.93	1.32	1.28
德国	1.41	2.35	1.40	1.48	1.68	1.86	1.53	2.66	2.01	1.29	3.54
英国	0.98	0.71	1.08	0.70	0.40	0.52	0.77	1.11	0.64	1.04	1.15
加拿大	0.85	1.16	0.99	0.39	0.57	0.48	0.30	0.19	0.32	0.34	0.33
意大利	0.91	0.67	0.59	0.43	0.49	0.45	0.43	0.49	0.34	0.29	0.22
澳大利亚	0.53	0.51	0.44	0.31	0.51	0.44	0.43	0.68	0.31	0.21	0.26

资料来源：根据上海市、江苏省、浙江省、安徽省统计年鉴相关数据计算。

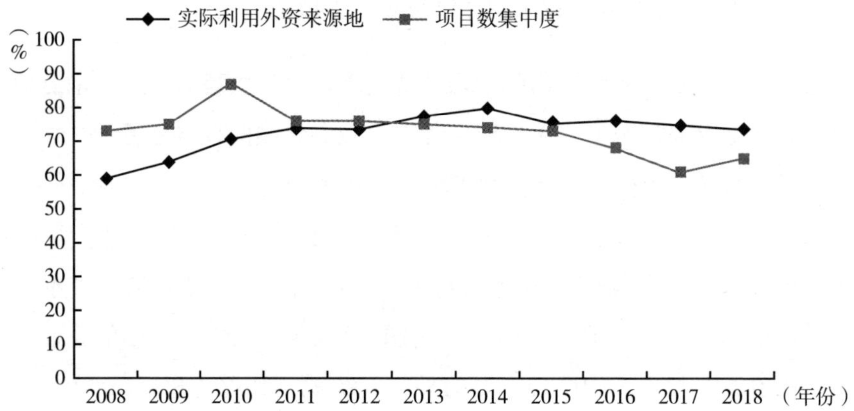

图4　2008～2018年长三角地区外资来源地集中度

注：外资来源地集中度包括中国香港、新加坡、日本、美国、中国台湾、韩国。
资料来源：根据上海市、江苏省、浙江省、安徽省统计年鉴相关数据计算。

2. 产业分布：以第二、第三产业为主，第三产业比重持续升高

从表2、表3可以看出，2013年长三角地区第二产业实际利用外资所占份额为46.88%，略小于第三产业实际利用外资所占份额51.32%；而随后5年，长三角地区第三产业实际利用外资所占份额稳步上升，均高于第二产业份额。整体来看，长三角地区第一产业实际利用外资所占份额极小且比重在逐渐下降，利用外资的产业分布向第三产业集中之趋势十分明显，第二产业略显萎缩迹象。

表2　2013～2018年长三角地区FDI产业分布（按实到金额计）

单位：亿美元

产业	2013年	2014年	2015年	2016年	2017年	2018年
第一产业	13.46	9.62	8.53	9.01	6.38	5.40
第二产业	351.08	293.95	301.88	320.36	309.07	314.57
第三产业	384.32	441.19	422.72	424.66	443.97	465.29
总　计	748.86	744.77	733.13	754.01	759.47	785.26

资料来源：上海市、江苏省、浙江省、安徽省统计年鉴。

表 3　2013～2018 年长三角地区 FDI 产业分布情况（按实到金额占比计）

单位：%

产业	2013 年	2014 年	2015 年	2016 年	2017 年	2018 年
第一产业	1.80	1.29	1.16	1.20	0.84	0.69
第二产业	46.88	39.47	41.18	42.49	40.70	40.06
第三产业	51.32	59.24	57.66	56.32	58.46	59.25

资料来源：上海市、江苏省、浙江省、安徽省统计年鉴。

从表 4、表 5 看可以看出，上海市与浙江省引进外资主要流向第三产业，江苏省与安徽省引进外资主要流向第二产业。

表 4　2013～2018 年长三角三省一市 FDI 产业分布（按实到金额计）

单位：亿美元，%

	年份	2013	2014	2015	2016	2017	2018	年均增长率
上海市	第一产业	0.03	0.03	0.21	0.25	0.06	0.14	61.11
	第二产业	32.10	17.78	25.00	21.54	8.49	18.31	-7.16
	第三产业	135.67	163.85	159.38	163.35	161.53	154.55	2.32
	总　计	167.80	181.66	184.59	185.14	170.08	173.00	0.52
江苏省	第一产业	9.87	5.73	4.80	4.80	3.04	2.99	-11.62
	第二产业	183.09	153.36	124.79	126.00	140.38	125.20	-5.27
	第三产业	139.63	122.65	113.16	114.63	107.93	127.74	-1.42
	总　计	332.59	281.74	242.75	245.43	251.40	255.93	-3.84
浙江省	第一产业	0.81	0.81	0.90	1.29	0.81	0.22	-12.14
	第二产业	62.01	59.24	71.93	71.56	61.40	66.19	1.12
	第三产业	78.77	97.92	96.77	102.93	116.81	119.98	8.72
	总　计	141.59	157.97	169.60	175.77	179.02	186.39	5.27
安徽省	第一产业	2.75	3.05	2.62	2.67	2.47	2.05	-4.24
	第二产业	73.88	63.57	80.17	101.25	98.80	104.88	6.99
	第三产业	30.25	56.77	53.41	43.75	57.70	63.02	18.06
	总　计	106.88	123.40	136.19	147.67	158.97	169.95	9.84

资料来源：上海市、江苏省、浙江省、安徽省统计年鉴。

表 5　2013～2018 年长三角三省一市 FDI 产业分布（按实到金额占比计）

单位：%

	年份	2013	2014	2015	2016	2017	2018
上海市	第一产业	0.02	0.02	0.11	0.14	0.04	0.08
	第二产业	19.13	9.79	13.54	11.63	4.99	10.58
	第三产业	80.85	90.20	86.34	88.23	94.97	89.34
	总　计	100	100	100	100	100	100
江苏省	第一产业	2.97	2.03	1.98	1.96	1.21	1.17
	第二产业	55.05	54.43	51.41	51.34	55.84	48.92
	第三产业	41.98	43.53	46.62	46.71	42.93	49.91
	总　计	100	100	100	100	100	100
浙江省	第一产业	0.57	0.51	0.53	0.73	0.45	0.12
	第二产业	43.80	37.50	42.41	40.71	34.30	35.31
	第三产业	55.63	61.99	57.06	58.56	65.25	64.37
	总　计	100	100	100	100	100	100
安徽省	第一产业	2.57	2.47	1.92	1.81	1.55	1.21
	第二产业	69.12	51.52	58.86	68.57	62.15	61.71
	第三产业	28.30	46.01	39.21	29.62	36.30	37.08
	总　计	100	100	100	100	100	100

资料来源：上海市、江苏省、浙江省、安徽省统计年鉴。

3. 投资方式：以外商独资经营企业为主

从表 6、表 7 可以看出，2008～2018 年，从项目数份额及实际利用金额份额上看，外商独资经营企业一直是 FDI 进入长三角地区的主要方式，其次是中外合资经营企业，中外合作经营及股份制方式的份额极少。

表 6　2008～2018 年长三角 FDI 投资方式（按项目数百分比计算）

单位：%

年份	合资经营	合作经营	独资经营	股份制
2008	17.07	0.90	81.96	0.07
2009	18.27	0.79	80.90	0.04
2010	18.65	0.53	80.68	0.14
2011	18.51	0.48	80.90	0.11

续表

年份	合资经营	合作经营	独资经营	股份制
2012	18.22	0.31	81.28	0.19
2013	20.08	0.31	78.38	1.23
2014	22.29	0.17	77.34	0.20
2015	24.01	0.20	75.46	0.34
2016	22.88	0.27	76.56	0.29
2017	27.88	0.28	71.39	0.45
2018	26.46	0.15	73.03	0.37

资料来源：上海市、江苏省、浙江省、安徽省统计年鉴。

表7　2008～2018年长三角FDI投资方式（按实际利用金额百分比计算）

单位：%

年份	合资经营	合作经营	独资经营	股份制
2008	20.83	1.16	77.59	0.42
2009	19.71	1.20	77.25	1.83
2010	20.20	0.94	77.01	1.86
2011	20.86	0.92	76.98	1.25
2012	20.06	1.36	76.06	2.52
2013	20.54	1.45	76.49	1.51
2014	18.67	1.61	78.03	1.69
2015	23.60	1.28	71.50	3.61
2016	22.33	0.71	73.62	3.34
2017	26.30	0.56	69.52	3.62
2018	25.99	0.70	69.69	3.62

资料来源：上海市、江苏省、浙江省、安徽省统计年鉴。

从表8、表9可以看出，从长三角地区内部数据来看，2013～2018年，上海市、江苏省、浙江省、安徽省外商独资经营企业实际利用FDI份额均在60%以上。其中，江苏省中外合资经营企业实际利用FDI份额呈现小幅上升趋势，外商独资经营企业实际利用FDI份额则呈现小幅下降趋势；其余两省一市基本保持稳定，变化较小。

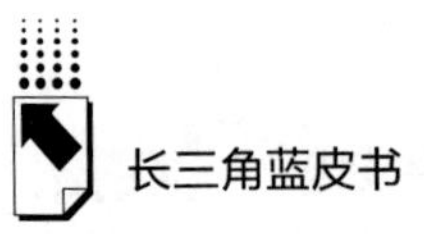

表 8　2013～2018 年长三角三省一市 FDI 投资方式（按实际利用金额计算）

单位：亿美元

	年份	2013	2014	2015	2016	2017	2018
上海市	合资经营	26.64	21.92	39.27	29.48	29.65	33.85
	合作经营	5.96	8.29	5.37	0.28	1.58	0.1
	独资经营	133.08	151.15	138.34	152.32	129.77	131.11
	股份制	2.12	0.30	1.61	3.06	9.08	7.94
	总　计	167.8	181.66	184.59	185.14	170.08	173.00
江苏省	合资经营	59.01	42.93	46.04	54.50	79.11	75.96
	合作经营	2.01	0.95	1.44	2.28	1.34	2.82
	独资经营	269.21	232.27	185.62	182.54	165.93	175.30
	股份制	2.36	5.59	9.65	6.10	4.96	1.66
	总　计	332.59	281.74	242.75	245.43	251.35	255.74
浙江省	合资经营	35.42	31.39	44.42	35.20	40.00	40.00
	合作经营	2.47	2.30	1.86	2.25	0.62	0.62
	独资经营	99.68	120.56	113.79	123.15	130.29	130.29
	股份制	4.02	3.73	9.54	15.18	8.10	8.10
	总　计	141.59	157.97	169.60	175.77	179.02	179.02
安徽省	合资经营	32.77	42.83	43.32	49.21	50.96	52.94
	合作经营	0.44	0.44	0.72	0.52	0.71	1.85
	独资经营	70.86	77.18	86.47	97.07	101.93	107.62
	股份制	2.80	2.95	5.69	0.87	5.34	7.60
	总　计	106.88	123.40	136.19	147.67	158.94	170.01

资料来源：上海市、江苏省、浙江省、安徽省统计年鉴。

表 9　2013～2018 年长三角三省一市 FDI 投资方式（按实际利用金额百分比计算）

单位：%

	年份	2013	2014	2015	2016	2017	2018
上海市	合资经营	15.88	12.07	21.27	15.92	17.43	19.57
	合作经营	3.55	4.56	2.91	0.15	0.93	0.06
	独资经营	79.31	83.20	74.94	82.27	76.30	75.79
	股份制	1.26	0.17	0.87	1.65	5.34	4.59
	总　计	100	100	100	100	100	100

续表

	年份	2013	2014	2015	2016	2017	2018
江苏省	合资经营	17.74	15.24	18.97	22.21	31.48	29.70
	合作经营	0.60	0.34	0.59	0.93	0.54	1.10
	独资经营	80.94	82.44	76.47	74.38	66.01	68.54
	股份制	0.71	1.98	3.98	2.48	1.97	0.65
	总　计	100	100	100	100	100	100
浙江省	合资经营	25.01	19.87	26.19	20.02	22.35	22.15
	合作经营	1.75	1.45	1.10	1.28	0.35	0.41
	独资经营	70.40	76.32	67.09	70.06	72.78	71.41
	股份制	2.84	2.36	5.62	8.64	4.52	6.03
	总　计	100	100	100	100	100	100
安徽省	合资经营	30.66	34.71	31.81	33.32	32.06	31.14
	合作经营	0.41	0.36	0.53	0.35	0.45	1.09
	独资经营	66.30	62.54	63.49	65.73	64.13	63.30
	股份制	2.62	2.39	4.18	0.59	3.36	4.47
	总　计	100	100	100	100	100	100

资料来源：上海市、江苏省、浙江省、安徽省统计年鉴。

2019 年，由于受到世界经济持续低迷的影响，长三角三省一市中除上海市和浙江省外资合同项目数增长情况良好，合同金额稳定增长外，江苏省外资合同项目数和合同金额微增，安徽省则出现外资合同项目数为负的情况，说明在引进外资方面，安徽省相较于上海市、浙江省和江苏省仍存在一定差距（见表 10 至表 13）。

表 10　2019 年 1 ~ 12 月上海市利用外资情况

指标名称	12 月	同比增长（%）	1 ~ 12 月	同比增长（%）
外商直接投资合同项目(个)	632	-23.6	6800	21.5
中外合资	124	-0.8	1241	22.4
中外合作	0		3	-40.0
外商独资	507	-27.6	5538	21.3
第二产业	19	-40.6	188	12.6
工业	12	-58.6	121	-11.7
第三产业	613	-22.8	6604	21.8

续表

指标名称	12月	同比增长（%）	1～12月	同比增长（%）
外商直接投资合同金额(亿美元)	43.19	-37.1	502.53	7.1
中外合资	5.48	1.1	75.18	-18.2
中外合作	0.00		0.65	
外商独资	37.60	-39.0	415.78	10.2
第二产业	3.61	-13.9	23.05	-69.4
工业	1.78	-57.2	20.03	-73.0
第三产业	39.58	-38.5	479.39	21.7
外商直接投资实际到位金额(亿美元)	12.29	1.5	190.48	10.1

资料来源：上海市统计局。

表11　2019年1～12月江苏省利用外资情况

指标名称	1～12月	同比增长(%)
新批外商投资项目个数(个)	3410	1.9
新批协议注册外资(亿美元)	626.0	3.4
实际到账注册外资(亿美元)	261.2	2.1

资料来源：江苏省统计局。

表12　2019年1～12月浙江省利用外资情况

指标名称	1～12月	同比增长(%)
外商直接投资企业(个)	3580	16.5
合同外资金额(万美元)	436.5	17.5
实际利用外资(万美元)	135.6	8.7

资料来源：浙江省统计局。

表13　2019年1～12月安徽省利用外资情况

指标名称	12月	同比增长(%)	1～12月	同比增长(%)
合同项目数(个)	51.0	-20.3	348	-8.2
协议外资金额(亿美元)	21.8	186.8	236.0	288.16
实际利用外资(亿美元)	11.2	6.7	179.4	5.5

资料来源：安徽省统计局。

（四）2019年长江三角洲城市群利用外资的总体情况与特点

1. 实际利用 FDI 继续保持增长态势

与 2018 年同期相比，2019 年长江三角洲城市群 26 个城市①作为长江三角洲地区的核心区域，实际利用外资继续保持增长态势（见表 14、表 15）。但是，从图 5、图 6 可以看出，长江三角洲地区及长江三角洲城市群实际利用 FDI 的年增速同全国实际利用 FDI 年增速趋势大体一致，都呈现下降趋势，并且比全国同期下降得更明显。这是因为长三角地区的外向度较高，受国际形势特别是世界经济总体形势、全球直接投资流量等因素的影响较大。因此，稳外资对于长三角地区具有更为重要的意义。

表 14　2008～2019 年长三角 26 个城市利用外资（绝对数）的总体情况

年份	长三角城市群			长三角地区（三省一市）			全国	
	项目数（个）	合同金额（亿美元）	实际利用 FDI 金额（亿美元）	项目数（个）	合同金额（亿美元）	实际利用 FDI 金额（亿美元）	项目数（个）	实际利用 FDI 金额（亿美元）
2008	9411	824.1	454.8	10098	877.1	487.7	27514	924
2009	8686	788.2	462.7	9350	823.9	496.8	23435	900.3
2010	9999	876.9	510.1	10792	943.5	556.4	27406	1057.4
2011	9909	955.7	571.0	10779	1036.8	630.3	27712	1160.1
2012	9156	942.2	645.1	9990	1030.9	726.5	24925	1117.2
2013	8572	901.4	673.4	9113	992.8	748.9	22773	1175.9
2014	8788	929.5	665.1	9534	1023.2	744.7	23778	1195.6
2015	10109	1223.2	655.6	10654	1300.6	733.1	26575	1262.7
2016	9704	1146.5	670.6	10424	1263.1	754.0	27900	1260.0
2017	9891	1215.4	665.7	10572	1393.7	759.5	35652	1310.0
2018	12187	1429.5	691.3	12853	1565.9	785.3	60533	1350.0
2019	13589	1597.6	670.8	14138	1801.0	766.7	40888	1381.4

资料来源：历年《中国统计年鉴》《上海统计年鉴》《江苏统计年鉴》《浙江统计年鉴》《安徽统计年鉴》，上海市统计局、江苏省统计局、浙江省统计局、安徽省统计局。

① 2016 年，《长江三角洲城市群发展规划》发布，在 2 省 1 市 25 城市的基础上去掉了苏浙的一些城市，同时将安徽省的 8 个城市纳入长江三角洲城市群。最终的范围包括上海市，江苏省的南京、苏州、无锡、南通、泰州、扬州、盐城、镇江、常州，浙江省的杭州、湖州、嘉兴、宁波、舟山、绍兴、金华、台州，安徽省的合肥、芜湖、马鞍山、铜陵、安庆、池州、滁州、宣城，总数为 26 个地级市。

表 15　2008～2019 年长江三角洲城市群利用 FDI（相对数）的总体情况

单位：%

年份	长三角城市群项目数占长三角份额	长三角城市群合同金额占长三角份额	长三角城市群实际利用 FDI 占长三角份额	长三角城市群实际利用 FDI 占全国份额	长三角实际利用 FDI 占全国份额
2008	93.2	94.0	93.3	49.2	52.8
2009	92.9	95.7	93.1	51.4	55.2
2010	92.7	92.9	91.7	48.2	52.6
2011	91.9	92.2	90.6	49.2	54.3
2012	91.7	91.4	88.8	57.7	65.0
2013	94.1	90.8	89.9	57.3	63.7
2014	92.2	90.8	89.3	55.6	62.3
2015	94.9	94.0	89.4	51.9	58.1
2016	93.1	90.8	88.9	53.2	59.8
2017	93.6	87.2	87.7	50.8	58.0
2018	94.8	91.3	88.0	51.2	58.2
2019	96.1	88.7	87.5	48.6	55.5

资料来源：根据表 14 数据计算而得。

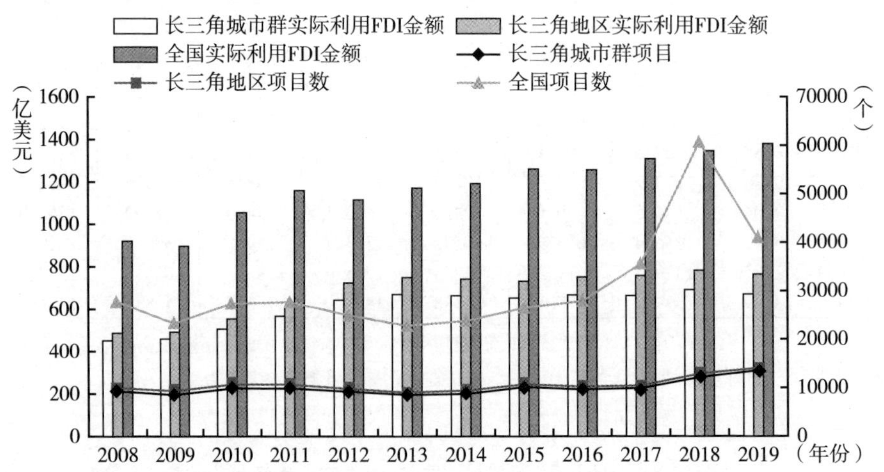

图 5　2008～2019 年长江三角洲城市群实际利用 FDI 情况

资料来源：《中国统计年鉴》，上海市、江苏省、浙江省、安徽省统计局。

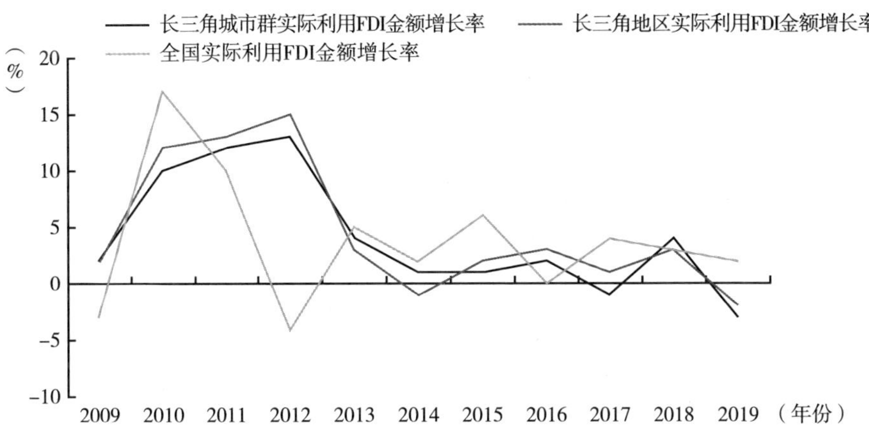

图 6　2009～2019 年长三角地区及全国实际利用 FDI 年增长率情况

资料来源：《中国统计年鉴》，上海市、江苏省、浙江省、安徽省以及各城市统计年鉴。

2. 长三角国家级新区引进外资的趋势

长三角地区规模体量最大的两个国家级新区是上海浦东新区和浙江舟山群岛新区。从全国情况来看，选取同样是直辖市的天津的滨海新区做比较，上海浦东新区、天津滨海新区吸引外资的规模远远超过浙江舟山群岛新区。天津滨海新区 2018 年、2019 年实际利用外资金额已经远低于上海浦东新区，但又远远超过浙江舟山群岛新区（见图 7）。在全球经济增长乏力，经

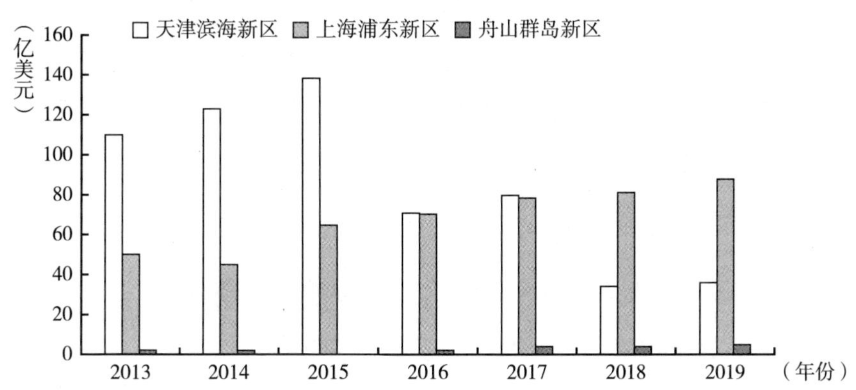

图 7　2013～2019 年主要国家级新区实际利用 FDI 趋势

资料来源：各新区政府网站及商务委网站、滨海新区统计年鉴、浦东新区年鉴。

济持续低迷的大环境下，上海浦东新区能够交出如上的答卷在很大程度上得益于2013年9月中国（上海）自由贸易试验区的成立（临港新片区的情况因为时滞的存在尚无法从2019年的数据中看出）（见图8）。

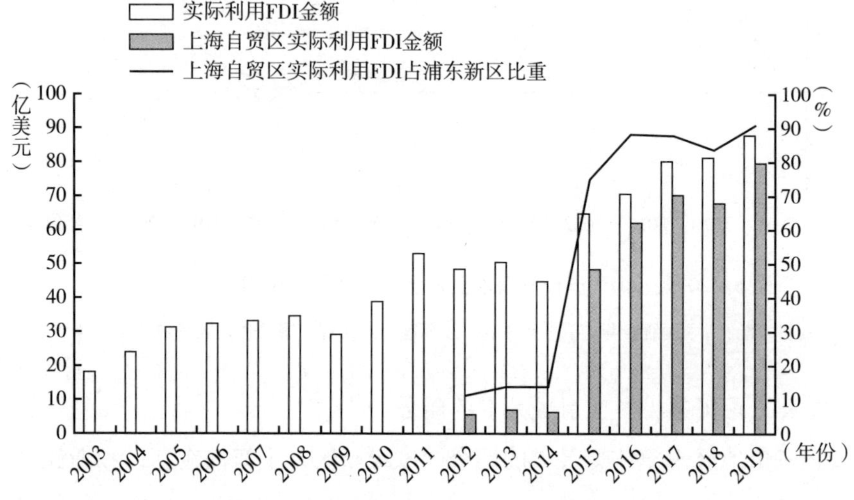

图8　上海浦东新区招商引资情况

资料来源：历年浦东新区年鉴。

二　长三角外贸发展的趋势与特点

虽然世界经济的整体发展趋势不乐观，但2019年长三角地区已经出现部分省市的分化趋势，这说明长三角地区不同省市之间在贸易结构、贸易方式等方面仍然存在差异性。

（一）差异显著：三省一市进出口总额增长出现分化

如表16至表19数据所示，2019年长三角地区三省一市进出口总额总体上较2018年有所回升。其中，上海市基本持平，江苏省较2018年略有下降，浙江省和安徽省已出现接近10%的增长。需要注意的是，浙江省

民营企业对于进出口总额的贡献远远超过外资企业，同比增长达到12.1%，而外资企业和国有企业同比分别增长 -0.9% 和 -2.2%。这也是浙江省和其他两省一市存在差异的地方。与浙江省相比较，2019 年上海市民营企业进口总额同比增长 9.5%，外资企业和国有企业同比分别增长 1.8% 和 -17.1%；江苏省国有企业同比增长 -11.8%；安徽省民营企业进出口总额同比增长 21.5%，外资企业和国有企业同比分别增长 4.3% 和 -10.6%。

表 16　2018 年、2019 年上海市进出口情况

单位：亿元，%

指标名称	2018 年金额	同比增长	2019 年金额	同比增长
上海关区进出口总额	64064.29	7.3	63457.78	-0.9
进口总额	26965.19	9.2	26221.24	-2.8
出口总额	37099.1	6	37236.54	0.4
上海市进出口总额	34009.93	5.5	34046.82	0.1
上海市进口总额	20343.08	6.4	20325.91	-0.1
国有企业	3594.03	17.4	2981.21	-17.1
外商投资企业	13070.95	2.7	13307.76	1.8
民营企业	3527.52	9.6	3862.24	9.5
一般贸易	11308.7	7.1	11481.21	1.5
加工贸易	2261.97	5.5	2242.62	-0.9
机电产品	9539.76	2.9	9488.11	0.1
高新技术产品	5820.95	1.9	5647.20	-1.7
上海市出口总额	13666.85	4.2	13720.91	0.4
国有企业	1532.84	-1	1565.02	2.1
外商投资企业	8870.67	1.3	8530.16	-3.8
民营企业	3156.5	16.2	3471.90	10.0
一般贸易	6336.06	9.7	6396.12	1.0
加工贸易	5241.73	-2.2	4798.34	-8.4
机电产品	9481.19	2.1	9488.11	0.1
高新技术产品	5742.22	0.8	5647.20	-1.7

资料来源：上海市统计局。

表 17　2018 年、2019 年江苏省进出口情况

单位：亿元，%

指标名称	2018 年金额	同比增长	2019 年金额	同比增长
进出口总额	43802.37	9.5	43379.7	-1.0
国有企业	4325.72	19.3	3815	-11.8
一般贸易	21342.55	10.9	22393.6	4.9
机电产品	27829.34	9.8	27330.9	-1.8
高新技术产品	17414.25	10.5	16540.6	-5.0
进口	17144.68	11.3	16171.1	-5.7
国有企业	1336.49	22.9	1484.4	11.1
一般贸易	7941.77	8.1	7929.3	-0.2
机电产品	10204.92	11.5	9375.3	-8.1
高新技术产品	7288.03	13.4	6594.0	-9.5
出口	26657.68	8.4	27208.6	2.1
国有企业	2989.22	17.7	2330.6	-22.0
外商投资企业	14810.20	3.6	14863.2	0.4
民营企业	8456.00	15.1	9618.6	13.7
一般贸易	13400.78	12.6	14464.3	7.9
机电产品	17624.42	8.9	17955.6	1.9
高新技术产品	10126.23	8.5	9946.6	-1.8

资料来源：江苏省统计局。

表 18　2018 年、2019 年浙江省进出口情况

单位：亿元，%

指标名称	2018 年金额	同比增长	2019 年金额	同比增长
进出口总额	28519.2	11.4	30831.9	8.1
出口总额	21182.1	9.0	23069.8	9.0
国有企业	1142.5	8.5	1117.8	-2.2
外商直接投资企业	3508.0	2.1	3475.4	-0.9
集体企业	532.5	4.1	496.2	-6.8
民营企业	15961.1	10.8	17884.7	12.1
机电产品	9214.1	9.6	10131.0	10.0
纺织纱线、织物及制品	2686.6	9.2	2934.8	9.3
服装及衣着附件	2040.9	4.1	2081.1	2.0
高新技术产品	1408.4	11.5	1605.4	14.0
进口总额	7337.2	19.0	7762.1	5.8

资料来源：浙江省统计局。

表 19　2018 年、2019 年安徽省进出口情况

单位：亿元，%

指标名称	2018 年金额	同比增长	2019 年金额	同比增长
进出口总额	629.7	16.6	687.3	9.4
进口	267.7	14.3	283.3	6.3
出口	362.1	18.3	404	11.6
机电产品	209.7	23	231.7	10.5
高新技术产品	100.4	31.1	107.1	6.7
一般贸易	249.3	16.6	288.6	15.8
加工贸易	96.6	13.5	97.6	1.0
来料加工	3.5	-33.7	3.4	-2.7
进料加工	93.2	16.6	94.2	1.1
其他贸易	16.2	127	17.8	10.0
国有企业	60.9	-3.2	54.5	-10.6
外商投资企业	107.2	15.4	111.8	4.3
民营企业	194	29.2	235.6	21.5

资料来源：安徽省统计局。

（二）存在风险：长三角城市群外贸发展压力增大

2019 年，在长江三角洲城市群 26 个城市中，除苏州市、无锡市、南通市、泰州市、扬州市、镇江市、台州市的进出口总额同比出现了不同程度的下降外，其余 19 个城市均实现了进出口增长。其中舟山市、滁州市 2 市进出口同比增长超过 20%；26 个城市中进出口同比增长率在 10% ~20% 的城市有 6 个（见表 20）。可见，2019 年长江三角洲城市群 26 个城市的整体外贸发展已出现一定分化，需要进一步加强稳外贸措施的推进。

表 20　2019 年长三角 26 个城市进出口总额和利用外资情况

城　市	进出口总额（亿元）	同比增长（%）	出口总额（亿元）	同比增长（%）	实际利用外资额（亿美元）	同比增长（%）	生产总值（亿元）	同比增长（%）
上海市	34046.8	0.1	13720.9	0.4	190.5	10.1	38155.32	6.0
南京市	4828.15	11.8	3006.85	20.2	41.01	6.4	14030.15	7.8
苏州市	21061.4	-9.9	12673.6	-7.2	46.2	2.0	19235.8	5.6
无锡市	6094.0	-1.1	3657.6	-2.3	36.2	-2.6	11852.32	6.7

续表

城　市	进出口总额（亿元）	同比增长（%）	出口总额（亿元）	同比增长（%）	实际利用外资额（亿美元）	同比增长（%）	生产总值（亿元）	同比增长（%）
南通市	2519.9	-0.9	1715.1	2.3	26.7	3.2	9383.4	6.2
泰州市	951.4	-1.8	627.4	0.0	14.86	-1.4	5133.36	6.4
扬州市	744.4	-5.7	550.3	-2.1	13.87	13.69	5850.08	6.8
盐城市	634.2	0.7	423.4	6.3	9.2	0.8	5702.3	5.1
镇江市	737.0	-5.4	518.2	-1.4	6.6	-24.0	4127.32	5.8
常州市	2330.8	2.8	1738.8	5.2	26.3	0.6	7400.9	6.8
杭州市	5597.0	6.7	3613.0	5.7	61.3	14.0	15373.0	6.8
湖州市	940.2	6.3	838.6	8.8	10.7	43.1	3122.4	7.9
嘉兴市	2832.15	0.4	2106.46	4.4	23.1	9.8	5370.32	7.0
宁波市	9170.3	6.9	5969.6	7.6	23.6	19.7	11985.0	6.8
舟山市	1371.6	20.7	501.2	17.8	1.5	-55.5	1371.6	9.2
绍兴市	2459.0	9.8	2251.0	10.0	6.6	-40.2	5781.0	7.2
金华市	4218.51	11.9	4033.83	10.3	2.2	-1.5	4559.91	6.5
台州市	1700.08	-2.1	1565.15	2.2	2.7	16.8	5134.05	5.1
合肥市	322.10	4.6	201.99	10.7	33.92	5.0	9409.40	7.6
芜湖市	72.04	4.8	45.19	2.4	29.2	0.1	3618.26	8.2
马鞍山市	52.1	16.3	25.4	30.4	26.59	7.0	2111.0	8.0
铜陵市	71.6	16.7	8.6	87.3	4	21.9	960.2	-1.7
安庆市	16.6	14.7	12.4	16.7	3.1	21.6	2380.5	7.0
池州市	8.4	10.2	2.1	-1.1	4.0	1.6	831.7	7.9
滁州市	40.3	29.9	22.5	-2.6	14.9	7.2	2909.1	9.7
宣城市	18.7	0.87	17.4	2.31	12.0	7.0	1561.3	7.8

注：表中实际使用外资采用商务部口径。

资料来源：《上海市统计年鉴》，江苏省、浙江省、安徽省各市统计年鉴。

（三）外资企业出口占比减少，民营企业出口占比过半

如表 21、表 22 和图 9 数据所示，2019 年的数据几乎颠覆了长三角地区

长期以来对于外资企业出口贡献度的严重依赖。从整体趋势来看，近年来民营企业出口占比呈现不断上升的趋势，2019 年已经达到 50.05% 的占比；外资企业的出口占比则出现了下降趋势。从近 5 年的数据来看，上海市出口贸易中外商投资企业贡献度在 60% 以上，江苏省为 50% 以上，而浙江省和安徽省外商投资企业出口贡献度不足 1/3，特别是浙江省，仅占 15.13%。可见，得益于长三角地区整体营商环境的不断提升，民营企业的活力正在不断被激发出来。

表 21　2015～2019 年长三角地区出口额（按企业性质分类）

单位：亿美元

地　区	类别	2015 年	2016 年	2017 年	2018 年	2019 年
长江三角洲	出口总额	8455	7973	8803	9686	9586
	国有企业	799	711	822	920	781
	外商投资企业	3905	3678	4008	4228	4007
	民营企业	3752	3584	3973	4538	4798
上海市	出口总额	1970	1835	1937	2072	1967
	国有企业	254	224	228	232	227
	外商投资企业	1321	1236	1293	1345	1237
	民营企业	395	375	416	495	503
江苏省	出口总额	3387	3193	3633	4040	3887
	国有企业	307	287	375	453	338
	外商投资企业	1939	1865	2114	2245	2155
	民营企业	1141	1041	1144	1343	1394
浙江省	出口总额	2767	2660	2928	3212	3330
	国有企业	174	145	156	173	162
	外商投资企业	564	500	509	532	504
	民营企业	2029	2015	2263	2506	2664
安徽省	出口总额	331	285	305	362	402
	国有企业	64	55	63	61	55
	外商投资企业	81	77	92	107	112
	民营企业	187	153	150	194	236

资料来源：上海市、江苏省、浙江省、安徽省统计局。

表 22　2015～2019 年长三角地区各类企业出口额占比

单位：%

地　区	类别	2015 年	2016 年	2017 年	2018 年	2019 年
长江三角洲	出口总额	100	100	100	100	100
	国有企业	9.44	8.91	9.34	9.49	8.15
	外商投资企业	46.19	46.13	45.53	43.66	41.80
	民营企业	44.37	44.95	45.13	46.85	50.05
上海市	出口总额	100	100	100	100	100
	国有企业	12.89	12.21	11.78	11.22	11.54
	外商投资企业	67.06	67.36	66.75	64.91	62.89
	民营企业	20.05	20.44	21.48	23.88	25.57
江苏省	出口总额	100	100	100	100	100
	国有企业	9.06	8.99	10.32	11.21	8.70
	外商投资企业	57.25	58.41	58.19	55.56	55.44
	民营企业	33.69	32.60	31.49	33.23	35.86
浙江省	出口总额	100	100	100	100	100
	国有企业	6.29	5.45	5.33	5.39	4.87
	外商投资企业	20.38	18.80	17.38	16.56	15.13
	民营企业	73.33	75.75	77.29	78.05	80.01
安徽省	出口总额	100	100	100	100	100
	国有企业	19.18	19.21	20.66	16.82	13.68
	外商投资企业	24.46	27.04	30.16	29.61	27.86
	民营企业	56.36	53.76	49.18	53.58	58.7

资料来源：由表 21 计算得到。

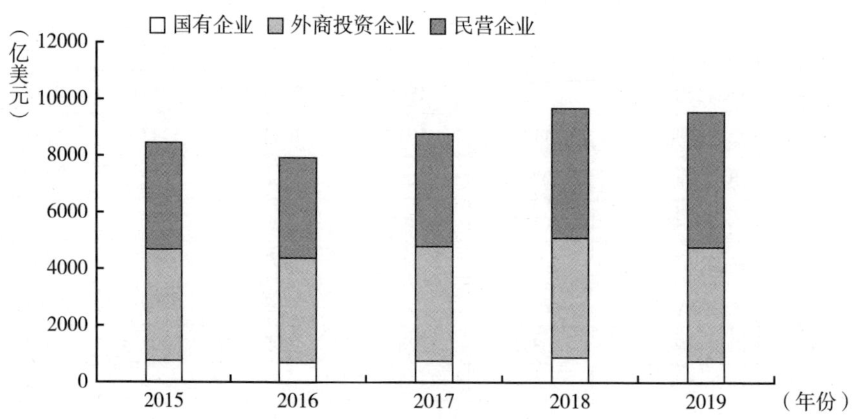

图 9　长江三角洲按企业性质分类的总出口额

资料来源：上海市、江苏省、浙江省、安徽省统计局。

三　稳外贸稳外资：疫情后长三角地区迅速出台扶持政策

2020 年初新冠肺炎疫情暴发并引发全球公共卫生事件，全球的产品供应链一度出现断裂，长三角地区稳外贸稳外资工作面临巨大压力。为此，长三角三省一市纷纷出台扶持政策，为全国复工复产、抗击疫情作出了重要贡献。

（一）稳定信心：三省一市纷纷出台新措施

在稳外贸方面，上海市商务委在抗击疫情“沪 28 条”的基础上，出台了“稳外贸 11 条”，主要内容是保障供应链畅通、优化跨境金融结算等。江苏省商务厅在 3 月即出台 22 条举措，对受影响的中小外贸外资企业给予减免相关税费、延期申报和缴纳税款、降低企业房租成本、补贴经营成本等帮扶优惠政策。浙江省推出 18 条稳外贸稳外资促消费的举措，率先实施“云参展”等应对措施。安徽省则对重点服务贸易企业给予一定的奖励补贴。

在稳外资方面，江苏省于 5 月率先出台《关于促进利用外资稳中提质做好招商安商稳商工作的若干意见》，发布 23 条提高外资质量效益的政策措施。上海市于 8 月发布《上海市外商投资条例（草案）》征求意见稿，以更高效的服务打造优良的营商环境，稳定外国投资者的信心。浙江省和安徽省也从塑造营商环境入手，分别出台各种通过网上平台提升政府服务能力、促进投资便利化的政策措施。

（二）“一极三区一高地”为长三角发展明确定位

2019 年 12 月，《长江三角洲区域一体化发展规划纲要》明确了长三角地区“一极三区一高地”的发展战略定位。“一极三区一高地”的提出，为长三角的发展明确定位，为长三角外资外贸的协同发展提供了政策依据。

2020 年 5 月，习近平总书记在全国“两会”期间提出，逐步形成以国内大循环为主体、国内国际双循环相互促进的新发展格局，培育新形势下我国参与国际合作和竞争新优势。充分利用长三角一体化示范区和自贸试验区新片区先行先试的制度优势，实现国内国际双循环的良性互动，将使长三角的金融、贸易、投资实现“双循环”下的协同发展，开放优势得到进一步体现。

2020 年 8 月 12 日，国务院颁布《国务院办公厅关于进一步做好稳外贸稳外资工作的意见》（国办发〔2020〕28 号），提出“进一步加强稳外贸稳外资工作，稳住外贸主体，稳住产业链供应链”，从国家层面为长三角地区防疫抗疫、复工复产、稳外贸稳外资提供了制度保障。

B.18
构建浙江全面开放的新格局研究

陈　刚*

摘　要：为构建全面开放的新格局，浙江高屋建瓴进行了全方位的战略布局，提升开放水平，开放成为推动浙江经济发展新的驱动。在构建全面开放新格局的总体布局上，浙江省以大湾区、大通道、大都市区建设为主体，以打造“一带一路”枢纽为重点。在路径选择上，发展更高水平的国际贸易和投资，提升对外开放水平，打造具有国际竞争力的要素资源配置中心，提升资源配置效率，大力建设高能级开放平台，构筑浙江对外开放大平台。

关键词：全面开放　高能级开放平台　“一带一路”枢纽　浙江

习近平总书记在党的十九大报告中提出要推动形成全面开放新格局。报告指出“要以‘一带一路’建设为重点，坚持引进来和走出去并重，遵循共商共建共享原则，加强创新能力开放合作，形成陆海内外联动、东西双向互济的开放格局”。浙江充分认识到自身对外开放所处的历史方位，积极发展更高层次的开放型经济，使开放成为推动浙江经济发展的新驱动，在开放中充分彰显浙江经济的新特征、新优势。在构建全面开放新格局中，浙江在总体布局、路径选择等方面，都做了积极的探索。

近年来，浙江省关于构建全面开放新格局的战略布局，极大地提升了浙

* 陈刚，浙江省社会科学院经济研究所副研究员。

江的开放水平。G20 杭州峰会把浙江带到了国际化的新高度，浙江的全面对外开放进入了崭新的阶段。“一带一路”和长江经济带建设在浙江省交汇，为浙江扩大开放提供了难得的历史契机。浙江省第十四次党代会提出开放强省，增创国际竞争新优势。浙江“要以国际化为导向，以‘一带一路’统领新一轮对外开放，谋划实施一批体现浙江资源禀赋、契合国家战略使命的重大开放举措，加快城市国际化、企业国际化、人才国际化，努力成为参与‘一带一路’建设的排头兵。不断增强统筹利用国际国内两个市场、两种资源的能力”。浙江构建全面开放新格局，也体现在坚持引进来和走出去并重，鼓励有实力的企业走出去，充分利用外资推进供给侧结构性改革，实现经济向更高形态的发展，营造出更加开放的营商环境，增强浙江引资竞争力，提升浙江国际竞争力。

一　浙江构建全面开放新格局的总体布局

为构建全面开放的新格局，浙江高屋建瓴进行了全方位的战略布局，主动探索，率先实践。在构建全面开放新格局的总体布局方面，浙江以大湾区、大通道、大都市区建设为主体，全力打造世界一流的国际大都市和全方位联通世界的大通道；以打造“一带一路”枢纽为重点，形成“一区、一港、一网、一站、一园、一桥”为框架的“一带一路”总体格局。通过整体的战略布局，促进省域范围内高端要素的全面集聚，使浙江嵌入全球创新网络，提升其全面开放的水平。

（一）以大湾区、大通道、大都市区建设为主体

1. 积极谋划浙江大湾区建设

湾区经济作为重要的滨海经济形态，以开放性、创新性、宜居性和国际化为主要优势。2017 年浙江省第十四次党代会明确提出，加快建设环杭州湾城市群，谋划实施大湾区建设行动纲要，重点建设杭州湾经济区，推进沿海大平台的深度开发，大力发展湾区经济。当今全球，各国湾区都是滨海城

市和临海产业布局重要的入海口，这些城市凭借有利的海湾资源条件，打造了很多国际名城。推动湾区经济发展已经成为世界各国发展开放型经济、确立战略优势的重要经验。

为构建全面开放新格局，浙江省积极谋划大湾区建设，提升湾区经济的开发水平，主要包括以下三个方面。一是开展全方位的区域统筹优化和完善分工协作关系。这包括区域之间的协调和交通短板的补足。在区域之间的协调方面，浙江加大与上海的协调力度，建立健全综合协调和落实机制，实现政府、企业、公众之间多层次、多渠道的沟通和互动；积极完善跨区域协调机制，例如构建湾区利益共享机制。在交通短板的补足方面，补足交通短板，目前沿海大通道存在明显的交通短板，现有的架构暂无法满足湾区主要城市的沟通联系，浙江着眼于完善基于湾区功能协同的交通网络布局。例如，启动建设杭州湾区域主要城市与上海之间的公路复线和铁路联系，推动滨海干线的建设等。二是为提高湾区核心城市引领能力对湾区的资源进行充分的整合。例如，借助大都市圈的引领作用，尤其是借助杭州、宁波等中心城市在金融、互联网、人工智能等方面的综合优势，完善城市群之间的分工协作体系。三是积极引导创新要素的集中。其主要包括：推动湾区服务创新，建立起湾区面向人才、研发、产品等全方位的创新支撑体系；以钱塘湾金融港湾建设为依托，探索试点政府和行业自治主体相结合的全新管理模式，实现产业、资本以及人才之间的协同驱动。积极引导和推动科研和人才的国际化，努力将杭州打造成国际知名的移民城市，拓展杭州的城市发展空间。

2. 全面提升义甬舟大通道开放水平

建设义甬舟开放大通道是浙江服务和落实国家“一带一路”倡议、长江经济带战略，助推长三角地区建设世界级城市群，加快构筑新的经济增长极的重大战略举措。2016 年浙江省《政府工作报告》明确指出：“以舟山自由贸易港区、舟山综保区、宁波保税区、梅山保税港区、金义综保区等平台为基础，以宁波舟山港、义乌陆港、甬金铁路为支撑，规划建设义甬舟开放大通道，成为贯穿浙江沿海山区、连接丝绸之路经济带和海上丝绸之路的战

略桥梁。”建设义甬舟大通道，其主要考量是打造高效、便捷、低成本的国际物流大通道。利用义甬舟大通道，浙江构建了以水陆空多式联运为支撑、绿色智能安全为特征的集疏运体系。积极推动港口一体化发展，完善中欧班列常态化运行机制，加快物流中心以及物流大通道的建设；推进重大开放平台建设。这其中包括聚力创建以油品全产业链投资贸易自由化、海洋产业投资贸易便利化、新型大宗商品储备加工交易中心为主题的舟山自由贸易港区。打造“网上丝绸之路”战略枢纽，尤其是加快跨境电子商务综合试验区建设，积极促进跨境电商海外物流体系建设和完善，提升综合服务水平。深化义乌国际贸易综合改革试点，争取投资贸易便利化政策等。促进“引进来”和“走出去”同步发展。浙江鼓励企业“走出去”，开展实业投资、并购投资等多种形式的对外投资，同时，鼓励高水平地“引进来”，创新产业的合作方式，形成全新的中外经贸合作机制。

3. 布局推动大都市区建设

为打造为长三角世界级城市群重要组成，近年来浙江积极谋划布局推动大都市区建设。大都市区建设是充分利用四大都市区传统的比较优势推动大都市核心区与都市圈域的资源共享、产业共兴、交通共联、生态共保，实现均衡协调的一体化优势。浙江在全国较早地提出和实施城市化战略，浙江的城市化水平、城乡发展一体化水平在全国处于相对领先的地位。在浙江，杭州、宁波、金义、温州四大都市区建设也正在成为引领浙江全省新型城市化发展的核心平台。通过将浙江打造为长三角世界级城市群重要组成，以城市群建设实现城市之间优势分工互补以及重大平台布局优化，从而促进高端要素资源的集聚。

具体而言，浙江积极布局推动杭州、宁波、温州、金义四大都市区建设，并以此四大都市区的核心区为中心带动环杭州湾、甬台温、杭金衢、金丽温四大城市连绵带，形成以四大都市经济圈为辐射拓展的“四核、四带、四圈”网络型城市群空间格局。其中，以杭州都市区为核心，构建辐射全省乃至省际相邻区域的杭州都市圈；以宁波都市区为核心，辐射范围涵盖绍兴嵊（州）新（昌）组团，加强甬绍舟台紧密联动，构建海洋与内陆腹地双向辐射的宁波都市圈；以温州都市区为核心，构建与台州、丽水紧密联动的温州都市圈；以金义都市区为核心，构建与衢州、丽水紧密联动的金义都市圈。四大都市区以占全省79%的土地面积，集聚了94%的人口，创造了96%的经济总量，作为浙江现代化发展引领极和参与全球竞争主阵地的作用更加突显。到2022年，大都市区核心区GDP总量、常住人口总量分别达全省78%和72%以上，各类人才总量超过1000万人。

（二）以打造"一带一路"枢纽为重点

"一带一路"作为我国应对国内外新形势提出的重大战略构想，对经济结构转型升级、全面深化对外开放具有积极的推动作用。浙江具有开放程度高、综合实力强、辐射带动作用大等诸多优势，打造"一带一路"枢纽，有助于以开放倒逼深层次改革，开创浙江对外经贸新格局。自从"一带一路"倡议提出以来，浙江主动对接，率先实践，取得了异常瞩目的成绩。例如为将宁波打造成为枢纽型城市，2017年9月宁波"一带一路"建设综合试验区获批成立。义乌早在2014年就开通了中欧班列。经过多年努力，中欧班列已开通至中亚、中东以及远至西班牙方向的国际货运班列。此外，义乌也相继建成海港、铁路、航空、保税和邮政五大口岸平台以提升综合服务功能。浙江打造"一带一路"枢纽，正在成为带动浙江外贸发展新的引擎。

总的来说，浙江目前主要是以打造"一带一路"枢纽为重点，形成以"一区、一港、一网、一站、一园、一桥"为框架的"一带一路"全面开放新格局。根据《浙江省打造"一带一路"枢纽行动计划》，打造"一带一路"枢纽，主要内容包括：建设自贸试验区，打造对外开放新高地；构筑国际枢纽港，打造国际现代物流体系；建设数字贸易港，打造"数字丝绸之路"门户枢纽；布置境外服务站，打造"一带一路"节点网络；建设国际合作园，打造科创产业合作发展先行区；构架民心联通桥，打造国际人文交流基地。"一带一路"枢纽打造作为一项国家战略，它在凸显浙江地理优势、促进境外合作区建设、实现产业转型升级、突破能源发展瓶颈、落实一批重大项目等方面，发挥了重要作用。它从空间优化的角度，全面拓展了浙江开放格局，提升了浙江的对外开放水平。从优化空间角度看，“一带一路”枢纽打造进一步凸显浙江的地理优势。浙江对外加强海上通道的开拓、互联、互通，对内通过“长江经济带”连接“丝绸之路经济带”，加大对中西部地区的辐射力度。从转型升级角度看，“一带一路”枢纽打造为长三角实现产业转型升级提供历史性契机。打造“一带一路”枢纽，布局全球，是打破经济增速放缓、要素供给约束日趋明显等发展瓶颈的重要途径，为浙江乃至长三角地区扩大对外经贸合作提供发展平台。

二 浙江构建全面开放新格局的路径选择

构建全面开放的新格局，浙江目前在路径选择上，发展更高水平的国际贸易和投资，提升对外开放水平；打造具有国际竞争力的资源要素配置中心，提高资源要素配置效率；大力建设高能级开放平台，构筑全省对外开放大平台。

（一）发展更高水平的国际贸易和投资，提升对外开放水平

发展更高水平的国际贸易和投资，要积极培育外贸竞争新优势，打造高质量外资集聚地，创新对外投资方式，提升企业的国际竞争力。因此，最关键的举措是加快城市国际化和引导企业开展国际化竞争。

1. 加快城市国际化

国际化城市指在劳动分工国际化、国际贸易全球化、世界经济一体化和经济区域集团化过程中，形成的一类具有全球性经济、政治、文化功能的中心城市。浙江构建全面开放的新格局，应积极加快城市国际化进程，提升对外开放水平。

一是增强开放大通道内都市区极核功能，发挥空间辐射的作用。陆海双向开放大通道的建设以及未来开放空间的进一步优化，需要提升中心城市的国际化发展水平，增强两大都市区的极核功能，使之成为对外开放大通道重要的增长源、驱动力。如宁波一直是浙江对外开放的前沿、龙头，不断强化

国际强港建设的目标，结合港航服务，推进国际供应链金融、国际结算、离岸金融等金融创新，完善软环境配套建设；推进国际贸易体制和现代流通体制创新，进一步强化义乌作为陆港的功能定位，将义乌国际陆港建设成为国际贸易始发港和目的港，成为国际采购贸易和区域性国际贸易流通体系中的功能性节点。

二是推动四大都市区建设和完善。在完善都市区轨道交通体系的基础上，推动四大都市圈建设，为加快从县域经济向都市区经济的转型，浙江省着力打造杭州、宁波、金义、温州四大都市区。充分发挥四大都市区在优化区域布局、带动全省转型升级等方面的主体作用，助推全面开放新格局构建中的城市国际化进程。

三是打造国际开放合作的新高地。浙江重视营造高标准的国际营商环境，积极引进全球行业领先企业、国际创新型企业。在具体的突破路径上，巩固和深化杭州跨境电商综试区先行先试优势，推进国家综合保税区建设，打造“网上丝绸之路”重要战略枢纽城市等。

2. 引导企业开展国际化竞争

在引导企业国际化方面，浙江积极创新企业发展模式，抢占先机参与国际规则的制定，积极打造一批具有国际竞争力的本土跨国企业，推动企业境内外合作区纵深发展。

一是创新走出去企业的发展模式。为全面提升开放水平，浙江加快推进浙江走出去的模式创新。浙江结合自身特征，鼓励跨国公司以高端装备制造业、服务业、新兴技术产业等方面的优势，实现海外市场的扩张，打造领先全球的跨国企业集团。为推动这一进程，浙江深化在境外投资管理体制方面的改革，简化审批事项和手续，为企业提供全方位的服务。

二是积极抢占先机、参与国际规则的制定。抢先制定国际规则，是实现从外向型经济向开放型经济体系转变、促进开放角色转换的重要举措。浙江充分利用中国（杭州）跨境电子商务综合改革试验区和电子商务产业方面所具有的主导优势，鼓励跨境电子商务服务试点搭建和创新“网上丝绸之路”，积极抢占先机，参与服务规则的制定等。

（二）打造具有国际竞争力的要素资源配置中心，提升资源配置效率

在路径选择上，打造具有国际竞争力的要素资源配置中心，尤其是打造国际技术高地，实现人才国际化，加强创新能力的开放合作，为浙江在商品、资本、人才、创新等资源要素国际流动方面创造更加良好的条件，使其能够集聚全球高端要素，更好地服务浙江的发展。

1. 打造国际技术高地

浙江积极打造国际技术高地，努力提升大湾区科创中心服务水平，促进湾区科技创新资源的集聚，使浙江打造嵌入全球创新网络的新格局，从把握功能定位、提高创新集聚度、扩大创新开放程度等方面综合着手。

一是建立全方位服务的湾区现代科创中心，开展关键技术和前沿技术的攻关。吸引名校分支机构入驻，完善多层次的学科分布；支持省域各层级实验室、科研创新平台、产业研发机构、孵化器、加速器等创新载体的建设；以“最多跑一次”改革为契机，为创新企业提供高质高效的平台服务等。

二是利用杭州、宁波国家级自主创新示范区的建设契机，增加创新要素的集聚密度。现阶段，浙江在现有基础上进行整合，如整合杭州、宁波、绍兴、嘉兴等地区的国家级新区、科技城、省级高新园等创新平台，形成并完善更加统一的创新资源导入机制。

三是扩大创新开放程度。例如，嘉兴全面依托浙江全面接轨上海示范区，打造类似嘉兴科技城、秀洲高新区等优质创新平台。以嘉杭 G60 科创走廊为主干，有序地将湖州和嘉兴其他地区纳入这一创新走廊当中，充分借助这些地方优质的商务环境、创新氛围。培育利益共享的产业价值链，推动产业互融，促进全产业链分工合作，促进在信息技术、生物技术、人工智能等高端产业方面的集聚。

2. 实现人才国际化

高端人才要素资源的集聚是打造技术高地的基本保障，浙江在实现人才国际化方面，一是营造良好的创业环境。这包括：拓展国际创新创业载体，

加快创新创业平台建设；高水平规划建设杭州城西科创大走廊、城东智造大走廊；规划建设具有国际影响力的科创特色小镇、离岸创新创业基地、开放式创业街区和高端众创空间，形成聚合高端要素的国际化创新创业空间体系。经过这一系列努力，实现人才汇聚，打造浙江发展的人才高地。

二是营造国际创新创业生态环境。浙江从创新成效、创业活跃度、双创空间、科技金融、政策支撑等多个维度优化环境，构建浙江的创新创业生态。在产学研合作体制方面，支持行业龙头企业联合组建产业研究院，加大对企业创新的支持力度；在科研成果高效转化方面，深化国家自主知识产权示范城市建设，打造具有全球影响力的科技交易市场。

三是充分利用浙江的外部资源尤其是华侨资源。在教育、医疗、社会保障等方面创新侨务管理制度，发挥好浙江侨商的纽带作用；注意培养浙江华侨华人新生代对家乡的感情，通过各种途径关心、了解新生代的工作、学习、生活情况，培育“根在中国”的思想观念。

B.19

国家战略视阈下的长三角区域法治一体化研究

彭 辉　程雨阳*

摘　要：　围绕高水平开放、高质量发展、高品质生活、高效能治理的长三角区域协调发展战略，应重点破解对长三角地区经济社会发展中面临的突出法治短板问题，尤其是对于推动区域经济一体化，促进产业、交通、文化等区域资源整合发展的相关法律问题深入展开研究。本文分析了长三角一体化国家战略中法治发展的理论基础，厘清了国家战略背景下长三角法治一体化发展的基本原则，考察了国内外区域法治协同与一体化发展典型案例，梳理了长江三角洲区域法治协同发展现状与存在的问题，提出了长三角更高质量法治一体化的实施路径：建设长三角区域立法协同机制，建设长三角区域政策协同机制，建构长三角区域司法与执法协同机制，推动长三角更高质量法治一体化的科技驱动，推动长三角更高质量法治一体化的智库建设，推动长三角更高质量法治一体化的法治人才培养。

关键词：　国家战略　法治一体化　长三角区域

* 彭辉，上海社会科学院法学所研究员；程雨阳，上海社会科学院法学所硕士研究生。

党的十九大报告提出要实施“区域协调发展战略”，以及“创新引领率先实现东部地区优化发展”。当前时代背景下，长三角一体化建设正迎来重大机遇期。习近平总书记提出“将支持长江三角洲区域一体化发展并上升为国家战略”。2016 年 5 月，《长江三角洲城市群发展规划》提出全面建成具有全球影响力的世界级城市群的战略目标；同年 12 月，上海、江苏、浙江、安徽共同签署了《沪苏浙皖关于共同推进长三角区域协同创新网络建设合作框架协议》。

长三角区域是“一带一路”建设、长江经济带重大国家战略的实施地，同时承担多项国家战略。接下去五年长三角区域一体化发展将更大程度影响区域整体经济发展水平。习近平总书记曾指出，“治国理政的基本方式是法治”。长三角区域一体化的协同推进，绝不能离开法治，必须在依法治国方略下加强相关领域和方面的法治一体化建设。

一 长三角法治一体化的理论证成

（一）长三角地区经济社会发展概况

长三角位于我国东部沿海的中心地带。2010 年，中央批准颁布《长江三角洲地区区域规划》，长三角区域包括沪、苏、浙三地区。2016 年 5 月，中央批准《长江三角洲城市群发展规划》，要求沪、苏、浙、皖四地政府及有关部委联合打造“具有全球影响力的世界级城市群”，在此批复中，长三角的范围容纳上海以及江苏的苏州、南京等 9 个城市，浙江省的杭州、宁波等 8 个城市和安徽省的合肥、芜湖等 8 个城市，区域面积 21.17 万平方公里，占全国总面积的 2.2%。同时，长三角区域也是我国最重要的经济发展极，在长江三角洲的城市圈范围内，涵盖了几乎一半数额的经济百强县，也拥有许多年均产值上百亿元的产业园区。2018 年江苏国内生产总值 9.2 万亿元，浙江 5.6 万亿元，安徽 3 万亿元，上海 3.2 万亿元，总共约占全国国内生产总值的 22%。

长三角区域已经成为我国最重要的经济区域之一，当前的发展局面进入了以“共进共荣”为特征的新阶段。快速发展中的长三角区域目标是成为引领全国、辐射亚太、面向全球的世界级城市区域。

（二）长三角一体化发展历程概述

长三角的概念内涵和空间外延，长期随着政策调整处于变化之中。自改革开放以来，长三角一体化发展经历了五个阶段。

1. 1982～1984年的“上海经济区”

“长三角一体化”概念可追溯至中央于20世纪80年代提出的“以上海为中心建立长三角经济圈”设想。“上海经济区”是长江三角洲经济区概念的最初构想和雏形。

2. 1984～1988年的上海经济区扩容版

1984年12月，国务院决定将上海经济区的涵盖范围扩容至上海、江苏、浙江、安徽、江西一市四省，覆盖人口数将近2亿人，覆盖面积达到52万平方公里。1987年将福建也纳入上海经济区的范围内，长三角经济区的范围再一次扩容，将除山东以外的整个华东地区都容括在内。然而，由于长三角区域间经济社会隔阂，1988年6月，国家计划委员会撤销了上海经济区规划办公室。

3. 1992～2008年的苏浙沪16个城市为主要部分的长三角城市群

20世纪90年代，随着浦东新区的开发，长江三角洲区域进入了全新的发展阶段。2003年8月，《以承办“世博会”为契机，加快长江三角洲城市联动发展的意见》（“南京宣言”）发布，长三角区域建设从经济、交通等逐渐拓展到文化等领域，为长三角雄踞我国城市群综合排名之首打下了基础。

4. 2008年的长三角地区两省一市25城版

2008年9月16日，国务院颁布《关于进一步推进长江三角洲地区改革开放与经济社会发展的指导意见》，指出要将长三角建设成亚洲极具影响力的开放窗口和世界级重要的产业基地。2010年，国家发改委将长江三角洲区域范围划定为上海以及江苏、浙江的25个地级市。

5. 2016年的长三角地区城市群三省一市26城版

2016年6月，《长江三角洲城市群发展规划》发布，在原有两省一市25城的基础上去掉了苏、浙的部分城市，并将安徽省的8个城市加入长三角区域。最终，2018年习近平总书记宣布，"长三角一体化"成为国家战略，完成了最近一次升级。

（三）长三角一体化国家战略中的法治发展

1. "长三角法治一体化"概念分析

作为国家战略的重要组成部分，"长三角一体化"的建设不仅事关长三角区域的可持续发展，还与国家整体发展大局息息相关。长三角区域一体化发展要求四地联合行动，要求在各个方面积极进行协调配合。良好的法治环境是重要的保障措施。因此，为保障长三角区域更高质量发展要求得以实现，就必须加强长三角法治一体化水平，以有效避免范围内各地为了自身利益各自为政、相互掣肘的现象。

"长三角法治一体化"作为"地区经济一体化"（Regional Economic Integration）的概念衍生，是指在长三角地区，以服从服务于平安长三角、法治长三角建设为目标，以长三角区域发展国家战略为平台，以创新、优化、协同、开放、共享为路径，在中央的统一部署下，沪苏浙皖通过多地联动，全面提质升级区域法治协作，通过法治的方式助推长三角区域更高质量一体化发展规划方案的实现。

2. 长三角法治一体化建设的必要性分析

第一，长三角法治一体化建设是实现沪苏浙皖四地资源共享、经济合作与快速发展的重要保障。推动建设长三角区域战略有多种的因素，包括人文社会素养、资源环境样态和政府之间的组织协调作用等。助力长三角经济社会高质量发展，核心是法治建设。长江三角洲健全的法制可以为长三角的高质量发展提供更便捷的社会服务举措与更高效的法治保证。

第二，长三角法治一体化建设是根本解决区域冲突、市场分割及地方保护问题的制度性保障。市场经济发展必然要求具有完善的法治体制和法治环境。当前，我国区域经济合作发展逐步呈现上升趋势，区域经济合作发展的数量在逐渐增多的同时，也取得了合作共赢应有的成果。同时应当注意的是，在区域经济领域合作发展的过程中，产生了各方利益的不协调、各方之间未统一价值目标而带来的纠纷问题，各区域之间没有形成统一的市场从而带来的市场分割问题，合作收益的分配不协调以及地方保护等问题。这些问题制约着区域之间合作时形成共同的价值追求，使其难以在相同的制度框架内运行，限制着区域合作朝着一个方向前进，从而制约了区域经济合作发展的广度和深度。因而，在长三角区域经济发展建设中需进行长三角区域法治建设，通过制定约束区域所有主体和行为的相同的规制，使区域经济在相同的制度框架下形成统一的市场规则，长三角区域的经济主体之间产生公平合理的竞争秩序，从而化解各个参与区域之间的利益冲突，最终实现长三角区域经济一体化发展。

3. 国家战略背景下长三角法治一体化发展

在长三角贯彻国家战略的更高质量、一体化发展实施的过程中，不断深入并加强法治建设一体化是解决区域经济发展过程中出现的各种不协调、不均衡、不充分问题的根本方法和根本途径。显然，只有不断强化以强制性、规范性和稳定性为原则的法治协同形式，才能更好地将区域经济一体化的原则、目标、方法、成员构成、组织形式和权利义务等内容通过法律严肃的形式明确、具体地规制，使区域经济一体化平稳地走向制度化、正规化的道路。在此基础上，还要加强各个主体之间对长三角经济区域的联合法治建设，共同建设更高水平的长三角经济区域法治。

一是遵循政法工作规律。长三角法治一体化必须坚持正确的政治方向，要以全国性的法治建设为基础和依据。长三角经济区域内的各项立法、行政、司法和执法活动，都必须基于国家法治建设一体化框架展开实施，从而防止出现与国家法治建设相抵触的各种乱象。与此同时，也要立足长三角实际情况，因地制宜地制定符合长三角区域特色的各项法律法规，积极发挥好经济发展的保障作用，保障长三角区域一体化的合法有序发展。

二是坚持平等协商原则。长三角一体化是沪苏浙皖四方针对经济社会协

同发展的方向达成的战略性共识。在长三角经济区域一体化的发展战略中，参与的各方主体都具有平等的法律地位。在法治一体化发展进程中，绝不能以各地经济发展水平的高低、政治地位的高下来制定和实行法律和政策，要以平等互助协商为原则，尽力平衡各地参与主体之间的利益，减少因利益冲突而带来的尖锐矛盾，进而营造出公平竞争的营商环境，最终实现在长三角经济区域一体化合作中各方共赢。

三是坚持公平合理互助原则。长三角经济区域一体化发展的终极目标是充分发挥长三角经济区域内部的各地区优势，不断升级和优化资源配置，持续提高整体经济发展的质量和效率，进而使该区域经济得到协调、充分、快速的发展。在经济发展的过程中，往往会出现为了实现区域整体性的发展而牺牲部分地区的相关利益。针对这种情况，应本着公平合理的原则，对利益受损地区进行合法、合理、合适的补偿，或者在其他方面予以相应的帮助和照顾，给予其优惠政策和方案，使得区域间的差距不断缩小，最终促进区域间的共同富裕。

二　国内外区域法治协同与一体化发展现实考察

当前，长三角区域已经发展成为我国各区域经济活跃度最高、开放水平最高、创新能力最强、一体化程度最高的地区之一，在国家现代化发展和高质量发展格局中占有举足轻重的地位。习近平总书记已经对于如何在保证质量的情况下实现长三角地区的一体化发展做出了重要指示，下一步就是要对指示精神进行贯彻学习。其中的重点是推进法治一体化建设，发挥法治建设的重要保障作用，为市场、城市群、环境保护的一体化建设保驾护航，利用协同效应、规模效应打造更具国际竞争力的长三角区域。因此，有必要通过调研分析与比较借鉴，“纳百家之长以厚己”。

（一）京津冀区域法治协同现状调研

2014 年 2 月 26 日在北京召开的京津冀协同发展座谈会上，在听取专题工作汇报之后，习近平总书记提出了京津冀协同发展战略，明确推进京津冀协同发展应从七个主要方面着力。作为推进京津冀协同发展的重要目标，疏解北京非首都功能的任务得到了热切的关注，在这一目标的引领下，国家级新区——雄安新区得以在河北落地。毋庸置疑，发挥好法治的保障作用将对京津冀协同发展产生重要影响。

1. 京津冀区域协同立法现状考察

2015 年 5 月，北京、天津、河北三地人大常委会共同出台《关于加强京津冀人大协同立法的若干意见》，就建立协调机制、环评会商、协同监管、联防联治等做出规定，要求形成三地区信息共享的格局，在此基础上积极进行地区间的立法沟通，对于具备重大意义的立法项目，其实施需要地区间的分工协力，形成地区间在立法资源和制度设计上的联动保障。完成制度建设安排后，三地协同立法步入具体实施的阶段，一系列急需的立法协同项目随即启动。这其中，生态环境保护作为协同立法的优先选项之一被提上日程。《天津市大气污染防治条例》经 2015 年 1 月 30 日天津市第十六届人民代表大会第三次会议通过，2016 年 1 月，经过河北省第十二届人民代表大会第四次会议审议后的《河北省大气污染防治条例》也最终落地，这都显示了京津冀协同立法取得了喜人的成绩。当前，京津冀三地地方人大立法相关部门正在就进一步建立健全立法协同机制的具体方式、相关规范进行协调整合，例如在税收区域间的流转、监督管理行业行为、研究成果投入使用等方面，避免京津冀区域的政策冲突导致对协同发展的制约，实现执法机关的执法依据、制度、方式的一体化。

2. 京津冀区域行政执法协同现状考察

推动京津冀区域内法治建设的直接体现之一就是行政执法协同机制建设，这是深化行政执法体制改革所必需的关键环节。在京津冀三地协同发展战略的实施进程中，行政执法协同制度能够有效发挥引领、规范和推动协同发展的制度机能。能否实现执法协同、执法协同能否坚持法治底线，直接影响京津冀三地协同发展战略的稳定、有序推进。京津冀地区之所以能平稳实现协同发展，有赖于区域内一体化的执法机制和规制严格的程序设计，也有赖于

执法人员在执法过程中能始终坚持科学的理念。下一步，京津冀三地政府正在考虑推动签署相关协议，促进政府治理改革，实现实质性的执法协同。

3. 京津冀区域司法协同制度现状考察

京津冀区域协同发展中，面临一系列重要而急迫的法律问题，探索建立一套既符合中国国情和司法规律，又适应京津冀协同发展需要的司法协同机制成为当务之急。《最高人民法院关于为京津冀协同发展提供司法服务和保障的意见》在对京津冀协同发展战略重大意义的充分认识之下，提出在宏观层面法院要以服务保障京津冀协同发展的大局意识安排工作，在微观层面法官在每个具体案件的处理中把握对京津冀协同发展的影响。要把握服务和保障京津冀协同发展的目标、方向和原则，增强前瞻性、预见性，组织人员认真研究分析每一个可能进入诉讼程序的案件，推动形成京津冀协同发展新格局。要注重发挥多元化纠纷解决机制的作用，减少可以避免的司法资源浪费和当事人的时间、物资成本，使纠纷在诉讼外也能得到真正解决，实现真正的息讼宁事。检察机关也要围绕司法办案服务大局为京津冀协同发展提供保障。

（二）粤港澳大湾区司法协作和法治体系建设调研

党的十九大报告明确提出："以粤港澳大湾区建设、粤港澳合作、泛珠三角区域合作等为重点，全面推进内地同香港、澳门互利合作。"作为顶层设计的重要内容，粤港澳大湾区建设的战略意义不容忽视，在粤港澳大湾区建设高速度、高质量发展的过程中，具体到区域协作和法治建设的方面也有部分体现，具体特点如下。

1. 中央政府主导下的纵向府际合作

在粤港澳合作领域，中央政府一直扮演重要角色。一是以全国人大常委会授权的形式，推动粤港澳大湾区区域事务合作，为内地与港澳地区的合作提供法律基础，化解法律适用难题。二是由国务院部门通过制定规划，推动区域事务合作。三是由中央政府部门直接与港澳签署协议，安排区域合作事务。四是由最高司法机关发布司法解释。

2. 地方自主下的横向府际合作

广东省政府与香港特区政府在2010年签订《粤港合作框架协议》，并于次年与澳门特区政府签订《粤澳合作框架协议》，这些都是地方横向府际合作的体现。为了进一步深化内地和港澳交流合作，实现港澳参与国家发展战略，2017年在习近平总书记的见证下，香港特别行政区行政长官林郑月娥、澳门特别行政区行政长官崔世安、国家发展和改革委员会主任何立峰、广东省省长马兴瑞共同签署了《深化粤港澳合作　推进大湾区建设框架协议》。以上这些协议的先后签署生效为粤港澳地区的深度合作交流与进一步发展建设了重要的制度平台，建成了一系列有效的区域合作机制。一是高层会晤。由粤港澳地区三方高层适时举办会晤活动，共同研究决定重大合作事项内容，共同达成区域战略性共识，共同形成区域合作纲领性文件，共同指导和推动合作具体工作的开展。二是联席会议。不断完善联席会议制度，加强联席会议工作机制的行政协调和事务执行机能，简化政府间沟通环节，不断提高粤港澳地区合作工作的实效性。三是工作机构。以协议形式明确联络办公室具体职能和名称，由工作机构具体负责跟进落实本协议有关的各项具体事项，协调解决合作过程中产生的争端分歧，建立健全公共信息交流机制，定期发布协议的具体落实情况报告。四是咨询机制。汇集不同地区、不同领域的专家与精英进行粤港澳地区的合作工作，以完善现有的咨询职能，对具体领域协作发展的方式方法从不同角度提出建议，通过高端论坛的形式将政策建议传递到高层。五是民间合作机制。鼓励各类型专业组织建立健全联系沟通机制、设立各个行业协会之间的合作沟通平台，推动建立统一实行的行业服务标准，最终完成统一服务市场的构建。

3. 合作的高级形态——“合营事业”模式

在区域治理领域，粤港澳大湾区的积极探索为世界法治进程作出了重大贡献。在非正式合作机制和私法组织的基础上，广东、香港、澳门都进行了各种探索与尝试，最终提出了“目的事业公法人”的概念，注册资本来自三地政府的“港珠澳大桥管理局”便是其体现，管理局的权威性、组织能力和执行能力明显高于其他区域成立的合作组织。按照三地政府之间的协

议，港珠澳大桥项目建设和管理的相关事务由该局负责，并与专责小组和联合工作委员会形成对于港珠澳大桥项目的三维化管理结构。“港珠澳大桥专责小组”是协议确定的争端解决机构，“三地联合工作委员会”是协议确定的争端协调机构、港珠澳大桥项目重大事项决策机构，而“港珠澳大桥管理局”则作为项目法人具体负责项目建设、运营、维护和管理的组织实施工作的开展和完成，负责具体执行“三地联合工作委员会”的决策并行使协议所授予的决策权。在港珠澳大桥项目的建设实践中逐步形成的“合营事业”模式，为区域合作治理提供了宝贵经验。

（三）美国的区域治理：结构、问题与解决机制调研

从美国大都市区的治理模式发展进程来看，2020 年呈现“多治理、少统治”的基本态势，难易结合、实行有序，获得了令人惊喜的成绩。

1. 区域一体化呈现“大都市区、双层结构、市县合并”的特征

一是大都市区政府模式。过去，大都市区政府的治理模式得到很多人的青睐，其中不乏有影响力的学者和政府官员。但过去 50 多年的建设实践经验表明，因种种困难和障碍，大都市政府都很难产，目前只有波特兰突破了这个局限，做出了重要革新，于 1979 年初步建成“波特兰 Metro”。据称，这是美国覆盖范围最大的大都市区政府。

二是双层次大都市政府结构模式。其又称联邦式大都市政府，双层次是指大都市政府负责区域范围的职能和地方政府负责地方层次政府的职能，二者相区分开来，为佛罗里达州迈阿密—戴德县大都市政府于 1957 年首创。在这种模式下，迈阿密—戴德县政府除了承担传统职能，如税收、资产评估、法院、选举、公园、公共健康等，还被立法赋予为整个大都市区提供原来由特区、市政府来提供的服务的职能，主要包括公共交通运输、城市主干道、交通工程、住房、社区发展、机场、海运、公园与娱乐区域、固体垃圾处理、图书馆、法律服务等，只有其中部分地方性服务仍由原来的特区政府、市政府提供。但作为获得民众支持的代价是大都市政府的“削足适履”，在出让过多权力之后其难以再维持职责之履行。

三是市县合并的治理实践。19 世纪初期，美国发生多起合并先例，包括1805 年新奥尔良、1854 年费城、1856 年旧金山都发生过大规模的合并。然而 20 世纪初，美国市县合并的进程却停止了，尤其是在 1907 ~ 1947 年没有一起完成的合并案例。1805 年至今，在美国成功的市县合并的案例只有 41 起，不足 1% 的比例与全美境内的市县政府数量相较只是九牛一毛。由此可知，美国通过市县合并的方式以寻求区域协调管理是行不通的。

2. 以成立“特别区政府”为路径的区域一体化

特别区政府是指依据所在州法律所设立、发挥有限目的或特殊目的的特别目的型政府单元。特别区政府主要职能是为该区域内的居民提供市、县、镇区等一般目的型政府无法提供的一种或几种有限的服务，以满足地方社区的特别的需求。就现状看来，大多数特别区主要提供个别化的单一服务，然而在实际中，有的特别区也可以依法向居民提供多种相关服务。美国至少拥有 1000 个特别区的 11 个州如表 1 所示。

表 1　美国至少拥有 1000 个特别区的 11 个州

单位：个

州　名	特别区政府数量	州　名	特别区政府数量
加利福尼亚	2830	内布拉斯加	1146
科罗拉多	1414	纽　约	1135
伊利诺伊	3145	宾夕法尼亚	1885
印第安纳	1125	得克萨斯	2245
堪萨斯	1533	华盛顿	1173
密苏里	1514		

资料来源：U. S. Census Bureau，*Census of Governments*，Vol. 1，No. 1，Washington，DC，2002。

3. 以“政府间协议、政府委员会、合同外包”等为手段的区域一体化

一是政府间协议。政府间协议本质上还是一种合同，与一般民事合同相较，其主体是不同地方的政府，内容是以付费购买的方式，让自己的居民享受邻近政府提供的社会公共服务，实现政府间社会公共服务的共享。美国通过政府间协议提供的市镇和县政府服务以及美国市县政府依赖政府间服务协议提供的合作服务项目及次序如表 2、表 3 所示。

表 2　美国通过政府间协议提供的市镇和县政府服务

单位：%

服务项目	选择政府间协议方式的市镇和县占比	服务项目	选择政府间协议方式的市镇和县占比
精神健康项目	67	医院经营/管理	39
儿童福利项目	63	拖欠税款征收	38
公共卫生项目	57	飞机场的运营	35
监狱/看守所	53	老年服务项目	34
毒品/酗酒治疗项目	52	污水收集和处理	33
税级评定	51	动物收容所	29
公交运输	49	固体废物处理	27
卫生检查	48	水处理	26
无家可归者收容所	40	博物馆	26
图书馆	39		

资料来源：E. S. 萨瓦斯《民营化与公私部门的伙伴关系》，周志忍译，中国人民大学出版社，2002，第 72 页。

表 3　美国市县政府依赖政府间服务协议提供的合作服务项目及次序

市政府签订的相关服务协议	县政府签订的相关服务协议	市政府签订的相关服务协议	县政府签订的相关服务协议
警察/消防通讯	精神卫生	固体垃圾处理	为老服务
图书馆	图书馆	医疗应急/救护车	医疗应急/救护车
污水处理站	警察/消防通讯	动物控制	公共健康诊所
火灾预防/灭火	监狱/拘留所	娱乐设施	规划/区划
监狱/拘留所	固体垃圾处理	水资源供应	火灾预防/灭火

资料来源：Dacid K. Hamilton，*Governing Metropolitan Area*，New York：Garland Pub.，1999，p. 223。

二是政府委员会或政府协会。根据美国全国区域委员会协会（NARC，代表美国 450 多个区域委员会）的界定，政府委员会是由地方政府建立起来的，可以将不同层级的政府成员联合起来从而可以实现整体规划、更好地服务于政府成员并发展地方各区域之间合作共赢等各项目的，从而进行多层级别管辖的公共组织。这种整合起来进行区域合作的组织有很多种类，一些是政府联合会，还有一些叫区域规划委员会，再就是发展特区。

一般来说，区域委员会刚发展起来时主要是对于不同层级政府成员事务进行整体规划，主要涉及土地资源与利用、经济发展、社会发展、环境问题和住房问题等领域的规划，也会有具体到社区发展以及经济活动等方面的布局。具体来看，区域委员会根据职能的区分主要有两种类型：即区域规划委员会（Regional Planning Commissions，简称 RPCs）和政府联合会（Councils of Governments，简称 COGs）。

区域规划委员会是由州的特别立法或是一般性的立法授权设立的，主要由地方政府或州长对其权力机构的组成人员进行任命。1922 年，美国第一个区域规划委员会在洛杉矶县成立，标志着这种联合地方政府进行规划的治理方式正式在大都市跨界治理实践中得以应用，此后更是如雨后春笋般得到了推广和应用，仅仅 48 年（截至 1970 年），美国已经产生了 253 个区域规划委员会。

政府联合会与区域规划委员会产生方式有所不同，首先它是一个多功能自愿性区域协会，自愿性体现在其主要是由民选官员组成，也有少部分由民选官员代表的地方政府组成，因此其管理机构的成员主要是民选官员，同时其运行资金也有部分来源于民选官员所代表的成员政府。1954 年，美国第一个政府联合会成立，截至 1965 年设立了 35 个，也就是在这一年，美国《住房法》修正案通过的一年，政府联合会开始发挥其联合民选官员自愿性组织的优越性，数量急剧增长，1965 年后短短两年时间，从 35 个增长到 103 个。

三是政府公共服务合同外包。就是通常所说的“政府购买公共服务”，这种“民营化”的方法是自 20 世纪 50 年代兴起的，即通过公私合作伙伴关系（Public-Private Partnership，PPP）的形式，政府将某些特定的公共服务事项（这些事项之前由政府直接提供），直接拨款或者通过公开招标的方式交给有资质的私营企业或者非营利组织来完成，从而达到行政目标的有效实现。这一方法将市场竞争机制引入了公共服务的供给活动中，广泛地成为美国大都市区各级城市政府采用的多元化的治理方式之一。

（四）欧盟：实现多样性联合的法治模式

欧盟（European Union，简称 EU）是欧洲多国共同建立的政治及经济联盟，是当今国际社会中推进区域政治、经济等各领域一体化最为成功的范例。对欧盟建构政治经济一体化的成功实践进行学习借鉴，非常有助于长三角法治一体化的构建完善。欧盟的法治总的来看，其目标是在坚持主权共享的原则下，实现各区域的和平与稳定，实现各区域社会经济均衡发展，其在法治上遵循统一的法规和适用统一的机制，从而实行以国家和区域两个层面内外、双向互动的多层区域共治的局面。具体说来，欧盟实现多层区域共治的法治模式的特点有以下几个方面。

1. 在制度和规则框架下通过合作协商形成共识

欧共体共同行动的新方法就是制定统一的法规、适用共同的运行机制并且设置共同的监督机构，使得每个成员国都必须遵守统一的规则，每个成员国都受整个共同体的共同法则的约束，为其有效运转负责，也相应地享有同样的权利。在欧盟的机构设置方面，欧委会、欧洲议会与欧盟理事会是不同权能的权力机构，因此三者相互制衡并且需要遵守相同的制度，无论是大小成员国，都是在相同的制度框架内为了共同的法治、经济、政治建设的目的进行合作协商，最终寻求相应的问题解决方式达成共识，而不是仅仅进行利益的交换。

2. 建立独立高效的利益调节和纠纷调解机制

欧洲一体化需要实现政治、经济、社会等多方面、多层次、多样性的联合，在这种共同体中需要在同一制度框架内满足共同体中各方的利益，因此，建立能够中立并且高效地进行各方利益协调的机构以及相应的纠纷调解机制势在必行。欧盟所建立的在法治体制下的纠纷解决和利益平衡机制之所以是高效和独立的，是因为其是一个超国家的存在，通过一个“上帝”视角增加各方的共同利益从而使得各方的利益冲突减少，有着统一的多层次的利益追求从而达到利益协调和纠纷解决的目的。这种调解机制使得利益冲突的各方在独立的超国家协调机制的引导下更多地考虑“机会成本”（即选择

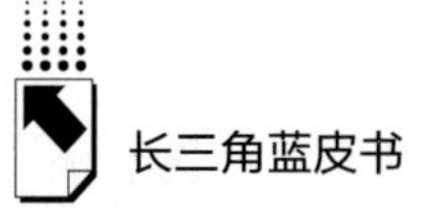

成本)，引导冲突各方形成“向前看”而不是“往后看”的共识，看到共同体向前发展能够带来的长远利益，而不是局限于自身此时所遭受的局部利益的损失或者受益，是“创造一个拱形的规制架构，从而将跨国标准和民族国家差异结合起来”。例如，欧盟竞争法的相关制度就是在保证一个共同体拥有一个竞争市场的框架下设立的，旨在消除生产要素在不同的国家和不同的民族之间跨国流动的障碍，促进资源的高效优化配置。因为只有共同体语境下的同一个市场产生竞争秩序，才会有真正的市场效率，才使竞争各方有更大的增量利益。

3. 硬法软法结合使用促进一体化发展

硬法和软法结合使用的治理模式是欧盟独特的法律治理模式，两种法在法律强制力上有所区分，在适用的灵活性上又各有优势，两种法结合的法治模式有利于在适用时优势互补。欧盟的硬法主要是指整个欧洲共同体共同适用的，具有法律强制力的，对所有成员国都具有约束力的，并且具有执行力的法，主要包括欧盟制定的基本条约、欧盟机构的立法（条例、指令、决定)、欧盟法院的解释（及司法审查）等，这些硬法的强制力可以有效地促进欧盟一体化的进程，提供一体化的法制保障。同时，欧盟软法指的是不具有法律强制力的，由主要机构制定的规范性文件、通知和通报以及欧盟内部的开放性协调机制，软法的实施更具有灵活性和弹性，能够更灵活地适应国际社会发展带来的对于欧盟共同目标的考验，更具有政策的实时性，从而弥补由硬法滞后性带来的“法律漏洞”，能更具弹性地考虑不同国家和民族的差异性和多样性。这样，软法的先导性和灵活性与硬法的权威性和明确性有效地衔接起来，各取其优势又各避其劣势，很好地进行了优势互补和刚柔并济，这就使得共同体总能在同一个框架体系内实现共同的利益追求，使得各方在出现利益冲突时不仅有硬法强制约束其在制度框架内的行为，也有软法适应当今国际社会的发展对其权利做出新的拓展，使得共同体的成员总是能够回到总体发展方向上来，从而确保欧洲一体化这个总目标不断适应国际社会的发展变化，向更深层次、更广泛的领域发展。

三　长三角区域法治协同发展现状与存在问题分析

通过对上述关联性区域法治一体化实践的考察调研，可以发现其中有相当多的经验做法值得我们在建设更高质量长三角法治一体化的进程中进行学习借鉴。概言之，经济一体化应以法治开路、使法治先行，通过深化实质法治，以法治保障区域一体化推进。

（一）长三角法治协同现状的大样本分析

1. 政府主体协作立法及立法形式

政府协作是长三角区域协作最常用的手段并形成了较为成熟的运行机制。其中既有地方政府机构的协作，也有中央主体的参与。

一是在地方政府协作层面。经济领域的合作最早可以追溯到 20 世纪 90 年代，长三角地区的 15 个城市共同合作建立了经济协作联席会议制度，该制度主要是通过联席会议的方式就城市间对经济领域的冲突与发展进行交流以便相互协作。经过 20 多年的发展，联席会议更名为长三角经济协调会，其每两年举行一次，由成员省市的最高领导举行主要领导座谈会，针对区域内的协作发展方向、目标等整体战略问题进行决策，同时也在成员省市内成立了联席会议办公室作为常设机构，以便对区域内的决策和日常工作进行协调、处理，推进各成员之间的协作进程。除此之外，为了保障决策的落地，还成立了重点合作专题组，对重点合作事项进行研究并提出相应方案。到目前为止，重点合作专题组已经就区域环保、技术、交通、金融、信息等重点领域问题提出了相关方案。值得一提的是，2007 年长三角各地方政府在经济协调会的推动下，联合签署了《苏浙沪法制协作座谈会会议纪要》，该纪要对长三角区域的经济和社会发展进行共同部署，确立了通过立法统一以加强区域内合作的协作方案。截至 2017 年，其成员数量已经翻了一番，扩展到了 30 个城市。

二是在中央主体参与层面。随着长三角区域合作成就的取得，中央领导决策层为促进长三角区域相互协作的规范化，通过中央参与协作规范立法。其立法形式包括两个方面：一是通过中央立法机构制定专门的区域法律条款，再由区域内部按照该条款具体实行；二是通过区域内的行政主体共同协作，一同制定规划后交由中央审批。例如2010年5月，国务院批准了长三角区域的省市共同制定的《长江三角洲地区区域规划》，并重新将长三角区域从地域上划分为上海、江苏、浙江、安徽这四个省市。又如2013年由全国人大常委会授权、国务院通过的《中国（上海）自由贸易试验区总体方案》，设立了上海自由贸易试验区。上述事例表明，中央立法主体参与计划和方案协作制定，并经由规范性文件形式确立的长三角区域的发展战略，确实能够促进长三角地区在不断丰富和发展的实践中形成具有其特色的区域一体化发展道路。

2. 人民代表大会主体协作立法及其立法形式

一是人民代表大会立法机构相互协作。人民代表大会制度是合民意、集民智、聚民心的一项基本政治制度。因此，该权力机构对区域发展进行协作立法更能体现其民主性、权威性。长三角地区在2009年建立了相应的人大立法机构的交流协作制度，其以人大常委会主任座谈会为形式。随后，上海、江苏、浙江这三个省市共同制定了《沪苏浙人大常委会主任座谈制度》，由于安徽省的加入以及区域整体发展形式的转变，2014年，四省市在原有制度的基础上修改并重新出台《沪苏浙皖人大常委会主任座谈会制度》，该制度的颁布为人民代表大会就长三角区域的立法、工作计划确立了指导思想，将各省市的人民代表大会的协作立法重心放在了区域中需要协同的立法项目和长三角地区产业转型升级过程中整体区域所面临的新问题的研究解决，与此同时，对地方立法中存在的问题进行协商，以确保立法的有效性和针对性。

二是人民代表大会协作立法运行机制。长三角经济区的四省市的人民代表大会为了更好地协作立法的规范化、适用化，以及在立法内容上起到示范、探索作用，形成了以定期座谈会和不定期座谈会相结合进行立法信息交流、协作的工作形式，座谈会的内容会形成相应的机要文件并在各省市的人

大网站中所设立的长三角地区人大协作专栏模块里进行公开和推送。同时还有相关的联络工作组，对会议中的内容提出建议和意见并落实和筹备相关区域协作事宜。其中最突出的成就是针对大气污染防治所进行的立法。大气污染防治是覆盖整个长三角地区的系统性、基础性工程，四省市采用协商互补的立法模式，即由其相关的立法机构对大气污染防治条例进行起草，在该过程中引进座谈会等方式充分听取专家和群众的意见和建议，积极地进行立法信息的沟通与协商，在取得一致性意见后草拟一个示范性文件供各地方依据实际情况进行参照，并在此基础上进行一些非根本性、区域化的修改，最终交由各地人大常委会分别审议，通过具有不同省市特色的治理情况的大气污染防治条例。

3. 政法系统区域合作，推进平安、法治建设工作

随着长三角地区经济合作一体化进程的不断加快，提高政法相关主体在司法领域的合作也日趋重要。2018 年 5 月，沪苏浙皖四地通过了《沪苏浙皖政法系统关于推进更高质量平安长三角法治长三角建设总体方案》，提出完善创新联动协调合作的区域平安建设体系，共同构建高效公正权威的区域法治环境氛围，探索建立互补共赢互助的政法区域队伍建设和人才培养交流等合作机制。长三角区域的政法系统合作采取轮值制的方式，自 2018 年起，由沪苏浙皖四地的政法委党委依次作为轮值方，一般以一年为一个轮值周期。

一是法院司法协作方面。2018 年 1 月，第十届长三角地区人民法院司法协作工作会议在上海举行，四地高院共同签署了《关于全面加强长江三角洲地区人民法院司法协助交流工作的协议》。该协议明确了其内容要以服从服务于平安中国、法治中国建设为总要求，以长三角区域一体化发展的国家战略为核心，着力落实新发展理念，不断推进更高质量、持久的平安长三角法治长三角建设，为实现更高质量一体化发展提供更加优质的司法服务和保障。

二是检察办案协作方面。2018 年 5 月，沪苏浙皖四地的检察长座谈会在安徽召开，其以“长三角区域生态环境保护司法协作机制构建”为主题，通过并共同签署了《关于建立长三角区域生态环境保护司法协作机制的意

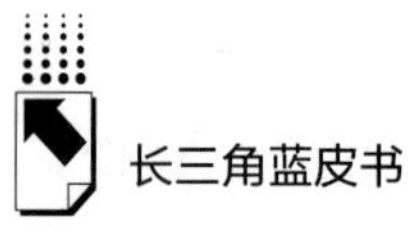

见》，该意见主要是为了建立信息资源共享、案件办理、日常工作联络、研讨交流及新闻宣传五项司法协作机制，进一步筑牢长三角经济区域的生态环境保护法治屏障。该意见还对生态环境保护的司法尺度和证据等问题形成了统一的认定标准，在此基础上进行内部信息资源共享，并就跨省市生态环境保护案件的新闻宣传等工作形成一定的共识。2019 年 1 月，长三角检察协作办公室在上海正式设立，四地检察机关积极探索范围更广的区域合作机制，加强长三角经济区域城市群的深度对接和协同联动。沪苏浙皖四地检察长可以就打造生态检察环境提起相应公益诉讼，以便精准打击长江流域污染环境犯罪，更好地构建生态环境司法协作机制，也可以开展有针对性内容的座谈来进行交流，分享各自的宝贵经验。

三是在公安警务合作方面。2018 年 5 月，在上海召开了长三角区域警务一体化工作会议，在该工作会议上，沪苏浙皖四地的公安机关共同签署了《长三角区域警务一体化框架协议》。立足于该协议，四地公安机关将更好地执行和贯彻国家战略部署，促进长三角地区一体化发展，进一步强化科技引领作用，依托四地共同打造智慧政府、建设智慧城市。在打破区域警务壁垒、推进数据整合共享、加强高端集成应用的基础上，全力打造数据警务，推动流程再造，建设智慧公安。同时，进一步贯通工作渠道，从打击犯罪、情报合作、联勤指挥等方面入手，从深化公安“放管服”改革、推动公安政务服务“一网通办”等重点任务做起，逐步实现“贯通四省市、覆盖全时空”的区域警务一体化格局。根据该协议的规定，沪苏浙皖四地的公安机关将继续加大相互之间的合作力度，不断拓展合作领域范围和内涵，继续推进社会治安防控、联勤指挥、省际卡口查控、重大活动安保等方面的紧密合作，逐步实现区域内警务沟通更加及时、协作更加紧密、标准更加统一、共享更加彻底、合作更加高效的区域一体化警务合作体系和机制。

（二）从长三角“区域协同立法”中窥探法治协同问题的缺陷

可以说，长三角区域的立法模式是属于松散型的，即在确保立法精神协同一致的前提下，不对各地具体的立法事项、调整对象及方式进行统一。由

于参与协作立法的长三角区域的三省一市立法主体繁杂，各个主体具有地位上的平等性，且互不隶属；其各自管辖的区域也互不相同，没有相互交叉的区域；其各自情况复杂，立法的程序和其所针对的解决内容也存在差异，协作立法中存在诸多亟待解决的问题。

1. 区域立法协作中的主体问题

一是立法主体数量庞大，层级多元。设区的市在新《立法法》出台后就特定事项上也拥有一定立法权，由此导致区域立法协作过程中存在大量拥有立法权的主体，这些主体在立法权限上又可以分为四个层级，包括设区的市、较大市、省级、中央。然而立法的协作不仅包括纵向上的协作，还包括横向上的协作。在这样多层级、高数量的立法主体下，无疑打击了地方协作立法的积极性和主动性，同时也会造成地方协作立法的成果和内容与对应层级不统一的现象。

二是协作立法的主体单一，政府成了立法的主角。长三角区域协作立法大多数是由各省市的政府主体组织进行的，可作为协作立法的主力——区域政府间的协作基本是松散的，其局限性在于针对特定地区、特定时间的特定事项所制定的法律政策在该计划和项目完成后，对应的相关协议和相应政策即不再有约束力，短期内具有高效率的政府协作的持久性会因政府工作重心改变而持续走低，这也是为什么政府行政权虽具有导向性、高效性等诸多优势但却不持久的原因所在。

2. 区域立法协作中的程序问题

一是缺乏统一的立法程序。长三角区域的协作立法没有制定统一完备的程序规范，一个很明显的后果就是程序的不规范将会严重影响立法质量。在立法的后续过程中，各省市也缺少相应的评估制度和对协作立法成果进行备案的步骤，这导致法律在区域整体实施中缺少了必要的立法后评估。

二是缺少相应的辅助机制用以解决立法冲突。立法的过程中往往充斥着各地方主体之间的利益博弈和较量，区域协作立法的模式在相当程度上不能做到在区域内完全公平，其缺少相应的冲突解决机制来协调利益之间存在的冲突并就利益受损的问题进行协调和弥补。

3. 区域立法协作中的内容问题

一是地方上的立法众多且其相应的内容存在冲突。在各地方进行立法而又缺乏协作的情况下，其立法内容必然会存在冲突或不协调的地方。这些具有冲突性的地方性法规和规章在运行多年的情况下，已经为各地创造了大量的既得利益，要在触动这些既得利益的情况下进行区域内的协作立法相当困难。

二是保护性立法成为一种风尚导致协作立法存在障碍。地方协作立法通常因地方保护主义而存在冲突，如何规制这些已经形成的地方性保护性法律文件从而协调各方利益是区域协作立法中无法逃避的问题。

三是区域立法所涉及的领域狭窄，特别是针对重点领域的立法缺乏，立法的深度不足。长三角区域的地方主体受其当地的利益驱动，往往对非紧迫性的共性问题久久不进行相互之间的协作立法，这就导致区域协作的立法内容呈现碎片化的状态；由于重点领域大多涉及区域内最严重的利益冲突，而协作立法过分依赖于中央立法的指导，区域协作立法尤其在重点领域存在相当的协作困难；在立法的深度问题上，协作立法的深层次规范不足。

（三）推进长三角更高质量法治一体化的必要性及可行性

1. 必要性

一是推进国家法治战略的必然途径。法律作为治国之重器，拥有良好的法律是实现国家法治的前提。在长三角区域内进行协作立法，是基于上位法统一的前提下所实行的区域内规范的法律，其最终目的是使各区域内的各个地方积极性都能够得到充分的释放，这也是不断深入推进区域法治，从而最终实现国家法治的最佳选择。

二是区域治理体系法治化的必然要求。首先，长三角区域治理需要立法先行。区域协作立法制度是通过不同立法主体之间的协作将不同领域的法律关系以规范性法律文件的形式确定下来的一项合作制度，其能够有效避免一些具有主观随意性的政策性文件以及由主观随意性而产生的政府治理乱象。其次，协作立法制度是解决长三角区域内部共同问题的必由之路。长三角经

济区现今已面临产业结构同质化、环境污染、资源紧张等突出问题。这些问题都不是单一的地方主体能够解决的，只有依靠各方协作来共同解决。长三角经济区域的协作立法使该区域协作从随意的、自发的转变为策略性的、制度性的合作，这在一定程度上能够有效推动区域去营造良好的法治环境。最后，降低区域治理法治成本。长三角区域协作立法能够有效节约立法、执法成本，有效解决地区间法律冲突问题，不断减少因法律冲突造成的执法成本损耗。

三是区域整体由可持续发展所提出的需要。长三角经济区域的协作立法是为了区域整体经济稳步持续发展而进行的相关的立法活动，其能够在扫除保护性立法、平衡各区域利益需求的同时，为区域内部构建公平、公正的市场协调机制，促进物资、人才、技术、信息等资源的自由流动。在长三角区域内进行协作立法对于改善区域内部环境，加强区域内的联系和合作，实现区域整体的平稳、可持续、一体化的发展是必要的。

2. 可行性

一是最高领导层高度重视。2018 年 4 月，习近平总书记针对长三角地区如何促进更高质量一体化的发展做出了重要指示："上海要进一步发挥龙头带动作用，苏浙皖要各扬其长，有关部门也要大力支持，使长三角地区实现更高质量的一体化发展，更好地引领长江经济带发展，更好地服务国家发展大局。"同年 11 月，习近平总书记在首届中国国际进口博览会开幕式上的主旨演讲中和考察上海相关工作时，明确指出了"要支持长三角区域一体化发展并上升为国家战略"。为了落实国家战略，中共上海十一届市委四次全会通过了《中共上海市委关于面向全球面向未来提升上海城市能级和核心竞争力的意见》。

二是长三角四省市积极配合。为了贯彻习近平总书记关于长三角经济区域更高质量一体化发展所提出的一系列重要指示精神，2018 年 11 月 22 日，上海市第十五届人大常委会第七次会议表决通过了《关于支持和保障长三角地区更高质量一体化发展的决定》；其后，江苏、安徽和浙江省的人大常委会也先后通过同样的决定。这四份人大决定在关键条款和内容上保持了高

度一致，其中包括：明确支持和保障长三角经济区域一体化发展的国家战略，推进重点领域和重点工作的制度等，特别是在总体要求、法治协同、规划对接、市场统一、生态保护、共建共享等方面做出了明确规定。值得一提的是，三省的人大在法律性决定中都进一步支持上海发挥其龙头的带动作用，同时也强调了苏浙皖三地应各扬其长。在关键内容保持一致的情况下，各项决定也需在结合本地实际的进程中规定具有各自特色的内容。

三是长三角法治协同源远流长。通过对长三角经济区域治理的历程进行分析，不难发现我国长三角经济区域的治理主要经过了三个阶段：一是探索期，主要为 20 世纪 80 年代，中央指导长三角经济区域开始进行合作治理的探索；二是成长期，主要为 20 世纪 90 年代，我国长三角经济区域治理开始逐步兴起；三是成熟期，从 2001 年开始，长三角经济区域的治理机制和制度开始不断完善。到目前为止，长三角经济区域已经形成了以政府层面的决策层、协调层和执行层为基础的“三级运作”区域治理机制，同时依靠长三角城市经济协调会这一极为重要的治理平台。区域治理中的府际关系也呈现从消极被动向积极主动转变，从以竞争为中心的协作向互助共赢协同治理转变的特点。

四是长三角地区的法治协同基础扎实。其一，文化同源是沪苏浙皖法治一体化的历史前提。沪苏浙皖三省一市地域相邻、人缘相亲、文化相近，这是推进区域协同创新的历史前提。自古以来，在长三角内部，文化同根，语系相通，交流频繁，经济社会联系密切；同属于江南文化圈；在历史上的很多朝代，它们都属于同一行政区划。其二，优势互补是沪苏浙皖法治一体化的前提条件。随着区域经济一体化加速发展，长三角城市的功能分化日益明显，以上海为核心的长三角城市体系正在逐步形成，为资源的跨地区配置和人口的自由流动奠定了基础。其三，设施一体是沪苏浙皖法治一体化的物质基础。沪苏浙皖中的各个城市正在通过以区域内的快速交通为载体，加快缩短城市之间的时空距离，逐步形成“同城效应”的设施建设。其四，科技合作是沪苏浙皖法治一体化的现实基础。沪苏浙皖不断发展深化的科技合作交流成为长三角推进协同创新的重要现实基础。其五，经济相融是沪苏浙皖法治一体化的强大动力。随着经济一体化程度的不断深化，沪苏浙皖之间经济的融合程度越来越高，切实推进区域法治协同创新。

四　推进长三角更高质量法治一体化的路径规划

围绕建设更高质量长三角法治一体化目标，集中力量对长三角地区经济社会发展中面临的突出法治问题，尤其是对于有助于推动区域经济一体化，促进产业、交通、文化等区域资源整合发展的相关法律问题深入展开研究已是当务之急。当前，推进长三角更高质量法治一体化工作正在立法、司法、行政执法等多领域持续深入进行。

（一）建设长三角区域立法协同机制

1. 完善区域统一立法

我国目前实行的是中央立法和地方立法“两级制”的立法体制，在长三角区域经济一体化发展格局下，必须完善区域性立法。加强对长三角地区的区域性立法，制定对长三角区域具有普遍约束力的法律法规。建议由全国人大及其常委会以具有普遍约束力的法律形式对区域经济发展中的一些基本问题做出相关法律规定，以此方式规范区域内经济发展一体化的进程，减少各行政机关之间由行政摩擦带来的弊端，确保区域内各方利益的均衡。

2. 加强重点领域的立法协作

长三角地区各地方人大立法工作机构应共同研究与长三角一体化发展密切相关的立法项目。尤其要在生产要素市场一体化、公共服务一体化、产业升级转移、生态环境保护联动和投资贸易便利化等领域加强立法协作。在此基础上推而广之，对于长三角地区内与各地关联度较高并需协调推进的类似立法项目，均应在立法计划中同步安排，协调推进，实现区域内立法信息的互联互通与立法资源的共享共用。

3. 完善立法协同的具体机制

应尽快建立长三角区域内各地方人大常态化的立法合作机制。通过立法机关的交流与合作，对长三角地区各立法主体的立法情况进行交流，发现冲突情况及时沟通，协调解决。下一步还应尽快建立健全长三角区域内各地方人大之间的立法协调机制、立法草案相互征求意见机制、立法后评估协作机制以及立法人员交流机制等。

4. 加强对区域立法活动的监督

当前，长三角地区一体化战略进入高速发展时期，推行一体化战略涉及各个方面的立法活动。然而，对于立法活动的过程及程序是否规范，所涉及的内容是否违法、是否存在地方保护主义等问题都需要进行有效的监督。基于此，应设立独立的长三角区域立法监督机构，统一行使有关对长三角区域经济一体化战略实施过程中的立法监督。

（二）建设长三角区域政策协同机制

"政策协同"在学界又被称为"政策整合"或"政策协调"，是指两个或者两个以上的机构为了实现其共同或者类似的目标而制定相应规则的过程。政策协同在本质上是一个动态的概念，主要包括多个政策的制定主体间的沟通过程和与其有关的合作进程，因此，政策协同的主体具有多元性，其进程则具有渐进性。

一是完善地方政府之间的合作机制。继续发挥长三角经济地区的发展联席会议、主要领导座谈会、长三角区域合作办公室之间联合协作共同促进发展的作用，加强对长三角经济区域一体化发展中的重大问题进行研究，协同推进长三角经济地区的跨区域合作。鼓励三省一市成立并推进"长三角经济区域一体化发展工作组"作为政策的具体执行机构，通过该机构定期召开有关政策的会议，促进区域间重要信息的沟通，及时反映和解决一体化发展中面临的各项问题并就此提出相应的具体解决办法。

二是健全区域政策协调管理机构。设立长三角区域一体化发展协调管理机构，在其区域范围内指导各地制定政策的过程中，促进该区域内主体要服从其统一的安排和指导并接受其监督。同时，区域政策协调管理机构中应下

设争端解决办公室，其主要作用在于解决区域经济一体化发展过程中所产生的问题，并就这些问题制定区域争端解决办法。

（三）建构长三角区域司法与执法协同机制

1. 促进区域法律适用标准统一

建立统一的法律适用机制。在适法统一方面，加强有关问题的发现汇总、协调研判、意见反馈等工作。加强调研成果、执法意见等的互通交流，全面梳理区域内政法部门执法司法政策和法律适用标准，在区域内经济发展条件相当的地区先行统一政法部门执法尺度，避免出现“一地一标准”的现象，最大限度做到“类案同处”。

2. 推动重点领域司法执法合作

一是强化重大案件防范处置合作机制建设。在重大案件防范处置合作方面，加强跨区域重大刑事案件联合防范协作工作，着力提升跨区域打防工作效能；加强食品药品、环境污染等涉民生案件联动协作；聚焦“一带一路”国际合作和长江经济带发展，为国家战略实施和区域共同发展提供有力的法治保障。

二是针对长三角地区经济社会领域带有普遍性的问题，特别是在知识产权、金融、海事等案件审理执行，涉黑恶势力排摸打击以及缉毒执法等领域，通过案情交流通报、类案分析指导等措施，加强执法司法协作。

三是搭建区域涉案财物处置协作平台。强化司法执行联动协作机制建设，合力推进基本解决“执行难”。

3. 加强跨区域法律服务和惠民便民合作

加强跨区域法律服务和惠民便民合作，密切区域律师业务交流合作。深化区域内律师管理服务联动机制改革，建立完善跨地区的律师维权投诉查处案件协调机制，保障律师依法行使权利，依法惩治执业违法违纪行为。探索建立法律服务领域内部重大疑难复杂敏感事项的情况通报、联动解决机制。完善 12368 诉讼服务平台、12309 检察服务平台、12348 公共法律服务平台工作机制，进一步拓宽建设跨区域网上立案、律师预约立案途径。完善跨区

域公共法律服务协作，加大司法鉴定、公证、仲裁、调解、法律援助等领域的合作力度，为群众提供综合性、便利性、多元化法律服务。

4. 统一区域行政执法机制

建立区域性的行政执法协调机构，负责解决长江三角洲地区范围各地方政府行政过程中产生的冲突，包括在市场准入、区域行业标准、市场管理、企业监管等各个方面事务中产生的矛盾与冲突。完善行政执法领域各机关的沟通协调机制，使长江三角洲地区范围内的各执法机关之间能够对一些行政执法问题进行充分有效的沟通、交流和协商，尽可能达成共识，统一区域行政执法活动。

（四）推动长三角更高质量法治一体化的科技驱动

由于云计算、移动互联网、深度学习算法等领域取得突破性进展，当今社会正开始由“互联网 +”向“人工智能 +”转型，让人工智能与法治深度融合，积极拓展立法司法、行政执法应用的空间，可为长三角更高质量法治一体化提供强有力的科技驱动。

1. 基于法治需求侧及时提供技术保障

一是通过大数据分析技术，统一证据标准以及定罪要素体系的研发。运用大数据、人工智能等新型技术实现证据标准数据化、模型化，整合司法实务专家、大数据技术研发骨干，对逮捕、起诉证据标准及监督、定罪要素等司法规则进行整合，完善在大数据分析平台的渐进式证据标准指引与定罪要素体系构建。

二是探索创新跨区域司法大数据应用机制。在信息化建设方面，推进刑事案件智能辅助办案系统的推广应用，建设“智慧法院”“智慧检察院”数据资源共享系统。

三是深化司法联动协作机制建设。以司法执行领域为重点，推动长江三角洲地区社会诚信体系建设；推进执行案件信息共享，推动信息化查控及协助执行网络的衔接，实现执行措施的全覆盖；构建完善统一的执行协调和指挥平台，加强跨域指挥、管理、协调的执行指挥体系建设，全面提升复杂执行环境的应对和处置能力。

2. 聚焦司法体制综合配套改革加强技术研发

随着司法体制综合配套改革持续深入，下一步应充分整合政法机关、科研院校与高新技术企业力量，聚焦司法办案与司法工作实际需求，通过深度挖掘司法大数据资源，重点聚焦司法体制综合配套关联大数据系统研发、基于大数据决策的证据标准、定罪要素体系研发，以及基于大数据范式的司法应用研究等，发明创造一系列具有优势地位的司法应用技术，为司法体制综合配套改革提供技术方面的保障与支持。重点在长三角地区率先实现刑事案件等智能辅助办案系统推广应用，通过科技驱动法治发展提档升级，助力区域智慧法治建设。

（五）推动长三角更高质量法治一体化的智库建设

一是新时代的法治智库建设，应以习近平新时代中国特色社会主义思想为指引，坚持中国特色社会主义法治道路，加强司法改革、社会治理、法治建设等领域的调查研究、理论探讨、实践探索，进而实现为政府部门、事业单位、社会组织、企业团体提供优质的智力研究成果和决策咨询建议的“外脑”作用。

二是聚焦长三角更高质量一体化发展中的复杂、多元、动态的法治协同难题做足知识存量。作为专业领域的研究机构，智库是知识与思想的承载者，专业智库要更好地服务于长三角区域更高质量的一体化发展，聚焦长三角区域一体化发展中的核心问题、关键难题，通过长期、系统、深度研究，进而储备专门知识、信息和经验，并在此基础上提出有预见性的、因地制宜的、科学的且行之有效的咨询建议。

三是加强智库自身建设，大力加强智库人才队伍建设、影响力建设和数据库建设，加强智库的制度化建设，使高端智库成为驱动长三角更高质量一体化发展的智力引擎。

（六）推动长三角更高质量法治一体化的法治人才培养

1. 建立区域政法人才库和专兼职师资队伍

选拔有执法办案实践经验和教学授课能力的干部定期或不定期从事巡回

教学工作，推动创建长三角三省一市政法骨干人才智库，加强四地政法人才的共享合作。

2. 建立区域政法干部交流轮岗挂职机制

加强长三角三省一市政法干部交流，搭建区域政法干部交流轮岗挂职平台，四地可互派优秀干部进行挂职锻炼，加强四地政法干部异地学习培训。

3. 建立区域政法专业院校合作培养机制

推动区域政法师资跨院校交流锻炼，加强区域政法院校和高校法学院系教学深度合作，根据实际开展有针对性的职前专业教育，发挥各自学科优势，加强互补，着力培育一批政治坚定、业务精通、一专多能的复合型、管理型法律人才。

4. 加强区域法学、法治论坛建设

做实做强区域法学、法治论坛，联合长三角三省一市法学会就区域内立法执法司法普法的协调机制开展专题研究，为四地法学法律界人士和法治建设工作者研究解决法治实践中的热点难点问题提供汇集众智、共享经验的平台，为区域法治实践特别是政法机关各业务领域共性问题的化解提供智力支持。

结　语

时至今日，从国家层面看，我国已进入结构优化、动力转换的新阶段，聚焦国家区域发展战略，高效配置创新资源，加快构建区域创新增长极，已经成为我国创新驱动发展战略的着力点。习近平总书记对长江三角洲地区发展也非常关心和重视，要求上海进一步发挥龙头带动作用，苏浙皖沪各扬所长，努力促进长三角地区率先发展、一体化发展。显然，加快推进长三角法治一体化事关长三角一体化在新起点上迈向高位发展工作全局，也是长三角成为具有全球竞争力的世界级城市群的必然要求。

法治是发展的可靠保障。长三角区域一体化的协同推进，决不能离开法治，必须在依法治国方略下加强相关领域和方面的法治建设。充分发挥区域法治协同创新在长三角区域经济社会一体化发展中的基础性保障作用，建立完备、便捷、有效的政法系统长三角区域合作协调发展机制，为“政策措施共商、平台载体共建、风险隐患共防、突出问题共治、政法资源共享”的工作格局积极助力，进而优化长三角区域营商环境，打造区域平安建设和法治建设协同样板，为长三角区域更高质量一体化发展提供公正高效的法治保障。

B.20 浙江"最多跑一次"改革实践与启示

吴晓露*

摘 要： "最多跑一次"改革是浙江省赋予公民对政府绩效进行评价的一项有效的改革。该项改革主要依托互联网，整合政务流程，优化政务服务，促进了不同部门、不同层次、不同地区间的数据共享，提高了政府数字化水平和行政服务效率，加强了权力制约，调整了市场、社会、政府的关系，有力促进了全省经济社会的高质量发展。

关键词： 互联网 "最多跑一次"改革 电子政务

为完成党的十八大以来习近平总书记赋予浙江"干在实处永无止境，走在前列要谋新篇"的新使命，贯彻落实总书记"秉持浙江精神，干在实处、走在前列、勇立潮头"的新要求，2016年，浙江又一次扛起"大胆探索、勇于创新"的先锋担当，牢固树立以人民为中心的发展思想，以"最多跑一次"改革为抓手，以深化政府自我革命为引擎，在新一轮的改革与发展中抢占了高地、赢得了先机。本文在回顾和梳理浙江"最多跑一次"改革缘起与进展的基础上，追溯和梳理了本次改革的逻辑动因，分析和总结了本次改革的主要撬动领域和成效，指出浙江"最多跑一次"改革不仅是推进供给侧结构性改革持续深入的重要抓手，更是吹响政府自身改革的新号角，还是新形势下理顺政府与市场关系，健全市场机制，解决经济转型与增长中机制体制运行

* 吴晓露，浙江省社会科学院经济研究所副研究员。

成本过高、市场开放不足等突出问题的有效手段，是值得深入研究、广泛宣传和认真借鉴的“放管服”改革再推进的政府自我革命的地方创新实践，对浙江经济社会的转型升级、实现高质量发展起到重要的促进作用。

一　浙江推进“最多跑一次”改革的逻辑动因

“最多跑一次”改革是浙江以“如何令政府更高效，如何让人民群众更满意”为目标，刀刃向内的政府自身改良、改革甚至自身革命；[①] 是经济新常态下，进一步推进供给侧结构性改革、加快经济转型升级、实现高质量发展的重要抓手；是应时代之需、人民之需而进行的将传统行政管理逐步向公共治理绩效化导向改革的创新实践。

（一）“最多跑一次”改革契合了经济发展新常态

中国经济进入新常态后，经济增速的减慢、下行压力的增大及结构性失衡矛盾的凸显，对微观经济主体造成极大的负面冲击，客观上要求政府改变传统治理模式，为企业松绑，降低制度性交易成本，激发经济主体的创业创新热情。此外，国际竞争的加剧及贸易摩擦的常态化，也要求通过改革来清除体制机制障碍，厘清政府与市场的关系，构建开放型经济新体制，优化营商环境，吸引国内外的资金、技术、市场、人才等重要生产要素。

（二）“最多跑一次”改革深化了供给侧结构性改革

2016 年的中央经济工作会议指出，供给侧结构性改革的最终目的是满足需求，主攻方向是提高质量，根本途径是深化改革；要从根本上理顺政府和市场的关系，解决政府职能错位、越位和缺位等问题，减少审批环节，降低各类交易成本特别是制度性交易成本；既补硬短板也补软短板，既补发展短板也补制度短板。浙江推进的“最多跑一次”改革，正是以企业和群众

① 郁建兴等：《“最多跑一次”改革　浙江经验　中国方案》，中国人民大学出版社，2019。

拥有实实在在的改革获得感为检验改革成效的重要标准，以推行企业和群众到政府办事“一次办结”甚至“零上门”为主要实现形式；而有效推进“放管服”改革再深入的制度上的供给侧结构性改革，对降低交易成本、提升制度供给质量、优化制度供给体系有着重要的促进作用。

（三）“最多跑一次”改革推动了高质量发展

首先，重塑了政府、市场与社会的关系，使政府治理效能得到有效提升，能更好地发挥政府作用，弥补市场缺陷，为高质量发展提供公平有序的竞争环境。其次，解除了各种束缚创新发展活力的桎梏，最大限度地激发市场活力，推动创新创业和结构优化升级，提高经济发展质量和效益。最后，破除了制约高质量发展的体制机制弊端，形成能适应高质量发展的纵览全局、协调各方的党的领导体系和职责明确、依法行政的政府治理体系。

（四）“最多跑一次”改革适应了现代信息技术的变革和普及

现代信息技术的日新月异对政府的治理方式、治理结构和组织变革等产生了深刻影响，既驱动了行政体制改革的深入推进，也为行政组织结构与政府治理的优化及政府与社会协同共治提供技术支持和物质支撑。而这种政府治理模式的数字化转变会对“最多跑一次”改革产生倒逼机制，客观上要求政府部门迅速变革传统的治理结构、方式和方法，驱动组织结构、业务流程、行为关系的优化再造，实现政府治理的数字化转型；通过服务、组织、流程的重新整合，彻底改变各部门各自为战的传统“碎片化”治理。

（五）“最多跑一次”改革增进了人民的福祉

“最多跑一次”改革彰显了以人民为中心的发展思想，通过重新界定政府、市场、社会的边界，让政府重新归位；聚焦解决企业和群众反映突出的“办事难慢”“多头空跑”“奇葩证明”等问题，力除烦苛之弊，大兴便民之举，营造权利公平、机会公平、规则公平的环境；能切实增加公共产品和公共服务的有效供给，提升广大人民群众的满意度和获得感。

二　浙江“最多跑一次”改革的历程

浙江“最多跑一次”改革始于2016年12月，时任浙江省委副书记、代省长车俊在省委经济工作会议上首次提出“要以‘最多跑一次’的理念和目标深化政府自身改革”，并于次年1月的《政府工作报告》中进一步提出“到2017年年底确保实现‘最多跑一次’覆盖80%左右的行政事项，基本实现群众和企业到政府办事‘最多跑一次是原则，跑多次是例外’要求”后，在全省全面推开，形成各地各部门积极探索、勇于创新的改革热潮，其主要经历了四个阶段（见表1）。

表1　浙江“最多跑一次”改革四个阶段

改革阶段		改革重点	改革内容
1	2016年12月至2017年5月	干部多跑腿、群众少跑路	广大党员干部主动担当，为群众代办、代跑，以自己的辛苦来换取群众办事的满意
2	2017年5月至2018年10月	数据代替人跑	①通过“打破信息孤岛、实现数据共享来推进‘最多跑一次’改革”； ②大力推进政府数字化转型，推行“一证简化办”“无证刷脸办”“掌上移动办”
3	2018年10月至2019年11月	服务升级、领域延伸，由“跑部门”向“跑政府”转变	①单独设立省委改革办，加挂省跑改办牌子； ②改革向党政机关、人大、政协、群团组织、社会组织等主体全面延伸，向公共服务、经济管理、社会治理、环境保护、民主法治等领域纵深发展
4	2019年11月至今	以“最多跑一次”改革为牵引，高水平推进省域治理现代化	①把“最多跑一次”的理念、方法、作风运用到省域治理各方面、全过程； ②将从制度优势转化为治理效能优势，改革进入新阶段

历经三年多的改革实践，浙江的“最多跑一次”改革获得了多项重大成果，成为浙江改革的代名词和金字招牌。一是群众和企业的满意度和获得

感大幅提升。2019 年，全省“最多跑一次”改革实现率和满意率分别达 92.9% 和 97.1% ，分别同比提高 2.3 个和 0.6 个百分点。尤其是公民和企业生命周期“一件事”改革获得高度认同，部分地区满意率高到 100% 。二是机关运行效率显著提高。通过机关内部“最多跑一次”改革，有效破除了层级间、部门间办事多次跑、多头跑、时间长、环节多、签字烦等问题，对内提升了机关运行效率，对外提升了政府服务管理质量。三是政府数字化转型成效显著。随着“互联网 + 政务服务”“互联网 + 监管”“互联网 + 督查”的大力推进，成功打造了“掌上办事之省”“掌上办公之省”，基本实现群众和企业到政府办事“跑一次是底线、一次不用跑是常态、跑多次是例外”。《2019 年中国数字政府建设指数报告》显示，浙江省的数字政府建设水平排名全国第 1 位。四是改革有了法制保障。2018 年，浙江出台了《浙江省保障“最多跑一次”改革规定》（全国“放管服”改革领域的首部综合性地方法规），以地方立法的形式固化改革成果，为改革保驾护航。五是省域治理能力有所提升。例如，建设县级社会矛盾纠纷调处化解中心，努力推进矛盾纠纷化解“只进一扇门”“最多跑一地”；组建互联网法院、移动微法院等，让群众和企业打官司也能“最多跑一次”等。

三　浙江“最多跑一次”改革的主要撬动领域

作为一项自上而下推动的政府重大改革，浙江的“最多跑一次”改革是以“一窗受理、集成服务”为主要抓手，以“打破信息孤岛、实现数据共享”为重要支撑，以“聚焦优质高效的营商环境”为重点突破领域，及以“规范化标准化”为行动基础，除少数例外事项清单外，全省实现了省市县三级办事事项的“最多跑一次”全覆盖和从“脚动跑路”到“手动上网”的成功转变，主要撬动了以下两大领域的多项改革。

（一）简政放权，理顺市场与政府的边界

将标准化理念融入整个“最多跑一次”改革过程，以跨部门的流程再

造倒逼各行政部门简政放权，通过行政审批标准化与权力下放、规范审批相结合，推进全省无差别化受理、无差别审批，既降低了市民和企业的办事成本，又提升了政府在便民服务、商事登记和企业投资审批项目等领域的办事效率，大大激发了市场活力和社会创造力。

1. 标准引领，减少与消除制度上的不平等性和不确定性

首先，以“最多跑一次”改革为抓手，建立更规范、更清晰的事项办理程序和标准，并通过在线政务服务系统予以固化；在推进政府数字化转型过程中尤其强调依托“互联网 + 政务服务”“互联网 + 监管”的全面推行和深度应用来构建具有地方特色的标准体系及推动相关标准的有效实施，从而最大限度增进权力行使的规范化程度，压缩权力的自由裁量空间，减少地区间的差异与办事人员的随意性。

其次，依托“互联网 + ”的植入推动政务服务公开化，注重群众参与、群众评价和群众监督，使权力监督公开化有了可能。例如，作为“最多跑一次”标准化建设试点的台州市成功创造了独特的“‘妈妈式’服务 + 政务服务标准化”，不仅围绕企业从准入到退出、公民从出生到去世“两个全生命周期”，梳理完成跨部门协同办理事项 474 项，编写事项标准文本 415 项，编制四大标准分体系 588 项，形成具有台州特色的标准化范本，而且探索构建全市统一的集标准信息搜集、标准发布、标准贯彻、监督检查、持续改进等多功能的标准管理信息化平台，成功推动了行政审批服务规范化和透明化。

2. 简政放权，明确政府与市场活动的边界

继续深入推进“四张清单一张网”，在全力清理和优化涉及民生与重点行业领域的行政审批事项基础上，将行政审批标准化与权力下放、规范审批相结合，实现精准放权；对外划清政府和市场的边界，对内明确政府层级之间、同级政府部门之间的职责分工，优化了政府的职责体系。

首先，清权解权。将“有形之手”规范在适当范围，还权于市场；通过梳理权力办事事项，削减了超过 50% 的部门不应该承担和不需要承担的事项，直接取消或交由社会主体承担；进一步厘清政府的上下级之间和横向

各部门之间的权力关系，促进政府内部职权体系的结构性变革与优化（见图 1）。[①]

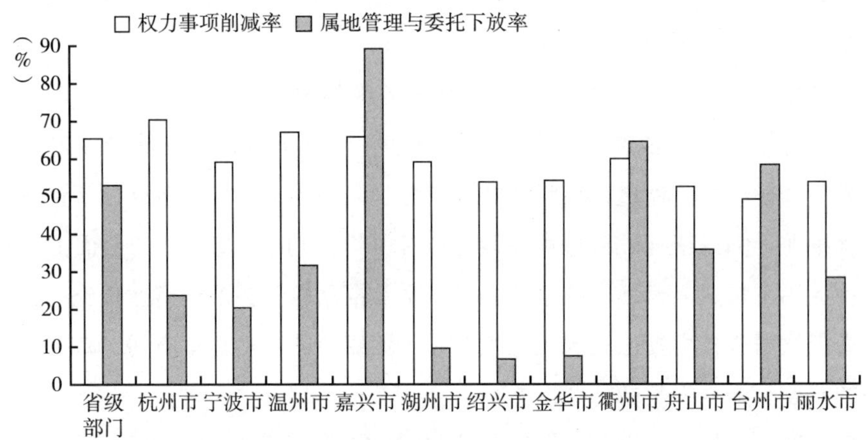

图 1　浙江省级和各地政府部门清权减权情况

其次，厘清边界。通过明确各行政部门间的责任边界，确定各部门的主要职责和具体工作事项，有效避免了部门间的责任模糊。例如，针对传统综合执法领域中存在的责权交叉、多头执法、有责无人、基层薄弱等问题，以权力清单和责任清单为基础，通过分批划转整合、行政执法重心下移、相对集中行政执法权、整合规范执法主体、优化执法力量配置及深化执法协作配合等方式，厘清相关部门的权责边界，提高政府执政能力和社会管理水平。

3. 以“互联网 +”重构政务服务体系，提高政务服务效能

强调以“互联网 +”思维来构建“整体智治政府”，提升政府服务效能。首先，通过引入大数据、云计算、移动互联网等先进技术，建立“用数据说话、用数据决策、用数据管理、用数据创新”的政府管理机制，为有效政府、效能政府建设提供技术支撑，提升政府的市场监管能力和社会治

① 中共浙江省委党校、浙江行政学院编著《“最多跑一次”改革》，浙江人民出版社，2018，第 55 页。

理能力。统一升级政务服务 2.0，探索行政服务中心“去中心化”改革，通过推行电子证照、电子印章、电子归档，成功实现“凡是政府部门出具的文件，不得要求项目单位另行提交；凡是项目单位提交过一次的材料，不得要求项目单位重复提交”。例如，杭州实现了房建市政类工程、监理和园林绿化 3 大类 43 个项目在市公共资源平台的电子投标；累计举办云招商主题活动 21 场，签约项目 202 个，投资总额 796.7 亿元；依托“读地云”平台完成首期 56 宗 1700 亩地的“控地价，竞贡献”出让。

其次，通过引入大数据、云计算、移动互联网等先进技术，打通政府、企业、事业单位之间的数据壁垒，提升政务公开信息化、集中化水平，构建信息公开透明的政务服务体系。例如，杭州依托政务服务 2.0，实现了 75 个群众、企业“一件事”的“网上办”“掌上办”“一窗办”，办件量超过 500 万。

最后，通过引入大数据、云计算、移动互联网等先进技术，为创建服务型政府建设奠定基础。“互联网 +”政务不仅将政府服务由被动化为主动，更实现了政务服务线上线下的无缝对接。例如，杭州在改革中把城市大脑作为数字赋能城市治理的总抓手，按照整体自治、高效协同的理念，构建“一整两通三同直达”的中枢系统，形成“一脑治全城，两端同赋能”的运行模式，目前城市大脑已接入系统平台 360 个，数据接口 8648 个，建成 11 个领域 48 个应用场景，形成“便民直达、惠企直达、民生直达、基层治理直达”的“四大直达”数字治理创新实践。杭州办事 App 上线事项（含预约事项）638 个，累计服务 9515 万人次；综合自助机上线事项 349 个，累计办件 317 万，城区建成 15 分钟办事服务圈。

（二）改善营商环境，激发市场活力

营商环境是一个国家和地区发展经济的“软实力”，直接影响人才、资金及项目的走向；“最多跑一次”改革通过相继推出多证合一、优化审批流程、规范中介服务等有力举措，大幅降低了企业的制度性交易成本，成功推进了全省营商环境的改善，极大地激发了市场活力。

1. 以“多证合一”改革为抓手，提高企业的办事效率

首先，在实现涉企事项目100%“多证合一，证照联办”的基础上，持续提升市场准入便利度，提出企业开办“一日办结”。2019年，浙江通过企业开办各环节“一件事”整合，全省80%以上的企业开办实现“一日办结”。杭州更创新开办企业分钟制，在已领跑全国“5210”标准的基础上，将企业开办时间由半天压缩至“一个环节30分钟”。

其次，针对市场主体“办照容易办证难”“准入不准营”等问题，积极创新行业综合经营许可证一体化、证照分离等改革，便利市场准营。

最后，探索企业退出机制改革，扭转长期以来企业退市难、退市效率低等问题。浙江自2019年开始推行企业注销便利化改革，在有效防范风险的基础上，实现市场主体的快速退市。例如，杭州通过改革将简易注销公告期压缩至20天，有效提升了市场主体的退市效率。

2. 深化企业投资审批制度改革，降低企业制度性交易成本

为了破解企业投资项目审批部门多、流程反、周期长、费用高等困境，浙江探索“一口受理、在线咨询、网上办理、代办服务、快递送达”的办理模式，推进实体办事大厅与投资项目审批、监管平台线上线下融合发展，实现企业投资项目开工前审批全流程、多层级、多部门“最多跑一次”，全面提升了项目建设、竣工验收等事中事后监管服务的工作效率。例如，杭州市通过强化部门协同，推进“标准地 + 承诺制”试点；完善代办服务体系，推广网上审批等方法，大幅压缩了企业投资项目的审批程序，并进一步通过落实“1 + 9 + X”配套制度，实施项目立项、规划许可、施工许可、竣工验收四个阶段牵头部门负责制，实行一家牵头，并联审批，限时办结；同时，推行联合图审、联合测绘、联合验收，使企业投资项目审批流程进一步简化，平均时长缩短至80天。

3. 持续降税减负，打造适宜企业生存与发展的税费环境

一方面，积极贯彻与落实国家的各项减税降费政策，减轻企业税负，清理规范行政事业性收费和政府性基金，适度降低社保费用，直接降低企业成本。2019年，浙江将“六税两费”一次到位减征50%，成为全国首个确定

地方税费减征幅度（国务院规定的最大幅度）并发布相关政策的省份，为企业减负2280亿元。另一方面，优化征收、收缴方式，利用统一公共支付平台实现网上统一收缴，大幅减少了人到现场的次数甚至“零上门”。浙江在全国最早实现全省涉税业务“一商通办”“一键咨询”，移动办税已全面覆盖。

4. 推进行政审批中介服务市场化改革，为企业松绑减负

为了解决行政审批领域中介服务的效率和服务直接影响企业和群众享受政府审批服务的满意度和获得感，及企业普遍反映的中介市场操作不规范、收费高、服务质量参差不齐等问题，浙江率先推进行政审批中介服务市场化改革，通过中介服务事项清理、中介机构脱钩改制、中介服务市场建设及中介服务措施构建四大改革为企业提供优质高效的中介服务。例如，金华通过“中介入驻电子化、自信展示集成化、合同签订无纸化、成果送审模板化、服务审批数字化、中介考核智能化”改革，促进中介“服务一网化、审批数字化和运转规范化”，实现了中介服务费用和服务时间“双下沉”以及服务质量和服务效益“双提升”。

5. 提升社会治理水平，降低市场主体的经济活动风险

一方面，相继出台一系列加大产权保护力度、保障企业正常生产经营活动和企业家人身、财产安全，特别是民营企业的合法权利的政策法规，营造公平透明的法治环境。例如，杭州在2018年相继出台了《关于依法稳妥开展财产保障保全工作支持实体经济稳中向好发展的通知》和《关于充分发挥司法行政职能作用法律服务助力建设国际一流营商环境专项行动的实施意见》等相关文件。另一方面，以“整体智治政府”的建设思路为指引，依托大数据，创新“互联网+监管”“互联网+政务服务”“互联网+协同办公”，不仅让市场主体和监管主体的每项活动都有据可查、有迹可循，更使活动流程公开透明、可预期，既规范了监管主体的行为，也降低了市场主体的经济活动风险。例如，针对行政执法监管过程中长期存在的监管整体性协同性、标准性规范性、精准性预见性不够等问题，浙江通过统筹建设全省统一的行政执法监管平台和“浙政钉·掌上执法”系统，成功推进了执法监

管规范化、政府治理精准化和政府决策科学化。目前，杭州的掌上执法率达96%，累计移动执法超过30万户次。

四 “最多跑一次”改革的主要成效

浙江的“最多跑一次”改革重塑了政府服务方式，既理顺了政府与市场的边界，更好地发挥了市场在资源配置中的基础性作用，又通过有为政府建设，更好地发挥了政府的能动性，从而有效改善和优化了全省的宜居宜业空间和营商环境，以动力变革推动质量、效率提升，成功推进了经济社会的高质量发展。

（一）改革推进经济综合实力持续增长，经济效益稳步提升

首先，经济实力持续增强。2019年，浙江GDP为62351.74亿元，稳居全国第4位，仅次于广东、江苏和山东。自供给侧结构性改革以来，浙江的GDP增速一直高于全国平均增幅；尤其是“最多跑一次”改革以来（2016年），全省GDP增速分别高于全国平均增速0.9个、1个、0.9个和0.7个百分点（见图2）；三次产业结构也由改革前（2015年）的4.3∶45.9∶49.8调整为3.4∶42.6∶54.0，产业结构进一步优化。

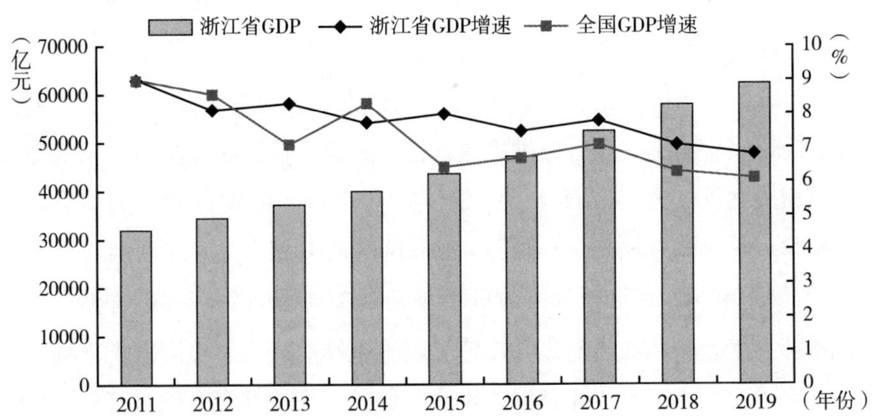

图2 2011～2019年浙江省GDP总量、增速及与全国GDP增速比较

其次，经济效益稳步提升。2019 年，全省全员劳动生产率升至 16 万元/人，同比增长 5.7%。尤其是随着“亩均论英雄”改革的稳步深入，改革成效明显，全省规模以上工业亩均税收、亩均增加值分别同比增长 8.9% 和 16.5%；规模以上工业企业利润总额和劳动生产率分别从 2015 年的 3718 亿元和 19.3 万元/人增加到 4459 亿元和 24.7 万元/人，比改革前提高了 19.93% 和 27.98%。

（二）创新推进经济转型升级，高质量发展势头良好

首先，创新力度持续加大。2019 年，浙江的 R&D 支出占全省 GDP 的 2.6%，比 2015 年提高了 0.28 个百分点；全年财政科技支出增长 35.9%，科技进步贡献率达 63.5%。全年专利申请量和授权量分别为 43.6 万件和 28.5 万件，分别比 2015 年增长了 42.0% 和 21.3%；新增“浙江制造”标准 565 个。新认定高新技术企业 1046 家，新培育科技型中小企业 8536 家。

其次，转型升级步伐加快。一方面，经济新动能成长迅速。2019 年，以新产业、新业态、新模式为主要特征的“三新”经济增加值占全省 GDP 增加值的 25.7%；数字经济核心产业增加值 6229 亿元，按可比价计算比上年增长 14.5%。在规模以上工业中，数字经济核心产业、文化、节能环保、健康产品、高端装备、时尚制造业增加值分别增长 14.3%、4.4%、5.7%、8.3%、5.2% 和 4.2%，高技术、高新技术、装备制造、战略性新兴产业增加值分别增长 14.3%、8.0%、7.8%、9.8%，人工智能产业增长 21.3%。在战略性新兴产业中，新一代信息技术、新能源、生物、新材料产业增加值分别增长18.4%、11.9%、11.6% 和 8.8%。[①] 另一方面，传统产业改造提升加速。2019 年，全省规模以上工业中，17 大传统制造业增加值比 2018 年增长 6.4%，其中，化纤、非金属矿物制品、化工等行业增

① 《2019 年浙江省国民经济和社会发展统计公报》，浙江省统计局网站，http：//tjj.zj.gov.cn/art/2020/3/5/art_1229129205_519875.html。

长较快，分别增长14.2%、15.6%和11.0%；10个重点传统制造业增加值增长7.1%。[①]

（三）营商环境不断改善，市场活力持续增强

全省宜商环境不断优化，宜居环境得以改善，可持续竞争力不断提升。中国社会科学院城市与竞争力指数显示，2018年，浙江的宜商竞争力均值为0.456，除直辖市、香港及澳门外，排名全国第2位，仅次于江苏。其中，杭州在2018年的全国首次营商环境评价中排名全国第5位，2019年更有16个评价指标被列为全国标杆。

市场主体活力持续增强。一是企业家信心指数止跌回稳，消费者信心指数回升。2019年第四季度，全省企业景气指数和企业家信心指数分别为128.0点和128.5点，比第三季度分别回升1.9点和2.4点。消费者信心指数为135.2点，比第三季度上升6.1点。二是新市场主体数量与质量同步提升。2019年，新设企业和个体工商户分别为49.8万家和93.6万户，分别比上年增长12.3%和18.7%。企业上市、并购与重组不断涌现，全年新增境内外上市公司47家，其中科创板上市8家。三是固定资产投资稳中有升。2019年，完成固定资产投资36668亿元，比上年增长10.1%；其中，交通投资、高新技术产业投资、民间项目投资、生态环保和公共设施投资分别增长16.3%、21.8%、13.7%和4.1%；工业投资、制造业投资和装备制造业投资分别增长9.7%、12.9%和13.2%。四是消费稳步增长。2019年，全省社会消费品零售总额27176亿元，增长8.7%，高于全国0.7个百分点。五是出口份额继续提高，引进外资有序发展。主动应对经贸摩擦，出台了实施稳外贸20条政策措施，2019年全省货物贸易进出口总额为30832亿元，比上年增长8.1%；其中，出口23070亿元，占全国出口份额的13.3%，增长9.0%，进口7762亿元，增长5.8%。全年实际使用外资135.6亿美元，增

① 《2019年浙江省经济运行情况分析：GDP为62352亿元增长6.8%（附图表）》，中商产业研究院网站，https：//s. askci. com/news/hongguan/20200202/1023081156579_ 2. shtml。

长8.7%，占全国的9.8%。六是民营经济优势持续凸显。2019年，全省新设民营企业47.0万户，同比增长15.8%，占新设企业总数的94.4%；截至2019年末，全省在册民营企业233.4万户，增长14.0%，占全部企业总数的92.0%。全省规模以上工业中，民营企业工业增加值同比增长7.9%，比全省规模以上工业高1.3个百分点，占全省规模以上企业工业增加值的62.5%；民间投资增长7.2%，占全部投资的61.5%，其中民间项目投资增长13.7%；民营经济出口18415亿元，同比增长11.5%，占出口总额的79.8%，比上年提高1.8个百分点。

参考文献

陈国权、皇甫鑫：《在线协作、数据共享与整体性政府——基于浙江省“最多跑一次”的分析》，《国家行政学院学报》2018年第3期。

段小平：《“最多跑一次”：“互联网+”时代政府治理角色的塑造》，《行政科学论坛》2018年第1期。

何显明、张鸣：《重塑政府改革的逻辑：以“最多跑一次”改革为中心的讨论》，《治理研究》2018年第1期。

李文峰编著《“最多跑一次”改革创新实践》，浙江人民出版社，2018。

李一：《浙江“最多跑一次”改革的实践探索和发展意蕴》，《中共浙江省委党校学报》2017年第6期。

徐一帆、施佳丹、陈孝凡：《“最多跑一次”改革成效及深化路径研究》，《城市管理与科技》2019年第3期。

应小丽、蒋国勇：《“放管服”改革的浙江实践与地方治理创新》，《今日海南》2018年第8期。

郁建兴等：《“最多跑一次”改革　浙江经验　中国方案》，中国人民大学出版社，2019。

张占斌、孙飞：《改革开放40年：中国“放管服”改革的理论逻辑与实践探索》，光明网学术频道，http://www.gmw.cn/xueshu/2019-12/03/content_33370257.htm。

中共浙江省委党校、浙江行政学院编著《“最多跑一次”改革》，浙江人民出版社，2018。

B.21

法治政府建设第三方评估的浙江实践*

王崟屾**

摘　要：　自2013年起开始实施浙江省法治政府建设的第三方评估机制，于变局中开新局，创新评估数据源获取方式，坚持“准确识变、兼济全国”“科学应变、适度前瞻”“主动求变、典型示范”等评估思路，针对省级单位、设区市政府分别设定指标具体内容，注重制度落地的第三方独立评估，有力促进了政府依法行政方式改革创新。

关键词：　法治政府　法治评估　“八八战略”　浙江

2012年11月，党的十八大提出到2020年基本建成法治政府的战略目标；2013年11月，党的十八届三中全会又以十八大的战略目标为牵引，以全面深化改革为主线，在推进法治中国建设的重要领域提出“建立科学的法治建设指标体系和考核标准”。① 作为法治中国核心的法治政府建设，早于国家战略布局提出前，各地就已尝试引入评估机制，以引导、推进和评估地方法治发展，由此，法治评估活动在短短几年内已经积累了许多理论与实践成果。② 就浙江而言，

---

* 本文受浙江省151人才工程、浙江省“之江青年社科学者行动计划”以及浙江省宣传文化系统“五个一批”人才等项目资助。本文是在笔者2017年有关研究的基础上进一步修订完善而成，特此说明。

** 王崟屾，浙江省社会科学院法学所副所长，副研究员。

① 王崟屾：《如何评估政府的法治水平》，《中国社会科学报》2015年10月28日，第5版。

② 周祖成、杨惠琪：《法治如何定量——我国法治评估量化方法评析》，《法学研究》2016年第3期。

从进入 21 世纪到奋进新时代，省委省政府忠实践行“八八战略”，坚持“依法规范行政权力、全面建设法治政府，是建设‘法治浙江’的关键所在”[①]，聚焦高水平推进省域治理现代化，把法治政府建设作为法治浙江建设的主体工程和重点任务，并以法治政府建设为牵引，一张蓝图绘到底，全面深化法治浙江建设，2013 年 10 月印发《浙江省法治政府建设实施标准》（浙政发〔2013〕50 号），先行一步，在全国率先启动法治政府专业机构评估（或称第三方评估），建立政府内部、专业机构、社会公众“三维一体”的考核评价体制，[②] 并由此先行实践了浙江自 2018 年起所倡导建立的“政府绩效评价 + 第三方评价 + 群众满意度评价”有机统一的精准评价体系，[③] 干在实处、走在前列，“不仅为发展过程中所带来的光芒提供了解释和宣传的工具，而且为力图对工作流程施加有针对性的影响提供了调控的工具”[④]。

一　制度滥觞：实践需要与理论推动

实践是理论之源。改革开放以来，浙江经济社会快速发展，一直走在中国改革开放前沿。但是先发的优势和走在前列的实践，使得浙江较之全国其他地方更早地遇到发展中的矛盾和问题。“40 年中国法治的建设、发展史，就是一部用法治引领、确认、规范、促进和保障改革开放和经济社会发展的法治史。”[⑤] 法治作为治国理政的基本方式，具有固根本、稳预期、利长远

① 何显明、陈柳裕：《从“法治浙江”到“法治中国”》，《浙江日报》2018 年 7 月 22 日，第 3 版。

② 夏利阳、王勇：《浙江法治政府建设考核评价体系及其启示》，《中国行政管理》2014 年第 6 期。

③ 余勤：《不忘初心牢记使命　脚踏实地埋头苦干　全力落实人代会确定的各项目标任务》，《浙江日报》2018 年 2 月 1 日，第 1 版。

④ 〔德〕赖因哈德·施托克曼、沃尔夫冈·梅耶：《评估学》，唐以志译，人民出版社，2012，第 3 页。

⑤ 李林、翟国强：《在法治轨道上推动新时代改革开放走得更稳更远》，《光明日报》2019 年 1 月 16 日，第 5 版。

的保障作用，也是“新形势的新要求”[①]。“凡益之道，与时偕行。”习近平同志在浙江工作期间对法治浙江建设思考和酝酿较早，他认为，浙江正处在经济发展的腾飞期、增长方式的转变期、深化改革的攻坚期、开放水平的提升期、社会结构的转型期和社会矛盾的凸显期，完全有基础、有条件、有责任在推进法治建设、提高治理能力方面积极探索创新，努力适应经济社会发展走在前列的客观需要，并为建设社会主义法治国家作出应有的贡献。[②]

（一）“八八战略”指引下法治浙江建设的客观需要

“八八战略”是习近平同志在浙江工作期间提出的重要思想，即进一步发挥八个方面的优势、推进八个方面的举措，其中之一即“进一步发挥浙江的环境优势，积极推进基础设施建设，切实加强法治建设、信用建设和机关效能建设”[③]。在“八八战略”指引下，2006 年 4 月，中共浙江省委第十一届委员会第十次全体会议审议通过《中共浙江省委关于建设“法治浙江”的决定》，率先开始法治中国建设在省域层面的实践探索。其中，法治浙江建设“八大任务”之一就是加强法治政府建设，使法治成为浙江综合竞争软实力的一个重要方面，并通过法治建设来营造良好的发展环境。[④] 作为法治浙江建设的主要着力点，多年来，全省各级党委政府始终把加快建设法治政府作为深入实施“八八战略”的重要内容扎实推进，依法执政水平明显提高，科学立法、严格执法、公正司法、全民守法取得显著成效，走出了一条经济发达地区法治先行先试的道路。

2012 年，党的十八大进一步提出，法治是治国理政的基本方式，要加快建设社会主义法治国家，全面推进依法治国。站在新的历史起点上，面对新的形势任务，作为法治中国的先行区和示范区，承继“八八战略”法治

---

① 习近平：《之江新语》，浙江人民出版社，2013，第 202 页。

② 中共浙江省委理论学习中心组：《中国特色社会主义在浙江实践的重大理论成果——学习〈干在实处走在前列〉和〈之江新语〉两部专著的认识和体会》，《今日浙江》2014 年第 7 期。

③ 参见潘家玮、郭占恒等《大道之行——深入实施“八八战略”》，浙江人民出版社，2006，第 9 ~ 10 页。

④ 沈建明：《把省委关于建设法治浙江的决定落到实处》，《浙江经济》2006 年第 11 期。

化的治理导向，客观要求把法治浙江建设经验坚持好、成果巩固好、工作开拓好，尤其是要抓住基本建成法治政府建设这“关键一招”，作为法治建设主要载体，全面深化法治浙江建设。党的十八大以来，浙江围绕“法无授权不可为”“法定责任必须为”的要求，坚持“整体智治、唯实唯先”的理念，从行政审批制度改革、跨部门跨领域综合行政执法改革、“四张清单一张网”和“最多跑一次”改革入手，全面推进依法行政，加快建设法治政府，不仅进一步拓展提升了对法治浙江建设内涵及实践的认识和把握，不断开拓法治浙江建设新局面，而且把落实中央的要求和发挥浙江的主观能动性统一起来，“以深化法治浙江建设的具体实践，生动展现中国特色社会主义政治发展道路越走越宽广、人民当家作主的制度体系越来越健全的蓬勃生机”①。实际上，“法治浙江”的战略思路同十八大以来党中央提出的“法治中国”理念和全面依法治国战略部署形成了息息相通的内在联系；② 而且，现在的“八八战略”在外延上融汇集合了习近平同志在浙江工作时做出的一系列重大决策部署和党的十八大以来习近平总书记对浙江工作的一系列重要指示精神。③ 其中，法治作为习近平新时代中国特色社会主义思想“八个明确”之一，作为新时代的新实践，自然融汇至“八八战略”之外延，并不断通过制度优势全面立体地展示出浙江的治理效能。

（二）理论界与实务界的合力推动

各省区市通过法治评估推进地方法治建设的模式，是地方法治现象中的另一道亮丽风景。④ 自 2004 年《全面推进依法行政实施纲要》（国发

① 《中共浙江省委关于深入学习贯彻习近平总书记考察浙江重要讲话精神　努力建设新时代全面展示中国特色社会主义制度优越性重要窗口的决议》，《浙江日报》2020 年 6 月 28 日，第 1 ~ 2 版。

② 何显明：《“八八战略”与“四个全面”的精神契合》，《浙江日报》2017 年 6 月 19 日，第 11 版。

③ 袁家军：《忠实践行“八八战略”奋力打造“重要窗口”》，《今日浙江》2020 年第 17 期。

④ 付子堂、张善根：《地方法治建设及其评估机制研究》，《中国法理》（第 1 辑），法律出版社，2015，第 37 页。

〔2004〕10 号，以下简称《纲要》）确立了“经过十年左右坚持不懈的努力，基本实现建设法治政府”的目标，并按照依法行政的逻辑结构和行政权的运行过程提出七项具体任务，嗣后，关于法治政府建设衡量标准的理论探讨与实践探索相继涌现。《纲要》成为实践领域界定法治政府内涵的主要依据，各地政府设定的法治政府建设任务与法治政府建设指标体系都充分证实了这一点。[①] 随着理论成果的积累，以及深圳、湖北、四川、广东等地蓬勃展开的法治政府指标体系构建与评估实践，皆为浙江借鉴总结各方经验，结合法治浙江建设的生动实践，构建具有自身特色的法治政府评估指标体系提供了理论基础与实践参照。

2012 年 3 月，省政府法制办与省社会科学院联合组成课题组（以下简称课题组），启动浙江省法治政府考核评价体系的攻关工作。历经一年多的实地调研、文献梳理、体系研发，并经各方论证后，法治政府建设考核评价体系（初稿）于 2013 年 3 月正式形成。这里需要特别强调的是，浙江法治政府建设考核评价体系构建之初，即注重评估民主参与功能，强调评估可信性，引入第三方评估，以便使行政系统自我评价与外部评价形成参照，及时校正不适应的评价结果。[②] 2013 年 4 ~ 7 月，课题组选择部分省级单位，以及市、县（市、区）政府，以法治政府建设考核评价体系（初稿）为蓝本进行模拟测评，重点平衡、校正省级各单位在传统依法行政工作考核中因职能差异而造成的得分不均衡现象，避免评价体系正式应用时出现因相关单位“依法行政做得越多、失分点越多”的困境造成各利益方异议；同时，课题组根据模拟测评结果，着重从可行性与可靠性的角度修订了第三方评估的部分指标。8 月，省政府常务会议研究通过《浙江省法治政府建设实施标准》（浙政发〔2013〕50 号）和《浙江省法治政府建设主要评价指标（试行）》，并于 10 月 16 日公布。

按照省政府统一部署，浙江法治政府建设考核评价由省建设法治政府

① 钱弘道、方桂荣：《中国法治政府建设指标体系的构建》，《浙江大学学报》（人文社会科学版）2016 年第 4 期。

② 夏利阳：《法治政府的实践理性与评价体系建构》，《浙江学刊》2013 年第 6 期。

（依法行政）工作领导小组办公室牵头按年度对40余家省级单位、11个设区市政府（以下统称为被评估对象）组织开展，具体分为内部评价、专业机构评估和社会满意度测评，即“三位一体”模式。其中，专业机构评估明确由省社科院具体实施，社会满意度测评由省统计局民生民意调查中心具体实施。基于此，在前期参与课题攻关成员的基础上，省社科院成立法治政府建设专业机构评估工作领导小组办公室（以下简称项目组），自2013年开始，具体从事法治政府建设的第三方评估工作。其中，浙江法治政府第三方评估源于体制，但相对独立而评估结果又与体制内执行力的有效衔接（浙江法治政府的第三方评估结果直接纳入目标责任考核分值）这一特点，使得在第三方评估过程中发现的一些实质性问题，可以借助体制内执行力督促被评估对象整改。

此外，课题组主要成员针对法治政府考核评价体系的阶段性研究成果也在当年同步刊出，重点解读法治政府评价体系构建的关键要领与主要原则，以及法治政府建设对经济增长的测算原理，既展示评估主要思路，也体现主要意图——在个案实践与数据持续累积的基础上，变“法治GDP”从口号到实践，以期真正实现“经济GDP”与“法治GDP”的双向驱动。①

二　评估实践：基本思路与主要内容

浙江法治政府第三方评估坚持问题导向与效果导向，以解决行政问题作为评估体系建构的逻辑起点，按照行政权运行的内在逻辑整合各类行政法机制，着眼于整体推动全省法治政府建设。

① 课题组成果的文章刊发在《浙江学刊》2013第6期的“法治政府评价体系的基本理论与设想”（笔谈），具体为夏利阳《法治政府的实践理性与评价体系建构》、唐明良《法治政府指标体系构建中的几对关系及其呈现》、毛伟《法治政府建设对经济增长的贡献及测算》三篇文章。

（一）基本思路

理念决定思路，思路决定实践。“作为现代社会的一项发明，借助评估，不仅可以了解干预的预期效果，而且还可以了解非预期效果，为社会反思提供经验基础。”① 鉴此，浙江法治政府第三方评估在工作实践中，始终坚持“准确识变、兼济全国”“科学应变、适度前瞻”“主动求变、典型示范”的思路，注重制度落地的第三方独立评估，促进政府依法行政方式改革创新。

1. 准确识变、兼济全国

自2008年始，各地相继出台的法治政府建设指标体系，基本按照《纲要》设定的法治政府七项内在标准予以展开。浙江法治政府建设第三方评估建构指标体系时，充分借鉴前述各地体系经验，以《国务院关于加强法治政府建设的意见》（国发〔2010〕33号，以下简称《意见》）为主线，参考国务院原法制办2009年完成的《关于推行法治政府建设指标体系的指导意见（讨论稿）》，以及《中共浙江省委关于建设“法治浙江”的决定》（以下简称《“法治浙江”决定》），力求在国家统一的制度框架下建构兼具地方具体实践的法治政府建设评价体系。

“建设社会主义法治国家，又离不开地方的具体实践。”②《“法治浙江”决定》部署法治政府建设主要任务时，强调运用系统论，善于用整体观点来对待法治政府建设，坚持立法、执法、司法、守法同步推进、一体建设，把法的内在结构、外在联系和发展过程作为一个整体加以认知，并用以指导法治政府建设的全面推进与法治，切实要求把依法行政落实到政府工作的各个环节、各个方面。③ 具体而言，《“法治浙江”决定》主要从制度质量、

① 〔德〕赖因哈德·施托克曼、沃尔夫冈·梅耶：《评估学》，唐以志译，人民出版社，2012，第3页。

② 习近平：《干在实处　走在前列——推进浙江新发展的思考与实践》，中共中央党校出版社，2013，第362页。

③ 朱瑞忠、戴连俊、韩倩：《法治中国的浙江实践》，《今日浙江》2013年第9期。

行为规范、透明度、公众参与、公务员法律意识和素养、廉洁从政等方面具体部署浙江全面推进法治政府建设任务，其中多数内容在《意见》中也有所体现。因此，项目组立足推动浙江基本建成法治政府、不断提高法治浙江建设水平的使命与担当，指标体系研发以《“法治浙江”决定》有关法治建设的系统部署与总体布局为主要遵循，同时，深刻理解和把握《意见》有关执行力、矛盾纠纷化解等内容意旨与制度结构，全面联结法治政府，架构浙江法治政府第三方评估体系的基本框架。

2. 科学应变、适度前瞻

评估指标是评估活动的核心，直接决定评估效果的关键。在遵循整体法治观，坚持法治政府、服务政府、廉洁政府、责任政府、创新政府等多目标合一的前提下，项目组规避无休止的有关法治政府概念争论，坚持问题与效果导向，以《纲要》《意见》等部署依法行政与法治政府建设的纲领性文献，以及浙江省委省政府落实法治政府建设具体实施意见或要求等为依据，依次提炼二级、三级等各子项评估指标。

为什么要强调“科学应变”？马克思说：“立法者应该把自己看作一个自然科学家。他不是在创造法律，不是在发明法律，而仅仅是在表述法律……如果一个立法者用自己的臆想来代替事情的本质，那么人们就应该责备他极端任性。”[①] 同理，“任何一种指标体系都要有某种理论做基础，不过，有些严密，有些不很严密”[②]。或者更进一步说，指标体系并不是一堆随意选取的指标的简单堆砌，其次级指标体系的建构、具体指标的遴选均应有其相应的理论依据。[③] 由此，“科学应变”的前提是建立在某种理论基础之上的。考虑到指标体系与第三方评估是一项精密的科学程式，指标体系建构的科学性与权威性，以及随之的评估结果改进的可操作性，其理论基础主要依托制度性进路，坚持依据相关法律法规规章乃至规范性文件等设计评估子项指标。因为法治的实现过程是“法治理想的规范化过程以及法治规范的现实

① 《马克思恩格斯全集》（第1卷），人民出版社，1995，第347页。

② 郑杭生、李强、李路路：《社会指标理论研究》，中国人民大学出版社，1989，第77页。

③ 彭宗超、李贺楼：《社会指标运动缘起、评价及启示》，《南京社会科学》2013年第6期。

化过程”。[①] 依托制度性进路，遵循科学研究的一般规律，法治政府建设的指标体系由此建构。[②] 同时，“法治评估进入权力机关实践环节的关键办法，就是合法性检验”。[③] 项目组直接援引相关法律法规规章乃至规范性文件作为指标研发的依据，可使其在合法性检验的基础上迭代升级，依托依据合法性其内容体系，并借助“三位一体”的衔接机制，直接转化为层级管理中的绩效要求——浙江省法治政府建设第三方评估结果，依托省法治政府建设（依法行政）工作机制，有效嵌入体制内的执行力，纳入目标责任考核，并作为年度法治政府建设（依法行政）先进单位评选的主要依据，当然也因此关涉各方利益。因此，审慎设定各项评估指标，确保“无争议”，并督促被评估对象完成法治政府建设“规定动作”，是项目组必须考虑的现实诉求。当然，在考虑“规定动作”约束性指标之外，项目组尝试引入了个别激励性指标，在注重评估指标设计合法性的同时寻求评估导向的最佳性。

3. 主动求变、典型示范

浙江第三方评估推进实践，既兼顾法定“约束性”与适当“激励性”，又尊重从被评估对象法治政府建设丰富实践中抽象、提炼测评指标，使其从个别单位或行业亮点向浙江全域法治政府建设“一般性指标”转变，借助评估指标的预期、导向作用，推动全省法治建设的整体提升。如“政府财政透明度”各子项指标的设计即受台州温岭参与式预算实践的启迪。

同时，为大力培育建设法治政府先进典型，充分发挥先进典型示范带动作用，自2014年起，项目组开始“法治政府建设创新项目与案例”评选活动，按照“自愿申报、专家评审”方式，作为第三方评估加分项目。截至2018年底，已举办5次，并有8个设区市15个项目、22家省级单位36个项目入选。

---

① 吴德星：《法治的理想形态与实现过程》，《法学研究》1996年第5期。

② 具体建构原理参见王崟屾《浙江法治政府第三方评估的理论与实践》，中国社会科学出版社，2019，第45~65页。

③ 钱弘道、杜维超：《法治评估模式辨异》，《法学研究》2015年第6期。

（二）评估内容

基于省级各单位、设区市政府职责差异以及“条块”管理的区别，项目组在坚持整体推进法治政府建设、保证评估体系基本框架（一级指标）不变的前提下，立体施治、分类施策，尊重省级各单位、设区市政府特殊性，分别设计评估二级、三级等各子项指标（见表1、表2）。

表1　省级各单位第三方评估指标

一级指标	二级指标
制度质量	规范性文件合法性审查与质量(2013)
	规范性文件清理实施情况
行政行为规范	行政诉讼败诉情况(2013)
	重大行政决策程序规则建立健全情况
	本系统“双随机”抽查监管办法和随机抽查事项清单落实情况
执行力	配套制度制定义务履行情况(2014)
	政策解读落实情况
	政务公开分管工作落实情况
透明度	政府财政透明度(2013)
	依申请信息公开实测情况(2014)
	政府信息公开年度报告公开情况(2013)
	2008～2014年政府信息公开年度报告公开情况
公众参与	规范性文件公开征求意见情况(2013)
	法治政府建设情况报告公开情况
	政务服务网咨询答复情况
矛盾纠纷化解	部门法治工作队伍建设情况
	10人以上群体性案件发生情况(2014)
	行政处罚结果公开情况
公务员法律意识和素养	领导干部集体学法制度建立健全及运行情况
	行政机关负责人出庭应诉情况(2013)
	法治政府建设任务分解实施
廉洁从政	贪腐案件和渎职案件状况(2013)
	执行八项规定情况(2013)

注：1. 为使表格内容清晰且便于阅读，此处仅列出评估的一级、二级指标，至于其后操作层面的次级指标暂未列出。

2. 指标获取渠道，作为独立的第三方评估，秉持对被评估对象法治政府建设工作过程的评估，主要以网络或媒体数据检索等自我获取数据方式为主。

3. 各二级指标后的年度表示该指标自该年至今持续应用。

4. 表格所列指标系2016年度评估所采用指标。

表 2　设区市政府第三方评估指标

一级指标	二级指标
制度质量	规范性文件合法性审查与质量(2013)
	规范性文件清理实施情况
行政行为规范	行政诉讼败诉情况(2013)
	重大行政决策程序规则建立健全情况
	政府法制机构向本级政府报告本级政府及部门行政合同清理落实情况
执行力	配套制度制定义务履行情况(2014)
	贯彻中央和省委省政府重大决策与规定情况(2013)
	政策解读落实情况
透明度	政府财政透明度(2013)
	依申请信息公开实测情况(2014)
	2015 年度政府信息公开年度报告公开情况(2013)
	政府财政专项资金管理情况公开情况
公众参与	重大行政决策程序规则运行情况
	规范性文件公开征求意见情况(2013)
	2015 年度法治政府建设情况报告公开情况
矛盾纠纷化解	行政复议化解矛盾纠纷的作用发挥情况(2013)
	10 人以上群体性案件发生情况(2014)
	仲裁制度落实情况
公务员法律意识和素养	领导干部集体学法制度建立健全及运行情况(2013)
	法治政府建设任务分解实施
	政府工作报告总结或部署法治政府建设情况
	行政机关负责人出庭应诉情况(2013)
廉洁从政	贪腐案件和渎职案件状况(2013)
	执行八项规定情况(2013)

注：1. 为使表格内容清晰且便于阅读，此处仅列出评估的一级、二级指标，至于其后操作层面的次级指标暂未列出。

2. 所谓数据来源，主要是指指标获取渠道，作为独立的第三方评估，秉持对被评估对象法治政府建设工作过程的评估，主要以网络或媒体数据检索等自我获取数据方式为主。

3. 各二级指标后的年度表示该指标自该年至今持续应用。

4. 表格所列指标系 2016 年度评估所采用指标。

（三）关于评估内容的四点说明

第一，体系基本框架“和而不同”。尽管省级各单位、设区市政府的第三方评估指标在二级指标设计上具有一定区分度，但基本框架沿用《浙江省法治政府建设主要评价指标（试行）》确定的推动法治政府建设的8个一级指标，保持基本框架的稳定性。之所以这样做，一是源于体制且又与体制内执行力有效衔接，要求第三方评估体系遵循《浙江省法治政府建设主要评价指标（试行）》确定的基本框架，“依法评估”。二是出于数据积累与测算“法治GDP”的需要。如前所述，项目组在第三方评估启动之初，就试图尝试测算法治对经济的贡献度，但“巧妇难为无米之炊”，缺乏有效、丰富的法治评估数据一直是“法治GDP”难以付诸实践的“阿喀琉斯之踵”。因此，项目组希望依托相对稳定的评估基本框架以获取稳定的评估数据源或评估分值，持续累积，增加评估数据“厚度”，借此测算“法治GDP”。

第二，指标体系基本框架“与时俱进”。2015年12月，中共中央、国务院印发《法治政府建设实施纲要（2015～2020年）》（中发〔2015〕36号，以下简称《实施纲要》）。作为加快建设法治政府的奋斗宣言和行动纲领，《实施纲要》提出了法治政府基本建成的七项衡量标准——政府职能依法全面履行、依法行政制度体系完备、行政决策科学民主合法、宪法法律严格公正实施、行政权力规范透明运行、人民权益切实有效保障以及依法行政能力普遍提高。[①] 这七项标准勾勒出法治政府基本建成的概貌，而作为主要源于《意见》等文献而建构的浙江法治政府第三方评估体系是否就此调整，以适应推动法治政府基本建成的总体目标，在《实施纲要》公布后的2016年就显得尤为迫切。项目组认为，虽然《实施纲要》对法治政府提出新要求新任务，但其意旨、内核等与《纲要》《意见》等一脉相承，均强调行政应受法律支配、行政应当服从法律，并以此为核心，按照行政权运行的内在逻辑构建了法治政府建设的不同着力点。因此，在保证基本框架不变的前提下，项目组适当修订部分二级指标即可适应《实施纲要》新要求。

第三，评估定位基准。抓难点、补短板是浙江推进法治政府第三方评估的主要动力，也是浙江第三方评估的基准定位。由此，项目组设计评估各子

① 袁曙宏：《加快建设法治政府的奋斗宣言和行动纲领》，《紫光阁》2016年第2期。

项指标时，尤其注意与中央、地方党委政府重点工作的衔接，注重对上级部门既有工作部署落实情况的第三方独立评估。2016 年，为主动响应中国社会科学院法学所法治指数创新工场项目组在全国开展的政务公开第三方评估，补齐浙江政务公开短板，推动浙江政务公开工作总体走在全国前列，项目组在评估指标设计中加强政务公开测评力度，将公开工作有机融入法治政府建设。评估结果一再证明，浙江政务公开确实存在短板，部分地方和部门对政务公开工作重视程度亟待提升。如 2017 年，项目组仅以被评估对象是否按时发布政府信息公开工作年度报告为例进行测评，结果显示，省级各单位仅有 25 家按时发布政府信息公开工作年度报告。是否按时发布政府信息公开工作年度报告，自 2013 年评估启动之初，就是项目组评估的基本内容，但时至今日仍有不少部门未按时发布，这种制度与实践“空转”的情况也值得项目组深切反思。

第四，基本结论。从 2013 年至 2019 年的第三方评估得分来看，浙江法治政府建设先行优势显著，与浙江“两个高水平”建设战略目标相适应，与浙江奋力打造“重要窗口”的战略目标相匹配。党的十八大以来，浙江各地各部门坚定不移沿着习近平总书记开创的法治浙江建设道路砥砺前行，不断掀起法治政府建设新热潮。从评价结果看，在评价体系与主要指标保持基本一致的情况下，省级有关单位、设区市政府平均分和中位数与历年得分相比，在不规律状态下呈上行趋势。申言之，浙江基本建成法治政府已成定势。具体而言，虽然 2019 年省级有关单位 76.6 的平均分、77.18 的中位数与 2018 年 79.71 的平均分、80.22 的中位数相比略低，但相较于 2013 年 71.34 的平均分、71.78 的中位数，得分区间平均提升了 5.33 分，整体呈稳定推进之势。11 个设区市 75.46 的平均分、77.30 的中位数与 2018 年 75.48 的平均分、74.16 的中位数相比，平均得分基本持平，但中位数明显提升，说明各设区市得分上升趋势明显；同时，相较于 2013 年 70.43 的平均分与 69.64 的中位数，得分区间平均提升了 6.35 分（见图 1、图 2）。

以上数据结果的变化，以及第三方评估所映射的浙江基本建成法治政府已成定势之态，一方面，说明浙江省委省政府坚定不移沿着习近平总书记开

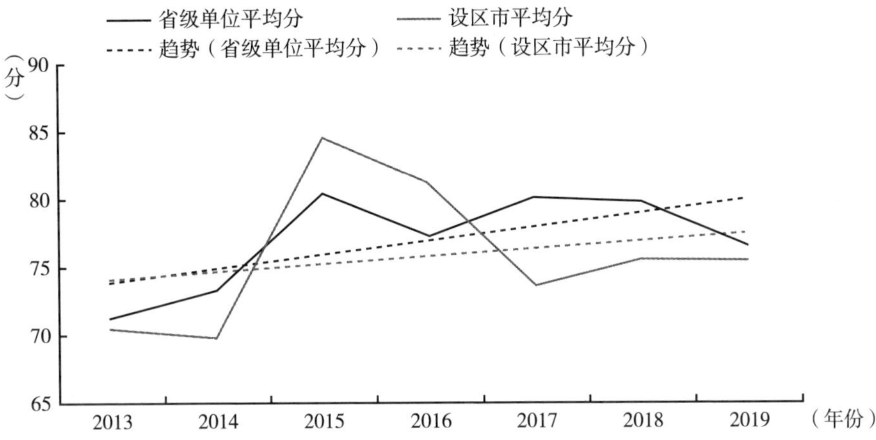

图1　2013～2019年省级有关单位/设区市第三方评价平均得分及其趋势

注：2015年得分采取35分制，为便于比较，纳入图表时进行了相关折算。

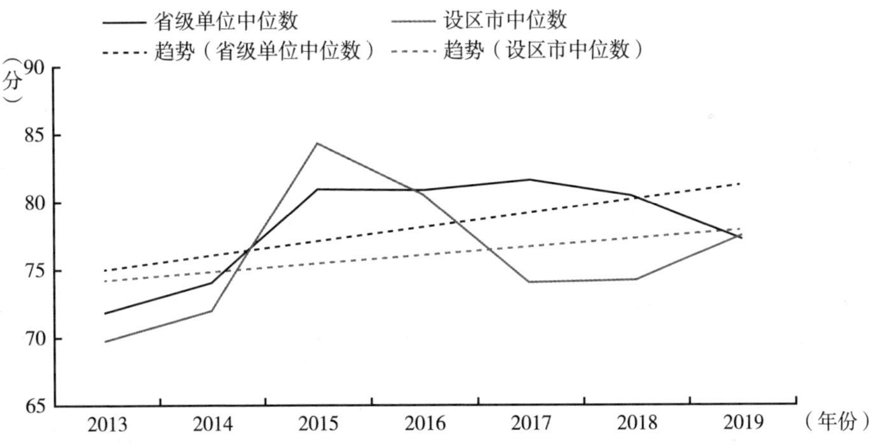

图2　2013～2019年省级有关单位/设区市政府第三方评价得分中位数及其趋势

注：2015年得分采取35分制，为便于比较，纳入图表时进行了相关折算。

创的法治浙江建设道路砥砺前行，锚定建设法治中国示范区的目标，努力把法治建设的先行优势转化为领跑优势，久久为功，既善于系统谋划，加快打造一批具有浙江辨识度、先行性的法治领域重大标志性成果，善作善成；而综合集成的各项举措最后均汇集成数据或信息，经由第三方评估体系筛选、分析等，在终端体现为量化分数的普遍提高。另一方面，由于第三方评估各测评指标事先不告知、评价体系又兼顾过程与结果，重在了解各地各部门对省委省政府法治建设相关部署的制度落地执行力，且采用抽样测评方式，因此，评价对象难以完全按照上一年度评价指标以及扣分情况“临时应付”而获高分；同时，政府工作千头万绪，事先不告知测评内容，也有利于客观了解各地各部门法治建设是否存在“说起来重要，忙起来不要”的状况。综上，2013～2019年第三方评估呈现的平均分、中位数整体稳步提升，客观反映了浙江对标“重要窗口”、对标法治中国示范区、对标人民群众期盼，加快建设法治政府的使命与担当。

三　代结语

虽然评估是政治驱动的，但它的具体运用首先是在组织中进行的，并且还涉及各种完全不同的参与群体的利益。[①] 因此，法治政府评估的最终目的并不仅仅在于得出一个冷冰冰的具体分数。作为一种以发现并推动问题解决为主导功能的评价工具，第三方评估应遵循“准备（获取数据，包括内部数据或外部数据）—作业（具体评估实践）—反馈”等基本工作流程，致力于推动各地各部门解决问题，以求实效，借此整体推进各领域法治建设，而非“一测（评）了之”，仅博各方舆论一时关注。

浙江法治政府建设第三方评估，依托独立第三方评估有效衔接体制内执行力优势，遵循基本工作流程，注重与被评估对象互动，兼顾问题导向与效果导向。评估工作结束之际，项目组都会向被评估对象一一发送年度法治政府建设（依法行政）考核评价情况函件，就前述评估各表格，详细列明评

① 〔德〕赖因哈德·施托克曼、沃尔夫冈·梅耶：《评估学》，唐以志译，人民出版社，2012，第335页。

估指标设定依据、赋分规则与赋分情况等，不仅让被评估对象“知其然知其所以然”，而且以常态化指标体系与相对稳定的测评指标，基于外部督促和政府内部自上而下推动的优势互补，切实推进依法行政，加快建设法治政府。

简而言之，以浙江率先建立的“三位一体”考核评价体系为契机，法治政府建设第三方评估在实践中不断探索创新，这种借助各种概念的融合与可操作化，尝试将评估所面对的各种不同的要求结合起来的方式，既在法治思维方式、学科思维习惯和方法性的原则立法之间建立起沟通的桥梁，又体现标准化与规范化的趋势，同时也具有较强的复制与推广性，高质量地助推法治政府的基本建成。

B.22
长三角公共卫生体系建设研究

张卫 马岚 鲍雨*

摘 要： 公共卫生事关人民群众生命安全和身体健康，事关我国经济社会发展大局。2020年新冠肺炎疫情不仅检验了公共卫生体系的能力，更显示了部门协同、上下协同、区域协同的重要性。长三角地区公共卫生体系在新冠肺炎疫情中经受住了考验，发挥了重要作用。但是与重大疫情的威胁和挑战相比，当前长三角地区公共卫生体系还存在以下短板：一是区域内公共卫生基础能力不均衡，二是突发公共卫生事件发生时存在各自为战的情况，三是公共卫生信息系统尚未互联互通，四是疾控部门在应急治理中的核心能力有待提升，五是非常态状况下制度化的协同机制还不完善。为此，本报告提出如下建议：一要率先树立大公共卫生的理念并明确其公益性导向，二要提升疾控部门的核心能力，三要消除区域间的政策障碍实现协同共治，四要建立融合性的公共卫生服务大数据系统，五要充分发挥科学技术对于公共卫生风险防控的支撑作用，六要打造长三角高端公共卫生人才储备基地。

关键词： 疾病防控　公共卫生体系建设　长三角

---

* 张卫，江苏省社会科学院社会学研究所所长，二级研究员；马岚，江苏省社会科学院社会学研究所副研究员；鲍雨，江苏省社会科学院社会学研究所副研究员。

在党的十九届四中全会上，习近平总书记强调指出，要“强化提高人民健康水平的制度保障。加强公共卫生防疫和重大传染病防控，健全重特大疾病医疗保险和救助制度”。公共卫生事关人民生命安全和身体健康，事关我国经济社会发展的大局。自《长江三角洲区域一体化发展规划纲要》实施以来，上海、江苏、浙江和安徽三省一市大力推进长三角一体化高质量发展，加强各领域互动合作。2020 年新冠肺炎疫情是一次重大的突发公共卫生事件，全方位检验了长三角一体化应急管理协同发展取得的成果。自 2020 年新冠肺炎疫情发生以来，沪苏浙皖三省一市紧急启动重大突发公共卫生事件一级响应，果断采取一系列公共应急措施，携手应对这场“大考”。

一　长三角地区公共卫生体系建设的经验与成效

（一）上海公共卫生体系建设的经验与成效

第一，完善公共卫生应急管理体系。加强疫情防控组织领导，加强部门间和长三角地区协调配合，充分发挥联防联控机制优势，统筹资源，高度关注医务人员、老年人、慢性病患者、孕产妇、儿童等重点人群和车站、机场、学校等重点场所，加强指导检查，确保落实各项政策和措施；强化疫情监测预警处置，严格落实疫情监测、风险评估、流行病学调查以及密切接触者管理等措施，规范开展实验室检测工作；集中优势做好医疗救治，严格落实预检分诊，强化发热门诊管理，及时筛选发现患者；优化医疗卫生资源投入结构，加快全科医生培养、分级诊疗等制度建设，提升基层防控能力，推动公共卫生服务与医疗服务高效协同、无缝衔接，健全防治结合、联防联控、群防群控工作机制。

第二，深化公共卫生体系建设。上海市不断深化公共卫生体系建设，积极推进市政府重点工作“加强疾病预防控制体系建设”。巩固传染病和慢性非传染性疾病的综合防控能力，实现疫苗全过程可追溯综合管理；妇幼保

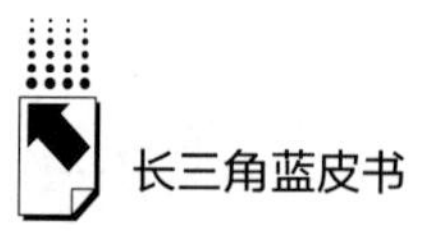

健、食品安全、精神卫生、职业病、卫生应急处置能力持续增强，爱国卫生工作稳步推进，全民健康的生活方式逐步形成。

第三，进一步提升医疗卫生服务能级和核心竞争力。上海市医疗卫生服务围绕“健康上海”战略部署推进医疗服务体系和服务制度建设，制定本市建设亚洲医学中心专项行动实施方案、临床重点专科建设“腾飞计划”；完成“新建7个医疗急救分站”市政府实事项目，完善分类救护服务模式；制定实施公立医院绩效考核评价制度；持续提升社区卫生机构服务能级，落实签约居民预约优先转诊，畅通双向转诊、慢性病长处方，延伸上级医院处方等优惠政策；稳步加强医养结合服务体系建设。

第四，大力推进健康服务业发展。出台“上海健康服务业50条”，构建以健康医疗、健康服务、健康保险为重点，以健康信息为支撑，以新兴健康服务业为新动能的健康服务业体系。推进“放管服”改革，优化健康服务业发展的营商环境，培育一批健康服务品牌。推进健康服务业集聚区和重大项目平台建设，使集聚区和重大平台项目成为上海健康服务业发展的重要载体。

第五，加强生育指导与家庭发展服务。稳妥实施全面两孩政策，持续开展出生人口监测分析和年度人口和计划生育形势分析；积极推进公共场所母婴设施建设，在全国率先建成母婴设施电子地图；依法落实计生家庭奖励扶助政策，加大计划生育特殊家庭扶助关怀力度。大力推进家庭发展能力建设，重点实施“新家庭计划—家庭发展能力建设”项目，推进“新家庭计划—健康家庭社区行”“新家庭计划—科学育儿社区行”等项目。

第六，加快中医药发展。进一步完善中医药顶层设计，制定出台并印发《上海市中医药发展战略规划纲要（2018～2035年）》，全面实施《上海市进一步加快中医药事业发展三年行动计划（2018年～2020年）》；积极推进本市中医药立法工作，修订《上海市发展中医条例》；强化中医药服务网络及内涵建设，继续加强以郊区为重点的中医医院建设；加强中医药服务行业监管，继续推进中医药国际化工作，持续加大中医药文化宣传力度，有效落实各项政策。

（二）江苏公共卫生体系建设的经验与成效

第一，加快健康江苏建设步伐。实施全民健康素养提升行动，开展“三减三健”专项行动、全民自救互救素养提升工程，2019 年全省居民健康素养水平提高到 25. 33%。加强慢性病综合防控，8 个国家级慢性病综合防控示范区通过国家复审，新建成 8 个省级达标区。全省已建成国家卫生城市 34 个、国家卫生县城 8 个、国家卫生乡镇 155 个。

第二，推进医药卫生体制改革。一是分级诊疗格局加快构建。大力推进紧密型医联体建设，加快五大救治中心建设。二是公立医院改革向纵深发展。全省 74. 8% 的三级公立医院、30. 9% 的二级公立医院和 18. 5% 的社会办非营利性医院开展章程制定。三是药品供应保障更加有力。新一轮药品集中采购竞价议价采购产品价格平均降幅 18. 04%，267 个抗癌药品平均降幅 8. 65%。

第三，提高公共卫生服务水平。基本公共卫生服务项目补助标准提高到人均不低于 75 元，全省实际人均达 80. 96 元。重大疾病防控成效显著，全面落实血吸虫病、艾滋病、结核病等重大疾病防治规划；妇女儿童健康保障全面加强，实施母婴安全三年行动计划，完善妇幼健康服务体系，全省孕妇产前筛查率 92. 88%、新生儿疾病筛查率 98. 29%；突发公共卫生事件处置及时有效。加强对新冠肺炎疫情的防控，果断采取应急处置工作；食品安全风险监测持续加强，强化食品安全风险监测和标准服务。

第四，医疗卫生服务体系不断完善。2019 年末，全省医疗卫生机构总数 34796 个，比上年增加 1543 个。全省卫生人员总数达 786380 人，比 2018 年增加 47086 人，增长 6. 37%；基层卫生服务能力显著增强，2019 年末，全省已设立社区卫生服务中心（站）2706 个，提供诊疗 8015. 81 万人次，住院 45. 9 万人；医疗服务持续改善，实施新一轮改善医疗服务三年行动计划，苏北人民医院、淮安市第一人民医院被评为全国年度“改善医疗服务示范医院”；中医药事业服务体系建设得到加强，新建 68 个全国和省名老中医药专家传承基层工作站。

第五，重点人群健康保障。医养结合不断发展，遴选10家省示范性医养结合机构，新增护理院23家、医养结合机构80家；全面两孩政策稳妥实施，为204万计划生育奖扶、特扶对象发放扶助金26.93亿元，实现计划生育特殊家庭联系人制度、家庭医生签约、就医绿色通道“三个全覆盖”；健康扶贫成效显著，农村建档立卡低收入人口家庭医生签约率97.02%；全面落实农村低收入人口住院“先诊疗后付费”政策，大病专项救治总病种数30种。①

（三）浙江公共卫生体系建设的经验与成效

第一，深化医药卫生体制改革。浙江以全国综合医改试点省建设为抓手，强化医疗、医保、医药“三医”联动，医药费用控制、医保支付方式、医疗服务价格、综合监管等取得新突破，国家公立医院综合改革效果评价考核连续三年名列前茅。2019年1～11月医疗总费用同比增长控制在10%以下，门急诊和出院均次费用同比增长3.23%和0.07%。

第二，促进全民共建共享大健康。落实“健康浙江”建设，一方面，构建起了健康浙江建设的指标体系、政策体系、工作体系和评价体系，“大健康”工作的“四梁八柱”基本成型；另一方面，通过实施健康浙江十一大行动，全省健康人居环境持续改善，健康保障能力大幅提升，全民健身理念逐步建立，健康产业快速发展，居民健康素养、群众对健康浙江的认知度和满意度逐年提高。2019年，浙江居民健康素养水平为29.49%，比上一年提高2.85个百分点。

第三，增强群众就医的获得感幸福感。率先推动医疗卫生服务领域“最多跑一次”改革，加快推进政府数字化转型。一方面，政务服务环境持续优化，综合运用刷脸、电子签名、电子证照、电子印章等技术提升办事效率；另一方面，会同省委改革办、省医保局等部门出台实施意见，推出了“基层看病更放心”“费用结算医后付”“医事服务一站式”等新10项便民

① 摘自《江苏卫生计生年鉴》（2019卷）、《2019年江苏省卫生健康事业发展统计公报》。

惠民举措。

第四，构建整合型医疗卫生服务体系。进一步将改革重心放到基层，全面推开县域医共体建设，打造优质高效的整合型医疗卫生服务新体系，有力补齐乡村振兴卫生健康短板。全省 70 个县（市、区）将 208 家县级医院和 1063 家乡镇卫生院组建成为 161 家医共体，实现县域全覆盖。

第五，打造浙江生命健康科创高地。浙江省政府主动对接长三角一体化、“两大高地”建设等重大发展战略，打造一批具有核心创新力、技术竞争力和辐射带动力的医院、团队和平台。引进各类高层次人才 612 人，获国家科技经费 4 亿元，7 家省级医院进入全国科技创新“百强排行榜”。

第六，加快卫生健康数字化转型。“互联网 + 医疗健康”服务被纳入省政府数字化转型“8 + 13”重大示范项目，打造一张电子健康医保卡、搭建一个省级互联网医院平台，医院之间的信息壁垒正在逐步消除。浙江省互联网医院平台上线运行，现已接入医院 374 家，开展在线服务 473 万余人次。①

（四）安徽公共卫生体系建设的经验与成效

第一，健康脱贫取得新成效。持续开展“7 + 25 + 47”暗访调研和专项行动、“健康脱贫、处长在一线”服务基层专项活动，聚焦解决基本医疗有保障突出问题，谋划实施健康脱贫“百医驻村”行动，两批次从省、市、县三级医院选派 113 名骨干医生进驻到位。

第二，深化医改再上新台阶。推动医疗和预防紧密融合，推进模式统一的紧密型县域医共体建设，确定“两包三单六贯通”的建设路径，构建更加成熟定型的县域分级诊疗模式，37 个县（市）组建 81 个紧密型县域医共体，覆盖 2980 万县域居民；4 个试点市组建 16 个紧密型城市医联体。

第三，健康安徽建设迈出新步伐。启动实施健康安徽行动，针对突出问题和重点人群，拟定《健康安徽行动实施方案》，主动推进健康长三角一体

---

① 参见《全面推进“1 + 5”卫生健康攻坚战提档升级　健康浙江　不负韶华》，浙江省人民政府网，http：//www. zj. gov. cn/art/2020/1/9/art_ 1554467_ 41557740. html。

化更高质量发展，在促进医疗服务均质发展、推进公共卫生一体化、深化中医药创新合作、推进健康信息互联互通、协同推进健康科技创新、建立综合执法监督联动协调机制6个方面开展合作。

第四，“互联网+卫生健康”赋能新业态。智医助理项目建设取得成效，55个县区“智医助理”使用医生达到3万多人，提供辅助诊断1431.3万次，慢病服务居民597万人次，协助完成1159.5万份电子病历，电子病历规范率达到80.7%。全民健康信息平台建设进展顺利。省统筹全民健康信息平台可研方案通过国家发改委批复，12市初步完成新平台建设。

第五，公共卫生与卫生应急持续加强。加强艾滋病、地方病、职业病等重点疾病防控，稳步实施免疫规划；主动开展癌症、高血压、心血管疾病、脑卒中、儿童口腔疾病筛查干预工作，继续推行结核病“防治管”三位一体综合防治模式；持续推进严重精神障碍患者服务管理治疗工作；高血压、糖尿病患者规范管理率达60%以上；开展尘肺病防治攻坚行动，深化重点行业领域职业病危害专项治理。

第六，重点人群健康服务推进新水平。完善3岁以下婴幼儿照护服务体系，出台3岁以下婴幼儿照护服务发展政策，印发《安徽省人口监测实施方案》；妇幼健康工作成效显著，落实母婴安全五项制度，开展免费婚检、孕前优生检查和补服叶酸项目；持续推进全省老龄事业健康发展，65岁及以上老年人健康管理率达70%以上。

第七，多项重点工作进展明显。人才队伍建设稳步推进，加强高层次人才队伍建设和农村贫困地区卫生健康人才培养，实施贫困地区全科医生特岗计划；法治建设取得突破，不断完善卫生健康地方性法规规章；科技创新持续深化，完成7个省级临床医学研究中心立项建设；进一步加强综合监督体系建设，完善“安徽省医疗服务综合监管信息平台”；国际合作日益扩大，服务“一带一路”，拓展卫生健康交流合作。①

① 参见《省卫生健康委2019年工作总结》，安徽省卫生健康委员会网站，http：//wjw.ah.gov.cn/public/7001/53873691.html。

二 长三角公共卫生体系建设中存在的短板

新冠肺炎疫情不仅检验了我国疾病防控体系的能力，更显示了部门协同、上下协同、区域协同的重要性。长三角公共卫生体系在新冠肺炎疫情中经受住了考验，发挥了重要作用，但是必须要清醒地认识到，未来公共卫生事件将是潜在的、重大的安全威胁，尤其是经济增长较快、人口密度较大的城市群将面临更为严峻的挑战。与传染病的现实威胁和重大疫情的挑战相比，当前长三角地区公共卫生体系还存在以下不足和短板，必须认真对待。

（一）区域内公共卫生基础能力不平衡

目前全国传染与感染科综合实力最强的 10 家医院，上海有 3 家，杭州有 1 家，江苏和安徽尚无，反映了长三角不同地区在传染病救治能力上的差别。作为公共卫生服务重要一环的基层医疗卫生机构——社区卫生服务中心（站）承担着“守门人”的角色。它们在预检分诊早期病人发现、重点人员排查、社区网格化管理等方面发挥着重要作用。从社区医疗卫生中心（站）等医疗机构的覆盖率来看，目前杭州最高，达到 1. 33 个/万人，江苏无锡仅 0. 1 个/万人，反映了长三角地区内部公共卫生基础能力尚不均衡。

（二）突发公共卫生事件发生时存在各自为战的情况

在新冠肺炎疫情中，按照守土负责的防控部署，长三角三省一市都在科学防控和精准施策上下足了功夫，有效确保了各自区域内的公共卫生安全。但这同时也使得行政边界被大大强化和固化，出现了各自为战的状况，在形成本地防控闭环的同时，造成防控措施的重复、对立甚至冲突。如各地对外来返城人员一律自我隔离，等于同时否定了其他地方的防控措施，认为只有自己城市采取的办法最有效，对于其他的城市并不信任，这造成了人力、物力资源的极大浪费，使得管控程序极为烦琐和复杂。

（三）公共卫生信息系统尚未实现精准防控

当前长三角地区很多公共卫生信息尚未得到互认和共享，即使在一个省、一个市内部，部门之间、地区之间也存在信息垄断和分割问题。如本次疫情就暴露出公共卫生信息系统尚未互联互通因而无法实现精准防控。虽然各地已建立省级居民健康信息平台和省级疾控业务信息系统，但医疗机构的信息系统与公共卫生服务系统未实现互联互通，各级各类信息未能实现有效整合和利用。大数据、人工智能、云计算等数字技术应用还不广泛，在疫情监测分析、病毒溯源、防控救治、资源调配方面信息化建设滞后，缺乏先进的科技支持系统。基于大数据的全方位跟踪、实时沟通、监测信息整合等手段还没有日常应用。信息的缺失和不对称，以及区域间的沟通不畅，给地方政府卫生部门的预测和决策增加了难度。

（四）疾控部门在应急治理中的核心能力有待提升

调查表明，当前长三角地区普遍存在公共卫生财政拨款预算与人口数量和 GDP 发展水平不相协调的问题，虽然 SARS 发生以来疾控部门的财政投入逐年增加，但疾控支出占政府医疗服务支出的比重下降，经常性维持经费仍显不足，这使得疾控部门的工资收入与同级医疗机构人员相差较大，疾控人才队伍极不稳定，高端人才流失严重。疾控中心实验室仪器设备严重短缺、老化的现象仍比较突出，相对于医院和科研机构而言，疾控体系的硬件配备显著滞后，实验室设备配置缺口普遍较大，有些实验室建设时虽然符合要求，但因为没有及时更新现在已经过时，不能检测最新的传染病源。

（五）非常态状况下制度化的协同机制还不完善

突发公共卫生事件伴随着人口和物资的流动而具有迅速的跨区域性和广泛的传播性，这就需要在应对上打破现实的行政界限，实行区域间联合性、综合性的治理。长三角覆盖三省一市四个省级行政区，当前不同行政区在公共卫生的标准、政策和规范等方面尚未统一，仍然存在较大的地区差异，这种差异就成为一种壁垒，增加了综合治理的难度。此次疫情暴发初期，由于缺失成熟的、制度化的联防联控机制，个别地区研判、评估、决策和防控协同机制不强，执行力不足、合力缺乏，导致重大疫情所要求的应急管理信息综合处理能力与部门化信息处置能力之间出现错位，出现医疗资源供不应求、物资调度不力、捐赠分配效率不高等问题。

三　长三角公共卫生体系建设的思路与对策

2020 年 6 月 2 日，习近平总书记主持召开专家学者座谈会强调指出，“人民安全是国家安全的基石。要强化底线思维，增强忧患意识，时刻防范卫生健康领域重大风险。只有构建起强大的公共卫生体系，健全预警响应机制，全面提升防控和救治能力，织密防护网、筑牢筑实隔离墙，才能切实为维护人民健康提供有力保障”。公共卫生体系建设是一个系统工程，不仅与公众健康有关，更关系经济社会发展、公共安全以及社会公平正义，需要整个社会全方位参与。对长三角这样我国经济发展水平最高、社会活力最强的地区之一而言，公共卫生体系的建设更需要各个区域、各个部门的协同和联合。

长三角公共卫生疾病预防控制有着良好的基础，基于当前所处的时代环境、面临的特殊挑战以及此次疫情中暴露的短板不足，在全面建成高水平小康社会、开启现代化新征程的关键时期，要明确“大公共卫生”导向，突出制度建设主线，不断优化公共卫生防疫体制机制，切实提升重大传染性疾病综合防治能力，保障长三角经济社会发展。从水平上看，应建设与长三角经济、社会发展水平相一致的公共卫生防疫体系，按照立足当前、着眼长远的原则，突出超前性，为应对各类新型突发重大传染病奠定基础。从广度上看，公共卫生防疫体系建设是一项系统工程，应构筑一个全方位、立体化、多层次和综合性的公共卫生危机应对网络。从具体内容上看，既要在硬件方面加强财政投入和基础设施建设，又要从制度机制层面理顺关系、强化管理，增强重大传染疾病防控的软实力和防御应对的能力。在“十四五”期间，要加快建设与长三角经济社会功能定位相匹配的公共卫生体系，探索城市群公共卫生安全治理之路，要聚焦体系建设和机制创新，使安全防线更加牢固，应急防控更加高效，科技赋能更加有力，支撑保障更加到位，努力把长三角地区建设成为我国公共卫生一体化的标杆，成为全球公共卫生最为安全的区域之一。

（一）率先树立大公共卫生的理念并明确其公益性导向

长三角地区应该率先改变对公共卫生的狭义理解和效益化评判。首先，要明确公共卫生不单是医学问题和技术问题，它具有强烈的公共政策性质。因而公共卫生不仅是医疗卫生部门的职能，更是一个社会系统工程，需要多个部门关注和参与。其次，对公共卫生、疾病防控不能采用临床医学的效益标准来推动发展。公共卫生着眼于公众的健康状况，不同于临床医学立竿见影的治疗成效，社会回报周期比较长；而公共卫生面向群体、注重预防，能够降低整个社会的医疗卫生成本，经济成本低，社会效益好。公共卫生防疫防患于未然，没有疫情就是它最大的成就。基于以上特性，要进一步明确公共卫生公益性导向，以“大卫生、大健康”为导向强化政府公共卫生管理职能，把疾病预防控制明确为政府应优先保障的基本公共服务。

（二）提升疾控部门的核心能力

在公共卫生大健康体系的构建当中，要特别突出疾控机构在其中的核心地位，提升其在疫情防控中的专业话语权。要扩大公共卫生领域财政投入，健全疾控体系财政投入保障机制，保障疾控体系和基层公共卫生体系正常运转的资金支持。对标国际先进水平推进疾控机构硬件设施升级，发挥硬件升级对学科发展、能力提升的支撑作用。建立薪酬标准不低于同级医疗机构人员平均水平的激励机制，完善经费支持等政策，充分调动广大卫生专业人员积极性、主动性和创造性。要加强基层医疗机构公共卫生组织建设，提升临床医务人员传染病诊断监测预警能力。在乡镇卫生院按照人口比例配备必要的公共卫生人员，社区、乡村是整个疾病预防控制网络的网底，强化防控体系最末端医疗机构的疾病预防的功能。要建立健全疾控机构和医疗机构信息共享和协同工作机制，加强医院感染科医生、社区卫生服务中心防保科医生以及家庭医生在流行病学调查、卫生检疫检查、消杀灭工作能力上的培训锻炼，使之成为强大的防疫后备力量。

（三）消除区域间的政策障碍，实现全区域公共卫生协同共治

加强长三角公共卫生一体化的标准合作，加快推进标准互认，推动检验检测结果互认，实现区域内重点标准目录、具体标准制定、标准实施监管三协同。加强地方立法、政务服务等领域的合作，形成有效的区域性体制机制，全面提升区域合作水平。应建立完善区域突发公共卫生事件的应急指挥机制，在预警预报、院前急救、医疗救治、过程跟踪等方面做到及时、准确和有效处理。如果三省一市能够在分区、分级政策研究和制定上再统筹得更顺畅一些，将会给防控带来更大的效能。比如浙江省创新制定出的“疫情防控五色图”完全可以延伸为长三角疫情防控五色图，为长三角各地有序复工提供决策咨询，这也会避免各地再花精力成本研发制作本地的“五色图”而带来资源浪费。

（四）建立融合性的公共卫生服务大数据系统

信息共享在整个区域防范重大公共卫生风险和应对危机的过程当中至关重要。在现有公共卫生信息系统的基础上，应加快长三角区域内公共卫生数据资源共享共用，依托长三角区域一体化办公室的协商与沟通机制，借助长三角“一网通办”数据平台，构建融合性的长三角公共卫生大数据平台，为传染病防控和应急决策提供依据和支撑。从内容上来看，公共卫生服务大数据系统应包括突发公共卫生事件网络直报系统、居民基础防疫数据、居民健康监测数据（电子病历）、医保社保数据、医院药品器械采购数据等内容。从兼容性上还要特别注意要实现与已有信息系统如居民健康信息平台、省级疾控业务信息系统的兼容和联通，将各类公共卫生信息报告系统、医疗服务信息进行有效整合，建立健全数据分析、发布、决策支持机制，实现公共卫生数据与其他人口、经济等指标的系统关联，实现数据的有效利用，提高卫生政策决策水平和政府的公信力。

（五）充分发挥科学技术对于公共卫生风险防控的支撑作用

长三角作为我国科学技术的高地，可充分利用已有的科教优势为公共卫生风险防控提供技术支撑。将大数据、云计算、区块链、人工智能等技术手段应用到风险识别与测量、突发事件的发现与应对中，提高重大公共卫生事件防范和应对的科学性和有效性。依托高校科研平台、国家重点实验室、临床医学研究中心、重点企业和第三方检测企业，建立健全联防联控科技攻关机制，完善公共卫生应急科技协同攻关成果转化机制。加快新技术在长三角区域重大传染病应对和救治中的深度应用，并以此推动疫情防控相关产业链快速升级，推进长三角区域公共卫生科技体系的持续创新发展。

（六）打造长三角高端公共卫生人才储备基地

充分利用长三角的优质卫生和教育资源，尽快完善长三角区域的医学学科布局和专业设置，培养既有临床技能又有公共卫生视野的医防融合的复合型人才。加强公共卫生与预防医学研究生毕业后的规范化培养和继续教育，建立起全周期的人才发展长链条服务体系，并形成区域公共卫生人才的培养、储备、使用的协同机制。这些公共卫生人才不仅是长三角地区今后公共卫生的，也是全国公共卫生事业的重要人力支撑。组建高校公共卫生专业互助组，在专业设置、人才培养、科学研究等方面开展全方位的合作，各城市紧密协作，完善人才柔性流动机制，构建卫生高层次人才“共享模式”，破解人才难题，提升基层公共卫生工作的能力和水平。

B.23
江苏公共安全体系建设研究

孙运宏*

摘 要： 公共安全是经济社会持续健康稳定发展的基本前提和根本保证。通过分析江苏公共安全体系建设面临的新形势，查找存在的短板和不足，提出进一步增强公共安全体系建设的战略谋划，强化风险应对驾驭能力；推动公共安全体系建设的信息共享，提升公共安全治理效能；健全公共安全体系建设的多元参与机制，推进公共安全协同治理；探索公共安全体系建设的智慧应用，助力公共安全智能升级。

关键词： 公共安全体系 智慧应用 江苏

一 引言

公共安全是经济社会持续健康稳定发展的基本前提和根本保证，也是居民生产生活的基本前提条件。以政府作为重要主体为居民的生命和财产安全提供基本的保护，维护和保障社会公共领域的秩序和活力，是公共安全体系的核心要义。当前我国新时代公共安全形势面临着一系列新的挑战，公共安全体系建设的创新亟待推进，公共安全治理的策略也应适应经济社会发展的新阶段性特征。特别是近年来，我国新型城镇化的快速推进，城市地区的发展面临新的矛盾凸显和短板不足，城市公共安全呈现新的发展态势和特征，

* 孙运宏，江苏省社会科学院社会学研究所助理研究员。

与新型城镇化相适应的城市治理效能跟不上人口、产业的聚集速度，城市土地的高强度开发更加剧了城市发展的风险性和脆弱性。同样，农村地区在经济社会转型中的公共安全体系也值得关注，农业生产经营方式的变革，农民价值观念的更新，诱发农村经济社会秩序的变迁，给农村的公共安全体系建设带来了新情况、新问题。比如，农村土地流转中存在的矛盾影响乡村社会的稳定，农民之间民事纠纷的增多影响乡村社会共同体建设，农村“雪亮工程”建设存在覆盖不足的短板影响乡村的治安。作为国家治理体系和治理能力现代化建设的重要组成部分，公共安全治理已经成为政府关切、社会关注、民众关心的重要议题。

近年来，江苏在公共安全体系建设方面取得了显著成效，但是也存在诸多短板，面临一些新的挑战。本文聚焦江苏公共安全体系建设的关键问题，分析江苏公共安全体系建设面临的新形势，查找存在的短板和不足，进而提出改革完善江苏公共安全体系的对策建议。

二　江苏公共安全体系建设面临的新形势

公共安全体系建设应适应新形势的变革，以改革创新增进公共安全建设的成效。江苏作为长三角区域一体化的核心区域，在推进公共安全体系建设方面面临着新的形势和挑战。

（一）新型城镇化发展对公共安全体系建设的新要求

改革开放40多年来，随着城市化进程的不断加快，大量农业转移人口快速向城市集聚，城市空间范围不断拓展，城市人口规模迅速增加。以江苏为例，近5年江苏省城镇化水平在高水平基础上保持较快速度发展。2013～2018年，全省城镇化率由64.10%提高到69.61%，上升5.51个百分点，平均每年提高1.1个百分点。其中，在江苏全省处于城镇化最低水平的宿迁，经过多年的发展，也在2018年突破了60%的城镇化率。2019年，江苏全省新型城镇化建设步伐进一步加快，年末城镇化率达70.61%。这意味着城市已经成为整个社会治理的主阵地，不仅承担着化解各种集聚风险的任务，也是传播现代社会治理理念、打造社会共识的能量场。公共安全体系建设突出“以城市为重点”的空间治理取向，要充分发挥城市的引领作用，推进市域社会治理现代化，通过发挥城市区域的统筹协调以及资源和技术优势，有效化解各类新型社会矛盾风险的挑战，打造城市安全共建共治共享的社会治理格局。

（二）新时代人民群众对公共安全体系建设的新期盼

进入新时代，人民群众的民生诉求已不再满足于吃饭、穿衣等物质层面的需求，而是普遍要求公平正义与改善生活品质，特别是对教育、健康、就业、养老、安全、环境等领域的诉求不断高涨。因此，社会治理的内容也凸显多样化，公共服务、城市公共空间治理和福祉提升，这些都事关人民群众的切身利益。在这其中，公共安全成为新时代人民群众的普遍诉求和共同心声，要充分调动党委政府部门、社会组织和城市居民等共同参与公共安全体系建设，不断拓展公共安全体系建设的共治内容。但总的来看，当前江苏公共安全发展水平尚未完全适应新时代经济社会形势发展变化的需要，涉及人民群众切身利益的公共安全体系建设还存在短板。特别是在人民群众民生诉求全面升级的背景下，在人口快速流动的形势下，传统的公共安全体系难以适应新时代的发展要求，亟待探索面向人民群众民生诉求的公共安全体系。

（三）长三角区域一体化对公共安全体系建设的新愿景

2018 年 11 月，习近平总书记在上海举办的首届中国国际进口博览会开幕式上正式宣布，将长三角区域一体化发展上升为国家战略。长三角区域一体化发展上升为国家战略是新时代我国持续推进改革开放的重要标志。在这其中，人民群众对于公共安全的需求尤为关注，期待也更为迫切。城市安全发展是长三角区域一体化发展的重要基础，只有真正实现了城市治理的一体化、标准化，才能有效解决人才等各种资源要素在区域内自由流动的“卡脖子”问题，并为区域体制机制一体化和产业一体化发展提供坚实的基础。推进江苏公共安全体系建设有利于进一步营造安定和谐有序的社会氛围，提供高质高效的城市安全公共产品，加快形成具有幸福感和满足感的健康宜居城市生产生活空间，吸引更多的人口就业居住。

（四）经济社会发展的智慧化呼唤公共安全体系建设的新手段

随着互联网技术的迅猛发展，网络空间已经成为绝大多数中国人离不开的载体平台，从根本上冲击着传统的生产、生活和社会交往方式。第45次《中国互联网络发展状况统计报告》显示，我国网民规模已经达到9.04亿人，互联网普及率达64.5%。互联网正在全方位改变着人们的生活，这揭示了新时代的社会治理不能再简单地延续过去的方式方法。互联网为公共安全手段的智慧化提供了技术支撑，给公共安全治理精细化带来契机，为社会协同和公众参与提供了崭新的途径，智慧化的数据平台对政府传统的管理模式带来前所未有的影响。借助互联网、云计算、大数据等现代网络信息技术，打造区域社会综合治理和公共安全平台，进而提高社会公共安全体系建设的效能，这既是公共安全治理精细化的内在要求，也是充分运用新技术推进公共安全治理的题中应有之义。正是在这一背景下，亟待深度挖掘数据背后的社会运行和社会治理规律，加大江苏公共安全体系建设相关数据系统的建设、协同、共享与数据开放进程的力度。

三　江苏公共安全体系建设的实践探索

近年来特别是党的十八大以来，江苏各级政府围绕构建现代公共安全体系，着力创新公共安全体系建设理念思路和方法手段，积极主动应对公共安全建设的新形势新任务的变化，公共安全体系建设取得了新进展、新成果、新成效，全省的公众安全感多年位居全国前列，为建设“强富美高”新江苏创造了有力的公共安全保障。

（一）依法打击违法犯罪行为

2019 年，江苏全省一审审结刑事案件 80289 件，其中故意杀人、抢劫等八类暴力犯罪案件 5890 件，毒品犯罪案件 3525 件；严厉打击危害食品药品安全的犯罪行为，坚决守护“米袋子”“菜篮子”“药瓶子”安全红线，一审审结危害食品药品安全犯罪案件 1241 件，判处 2680 人。依法从严从重打击黑恶犯罪，2019 年，江苏全省一审审结黑恶犯罪案件 458 件，判处 2824 人，严惩黑恶势力“保护伞”，审结黑恶势力“保护伞”案件 61 件，判处 68 人，发现和移送“保护伞”线索 291 条。针对人民群众反映强烈的多数黑恶组织存在利用“套路贷”非法暴力敛财的问题，以零容忍态度严厉打击“套路贷”违法犯罪，一审审结此类犯罪案件 210 件。此外，持续助力美丽江苏建设，提起公诉破坏生态环境资源犯罪 3244 人。

（二）开展安全生产专项整治行动

全面分析安全生产重点难点问题，扎实开展专项整治，严厉打击各类违法违规行为，强力推进企业主体责任落实，有力促进了全省安全生产形势的稳定好转。从 2019 年 3 月起，开展为期半年的安全生产大排查大整治，通过集中开展爆炸危险性化工装置、煤矿和非煤矿山、冶金钢铁和粉尘涉爆企业等领域专项执法行动，对违法违规生产经营建设行为进行严处重罚。在疫情防控期间，2020 年第一季度全省应急管理系统共执法检查企业 14114 家次，其中事前立案 2605 件、罚款 7234.83 万元，同比分别下降 1.06%、上升 31.4%，5 万元以上案件 375 件，同比上升 33.9%，执法检查企业数量客观上虽有所下降，但执法力度不减，事前处罚金额上升明显。2019 年，全省生产安全事故起数、死亡人数显著下降，同比分别下降 15.6% 和 18.1%，煤矿实现“零死亡”，冶金工贸等行业领域实现了“双下降”。

（三）加强公共安全监管体系建设

全面深入推进消防安全网格化管理、重点单位户籍化管理，率先推广物流寄递“网点系统 + 手机 App”录入模式，坚持落实实名寄递、收寄验视、过机安检“三个 100%”。着力构建立体化信息化社会治安防控体系，截至 2019 年底，全省一级 110 接警区“升级版”技防城建成率达 80%，技防乡镇（街道）、技防小区、技防村（社区）建成率达到 95% 以上。充分利用大数据、云计算、物联网等信息化技术手段，搭建覆盖全省安全生产监管、隐患排查治理工作的综合信息管理平台，初步形成“纵向到底、横向到边、多部门协同联动”的监管新格局。安全生产问题处置监管平台上线运行，全省液化气瓶二维码全程追溯系统建立。开展“绿色工地智慧安监”试点建设，确定了 107 个绿色智慧示范工地，投入财政补助资金 7000 万元，实现了省市县（区）三级安全监督系统数据的互联互通。南京市充分发挥网格化社会治理机制的优势，依托“大数据 + 网格化 + 铁脚板”防控模式，全市共划分应急格 1181 个，安监格 9469 个，配置应急网格员及企业安全员 1.6 万名，登记入网企业 1.4 万家、小型场所（单位）22.4 万家，标注风险（源）19.3 万余处、公共风险源 5000 余处。

（四）强化公共安全体系建设基础保障

严格落实公共安全体系建设领导责任制，每年省委主要领导与设区市及省级相关部门“一把手”签订综治和平安建设责任书。健全经费保障长效机制，各级政府将平安建设经费纳入财政预算，并建立动态调整机制。同时，严格落实党政领导干部安全生产责任制的相关规定，安委办协调各方、齐抓共管的格局初步形成。2019 年，省级对南京等 4 个设区市和省委编办、省住建厅等 6 个省级部门开展了 3 批次的巡查，形成“两张清单”，督促整改落实，压实工作责任，所有设区市也全部建立实施巡查制度；约谈事故多发的 5 个市级、11 个县级政府负责人。大力加强综治中心规范化、城乡社区网格化建设，全省所有县（市、区）、乡镇（街道）、村（社区）基本建成实体化的综治中心，全省 30 万网格员在新冠肺炎疫情期间筑起了防控的坚实防线。

四　江苏公共安全体系建设存在的短板

近年来，江苏在公共安全体系方面的实践探索成效显著，社会治安总体稳中向好，但相对于社会治理现代化的要求而言，与中央对公共安全工作的要求、人民群众对安全稳定社会环境的期盼相比，仍存在一些短板，主要表现在以下几个方面。

（一）公共安全体系建设的部门统筹协作有待提升

部门条块关系是我国政府治理体制的结构性关系，这一顶层设计也对公共安全体系建设带来深刻影响。在公共安全体系建设方面亦有上级职能部门和本级政府的“双重领导”问题。以江苏的网络化治理综合信息化平台建设为例，目前，大数据信息化平台的应用已经成为绝大部分城市提高社会治理能力和效率的选择。但社会治理综合信息平台建设并不均衡，信息平台的统一兼容问题突出，共建等方面依然有较大的发展潜力。正是由于机构部门的设置，众多的公共安全治理资源仍然被划分在众多的部门、机构，而目前资源部门化、部门利益化倾向仍然没有得到根本性的消除，这就直接导致一些部门在思想上和行动上仍然存在“只管分内事，不管其他，各自为战”的误区，资源不能完全共享。最为典型的是在政法系统推动的社会治理体系建设中，一些城市在公安、城管、特勤、保安等方面配合还不够，一些具有行政执法权的部门在执法的过程中也不能得到很好的协调，直接影响了公共安全治理信息化平台的充分利用。

（二）公共安全体系建设仍存在较大的风险和盲区

当前，随着经济社会的快速发展变迁，江苏在公共安全领域仍存在较大的风险和盲区。一是道路交通安全风险较大。全省范围内国道、省道穿境而过的现象比较普遍，与城市内部交通交织，大货车、大客车、危化品运输车较多，部分货车超限超载超速，农运车、拖拉机、摩托车、非机动车混行于城市市区，给城市交通安全带来大量风险隐患，交通事故频发、高发的风险仍然存在。二是城市建筑施工安全管理防护措施不到位。施工单位安全管理不规范，监理单位履行监理职责不到位，总承包单位对分包单位安全管理缺失，施工人员的安全意识有待增强。三是城市消防风险隐患防控任重道远。城市基础设施安全管理水平亟待提高，尤其是近年来城市高层建筑、大型商业综合体持续增加，百米以上高层建筑消防救援设备严重不足，无法满足救援需要，加之消防基础设施配备、巡查管理不到位，不少小区存在消防设施损坏、不配套，水压不足等问题，火灾防控难度不断增加。四是轨道交通（地铁）成为城市交通安全隐患的风险多发领域。当前，江苏已经有南京、苏州、无锡、常州、徐州五市的轨道交通运营通车，南通的轨道交通建设正在推进。“十四五”期间，江苏的地铁将承担城市居民日常出行的重任。由于地铁客运量大、乘客密集等，一旦发生运营风险和故障，会给市民日常出行带来不便，也会给地铁站台层面的运营管理造成压力，导致乘客的大量堆积和滞留。

（三）安全生产的风险迫切需要系统化解

一是企业本质安全水平不高、主体责任不落实等突出问题较为普遍存在。粗放型增长方式仍未得到根本扭转，“安全系数”较高的中高端产业比重较低。比如，淮安市共有化工（危化品）生产企业 146 家，其中涉及重大危险源企业 45 家 109 个重大危险源单元，且以中小企业居多，这些都给城市安全发展带来风险隐患，对安全生产事故的防范提出了严峻挑战。二是化工园区安全监管比较薄弱、专业技术力量不足，常态化监管机制不够健全，存有死角、漏洞。亟待深刻汲取响水“3·21”特别重大爆炸事故的教训，加大力度推进化工园区安全生产治理。比如，淮安市西南化工片区 6 户企业搬迁或关停进度不快，多数企业按期完成难度较大。经规划部门同意，在西南化工片区周边又新建部分城市住宅小区，导致厂群矛盾进一步激化，群众信访举报不断。三是危险化学品运输、储存、管理存在盲区。在苏北一些地区城市的危险化学品信息化管控还没有落实到位，信息化建设推进不快，尚未建成危险化学品生产、经营、使用、运输、处置的全流程信息化管控平台。四是安全生产执法的精准度和规范化水平有待提升。有的地区检查内容针对性不强，检查重点不够明确，未能突出重点行业和企业、突出事故高发因素、突出重大事故隐患、突出薄弱环节开展精准执法，执法深度不够、力度不强。有的地区实施联合惩戒和黑名单管理不到位，2020 年第一季度无锡、徐州、扬州、泰州公开曝光企业、联合惩戒企业、黑名单企业均为零。

（四）公共安全体系建设的多元参与机制有待完善

公共安全作为一种特殊的公共产品，政府是公共安全主要供给方，通过公共安全政策的制定和实施保障公民的安全。但是，政府“全能式”“包揽式”地提供公共安全保障是难以为继的，也是低效率的，无法涵盖风险防范的各个领域和环节。因此，公共安全体系建设的其他利益相关主体应该都有序参与到风险治理防范过程中去，通过多元主体的合作互动形成公共安全的协同治理机制，只有这样才有可能进一步降低公共安全风险转换为公共安全事故的概率，筑牢防范“黑天鹅”事件的“铜墙铁壁”。我国长期以来政府以一种“包办式”家长的形象出现，掌控各种治理资源，这在一定程度上导致了非政府主体责任意识的匮乏，公众形成了政府包办的固有印象。当前，政府几乎成为应对公共安全风险的单一主体，缺乏其他利益相关主体的协同参与。江苏的公共安全体系建设同样存在企业、社会组织、民众参与不足的问题，认为自身是公共安全治理的客体，习惯于把自身作为公共安全事件的受助者和旁观者，缺少主动参与意识，没有意识到自身也是公共安全治理主体的重要组成部分。这导致在面临突发公共安全事件时，大部分民众、社会组织甚至生产企业在突发事件应对方面惊慌失措，在公共安全体系建设中的主体作用有待进一步挖掘提升。

五　推进江苏公共安全体系建设的对策建议

基于江苏公共安全体系建设存在的短板与不足，着眼于增强公共安全体系建设的系统性、协同性，提出以下几点推进江苏公共安全体系建设的对策建议。

（一）增强公共安全体系建设的战略谋划，强化风险应对驾驭能力

近年来，国家层面对公共安全议题的重视程度不断提升，从2013年国家安全委员会的设立，2014年总体国家安全观的提出，到2015年《国家安全法》的出台，一系列的举措和政策都充分说明安全发展带来的新挑战已经被列入重要的议程。就江苏公共安全发展战略而言，在国内外发展形势日益复杂的形势下，推进经济社会发展要注重将风险文化内化到区域经济社会战略中去，增强公共安全发展战略谋划，以积极主动的态度去应对可能出现的风险。系统总结公共安全事故的教训，引以为戒，同时也要系统把握规律，运用科学合理的风险防范政策和制度去引导经济社会发展。江苏要进一步明确和加大公共安全发展在各级政府部门绩效考核中的权重，编制科学评估和量化的绩效指标。就民众公共安全素养培育而言，着力提升民众的安全发展的观念意识，加强风险应对技能培训。在全省范围有计划有针对性地开展风险救援训练和防灾演习工作，通过全方位的公共安全宣传和风险治理情景模拟进一步提高全社会的科学自救和应急处突能力。注重发挥基层社区组织的治理效能，依托江苏网格化社会治理创新，将城乡分解为更小型的网格型组织，利用基层社区组织协同治理城市安全发展问题，夯实城乡公共安全发展的基层根基。

（二）推动公共安全体系建设的信息共享，提升公共安全治理效能

当前，影响江苏公共安全体系建设的信息和资源共享的壁垒不少，要破除制度性壁垒就必须从高位推动，依托省级和市级层面的力量，采取多种有效举措，推动部门信息共享和资源有效整合。一是以机制创新推动公共安全信息共享、资源整合。要在省市两级建立推动资源整合的协调机制，成立信

息和资源协调小组，党委主要领导任组长、政法委书记任副组长，职能部门主要负责人为成员，共同商议和推动各类资源有效流通。二是以考核推动公共安全信息共享、资源整合。建议将信息共享和资源整合纳入社会治理领导责任制，将其作为年度考核的一项内容，提高区（县）、街道党政领导的关注度。同时，注重公共安全体系建设中新媒体的应用，充分发挥新媒体互动、开放式的信息交流的优势，以更好地帮助民众建立科学的风险认知和应对模式。三是以网络技术实现公共安全信息共享、资源整合。进一步建立和完善大数据处理中心，对现有资源数据进行整合，对缺失数据进行补充，对冗余数据进行剔除，依托高位推动，实现信息资源的自由流动和多方资源的有效整合，提升资源利用的效率。

（三）健全公共安全体系建设的多元参与机制，推进公共安全协同治理

随着公共安全面临问题的高度复杂化，单一治理主体已经难以实现公共安全的有效治理。必须实现政府主体、市场主体和社会主体的有效协同，多主体在结构和功能上形成优势互补、发挥合力的公共安全治理网络，充分释放公共安全体系建设多元参与的效能。一是加强企业主的安全生产责任感。引导企业主注重加强社会责任建设，特别是要强化苏北地区一些小微企业主的安全责任意识，督促他们绷紧安全生产这根弦，严抓安全生产责任落实，杜绝违法经营、违规作业。二是着力提升城乡居民应对突发公共安全事件的能力。由省级层面统一编写公共安全教材，将公共安全教育纳入江苏中小学教育体系，通过科学精准、生动管用的形式推进全社会的公共安全教育，全面提升城乡居民的公共安全意识和科学应对风险危机的能力。三是动员社会力量积极参与公共安全治理。引导公共安全治理类的社会组织发展，通过政府购买社会组织服务的形式引入社会组织参与公共安全体系建设。建立政府、社会组织、企业和人民群众协同共治的合作网络，动员社会力量加强公共安全风险的防范，同时也监督政府公共安全体系建设工作的有效落实情况。

（四）探索公共安全体系建设的智慧应用，助力公共安全智能升级

智慧社会来临背景下的公共安全需要考虑的是社会全面安全，是立足于区域经济社会整体规划和运行的系统安全观。一方面，要构建公共安全协同治理的智慧数据平台。推动构建公共安全大数据指挥中心，充分利用大数据、云计算技术整合分散在公安、交通运营、应急管理、卫生健康、社会保障等部门的相关数据，建立公共安全基本信息资源的共享互通平台，打造数据精准支撑、研判科学合理、预警前瞻高效的公共安全协同治理新平台。另一方面，要依托智慧数据平台驱动公共安全协同治理。探索将公共安全大数据平台建设与公共安全的事前、事中、事后全流程治理紧密结合，在治理内容、治理过程、治理结果及目标等方面实现一体化治理。例如，在出现重大突发公共卫生安全事件时，为了有效防范疾病的区域性传播扩散，需要由公安、交通、通信运营商等多部门运用大数据分析人口流动的轨迹，卫生健康、医药科研院所等部门协同共享大数据同期开展疾病传播的流调、疾病的病理分析、疾病诊疗方案的确定等工作，网络信息管理、公安等部门依托大数据分析应对网络舆情影响，从而构筑科学系统有效的公共安全体系。

B.24
安徽智能化建设与创新社会治理深度融合研究

吴　楠*

摘　要：党的十九届四中全会第一次明确将“科技支撑”作为社会治理体系的重要组成部分。科技支撑、智能化建设贯穿治理体系的始终，强调要建立起与科技发展、社会变革相适应的社会治理思维方式、决策模式乃至制度体制。安徽省在智能化与创新社会治理深度融合工作中涌现一批又一批崭新的实践，虽然在制度规范、体制机制、人才建设等方面还存在一些问题，但是能够勇于进取、及时反思、认真总结，并通过积极融入长三角区域一体化建设，争当创新发展的排头兵。

关键词：智能化建设　社会治理　创新融合　安徽

一　问题的提出

习近平总书记以“智”图“治”，将创新摆在国家发展全局的核心位置。当今世界，以互联网、大数据、人工智能、区块链为代表的信息技术日新月异，为创新社会治理提供了难得的机遇。党的十九大报告提出要“提高社会治理社会化、法治化、智能化、专业化水平”。党的十九届四中全会

* 吴楠，安徽省社会科学院副研究员。

第一次明确将“科技支撑”作为社会治理体系的一个重要组成部分。科技支撑、智能化建设贯穿治理体系的始终，这已经超越了对科技成果的工具化应用，更多的是强调要建立起与科技发展、社会变革相适应的社会治理思维方式、决策模式乃至制度体制。科技为治理赋能，治理为人民服务。智能化建设与创新社会治理深度融合，既要重视服务的“智能化”，又要强调人的“智慧化”，人与设备相互适应、协同、配合，数据在线转化为服务在线，应用智能转化为决策智能。

近年来，安徽省的社会治理创新取得了较大成效，形成了社会管理和服务网格化的新型信息化社会治理体系。安徽以国家智慧城市建设试点为契机，在多个方面进行了积极探索。如合肥市在交通方面率先启动了智慧停车系统，芜湖市建设“智慧社区”，黄山市建设“智慧景区”，铜陵市编制《智慧铜陵建设总体规划》和《智慧城市工程建设方案》等。安徽省及其各地市根据需要同大型数据技术公司签署战略合作协议，助力省、市在双创生态、智慧交通、AI 医疗、“互联网 +”等领域的战略发展。从全省范围看，各地级市都进行了社会治理的社会化、法治化、智能化、专业化建设，但各自的进程并不相同。课题组在综合全省发展态势后做出了一定总结。

二　智能化建设背景下安徽社会治理转型迎来的机遇和挑战

（一）智能化建设背景下安徽社会治理转型迎来的机遇

1. 经济发展稳中求进，高新科技产业优势突出

2019 年，安徽省区域创新能力连续 8 年位居全国第一方阵，推动制造业高质量发展，走出了一条“芯屏器合”的创新之路。2019 年，全省规模以上高新技术产业产值同比增长 11.2%，增加值增长 13.7%，增加值增速高出规模以上工业 6.4 个百分点；高新技术产业增加值占全省规上工业增加值的比重为 40.1%。合肥成为继北京和上海之后全国第三个重要的综合性

国家科学中心城市。目前合肥拥有的稳态强磁场、同步辐射、全超导托卡马克三个大科学装置，是我国大科学装置最为集中的城市之一。科研力量不断积聚，高素质人才随之不断流入。安徽省深入实施新时代“江淮英才计划”，引进扶持高层次科技人才团队。在国家外国专家局2018年和2019年发布的年度“外籍人才眼中最具吸引力的中国城市”榜上，合肥连续2年居于第三位，仅次于上海、北京。

2. “互联网+政务服务”意识增强，政策体系不断完善

“十三五”期间，安徽省委省政府高度重视“互联网+政务服务”的发展。除了全面贯彻国家出台的相关文件以外，安徽省围绕“云计算”“大数据”“数字化”“互联网+”“信息化”等新兴科技信息领域出台了一系列重要的政策文件（见表1）。安徽省的“互联网+政务服务”政策目标主要聚焦“简政放权”“便民”“营商环境”“放管服”“审批服务”“获得感”“满意度”等，通过“互联网+”技术与意识加快推动电子政务服务，构建良好的政务服务环境，打造服务型政府。同时，安徽省成立了加快推进“互联网+政务服务”工作领导小组，保障相关政策的实施落实。

3. 长三角城市群国家战略带来新的发展动力

2018年，习近平总书记对长三角的发展做出指示，支持长三角区域一体化发展并将其上升为国家战略。2019年12月，中共中央和国务院印发《长江三角洲区域一体化发展规划纲要》，明确了长三角“一极三区一高地”的战略定位，长三角城市群成为新时代改革开放的新高地。长三角城市群在国家治理体系中具有重要的地位和功能，国家把长三角城市群定位为世界级城市群、最具经济活力的资源配置中心、具有全球影响力的科技创新高地、全球重要的现代服务业和先进制造业中心、全国新一轮改革开放排头兵。《长三角区域信息化合作“十三五”规划》提出建成适应区域协同融合发展需要的信息基础设施，在长三角区域的政府公共决策、社会管理、危机事件应对等活动中，运用大数据进行实证支持和分析预测。2020年8月20日，习近平总书记在扎实推进长三角一体化发展座谈会上强调要更好推动长三角

表 1　2015～2019 年安徽省在新兴科技信息领域出台的相关政策

关键词	政策文件(出台年份)
云计算	《安徽省人民政府关于促进云计算创新发展培育信息产业新业态的实施意见》(2015)
大数据	《安徽省人民政府办公厅关于印发安徽省运用大数据加强对市场主体服务和监管实施方案的通知》(2015)、《安徽省人民政府办公厅关于印发〈安徽省科学数据管理实施办法〉的通知》(2018)
数字经济	《安徽省人民政府关于印发支持数字经济发展若干政策的通知》(2018)
"互联网 +"	《安徽省人民政府关于印发安徽省加快推进"互联网 +"行动实施方案的通知》(2015)、《安徽省人民政府办公厅关于推进"互联网 + 政务服务"做好信息惠民工作的通知》(2016)、《安徽省人民政府办公厅关于印发安徽省"互联网 +"现代农业行动实施方案的通知》(2016)、《安徽省人民政府办公厅关于印发互联网金融风险专项整治工作方案的通知》(2016)、《安徽省人民政府关于深化制造业与互联网融合发展的实施意见》(2017)、《安徽省人民政府关于印发加快推进"互联网 + 政务服务"工作方案的通知》(2017)、《安徽省人民政府办公厅关于印发安徽省推进"互联网 + 政务服务"工作规划的通知》(2017)、《安徽省人民政府办公厅关于印发 2018 年全省"互联网 + 政务服务"工作方案的通知》(2018)、《安徽省人民政府关于深化"互联网 + 先进制造业"发展工业互联网的实施意见》(2018)、《安徽省人民政府办公厅关于印发进一步深化"互联网 + 政务服务"推进政务服务"一网、一门、一次"改革行动方案的通知》(2018)、《安徽省人民政府办公厅关于促进"互联网 + 医疗健康"发展的实施意见》(2018)、《安徽省人民政府办公厅关于印发安徽省"互联网 + 监管"系统建设实施方案的通知》(2019)
信息化	《关于印发 2015 年全省经济和信息化系统企业科技工作要点的通知》(2015)、《安徽省人民政府关于印发安徽省"十三五"信息化发展规划的通知》(2015)

资料来源：根据安徽省人民政府网站相关资料整理。

一体化发展，长三角区域应"勇当我国科技和产业创新的开路先锋"。紧扣一体化和高质量两个关键词，长三角三省一市在一体化过程中能够集合科技力量，统筹治理资源，加快对重点领域和关键环节的突破。

（二）智能化建设背景下安徽社会治理转型面临的挑战

1. 省内各市发展差异较明显

各地级市都进行了社会治理的社会化、法治化、智能化、专业化建设，但各自的进程并不相同。当前，省会城市合肥和沿江经济核心区发展较快且城市间差异较小，其余各地级市各项发展指标均差距较大。区域差异是区域竞争与合作的基础，同时也是人口流动的动力。但是，如果地区差异过大，容易造成发展较好的城市形成“虹吸效应”，把附近的优势资源和人口不断地吸引到该城市，而其他城市则缺乏发展的资源和动力，进而导致公共服务供给、资源分配不均衡等问题。省级政府到市县政府对信息资源、系统运用等的规范标准不一，导致信息资源相互流动不畅、上层规划不足、系统内出现各自为政的现象，制约了社会治理信息化建设的发展，各部门的行动步伐难以做到一致看齐。

2. 高新信息技术应用有待提升

目前，安徽省政府的注意力集中在“互联网 + 政务服务”，而对云计算、大数据、信息化、数字化、区块链等新兴科学技术的实践和利用率偏低。政策工具的相互搭配，使以行政服务中心为改革对象的主体在业务流程再造层面、技术平台提升与整合层面、服务模式创新层面上还有很大的提升空间。在管理与服务的标准上也没有对网络信息涵盖的范围、内容、深入的程度以及如何将管理与服务有机结合做出规定，为日后智能化平台的建成应用带来隐患。政府部门收集数据在共享过程中缺乏相应的法律规定，哪些数据可以公开公示，哪些不宜公开，对数据信息的权利保护、使用规制不够明确，容易引起法律纠纷，制约了社会治理智能化建设的发展。

3. 鼓励社会主体参与社会治理的相关举措不充分

智能化建设的相关立法滞后于实践，而智能化建设的配套政策不尽相同，操作留白较大，程序规范和责任分担缺失，导致虽然具备相关社会资源，但是难以充分发挥社会资源的作用，甚至给“暗箱操作”等腐败行为留下了空间。政府往往会对那些成效较好的试点进行投资，更多的地域往往得不到持续性融资。不少项目存在设置不齐全、更新不及时、内容设置不务实、居民响应不积极等问题。社会主体参与建设投入很多，但受益很低，成本回收周期长，不确定性因素多，相关的受益分配、补偿措施等都没有进行规定，导致企业、社会组织一般不愿投入大量资金。

4. 安徽在长三角区域发展中优势并不突出

长三角城市群既相互合作，又相互竞争。在教育经费增长、研究与实验发展（R&D）经费支出、专利申请授权量等方面，安徽与上海、浙江、江苏有明显差距，与湖北、四川、湖南不相上下，社会经济效益不够显著，科研生产力有待加强和转化。沪苏浙皖的流动人口（包括跨省流动及省内流动人口）主要来源于安徽、江苏、河南、浙江、江西等邻近省份，安徽省是长三角地区流动人口输出大省。流动人口对本省城市认同度不高。为了吸引优质资源，融入一体化发展，安徽的基础设施建设、营商环境、公共服务质量必须快速优化、提升。长三角城市群资源流动率高，风险流动率也在提高。社会和经济发展程度差异，城乡社区居民的需求差异，给基层社区治理带来了新的难题。

三　合肥与芜湖的地方创新

（一）服务下沉：合肥市智慧社区建设

社区是社会治理的基本单元。“小社区、大数据”是人们对“智慧社区”建设的生动描述。习近平总书记2018年11月在上海虹口区嘉兴路街道考察时强调，“城市治理的‘最后一公里’就在社区，要加强社区治理”。合肥市在社会治理信息化进程中，注重将信息资源和科技服务下沉到基层，打通服务城市居民的“最后一公里”。以合肥市包河区方兴社区为例，该社区围绕“智慧方兴、首善社区”的总定位，突破传统管理与治理路径，依托“智慧”力量，以精准服务管理为具体要求，创造了独具特色的以信息技术为支撑、融城市管理与社区治理于一体的大综管模式，推进了社会治理和服务力量的有效整合与统一管理，实现社区柔性治理和精准服务的有机融合。

方兴社区通过开发并融合七大系统（综治维稳信访中心、城市管理考评管理系统、数字城管、天网工程、12345 热线平台、可视化指挥调度平台、滨湖智慧路灯管理系统）为一个平台（社会治理一体化综合服务系统平台），实现并创新成为大综管模式。在这一模式下，各类行政执法资源得

到综合利用，包括交警、巡警、城管、环卫、市场监管等。一是定期摸排信息，实时组织上报。对辖区内各类社会矛盾纠纷事件坚持每日向平台录入上报，根据事件级别对重大事件迅速响应处置。二是利用派单扫码技术，加强治安巡控。社区通过二维码技术，在辖区内设置20多条巡查路线、350个重点治安巡查点，将信息化与社区网格相适应融合，实现了社区治安的有效防控。三是利用平台数据实现社区市容市貌管理。依托大综管平台实现社区服务与管理，如“车辆违规停放10分钟内处置”“摊位乱摆放10分钟内清理”“市政园林缺损10分钟内处置”。

（二）信息资源共享与网格全覆盖：芜湖市社会治理信息化建设

芜湖市社会治理信息化的主要内容是“一个中心、两个网络、三个系统、四个支撑”，通过对大数据技术的运用，整合各类治理和服务资源，建立起一个社会治理和公共服务的大数据平台，总体呈现管理扁平化和网络化的特征。芜湖市在社会治理信息化方面首先通过打破数据资源壁垒，实现信息全共享。由芜湖市委和市政府的负责同志牵头，成立了社会服务管理工作委员会，并出台《关于加快推进社会服务管理信息化工作指导意见》等文件。具体做法是通过建立“生命树”模型，围绕政府大数据这一主干，将政府各部门和各县的社会治理职责进行全面系统的划分，把居民的各项服务需求和上述条块的职责相对接。“生命树”模型有利于突破条块割裂的信息孤岛困境，实现条与块的各类信息资源共享。

根据“任务相当、方便管理、界定清晰”的原则，芜湖市将整体行政区划进行网格划分，城市地区每个网格包括300~500户居民，在乡村地区，以自然村为单位来划分网格。在每个网格内部，配备有网格信息员，每个网格员手持“社管通”开展日常工作，负责城管、公安、计生、民政等信息的采集、核查和上报。同时，芜湖市还开通了“12345”服务热线，配合网格员提供便民服务。当出现异常信息时，网格员可以将相关信息传输至市政法委综治办信息系统，由后者协调公检法部门进行及时处置。依托综治办的信息系统，芜湖市综治工作实现了电子化办公，行政公文、应急处置和网格

员考核等工作均可线上进行。此外，芜湖市在市、县和乡镇三个层级都开发和部署了综治视联网系统，实现了各个层级的全覆盖。

（三）合肥、芜湖两市做法比较

将合肥与芜湖的社会治理信息化成果进行比较有利于相互借鉴，取长补短。合肥市通过社会治理重心下移，将治理和服务资源下沉至社区，智能技术的应用也主要在社区这一层面。芜湖市更多的是利用信息技术打通各政府部门以及各属地政权之间的信息壁垒，以及在全市范围内建立网格系统。具体来说，从层级上看，合肥市社会治理智能化建设更接近基层，芜湖市更重视在市级和县级层面的数据整合汇总。从内容上看，合肥更多的是在社会治安防控领域进行信息化的试点工作，芜湖市则注重综合社会治理。从技术手段上看，合肥市通过建立信息平台来汇总各类社会治理信息，通过平台来统一接收、决策、处置，芜湖市则通过部门数据交换和信息化网格建设完善社会治理信息化建设。

四　实现智能化建设与创新社会治理深度融合的对策建议

（一）重视激励社会治理创新的顶层设计与整体规划

借助先进科学技术，将物理基础设施、信息基础设施、社会基础设施、商业基础设施和人连接起来，实现公共服务便捷化、城市管理精细化、生活环境宜居化、基础设施智能化、网络安全长效化，有利于建立一种互动、高效、人性化的社会治理机制。社会是一个有机体，牵一发而动全身，预则立，不预则废。顶层设计对智能化建设的成效至关重要。面对新的环境和要求，创新社会治理必须敢于突破，加快转型，适应新时代治理体系和治理能力现代化的需要。应当围绕老百姓的便捷感、安全感、获得感、公正感、幸福感，突出智能化建设的应用效果和民众感受，形成统筹新一代信息技术研发与产业化、电子政务、电子商务、工业信息化、智慧城市、社会信息化等信息化相关业务领域，各部门和机构分工负责、科学合理、灵活高效、相互促进、协调发展的新型社会治理运行体系。

立足战略方向和社会发展现状，打造一套体现本土特点的顶层规划方案，并能够根据未来外部环境的发展与变化做出相应的更新和必要的调整，让社会发展具备自我调节的能力。一是以习近平新时代中国特色社会主义思想为统领，制定智能化建设指导意见、总体规划、专项规划以及实施方案。深度融入长三角区域一体化建设，坚持新发展理念，明确新时代建设更高水平的平安中国的发展目标，将智能技术服务社会治理纳入“十四五”规划内容或出台新的专项规划。二是系统分析平安安徽的战略需求和新一代信息技术应发挥的作用，在平台建设、业务应用、基层公共信息资源开发利用、技术服务体系、信息安全、标准体系等方面进行统筹安排，根据安徽省的实际情况制定分步骤实施的路线图。三是加快试点建设，加大对成功经验的宣传力度，将试点经验在全省推广，进而把安徽新型智慧城市建设模式推广到其他省份乃至全国。四是注重归纳、总结经验，将经验上升为标准、理论，按照国家相关部门出台的标准进行考核，同时争取参与到国家标准、规范的制定之中，将省内成功经验提升为更广阔领域的建设标准。

（二）加快社会治理大数据和私人部门大数据的相关立法

近年来，IT 产业与信息化发展的一个突出现象，就是个别企业（无论是搜索引擎还是电商平台、空间位置信息服务企业、电信运营商等）日益集中全社会的各类信息，不仅包括各类经济活动信息，也包括个人隐私信息。大数据分析技术的出现使得企业、个人的秘密和隐私日益暴露于各类机构面前，给整个社会带来信息治理问题甚至是潜在威胁。这些数据具备了公共属性，能够反映全社会政治、经济与社会运行的各个层面的信息，对于个人来说涉及隐私，对于国家来说涉及国家综合安全。在大数据分析技术下，这些信息所蕴含的公共价值已经远远地超过了原来政府统计部门的宏观统计功能。

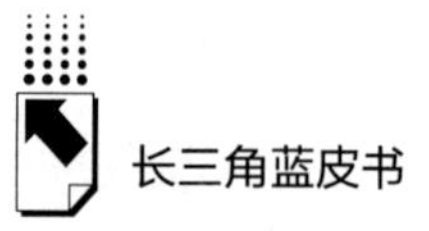

如何规范社会机构和技术公司采集、加工与应用这些宏观数据，如何将其纳入国家统计范畴并服务于国家宏观与行业经济分析、预测、管理甚至是社会治理，这些只有通过立法才能得到规范化的解决。充分发挥智能化建设与社会治理创新相融合对国家治理能力现代化的促进作用，需要通过法治进行引导、规制和约束。在“互联网 +”时代，网络是一个开放的平台，充满未知和挑战。健全相关法律法规，才能彰显制度的耐力与效力。必须加快对社会治理大数据的专项立法，从数据搜集到数据管理，再到数据的传播和应用，分别制定与各类主体相关的法律法规。同时，必须加强部门规章与地方政策性文件对上位法的呼应、补强和配套，形成以法治为依托的制度规范体系，有效发挥大数据在“善政、惠民、兴业”等方面的作用。

（三）完善将技术转化为提升社会治理动能的体制机制

加强新一代信息技术领域科研项目的资源整合，需要瞄准未来网络、新一代移动通信、移动互联网等重要领域，充分整合重大专项等各类科技项目，解决科研投入“碎片化”问题。应当充分发挥政法委的统筹规划能力和综合协调作用，围绕加强和创新社会治理、建设更高水平的平安中国等长远发展战略的重要技术领域，组织各方力量，进行联合攻关，并打通研发与应用部署等环节，改变信息技术领域核心技术受制于人的被动局面。

在第四次工业革命迅速铺开的背景下，发挥技术领域创新活跃的优势，吸引民间资本进入科研领域，能够有效提升技术推动社会治理现代化的效能。鼓励成立非官办、半官办的科研机构，利用这些民间科研机构构建科研与产业化的嫁接渠道，面向社会治理和平安建设需求，筹集资金、开展科研活动，科研成果直接服务于社会治理和平安建设，探索科研成果高效转化的新途径。成立专门的社会治理大数据管理机构（中心），制定大数据发展战略与规划，组织制定或完善相关法律法规，制定数据交换与共享等行业标准，促进大数据产学研结合。主动开展大数据在政务和公共服务领域的应用，重点面向改善民生服务和城乡基层治理，积极推动环保、医疗、教育交通等关键领域的大数据整合与集成应用。当前，党中央提出要把区块链作为

核心技术自主创新的重要突破口。安徽应当运用好科研基础优势，早早布局，主动谋划区块链在城市管理、民生领域的运用，争取在技术创新的同时实现治理创新，在区域发展、等高对接苏浙沪、全面融入长三角中闯出新路。

（四）发挥“第四方治理”的作用和加强专业人才培养

企业和社会组织是社会治理共同体的重要组成部分。在第四次工业革命的浪潮下，企业、社会组织参与社会治理的作用日益凸显。企业在运营过程中容易搜集到海量的信息，这些信息本身就是一个潜在的治理资源。社会组织在凝聚不同社会力量、完善社会资源分配方面具有不可替代的作用。加之企业、社会组织在创新方面的自主性较强，应充分重视企业、社会组织对社会治理的参与。推动智能化建设与社会治理创新深度融合，必须要重视非政府平台“第四方治理”的功能，明确各类互联网行业平台（如门户网站、搜索引擎、社交媒体、电子商务平台）特别是电商平台的“第四方治理”的地位。

与此同时，要在治理领域充分发挥先进科技的作用，还需要积极破解人才瓶颈的问题。一要加强专业化人才队伍建设，探索专业化的公务员体制，注重引进大数据治理专业化人才。二要支持各类科研机构开展社会治理大数据应用人才培训与职业教育，对相关人员有计划地开展信息化专业知识和技能培训，提升相关人员的专业素质。三要重视基层相关人员的工作绩效考核，鼓励基层工作人员努力掌握新的信息技术。四要从财政、税收等方面对社会治理工作及相关团队专业人才的培养予以支持。

B.25

“十四五”安徽文化产业发展研究*

蒋晓岚**

摘　要：文化产业具有综合性、渗透性、关联性强等特点。“十四五”期间，安徽经济社会发展将会发生阶段性的重大变化，认识和把握这些特征，是促进“十四五”期间全省经济高质量发展的基本条件。安徽文化产业也处在历史发展新时期的入口，要继续实施文化强省战略，促进文化与相关领域深度融合，推动城乡区域协调发展，扩大和引导文化消费，推进开放发展与合作共赢，以推进文化产业园区建设和企业发展为抓手，以文创理念改造提升一二三产业，建设一批文创休闲农牧场和文创现代农业示范园区，形成一批文化产业创新集群、文化产品和服务品牌，促进文化产业转型升级、提质增效，打造长三角文旅大花园、天然大乐园和研学大校园，推动安徽在新时代实现从文化资源大省向文化强省的跨越。

关键词：长三角一体化　文化产业　文化强省战略　安徽

“十四五”期间是安徽全面建成小康社会向现代化迈进的起步时期，也是实施《长江三角洲区域一体化发展纲要》的关键时期，将会翻开安徽经

---

* 本文为2019年度安徽省社科规划重大项目“长三角更高质量一体化发展安徽的机遇和优势研究”（AHSKZD 2019D01）阶段性成果。

** 蒋晓岚，安徽省区域现代化研究院研究室主任，副研究员。

济社会发展的新篇章。文化产业是能够引领和推动整个经济转型和升级的产业，是培育高质量发展新动能、促进创新创业的重要动力。国家“十三五”规划纲要明确到2020年文化产业将成为我国国民经济支柱性产业。2020年10月召开的党的十九届五中全会通过了《中共中央关于制定国民经济和社会发展第十四个五年规划和二 ¡三五年远景目标的建议》，为未来5年乃至15年中国发展擘画蓝图。“十四五”期间，安徽经济社会发展将会发生阶段性的重大变化，认识和把握这些特征，是促进“十四五”期间全省经济高质量发展的基本条件。安徽文化产业也处在历史发展新时期的入口，需要认清新形势、拿出新思路、制定新战略，推动安徽文化产业高质量发展。

一　“十四五”安徽文化产业发展目标与发展思路

（一）指导思想

以习近平新时代中国特色社会主义思想为指导，继续实施文化强省战略，把文化资源优势转化为产业优势和发展优势，进一步坚定文化自信，增强文化自觉，完善和落实文化经济政策，充分发挥市场主体作用，注重发挥创新的引领作用，加快推进“文化+”，促进文化与相关领域深度融合，推动城乡区域协调发展，扩大和引导文化消费，推进开放发展与合作共赢，整合资源，优化布局，调整结构，以推进文化产业园区建设和企业发展为抓手，以文创理念改造提升一二三产业，建设一批文创休闲农牧场和文创现代农业示范园区，形成一批文化产业创新集群、文化产品和服务品牌，促进文化产业转型升级、提质增效，打造长三角文旅大花园、天然大乐园和研学大校园，把文化产业打造成为安徽高质量发展新引擎、经济结构战略性调整的重要支点、国民经济的重要支柱性产业，推动安徽在新时代实现从文化资源大省向文化强省的跨越。

（二）发展目标

把文化产业打造成国民经济的重要支柱性产业。高起点谋划文化产业发展，把文化资源优势转化为产业优势和发展优势，加快推进“文化+”，把文化产业打造成为安徽经济转型新引擎、经济结构战略性调整的重要支点、国民经济的重要支柱性产业。

培育一批有实力有竞争力的文化产业发展主体。更加注重文化内涵，充分挖掘安徽文化资源优势，打造一批具有浓郁安徽特色的文化产品，形成品牌，增强在国际上的竞争力和传播力；实施重点项目带动，培育一批有实力有竞争力的文化产业发展主体。

构建高质量现代文化产业体系。推动文化产业集聚基地建设，提高文化产业规模化、集约化、专业化发展水平；注重创新驱动，实现科技创新、文化创意“双轮驱动”，抢占文化发展制高点，形成新的文化创造力和竞争力；注重结构优化，在传统文化产业领域打造优势产业品牌，在新兴文化产业领域实现跨越发展，催生新的文化业态，形成一批有竞争优势的主导产业，构建高质量现代文化产业体系。

到2025年，安徽文化影响力、竞争力和整体实力明显增强。文化产业增加值占GDP的比重达到8%，文化创意产业产值超过8000亿元，文化产业成为国民经济支柱产业，创新型特色文化强省建设取得决定性进展，文化小康目标全面实现。

文化产业的品牌优势明显提升。拥有年主营业务收入超百亿元企业5家，千万元企业200家以上；培育10个国家级重点文化产业园区、50个省级重点文化产业园区，100家省级重点文化龙头企业；形成5个在长三角有特色优势和竞争实力的文化产业主导行业和文化产业品牌，文化产业和文化“走出去”在长三角和国内省内的地位更加突出。

（三）“十四五”安徽文化产业发展基本思路

在更深领域推进文化产业机构、机制与产业的匹配。充分分析研究新技术与消费需求结构变化趋势对文化产业发展的影响，推动文化领域的事权统一，提升文化产业治理水平与治理能力现代化，推动安徽文化产业高质量发展。

在更高层次推进安徽传统文化的现代性转型。构建新时代安徽文化产业发展新生态系统，走出安徽“文化资源—文化资产—文化资本”新路径。

在更高水平推进现代科技赋能文化产业。突出安徽地域文化特色和特点，以“文化+”与“+文化”、“科技+”与“+科技”双向嵌入，以新机制塑造新品牌、以新技术催生新产品、以新项目搭建新平台、以新园区打造新业态、以新资本再造新优势，推动文化创意与科技创新区域协同和集聚发展。

在更高站位提升安徽精神气质。推动文化创意“见人、见物、见生活”，实现安徽文化服务与文化产品“有趣、有用、有文化”，把文化产业打造成有意义的事业，以丰富的文化产品和文化服务丰盈安徽人民的心灵，让安徽人民过上有意思的生活，从整体上提升安徽精神高度。

二 “十四五”文化产业发展需要进一步深化研究的领域

（一）深化国家文化产业发展战略落地与安徽作为研究

系统研究“十四五”国家文化发展战略重点发展领域、国家战略整体布局、安徽在国家文化发展战略中的作为和国家战略发展在安徽落地路径。

（二）拓展高效利用全球文化资源的视野研究

进入21世纪，全球化加快由经济领域向文化领域的扩展，文化全球化正以前所未有的规模和速度推进。国外一些文化企业的全球化加快推进，并且注重中国市场。随着我国对外开放的扩大，为发达国家文化企业进入中国市场带来了机会，不少影视、动漫、娱乐、出版、发行行业的大公司纷纷抢滩中国。如在图书发行行业，亚马逊等跨国公司已在我国布局市场。这些文化产业跨国公司都有很强的市场竞争力，它们的进入既对中国文化企业带来了挑战，同时也带来了国际化的经营思维，促使一些文化企业提高国际竞争力，对内迎接国外文化产业跨国公司进入的挑战，对外力求走出去，在全球文化市场上占有中国企业的一席之地。在文化全球化的新时代，需要从文化全球化的视角出发，进一步培育安徽文化产业优势，突出特色，厘清战略思路。

（三）深化重塑安徽形象建立文化自信研究

提升文化软实力，提升安徽精神气质，提升安徽精神高度，深化讲好安徽故事，展现安徽形象，彰显安徽力量新路径研究。

（四）拓展培育新供给新动能拓展文化消费空间研究

文化消费引领文化供给侧改革，是推动区域经济社会转型发展的引擎。文化产业和文化消费市场从数量的高速成长期逐渐迈入品质升级、融合发展的阶段。加大力度研究从供给侧、生产端与创作端发力，推动文化产品与服务多样化、差异化供给，更注重将内容、质量作为核心，生产出更多人们喜闻乐见的优质文化产品，进一步认识扩大文化消费对供给侧结构性改革的作用，培育新供给新动能拓展文化消费空间，以文化产业升级促进经济转型升级。

（五）优化安徽文化产业区域布局研究

基于两大流域、三大文化圈层和四大地理片区文化资源分布特点，优化区域文化产业发展布局。立足全省推动文化产业集聚发展，科学规划园区布局，以“一带两区”（皖江文化产业带、皖南国际文化旅游示范区和皖北特色文化产业集聚区）总体布局文化产业发展重点，把园区建设作为文化产业增量发展的重要载体，以园区建设带动招商引资和产业聚集，加快文化产业带、产业基地和产业园区建设，推动规模化、集约化、专业化发展，实施差异化的区域文化产业发展战略，引导各地走特色化、差异化的文化产业发

展道路，加快形成文化产业集群和文化旅游产业集聚区，促进区域特色文化产业协同发展。

（六）深化推动安徽文化企业"走出去"研究

提升文化产业国际竞争力，实施"全球增长战略"、"本国中心战略"和"本土化战略"，把文化服务贸易作为加快培育竞争新优势的新领域，拓展国外优秀文化资源的吸纳容量，培育跨文化题材的策划和生产能力，以跨境并购配置国外优秀文化资源，以前瞻性的战略设计超前谋划大数据资源，建立离岸文化中心。

（七）深化广纳天下贤才培育"文化皖军"研究

尊重人才成长规律，突出市场取向，发挥人力资源的作用，加快人力资源向人才资本的转换。在重点领域培养一批创意领军人物，千方百计为培养既懂文化、又懂经营的经营管理人才创造发展环境；在引进上，创新人才引进理念，以重大项目吸引人才，把招才与引智结合起来，将人才资源落在省内，不求所有、不求所在、但求所用，在广纳天下贤才上走出一条新路。

三　"十四五"安徽"文化＋"重点领域与方向

（一）突出安徽地方文化特色

进一步加大力度对区域文化资源进行科学梳理，挖掘文化资源潜力和价值，着力塑造地域文化产品和文化服务品牌，根据各市区域文化资源特色与传统文化优势，挖掘内涵，丰富表现形式，发展特色文化产业，把文化优势和资源优势转化为产业优势和发展优势。

（二）塑造地域特色文化产品和服务品牌

整合地域文化产品品牌。从省域层面做好文化产品品牌建设规划，对安徽全省文化资源进行科学梳理，突出文化资源优势，通过分门别类地挖掘和研究，抓好选题规划，精准定位、定型，把地方特色文化产品、老字号文化产品做优做大，依托文化资源集聚区，在保护中提升市场开发价值。

对有重要文化特色的商业、手工业、饮食等街区，以及具有重要历史和艺术特色的建筑要集中保护，并对其保护利用进行规划指导，明确发展方向、功能定位和布局，实现历史文化遗产的可持续发展。尤其是对皖南、皖北亳州等历史文化遗产重点保护区域进行科学规划，谋划一批重点产业，建设一批重点示范区，培育一批重点保护带。推动对文化产品品牌进行整合，在同一品类中重点挑选几个具有知名度高、竞争力强、企业管理健全的优质品牌进行重点打造，将其同品类的其他品牌整合到大品牌旗下，形成品牌合力，共同发展。

（三）以文化资源数据化推进文化产业发展

对文化资源的基础情况进行系统、全面、深度的梳理与调查摸底，并进行整合分类，构建全面、科学的文化资源数据库，系统梳理整理文化资源，推进文化资源数字化、素材化建设。同时开展全省文化数据资源共享中心建设和关键共性技术研发，从文化消费热点和数字化、信息化、网络化程度高的影视、动漫、游戏、演出等行业开展文化资源产业化应用试点，以点带面，提升文化产业行业整体水平。

（四）开拓文化产业发展新路径

立足安徽文化资源，实施“文化 + ”多元发展战略。

一是推进“文化 + 农业”。借助创意产业思维逻辑和发展理念，把科技和人文要素融入农业生产，进一步梳理、提炼和整合观光农业、休闲农业、精致农业和生态农业等资源，以审美体验、农事体验为主题，把休闲娱乐、养生度假、文化艺术、农业技术、农副产品、农艺、农耕活动等有机结合起来，融入科技、健康、旅游、养老、创意、休闲、文化、会展、培训、检测、加工、电商、贸易、物流、金融等丰富元素，拓展农业功能，把传统农

业发展为融生产、生活、生态为一体的现代农业。

二是推进"文化+科技"。以"数字"赋能安徽文创产业，深入研究并运用大数据、云计算、人工智能、物联网、VR/AR、3D打印等新技术，推进"科技+文化"融合创新，以"数字"赋能安徽文创产业，鼓励文化内容创新，打造安徽地域特色文化IP，促进文化产业内部、产业与社会各领域之间生态化、协同化发展，促进安徽文化产业转型升级，以"文化+科技"撬动安徽发展新动能。

三是推进"文化+金融"。搭建文化金融服务平台，打通文化企业融资渠道，进行穿透式金融产品整合，打通金融服务链条，既为文创企业进行金融赋能，也为各金融企业提供优质孵化客户，拓展金融服务文创行业的产业链和资本链条，促进金融资源与文化资源有机结合，实现金融产业与文化产业的融合发展。

四是推进"文化+旅游"。以文促旅，实施"旅游+文化"，对现有旅游产品进行品质化提升，深入挖掘历史文化、地域特色文化、民族民俗文化、传统农耕文化等，实施安徽传统工艺振兴计划，提升传统工艺产品品质和旅游产品文化含量。以文化旅，实施"文化+旅游"，让更多安徽散落的文化资源串起来，让更多安徽躺倒的文化资源站起来，丰富文化产品和服务的供给类型和供给方式。

五是推进"文化+工业"。引导制造业企业运用新技术改造研发、生产、管理、营销各个环节，促进管理方式创新、工艺装备提升、产品质量改正和生产效率提高。提高工业设计、时尚设计水平，加强机械、汽车、模具、塑料、工艺美术等装备制造业的外观、结构、功能等设计能力建设，推动生活日用品、工艺品、服装服饰、家居用品等传统制造业向创新创造转变。

四 "十四五"促进文化产业发展措施与政策保障建议

深化体制改革，完善加快推进文化产业发展的市场体系。抓好政策扶持，创造加快推进文化产业发展的有利环境。加强组织领导，构建加快推进文化产业发展的良好格局。坚持高起点规划、高标准设计、高站位统筹、高效率推进，以大手笔、大动作、大气魄推动安徽文化产业实现大发展、快发展。

（一）强化组织领导

建立健全文化产业领导机构。完善健全省文化产业领导小组和联席会议制度，负责文化产业发展的总体设计、统筹协调、整体推进、督促落实，特别是文化产业发展规划编制、重大项目谋划与推进和政策措施落实，统筹协调解决产业发展中遇到的重点难点问题。及时制定和完善符合国家文化产业导向的产业政策，科学调配公共资源。

（二）强化资源要素保障

完善文化产业中小企业融资担保体系，支持和引导担保机构为文化企业融资提供担保；引导鼓励银行等金融机构加大对文化企业的支持力度，鼓励设立文化产业专营机构，探索开发多元化、多层次的信贷产品和贷款模式；支持符合条件的文化企业对接多层次资本市场，拓宽直接融资渠道；推广文化领域政府与社会资本合作模式，探索设立文化产业引导基金，探索利用互联网工具打造文化产业的众创空间；加大低效利用土地的盘活利用和闲置土地的清理处置力度，确保文化产业转型升级项目用地优先供应，在不改变土地法定用途的前提下，支持文化单位利用工业厂房、仓储用房、传统商业街等存量房产或土地资源兴办文化产业；在以新型城镇化和乡村振兴战略为重点的用地导向下，将文化产业建设用地作为单列内容纳入小城镇建设用地指标内；在生产要素市场化改革过程中，适当调整文化产业用地效用评价方法，扩大能耗占比，降低产出占比。

（三）强化市场主体培育

支持中小微企业创新驱动发展。引导小微文化企业以满足人民群众多层次、多样化文化需求为导向，以创意创新为驱动，走“专、精、特、新”

和与大企业协作配套发展的道路，在开展特色经营、创新产品特色和服务、提升科技含量和原创水平等方面形成竞争优势。支持小微文化企业拓展与装备制造业、消费品工业、建筑业、信息业、旅游业、体育和特色农业等产业的融合发展空间。鼓励小微文化企业把握传统文化与现代元素结合、文化与科技融合的发展趋势，催生新技术、新工艺、新产品、新服务。加快培育产权、版权、技术、信息等要素市场，为企业提升文化创意成果转化和市场化运用水平创造条件。加强文化品牌建设，促进小微文化企业向专业化、品牌化方向发展。加强知识产权保护法律法规、典型案例的宣传和培训，增强小微文化企业知识产权保护意识，提高知识产权保护和运用水平。

加快培育壮大骨干文化企业。进一步整合资源，优化环境，吸引更多的文化产业领域投资者落户安徽。以“内联外引”推动安徽文化企业增量提质。在资金投入、资源配置、政策配套等方面加大对重点文化企业的支持力度，扶持其进一步发展壮大。大力推动资源整合，鼓励安徽骨干文化企业跨地区、跨领域、跨所有制兼并联合重组，并推动符合条件的骨干文化企业上市融资，培育一批具有强大实力和竞争力、影响力的文化产业龙头企业。

（四）强化重点项目和园区建设

设立文化产业发展专项资金，建立重大文化产业项目数据库，编制招商手册，定期发布招商信息，切实做好项目策划、包装。通过文博会、交易会、推介会和在外安徽商会等平台，采取媒体推介、会展推介以及组团招商、专题招商等多种形式开展招商活动，引进资金、人才和项目。优化跟踪服务，按照“引进一批、整合一批、新建一批、扶持一批”的原则，继续建立全省常态化、动态化文化产业项目库，强化项目动态管理机制，做好项目的跟踪管理。推进文化产业园区建设。以市场为导向，强化文化产业项目与市场的对接，扶持和发展一批具有市场竞争力和产业拉动作用的重大文化产业项目建设文化产业园区。强化实施建立项目联系制度，着力解决重点文化项目推进过程中的难点问题。

参考文献

李晓红：《“十四五”文化产业应坚定走高质量发展道路》，《中国经济时报》2020年9月21日。

姜天骄：《让文化产业深度融入经济社会》，《经济日报》2020年10月22日。

邢军：《安徽省“十四五”时期文化产业发展战略探究》，《安徽行政学院学报》2020年第5期。

魏鹏举：《中国文化产业高质量发展的战略使命与产业内涵》，《深圳大学学报》（人文社会科学版）2020年第4期。

周旋坤、刘诗乔：《区域特色文化产业发展研究》，《产业创新研究》2020年第4期。

高雅楠：《安徽省“旅游+文化”产业融合发展研究》，《中国集体经济》2020年第9期。

向勇：《阐释、批判与建构主义：中国文化产业研究范式的立场解释》，《探索与争鸣》2020年第6期。

陈少峰、平慧江：《国有文化企业的转型发展》，《云梦学刊》2019年第5期。

B.26

江南文化传承与上海古镇的发展路径

郑崇选*

摘　要：上海古镇的保护与开发要积极呼应上海国际文化大都市建设与人文之城的长远目标，以古镇对于江南文化的创造性转化与创新性发展来丰富国际文化大都市建设的丰富内涵。本文较为细致地梳理、辨析了古镇与江南文化形成的关系、上海古镇中的江南文化，在准确把握上海古镇发展现状的基础上，指出当前上海古镇发展中存在的主要问题，进而提出打造上海古镇文化品牌的路径和举措：充分开发上海古镇的文化特色，采取适合每个古镇特点的开发模式，避免文化克隆和同质化发展；整合文化资源，构建上海古镇文化品牌的整体形象；丰富古镇文化内涵，构筑江南文化集聚重地；充分利用古镇空间的景观价值，融入各类时尚文化形态；把上海古镇作为全域旅游的典型示范点，推动古镇文化旅游深度融合发展。

关键词：江南文化　上海古镇　文化品牌　文化传承

江南文化之于上海文化发展的当代意义，不仅在于其源头上的孕育功能以及传承过程中的人文滋养，更为重要的是生活方式的潜移默化。当前上海提出要打造上海文化品牌，要大力发展“江南文化、海派文化、红色文

---

* 郑崇选，上海社会科学院文学所研究员，《上海文化发展报告》执行主编。

化”，而江南文化是海派文化和红色文化的孕育母体，在漫长历史文化的传承与发展中，江南文化的内涵与特征随时代变化而不断变化，但是其内在的文化精神却一直得以延续和传承，催生了长三角各个城市不同类型的文化形态。可以说，江南文化是长三角地区共同的文化资源精神家园，是新时代背景下长三角一体化的文化基础和精神动力。

古镇与江南文化的形成有着非常紧密的关系，某种程度上可以说正是古镇这样一个独特的文化空间才孕育出空灵、诗性的江南文化。上海古镇的存在价值不仅为我们时刻提供了历史的参照，更为重要的是，在创造性转化、创新性发展的时代使命之下，古镇是国际大都市日新月异发展过程中的一面镜子，不断以古镇特有的文化价值和文化精神提醒着我们，如果没有人文的滋养与传统的延续，无论在物质形态上具备怎样现代的外壳，其内在的灵魂依然是苍白而虚弱的。因此，古镇存在的意义不在于别的，而是在繁华时尚的大都市中可以为每个人提供一种有价值的、有意义的、带有浓厚江南文化传统意蕴的历史人文怀想和风土民情体验。从这个层面，在城镇化加速推进的背景下，古镇文化形态的存在会日渐呈现其不可逆转的“稀缺性”。

一　上海古镇中的江南文化

上海古镇与江浙地区的古镇具有大致相同的发展历程，初兴于唐宋，勃兴于明万历前后，继兴于清乾嘉年间。在长达1000余年的历史进程中，形成了鲜明而富有特色的地域文化。上海古镇具有独特而丰富的江南文化元素。这些文化要素总体上可以分为“有形”和“无形”两大类。江南古镇生产生活的自然环境、宅院建筑、街河桥船、草木流水是“有形文化”，而风土人情、乡风乡俗、戏曲小调、乡音俚语、传统工艺、饮食起居等则是“无形文化”，这些元素水乳交融，鲜活地勾勒出了立体多维的江南古镇。

（一）古镇中的江南物质文化

作为农业文明时期产生和发育形成的特色城镇，江南水乡古镇凝聚了江南地域的数千年文明积淀，它们作为古镇景观单元的单体建筑以及植被景观，其传统的外形、材料、位置、功能以及修建工艺等都真实、完整地保存和延续至今。具体来说，物质形态文化包括古建筑、古街区及其相互影响下所形成的特有的历史文化环境，即人文景观与自然环境相互融合而成的整体文化风貌。据初步调查，至今历史文化环境保存仍较完整的上海古镇除朱家角外，还有青浦的金泽镇、练塘镇、白鹤镇、重固镇，闵行的七宝镇，嘉定的南翔镇，南汇的新场镇，松江的泗泾镇等。这些古镇都有完整的古街形式，有寺庙、桥梁、民居、店铺、茶楼、酒肆、园林等历史文化遗存。① 在诸多江南古镇的有形文化元素中，最突出的就是水。“亲水和泽”是江南古镇的地域生态，正所谓“上善若水”，主动融合、浸润、和谐是水的基本特质。比如，朱家角古镇就有丰富的水网体系，该体系中包含多个相关联的要素，其中包含水系、桥、埠等。② 众多古桥，同样是上海古镇的文化标识。长桥短梁，横卧于碧波，成为一道道靓丽的风景。朱家角的放生桥，“井带长虹”，气势雄伟，为上海地区最高大的古桥。金泽的普泽桥、迎祥桥等古桥虽历经沧桑，仍保存完好，独具风采，成为著名的“桥乡”。

（二）古镇的文化记忆

在国际大都市迅猛发展的城市化进程中，反观古镇之于当代上海的文化价值，最为突出的表现在古镇的文化记忆，主要是指民俗、民风、民情、民间艺术等，它们与物质形态文化一起构成了古镇的历史环境和文化氛围。例如元宵灯节、清明放风筝、端午龙舟竞渡、中秋赏月、重阳节登高等民俗节庆活动。金山农民画、嘉定竹刻、松江顾绣、青浦田山歌等民间艺术都具有重要的历史文化价值，如此丰富的文化内涵竟能够传承千年而不衰，这些文化形态不仅是记忆，同时更是上海走向美好明天的文化之根，无论是传承还是创新，都应该把这些文化遗迹当作无尽的宝藏，不断开采、深入挖掘。但

① 黄江平：《上海古镇文化保护与开发的宏观思考》，《社会科学》2003 年第 9 期。

② 徐荔枝：《江南水乡古镇文化景观研究——以上海朱家角镇为例》，硕士学位论文，华东师范大学，2008。

由于它们来自民间，缺乏稳定的物质载体，容易在岁月中流失，对古镇各类文化记忆的抢救与保护显得十分迫切。

（三）古镇的文化精神

中华民族最美好的记忆有很大一部分来源于江南文化，因此，古代诗人才有“人生只合扬州老”“三生花草梦苏州”的感怀诗句，在古人眼里，能够生活在江南古镇是多么的怡然自得。上海古镇的传统生活方式最为显著地体现了江南文化的诗意特征，而诗性文化的精髓，在于能够较好地控制个体与群体的冲突，强调人与自然的和谐发展，它把人的全面发展特别是在日常生活中被压抑的审美需求充分展示和表达出来，这种文化基因使得江南的城镇不仅能很好地处理人与人之间的关系，也能很好地处理城镇与城镇之间的关系，这也是当前上海国际文化大都市建设最需要吸取的精神养分。早在6000 年前，青浦境内江河湖海共存。上海先民驾着独木舟，赶海闯海，捕捞渔猎，养成了敢闯敢为、自强不息的精神。

二　当前上海古镇文化传承中存在的问题

古镇文化传承的效果如何，在很大程度上取决于空间生产的功能重构。古镇的“古”不在于城镇的历史记载有多么久远，而在于城市真实的历史环境（历史建筑、街巷风貌等）保存数量和整体性如何。立足当前，如果我们试图深刻认识古镇文化的传承，就必须将其放置于当代中国经济社会发展的整体环境以及与上海国际文化大都市建设的关系视阈中。从单纯生活空间到文化空间与生活空间的并置，发展到当下，古镇已经成为生活空间、文化空间与旅游空间融为一体的复合型公共空间。这其中，古镇的发展同步经历了生活、文化以及旅游三种功能的复杂博弈过程，直接影响古镇文化传承的方向和效果。“从功能角度分析，旅游开发后的古镇空间与一般旅游目的地相比，既是居民的生活空间，又是游客观光旅游的空间，具有使用上的重叠性；从形态角度分析，古镇原有空间所根植的社会环境发生了

根本变化。”[①] 当前，古镇开发中存在的问题，主要包括重功能性开发，轻原功能的保持；重商业性开发，轻公益性利用；重旅游开发，轻生活环境的维护；重显性功能开发，轻隐形效益发挥。

（一）古镇有形文化空间的变化，江南文化得以存在的物质载体遭到了不同程度的损伤

在古镇更新的过程中，某些行政力量和资本的介入，盲目地崇尚欧美现代建筑风格，对城镇公共空间的改造模式不顾古镇内在的文化肌理。对古镇的建筑风格做了硬性规定，如松江新城为英国风格，嘉定安亭为德国风格，宝山罗店为北欧风格，浦东高桥为荷兰风格……还有什么“泰晤士小镇”“巴黎花园”“罗马广场”“欧陆广场”之类不伦不类的西方建筑式样被依样画葫芦地移入，这种模式切断了上海与周边江南文化的血脉联系，使上海周边古镇的文脉受到了不同程度的伤害。[②] 另外，文化地产的开发模式也对古镇文脉的传承产生了很大的破坏作用，相当一部分地产开发把古镇文化作为一种消费符号进行营销，其目的是吸引有购买力的高端人士，与诗性、古朴、充满烟火气的江南文化相距甚远。

（二）古镇空间的空心化，传统的生活方式断层明显

在上海古镇的保护与旅游开发中，“空心化”是指把古镇的原住居民迁出后，再对当地的古镇、古宅、古街等古镇社会空间进行更新和修缮，并把管理和讲解人员派驻进去，同时，大量外地的经商人员进入景区，古镇原有的人口居住结构发生了巨大的变化。“江南水乡古镇比较完整地保留了历史的信息并延续着传统的生活，而当地居民的传统生活方式对于古镇历史信息的完整性表达无疑起着至关重要的作用。”[③] 文化最为直观的外化表现就是一种特定群体的生

① 郭文、黄震方：《基于场域理论的文化遗产旅游地多维空间生产研究》，《人文地理》2013年第2期。

② 仲富兰：《古镇文化记忆保护路径探析》，《河南社会科学》2013年第8期。

③ 当代上海研究所主编《江南市镇研究》，上海人民出版社，2019，第181页。

活方式，古镇文化的维系与原住居民生活方式的延续紧密相关。古镇原住居民的迁出和居民生活结构的变化意味着原有生活方式的变化，进而也必然带来文化形态的变化，当前古镇的生活方式受此影响出现了明显的断层，古镇作为历史城镇环境的原真性（包括自然和人文环境的原真性）面临丧失的危险。

（三）古镇更新的士绅化，文化权益的阶层化区隔现象比较严重

在古镇成为旅游开发热点的背景下，各种资本的涌入使古镇的发展变为资本增值的工具和投资的重要对象，以文化地产开发为主要形式的古镇开发无形中就走向“士绅化”和高端化，从古镇形态角度分析，古镇原有的空间所根植的社会环境发生了根本变化。当原住居民的利益与投资者的资本增值目的发生冲突的时候，资本所看中的肯定是能够带来利益回报的社会群体，即所谓的“精英阶层”。因此，在古镇空间开发的公正性方面就受到很大的影响。

（四）古镇开发的过渡商业化和同质化，伪民俗文化泛滥

每一座古镇因其独特的历史文脉的传承，具有不同的文化肌理，在开发的过程中要特别强调在传承基础上的创新。但是，按照资本的增值逻辑，如何使古镇资源最大限度地商业化才是其开发的主要动力，营造一个受众心目中的“古镇”商品显然比认真地传承古镇文化更为便利，也更能在短时间内在经济效益上带来丰厚的回馈，这种被普遍称为共识的商业开发发展，使得江南古镇走上了一条同质化的批量加工模式，复制雷同的江南水乡开始“千镇一面”，伪民俗化的布景也比比皆是。古镇规划中抄袭、模仿、复制现象十分普遍，各地古镇的“麦当劳化”也日渐严重：古镇建设完全采用现代商业的标准化生产方式，以形式上的整齐划一来取代现实生活对古镇街区错致复杂、灵巧自然多变格局的需求，前所未有的“造镇”运动逐渐沦落为拙劣的“克隆”伎俩，“千镇一面”的现象随之出现，正如有识之士所指出的“南方北方一个样，大城小城一个样，城里城外一个样”①。

---

① 单霁翔：《从“功能城市”走向“文化城市”》，天津大学出版社，2007。

（五）现代城市文化的流行，古镇传统文化日益边缘化

霍布斯鲍姆在《传统的发明》中曾指出，当旧有的社会模式逐渐瓦解，古老传统被摧毁，或已不再适应新的社会组织结构时，人们便会选用旧社会模式中的旧材料来组织、建构起一种新形式的文化传统以满足新社会模式的需要。在城市化加剧的大背景下，古镇原来平衡的社会关系被严重破坏，上海古镇传统文化被边缘化的问题日益凸显。同时，各种类型优势的城市消费文化也借助交通、通信手段的便利不断涌入，传统文化和现代城市文化从并存一步步发展到城市文化的主导。特别是古镇青少年群体对于现代城市文化无条件地欣赏和接受，使得古镇传统文化的生存空间日益狭窄，古镇传统文化传承后继乏人，逐渐被现代城市文化所蚕食和同化。

三　打造上海古镇文化品牌的主要路径和具体举措

一个城市的文化特色是其区别于其他城市的最为显著的标识，也是“人文之城”的魅力之源。从开埠以来，上海的文化发展经历了不同历史时期的传承与累积，形成了自身鲜明的文化特色，其深沉的历史底蕴与形态的五彩斑斓共同构成了丰厚的国际大都市风采。上海的文化积淀源远流长，早在6000多年前，生活在上海的先民就已经创造和积累了灿烂的古文化，成为江南文化的源头之一。党的十九大报告提出实施乡村振兴战略，小镇是城市与乡村之间的连接点和中转码头，特色小镇建设与乡村振兴相辅相成。上海古镇的保护与开发要积极呼应上海国际文化大都市建设与人文之城的长远目标，以古镇对于江南文化的创造性转化与创新性来丰富国际文化大都市建设的丰富内涵。将乡村视作一个互促互补、共生共荣的有机体，通过各个发展要素自由流动、优化配置，实现城乡并举，均衡发展。

文化品牌的打造与提升是一个区域文化建设进入提质增效阶段最为显著的标志，要按照打响上海文化品牌的相关要求，树立高度的文化自觉意识，明确上海古镇发展的独特资源及现有的发展方位，重点聚焦古镇文化发展与区域经济社会发展的协调与融合，为古镇发展提供文化之魂，滋养广大市民群众的美好生活，着力打造一批特色突出、内涵价值丰富、感知识别度高的古镇文化品牌，加快构建文化精神健全、文化产品丰富、品牌效应突出、本土特色鲜明的文化发展格局，不断提升上海古镇的文化软实力。

（一）充分开发上海古镇的文化特色，采取适合每个古镇特点的开发模式，避免文化克隆和同质化发展

上海古镇虽然都经历了大致相同的发展历程，在文化形态上也基本都是江南文化的不同侧面的展示，但是由于每一个上海古镇形成的地理环境和时代背景存在很大的差异，各个上海古镇在文化特色上都有其不可替代的独特性。按照民俗学和文化社会学的基本认知，“一方水土养一方人”，每个古镇都有其独特的韵味，可以说是“一个古镇，一种味道”，正是各个古镇不同的文化神韵，才组成了整个上海古镇的不同风情。“因此，充分依托古镇资源，挖掘古镇内涵，合理审慎地选择与古镇传统特色相适应的文化功能，即通过对城镇发展的再定位，为水乡古镇空间注入新功能、与社会生活同步的文化发展策划和非物质文化遗产的继承发扬，是江南水乡古镇走差异化特色发展之路能否成功的关键。”①

作为活的遗产，上海古镇首先是一个生活社区，应当从可持续发展的角度考虑上海古镇的保护与开发，而不是一味地考虑古镇建筑等有形设施的搭拆搭建。上海古镇的意义重点在于文化、社会、生态的综合价值，不能简单地用经济价值来衡量古镇开发的意义。在古镇更新的具体路径上，我们可以借鉴一些比较成功的古镇开发模式，比如乌镇模式、朱家角模式、新场模式等。乌镇开展保护开发，2001 年东栅景区正式对外开放，以原汁原味的水乡风貌和深厚的文化底蕴成为古镇观光旅游胜地；2007 年休闲度假型景区西栅开放，为了营造“生活在梦里”的感觉，乌镇历时多年耗资近 10 亿

① 当代上海研究所：《2018 长江三角洲发展报告 · 江南市镇研究》，上海人民出版社，2019，第 170 页。

元，打造出了满足游客主体化诉求的原真性生活旅游空间。在青浦朱家角古镇，尚都里项目、国家粮仓改造项目等，在保留水乡风貌的同时，进行创新设计，已建设成为具有历史文化特色的休闲度假胜地。在枫泾古镇和平街，一座三进三落的百年老宅，悄然变身一家高端大宅民宿，里面开设了工艺品展示区、昆曲表演、三联书店等。在这里，游客可以真正慢下来，听听昆曲，看看书，喝喝茶，品味江南生活的精致与优雅。①

（二）整合文化资源，构建上海古镇文化品牌的整体形象

当前，上海古镇的开发还处于比较浅的层次，其内涵一直停留在比较浅层的观光旅游，对比同类型的乌镇、周庄等还不够丰富，且外界知晓度还不是很广泛，没有形成“来上海，一定要到上海古镇”的实际效应。

1. 全力做好上海古镇文化内涵的挖掘整合及概括提炼

老街、小桥、特色饮食、庙宇、非遗文化等是古镇文化中“散点化”存在的“亮点”，目前还是以点状化状态生存，没有形成整体文化内涵的有机支撑。要以文化品牌打造为引领，结合践行古镇文化精神的博大，汇聚社会多方面的智慧，深入挖掘整合及概括提炼上海古镇文化内涵，形成可意会、可描述、可传承的上海古镇文化价值体系，并与未来上海文化事业产业发展建设实践有机结合起来。当务之急是要汇聚社会多方智慧，完成上海古镇特色文化内涵的提炼概括工作，借助标识体系建设，实现视觉化、形象化演绎表达。基于现实条件，可借鉴浙江一些特色小镇的做法，提炼出每个上海古镇的独特性。

2. 创设上海古镇特色文化品牌标识体系

上海古镇应当依托对特色文化内涵的深刻理解，尽快启动创设上海古镇特色文化品牌标识体系建设。创建上海古镇特色文化标识体系，实际上就等于为每一个上海古镇创建一个简约、鲜明、灵动甚至智能的“身份证”，以之整合引导古镇文化发展建设形成合力、成为品牌。成型化、成熟化的文化

---

① 《众创汇聚，千年古镇演绎“全域更新”》，《解放日报》2017 年 11 月 21 日。

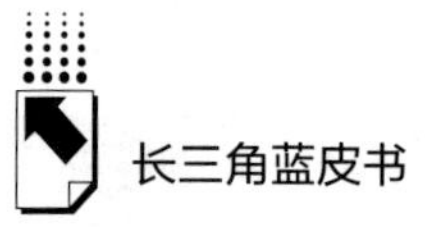

标识体系应当具备的要素要件，一是简单明了的特色文化宣导用语，二是色彩鲜明、寓意丰富的特色文化标识符号（LOGO），三是为主要街道、所有景区、公共机构、公共空间、文化活动等量身定制的含有上述用语及 LOGO 的各类海报、招贴、路标及招牌等。要通过公开招标的形式，委托专业设计机构，结合上海古镇文化内涵演绎宣传的客观诉求，基本完成标识体系的策划设计。借助特色文化标识体系的媒介运作推广，最终营建起上海古镇独有的特色文化氛围，使之成为一道最具标识度的文化靓丽风景线。

（三）丰富古镇文化内涵，构筑江南文化集聚重地

要把上海古镇建设成为江南文化活态传承和现代体验的核心集聚区，这对于上海古镇文化品牌的建设无疑具有极大的推动作用。

1. 商旅文升级发展，将上海古镇打造为江南文化的综合体验区

要通过升级原有的商旅文融合发展能级，开发多元化的古镇文化体验，植入具有发展前景的文化新业态项目，使传统与现代有机融合。要以上海古镇为底色，融合上海都市时尚文化，按照体验型消费经济的要求，实现参与者的江南怀旧、古镇审美、文化教育、海派娱乐四重体验。要将现代的设计感和互联网背景中的文化感知方式融入体验的每一个过程。借助现代科技方式，以故事化、情景化、个性化的手法，还原古镇的民风、民俗、民情，多角度展示古镇文化内涵。同时利用各类传统的娱乐文化形式，比如竹刻、顾绣、斗蟋蟀、棉纺文化、皮影、老行当等，将每一个古镇都打造为综合的传统娱乐文化体验区。

2. 加强江南文化的研究，尽快推出“上海古镇中的江南文化”系列丛书

系统梳理研究关于上海古镇的江南文化历史和古籍，对典籍文献、遗存风物、名人乡贤等开展深度研究，在时机成熟之时尽快推出“上海古镇中的江南文化”系列文化丛书，为历史传承做一点文化积累，为后世认识上海古镇提供较为全面的文献资料。要全面梳理上海古镇的历史、文化、地理、社会、民俗、旅游等方面的资源，使之真正成为具有上海特色的“地方人文全书”，可根据上海古镇历史人文特色，将丛书分为“名人卷”“历

史卷”“建筑卷”“地理卷”“民俗卷”“经济卷”等，涵盖上海古镇历史人文的各个领域。

3. 推动长三角文化交流，每年举办“江南文化与江南古镇高峰论坛”

充分运用长三角一体化的重大契机，以古镇为平台，推动长三角文化发展的交流融合，通过文化名家的汇聚，提供智力支撑，谋划发展大计，并逐步形成上海古镇的全国文化名人资源库。在古镇的文化内涵、文化品牌、文化项目等方面，以召开论坛为契机，重新梳理、深度挖掘、不断充实，最终形成具有本土文化特点、博采众长的上海古镇旅游文化风格和气派。更为重要的是，借助论坛的召开，不断加深对江南文化的理解和认识，为上海打造江南文化品牌提供基本的思想动力和文化支撑。

（四）充分利用古镇空间的景观价值，融入各类时尚文化形态

古镇的生活空间很多具有文化景观价值，要在保障原住民安居乐业的前提下，充分利用古镇空间的文化价值，开发各类文化休闲业态，逐步实现业态的调整。整合主体相近、内容相似的展示内容、置换空间，进而导入各类具有“艺术范”、“审美范”和“文艺范”的文化主题会所、休闲公馆、文化沙龙、文化俱乐部等升级版文化休闲业态，充分提升古镇文化空间的艺术景观价值、社会价值和经济价值，实现古镇文化空间保护与文化景观效益最大化的双赢效果。

在朱家角，作为中国首个以“世界音乐”为主题的大型公益音乐节日——“上海朱家角水乡音乐节”，被专业传媒评选为“中国最具专业影响力的主题文化公益节日”之一，并被列入上海国际艺术节项目。诞生在这里的全球唯一全实景昆曲《牡丹亭》、谭盾水乐工作室《天顶上的一滴水》也曾获得《纽约时报》等国际媒体的好评。朱家角的“国际水彩画双年展”，如今成为一个国际文化品牌，水彩画大师纷至沓来。以画外滩等水景见长的水彩画家陈希旦选择在朱家角驻足，只是因为这里的水乡、水彩和水色一脉相承、如鱼得水。①

① 曹伟明：《从古镇到都市，可以讲述怎样的故事》，《解放日报》2018 年 8 月 28 日。

（五）把上海古镇作为全域旅游的典型示范点，推动古镇文化旅游深度融合发展

文旅融合并不是文化和旅游的简单相加，而是一种全新的文化形态，它是围绕旅游活动而形成的物质文明和精神文明的总和。文化是旅游的灵魂，旅游是文化发展的依托。只有把旅游与文化紧密结合起来，旅游产品才更具有活力和影响力。古镇旅游有别于一般的旅游产品，它必须依托当地特有的古镇文化、古镇生活、古镇民情，因地制宜，因村制宜，精准施策，通过文化资源的利用和文化创意的引入，才能够有效提升旅游品位，丰富旅游业态，增强产品吸引力，拓展旅游发展空间。

在推进上海古镇文旅融合发展的过程中，要充分挖掘历史文化名镇的文化资源，传承和利用好传统文化，推动文化资源的旅游转化以及旅游资源的文化内涵提升。坚定文化自信，把丰富多彩的文化资源创造和创意成历史文化名镇发展动力、更新和创新的文化资本。让古代文化复活起来，让水乡文化流动起来，让古镇的历史文化传承下去，大力推进文化创意产业发展与历史文化名镇更新的深度融合，激活古镇传统的文化基因，建设具有现代化市场经济发展趋势的“一镇一品”特色产业。大力鼓励发展以古镇文化为特色的创意设计、文化旅游、民间工艺、文化艺术、民宿客栈等文化创意的新型业态、新型模式。大力发展历史文化名镇的“双创”建设，推动“大众创业、万众创新”，构建以创业带动就业的自我造血机制。让众多的年轻人成为文化创客，成为古镇的新生代居民，让古镇更有活力，更有生气。大力探索和建立古镇文化创意产业发展的社会化推进机制，海纳百川，吸纳更多文化创造的新鲜血液、源头活水，长流不衰。

B.27
振兴江南历史经典产业研究

徐剑锋*

摘　要：　江南的茶、酒、竹、蚕丝与文房四宝等产业是最能代表江南文化精神，最具悠久历史的传统经典产业，但目前这些传统产业在现代文化与工业化的冲击下，步履维艰，不断式微。虽然江南各地政府有零散的扶持措施，却只能暂时免其消亡。江南经典产业在今天仍存在一定的市场需求空间，通过政府扶持、产业创新，完全可以实现凤凰涅槃。历史经典产业发展目标是实现现代产业的转型，只有促进生产方式、生产产品、经营方式、消费方式创新，才能使传统产业浴火重生，避免消亡的命运。与此同时，长三角地区政府要联手制定相关发展规划与产业政策，为产业转型提供助力。以政府为主导，对传统产业通过博物馆、体验馆、传统作坊等方式，保留传统经典产业的传统工艺、传统产品与经营方式，使经典产业的历史文化得以传承。

关键词：　江南文化　历史传承　经典产业

江南历史经典产业是指历史悠久、融合了江南文化、具有江南地域特色的传统产业。本文特指茶、酒、竹、丝绸与文房四宝等产业。随着工业化的快速推进与人民生活消费习惯的改变，这些传统产业步履维艰，大多萎缩，

* 徐剑锋，浙江省社会科学院经济研究所。

有的正处于消亡的境地。以长三角为主体的这些江南历史经典产业如何在工业化与市场经济的大潮中浴火重生，重展江南文化风采和新的生命力，值得全社会关注。

一　江南文化与江南历史经典产业

顾名思义，江南意为长江之南，在人文地理概念里特指长江中下游以南的区域，即今上海、浙江北部、江苏南部、安徽南部、江西东北部和北部。广义的江南包括了上海、江西、浙江全境，以及江苏、安徽、湖北、上海三省一市长江以南地区，是吴越文化、赣鄱文化、湖湘文化的发祥地。狭义的江南，或可称为江南的核心区，多指江苏南部的苏州、常州、无锡等地区，浙江的嘉兴、湖州、杭州、绍兴、宁波、舟山、金华等地区，以及上海共同组成的长三角地区。

长江中下游以南地区四季分明，春夏雨水充沛。地貌多为平原丘陵地区，水网密布。一直以来，江南就是一个人杰地灵、山清水秀的地方。尤其是江南核心区，始终代表着美丽富饶的水乡景象。而今天的江南是物产资源丰富、经济发达的地区。

（一）江南人的特性

江南独特的气候与地理环境，孕育了独特的江南人与江南文化。长三角地区属于典型的吴越文化区。“一方水土养一方人”，江南的地理气候，千百年来养育了特有的江南人。江南人具有以下几个文化特性。

一是勤劳精致。四季分明的气候与生产农时，使江南人懂得勤劳持家的道理，春耕夏种秋收冬藏，江南人一年四季都在忙碌。与此同时，由于江南人多地少、税贡负担重，他们在生产劳作与生活中细心而为、精益求精，无论是农业生产、手工制作，还是日常做事，总是力求精致完美。

二是好学聪慧。江南人受吴越文化与儒家文化影响，自古以来重视教育，有着尊师重教的优良传统，唐宋以后江南私塾发达，有条件的家庭都送男儿入私塾学习；江南人普遍有着严谨的家庭教育，大户人家有家训家教，平常百姓也懂得对子女言传身教。这也使得江南文化持续发达，江南人聪明有智慧。

三是温和宽容。江南有着较为宜居的气候与环境，水网密布，平原丘陵相济，江南人凭着勤劳聪明，一般生活无忧。这也使得江南人安于生活，性格温和恬静。同时，自古以来，江南人不断吸纳外来移民，近代更是中国对外开放的窗口，这养成了江南人宽容的个性，平等对待外来移民，易于吸收外来的新文化新知识，不断吐故纳新。

四是柔中有刚。江南人普遍性格温和柔顺，讲求与人为善、和睦相处，不轻易与人争斗动武。但江南人温柔的个性中蕴含着韧性。当家国民族面临生死存亡，当切身利益受到严重侵犯，当人格受到粗暴污辱——江南人会爆发出勇敢决绝的一面。抵抗元朝入侵、反抗清初剃发令等，就表现了江南人顽强刚烈、不屈不挠的精神。

五是守时守信。江南四季分明的气候，形成了农业生产劳作的时节特点，使得江南人养成了守时的传统习惯，也融入日常生活中。同时，江南较为发达的商品经济，养育出江南人讲信用的传统。江南人普遍将守信视作名节，无信者名誉扫地，难以在亲友前抬头做人。这也为经济的发展提供了良好的环境。

六是义利并举。吴越文化也是儒家文化的一个亚文化区，同样重视仁义道德，但江南文化中并没有“君子重义小人重利”的束缚。以浙东文化为典型，江南人“重义不轻利”“君子爱财，取之有道”“重实际，不尚空谈”。这种文化也使得江南人能大胆追求财富，徽帮、龙游商帮、苏商、宁波帮、温商等成为各个时期中国经济舞台耀眼的商帮。

（二）江南历史经典产业

江南人的生产生活环境，孕育出特有的江南文化。江南历史经典产业属于传统的加工制造产业，它蕴含着丰富的江南文化因素。本文所称的江南历史经典产业就是指江南人日常劳作与生活中形成的具有江南历史传统、能反映江南人文化精神风貌、以加工制造为主体的产业。

1. 茶产业

茶文化主要指茶对精神和社会的功能。茶的自然科学已形成独立的体系，人们常说的茶文化偏重于人文科学。茶有健身、治疾之药物疗效，又富欣赏情趣，可陶冶情操。品茶、待客是高雅的娱乐和社交活动，坐茶馆、茶话会则是江南人社会性群体茶艺活动。茶文化包括茶道、茶德、茶精神、茶联、茶书、茶具、茶画、茶学、茶故事、茶艺等。江南的茶文化糅合了儒、道、佛等文化与东南特色文化，独成一体，是中国文化中的一朵奇葩，芬芳而甘醇。

江南的多雨水与多丘陵的地形，使江南成为我国的茶叶主产区，江南人温和、恬静的个性，培育出了江南独有的与江南人个性吻合的茶文化。江南人种茶精耕细作，采茶细致讲究，制茶力求精致，品茶讲求安逸，这使得江南的茶产业具有了浓郁的文化特性。江南的茶以清香淡雅的绿茶为主，尤其以杭州的龙井茶最为知名，无锡的绿牡丹、开化的龙顶、泰顺的三杯香等名茶都是绿茶，而现代安吉的白茶、郎溪的黄金芽，也是绿茶的变异。江南的茶文化产业以种茶、采茶、制茶为主产业链，同时又包含了与茶文化相关的茶具产业、包装产业。各类精美的茶具以宜兴的紫砂壶、龙泉的青瓷茶杯闻名；茶楼、茶馆等茶叶的服务消费更是从农业与加工制造业延伸到了餐饮与娱乐等服务业。

2. 酒产业

酒文化包括酒的制法、品法、作用、历史等酒文化现象，既有酒自身的物质特征，也有品酒所形成的精神内涵，是制酒饮酒活动过程中形成的特定文化形态。酒文化源远流长，不少文人学士写下了品评鉴赏美酒佳酿的著述，留下了斗酒、写诗、作画、养生、宴会、饯行等酒神佳话。酒作为一种特殊的文化载体，在人类交往中占有独特的地位。酒文化已经渗透人类社会生活中的各个领域，对人文生活、文学艺术、医疗卫生、工农业生产、政治经济各方面都有着巨大影响和作用。

江南的酒如同江南的人，性温和。江南最流行的是低度的米酒，以绍兴黄酒最为江南人喜好。绍兴人在女儿出生时，都要酿造几坛黄酒，等到女儿长大出嫁时，这十多年的浓香陈酒就是最好的嫁妆，还可用于婚宴必备酒，故称“女儿红”。此外还有著名的“状元红”，以及浙南人过年过节家家酿制的红曲米酒，也一样清淳可口。江南酒文化包含了米酒的酿制，也包含了品酒的风俗习惯，每天晚餐时来杯小酒咪咪，搭上几小碟花生米、五香豆、香干等地产配酒小菜，是传统江南人的习惯。江南的酒产业除了酿酒，更包含了各种酒文化因素在内的酒瓶、酒壶、酒坛、酒罐、酒杯以及酒包装制品行业。

3. 竹产业

梅、兰、竹、菊被称为文化艺林中的“四君子”。文人有关竹的诗画文章和与竹相关的成语更是不计其数。竹在工农业生产、文化艺术、日常生活甚至在军事武器中都起着重要作用。江南是毛竹的重要产区，直到目前，浙江、皖南与江苏的毛竹产量仍要占到全国毛竹产量的近 30%，尤其是浙江作为仅次于福建为全国第二大毛竹产区，其产量占到全国毛竹量的近 20%，安徽（主要是皖南）是全国第四大竹产区。在 7000 年前的浙江余姚市河姆渡原始社会遗址内就发现了竹子的实物，竹简从西周一直流行到宋朝初年。毛竹更能反映江南人顽强拼搏、柔美坚韧、生生不息的个性。从皖南、苏南到整个浙江，每个地方都不会缺少毛竹，“宁可食无肉，不可居无竹”是文人甚至普通百姓的生活写照，竹制品更是全面渗透江南人的日常生活，处处体现着江南人的传统文化。

竹文化产业以毛竹生产与加工制造为主体，毛竹的种植、竹笋采集、毛竹砍伐运输，是属于第一产业；竹材的加工制造则属于工业生产。筷子、竹杯、竹椅、竹柜、竹床、竹地板、竹楼，竹排、竹雕等，江南人的饮食起居与出行中离不开竹制品，这些无不映照出江南人加工制造各类竹制品及其消费使用的传统文化。围绕竹的生产加工，各类竹制品的设计艺术、包装运输，也成为重要的竹文化产业组成部分。

4. 蚕丝产业

江南是我国的丝绸主产区，尤其是苏锡常与杭嘉湖平原，更是丝绸之

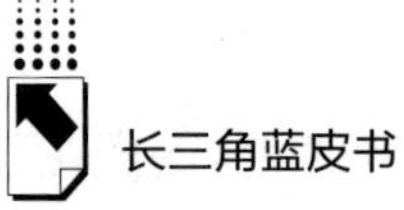

府。丝绸体现的守时、精致、柔美、新颖、柔韧正是江南人特性的体现。丝绸高雅、华贵、柔韧的特点，也很切合江南文人的个性。丝绸文化包含着从种桑养蚕剥茧缫丝到纺织整个工艺流程与生产交易贩运等传统习俗，还包含着桑果、蚕茧、生丝与各类丝绸制品所体现的文化。丝绸服装与丝巾、丝被等各类丝绸制品更是蕴含着各种地域文化。汉魏之前，气候潮湿的江南并非适合种桑产茧，经过几百年的土壤改造与种植养殖创新，隋唐以降江南成为丝绸主产区，明清两代，由于资本主义的萌芽与发展，江南苏州、湖州、嘉兴与杭州一带成为最重要的丝绸产地，发展了一批典型的丝绸专业市镇，江南的丝绸产业也是我国最早出现资本主义萌芽的行业。丝绸是中华文明的“文化使者”，它把古老的华夏文明通过“丝绸之路”带向了海外，江南正是“一带一路”的起点。江南的丝绸历史就是一部浑厚的文化史。

丝绸的产业链远比茶与酒的产业链长，从种桑、采桑、养蚕、剥茧、缫丝，再到生丝染色、纺织、服装各类丝绸制品，丝绸产业成为跨越农业与加工制造业的大产业。而丝绸与文化的结合更是跨越了生产加工领域，首先是为其服务的桑茧与生丝贩运、交易与结算行业不可或缺，并成为丝绸文化产业中重要的一环。其次是丝绸文化的展现，如丝绸博物馆、丝绸服装设计与表演、丝绸装饰等更是现代丝绸文化产业的重要组成部分。

5. 传统文化用品产业

江南传统文化用品产业是为传统文化书写提供用品的传统加工制造产业，是具有文化属性的加工制造业。江南特色的传统文化用品产业以笔、墨、纸、砚“文房四宝”最为典型。其一是湖笔。湖笔的传统产地在浙江湖州南浔区善琏镇。湖笔选料讲究，选自著名的优质湖羊毛，制作工艺精细，品种繁多，湖笔粗的有碗口大，细的如绣花针，具有尖、齐、圆、健四大特点。其二是宣纸。宣纸产于安徽泾县（原属宁国府，产纸以府治宣城为名，故称“宣纸”），是中国古代用于书写和绘画的纸。宣纸起于唐代，历代相沿。此外，泾县附近的宣城、太平（今黄山市黄山区）等地也生产这种纸。到宋代时期，徽州、池州、宣城等地的造纸业逐渐转移集中于泾县。由于宣纸有易于保存、经久不脆、不会褪色等特点，有“纸寿千年”

之誉。其三是徽墨。徽墨是我国制墨技艺中的一朵奇葩。徽墨因产自徽州府（今黄山市）而闻名。它是以黄山的松烟、桐油烟、漆烟、胶为主要原料制作而成的一种优质墨，是主要供传统书法、绘画使用的一种特种颜料，是文人墨客的至爱信物。其四是宣砚。东南砚台以宣城产的宣砚最为知名。在汉代，宣城就有制作砚台的专门作坊了，到了唐代宣砚已经风靡全国，成为当时著名的砚台之一。宣砚选用的是可与婺源的龙尾石相媲美的宣石，其特点是黑亮如漆、涩不留笔、滑不拒墨、发墨光润。

可以说，上述五类传统产业，从生产加工到经营、消费，无不包含有丰富的江南文化要素，充分反映了江南人的文化精神风貌，是当之无愧的江南历史经典产业。

二　式微的江南历史经典产业

江南这五类经典产业曾经在历史上占有重要的地位，是江南经济的重要组成部分。江南的茶叶、黄酒、竹制品、丝绸与文房四宝不仅是当地的流行产品，还大量输出到全国各地甚至海外。清末到民国初年，随着现代工业化的起步，江南这些以手工制作为主的传统产业开始受到越来越大的冲击，在江南各地经济中的地位与作用逐步下降。尤其进入 21 世纪以来，随着市场经济的发展，工业化的快速推进，外来文化的影响加大，以及劳动成本的大幅上升，这些江南传统文化产业更是受到巨大冲击。

一是“文房四宝”因受书写方式变革的巨大影响，受到的冲击最大。徽墨、宣砚因其使用不便，被大量的墨汁等现代产品取代，徽墨、宣砚基本上退出市场，在政府的扶持下仅成为一种艺术摆设与历史展品，靠着当地政府的支持苟延残喘。湖笔与宣纸的市场也大量减小，龟缩在传统书法的角落里。

二是传统竹产业徘徊不前。因竹制品工匠的缺失与手工制作成本的大幅上升，使竹椅、竹床、竹柜等用品与大量竹编制艺术品在市场中的竞争力不断下降，被价低物美的新材料制品取代。传统竹制品产业陷入困境，大量的毛竹原材料主要供应给竹纤维、竹胶合板产业与建筑脚手架竹板。浙皖苏的毛竹产量在全国的比重也有所下滑，2013年，浙皖苏的毛竹产量在全国的比重降到26.5%。[①] 竹笋的产量增幅也远低于经济增长率，2019年浙江竹笋年产量为191223吨，仅比2001年的126778吨[②]增长了50.8%，年均增长不到2%。在竹纤维、竹胶合板等竹制品市场中，虽然产值不断增长，但产业集中度较低，企业间缺乏有效的分工与合作，缺乏具有较强竞争力的龙头企业。

三是以黄酒为代表的江南传统酒业近年来也受到了葡萄酒、白酒的冲击。以浙江的黄酒为例，2003年浙江黄酒产量为40.76万千升，2010年增至72.88万千升。此后开始不断下滑，2015年降至64.73万千升，2019年为55.03万千升，较2010年下降了24.5%（见表1）。

表1　2003～2019年浙江黄酒产量变化

单位：万千升

年份	2003	2005	2010	2013	2015	2019
黄酒产量	40.76	42.50	72.88	65.22	64.73	55.03

资料来源：相关年度《浙江统计年鉴》。

四是江南茶叶产业近年来也出现停滞迹象。茶叶在制作上受到机炒茶影响，大量手工炒茶被机器炒茶所取代，这在生产方式上应该是一个进步，但也失去了部分历史文化的韵味。更为严重的是，我国饮料市场多年来不断被咖啡、奶茶等各种新饮品挤占，影响了茶叶的生产与销售，而茶叶出口也受到印度、越南等发展中国家的竞争，市场难以拓展。1978年浙江茶叶年产量为5.87万吨，1982年增到10.71万吨，2000年为11.64万吨，2012年达到17.48万吨，但此后产量出现停滞不前，在浙江茶园面积不断增加的情况

---

① 吕永来：《全国各省（区、市）大径竹及其中毛竹产量完成情况分析》，《中国林业产业》2015年第4期。

② 浙江省统计局：《浙江统计年鉴》（2020年、2002年）。

下，茶叶产量出现了下降趋势，2018 年为 17.52 吨，2019 年降至 17.12 万吨。

五是蚕丝产业状况堪忧。整体而言，近年来江南的种桑养蚕生产模式没有大的创新，丝绸制造关键技术进步缓慢，创新设计能力不强，品牌建设滞后等问题比较突出。多年来，江南的蚕茧与生丝及普通丝织品，因土地价格与劳动力成本的不断上升，价格竞争力不断下降，产业不断外移，蚕茧、生丝与丝织品产量出现了持续下降的趋势。2005 年，浙江蚕茧产量为 85364 吨，2013 年为 55192 吨，2015 年为 53473 吨，2017 年剧降至 16300 吨，此后有所回升，2019 年为 19720 吨（见表 2）。而苏州、无锡等苏南地区也同样出现了类似现象。

表 2　2005～2019 年浙江蚕茧、丝及丝织品产量

年份	2005	2007	2010	2013	2015	2019
蚕茧产量(吨)	85364	96262	63864	55192	53473	19720
丝产量(吨)	53139	66018	14436	14293	16060	5579
丝织品(亿米)	45.69	55.72	3.29	2.20	2.15	1.52

资料来源：《浙江统计年鉴》（相关年度）。

整体而言，蕴含丰富的江南特色的五大文化产业，在高速推进的工业化面前受到了多重挤压，有消费者生活水平提高引发的消费习惯变化，有功能更全、使用方便、价格便宜的现代产品的替代，更有土地、劳动力等要素成本持续上升形成的成本挤压，使得江南这些地域文化鲜明的历史经典产业在市场中的份额不断减缩，甚至有的行业已经到了生死存亡的关键地步。

三　江南历史经典产业的创新发展

江南历史经典产业包含丰富的江南文化，是江南人的共同历史记忆，而这些经典产业在今天仍存在一定的市场需求空间，通过政府扶持、产业创新，完全可以实现凤凰涅槃。历史经典产业发展目标是实现现代产业的转型，只有促进生产方式、生产产品、经营方式、消费方式创新，才能使传统产业浴火重生，避免消亡的命运。与此同时，长三角地区政府要联手制定相关发展规划与产业政策，为产业转型提供助力。以政府为主导，对传统产业通过博物馆、体验馆、传统作坊等方式，保留传统经典产业的传统工艺、传统产品与经营方式，使经典产业的历史文化得以传承。

（一）长三角区域联合共同支持江南历史经典产业复兴

目前，长三角各地政府都制定有一些对历史经典传统产业的支持政策，如上海、杭州对老字号传统店铺作坊的支持、湖州市政府对湖笔的支持等，浙江还通过设立经典产业的特色小镇，如黄酒小镇等，扶持经典传统产业创新发展。2020 年杭州出台《杭州市人民政府办公厅关于支持历史经典产业保护传承创新发展的若干意见》，进一步提升历史经典产业的品牌、经济和文化价值，期望把历史经典产业打造成促进杭州经济社会发展的历史文化“金名片”。

但从整体考察，长三角各地均缺乏对历史经典产业的科学界定，也没有统一的扶持标准，相关政策的制定与执行显得随意，不同传统产业间的政策待遇也有着很大的差别。与此同时，不同省市相关的产业政策也有很大的不同，对这些产业的跨地区发展造成政策障碍。未来长三角三省一市宜对江南历史经典产业进行统一界定，制定相同的扶持政策，选择具有历史文化价值、能体现江南特色的代表性企业进行定向扶持，对三省一市的经典产业跨省市经营发展提供同等的待遇。

（二）区分市场与历史文化，分门别类依策扶持

历史经典产业在市场经济与工业化大潮下，必然要通过创新走向现代化，但包含有大量江南历史文化的生产经营方式需要得以保留。在这一背景下，需要采取分门别类的政策，可将历史经典产业的支持政策分为两大类，一类是促进产业现代化转型政策。主要是鼓励历史经典产业采用现代生产方式与经营方式，从传统迈向现代，使其成为现代产业的重组部分。如鼓励蚕

丝、丝绸企业采用现代工厂方式，推进智能化生产，大量采用现代化设计，开发适合现代生活的服装、家居丝绸、产业用丝绸产品等，这样才能使丝绸产业跟上时代步伐，做大做强，实现可持续发展；鼓励竹制品生产企业研发新产品，开拓产业用竹制品市场，采用现代工艺生产传统竹制品。另一类产业政策是针对无法转化为现代生产经营又具有历史文化价值的经典传统产业，如传统文房四宝以及其他采用传统生产工艺的传统经典产品，由政府出资或赞助，由政府或企业设立专门的博物馆、展览馆。如杭州万事利丝绸文化股份有限公司在政府的支持下出资在杭州西湖大道设立了丝绸文化体验馆，集丝绸文化传播、丝绸时尚发布、丝绸艺术展示于一体展示杭州丝绸文化的风采。政府也可以在传统街区，利用传统的店铺与作坊场所，招引相关知名企业入驻，采用传统的生产经营方式，再现传统的生产场景，向游客与观众售卖传统产品与服务，实现历史文化的传播与记忆传承。

（三）促进产品创新与生产方式创新

产品创新是传统产业能否跟上现代社会步伐的关键。要引导企业与时俱进，发现市场热点，跟随消费者需求趋势，加强新产品研发。比如，茶叶通过现代医药技术，提取相关元素，开发出各类保健品、各类便捷与口味丰富的茶饮料；针对人们消费习惯的变化，开发低度、低糖的黄酒；在毛竹行业的竹纤维开发利用方面，生产竹纤维毛巾、竹纤维服装等，利用竹叶提取物生产相关药品、保健品、化妆品、护发品等；在丝绸业方面，杭州万事利丝绸文化股份有限公司除了开发现代服装、围巾、床上用品以外，还利用精美的丝绸作为文化载体，出版“一带一路”丝绸文化系列丛书，成为藏家争相珍藏的丝绸文化珍品。

经典传统产业大多为手工制作，产量小，产品的差异性很难适合大批量的机械化与自动化作业。随着大数据、云计算、工业机器人、3D 打印、工业互联网的快速发展，柔性定制、分散化生产、智能制造不断推进，这些生产方式非常切合传统产业的特点，有助于实现传统产业生产方式的飞跃。但这些经典传统产业往往缺乏信息技术人才，也缺少相应的资本。政府可以通过相应的产业政策，为传统经典企业的智能化生产改造提供支持；可以通过减免企业上云和工业物联网费用，引导传统产业发展工业互联网。例如，杭州万事利丝绸文化股份有限公司利用智能生产技术成功开发出丝绸产品的双面印制，提高了产品的质量与档次，降低了生产成本。

（四）推进商业业态与商业模式创新

历史经典产业的传统业态只有线下实体店方式，随着线上交易的突飞猛进，如果这些传统产业不进行业态创新，只能加剧淘汰的速度。另外，蕴含丰富文化因素的历史经典产业通过线上线下融合，更有利于展示传统产业的历史、文化，更有利于吸引消费者。由于经典传统产业相关人才缺乏，政府可以通过向相关培训机构购买服务，支持传统产业电子商务人才的培训。与此同时，要大力引导传统产业的商业模式创新，如万事利丝绸“大数据+产品+文化内涵”、达利丝绸“互联网+绿色可持续产品”、凯喜雅丝绸“工业、商贸数字化”等。浙江茶园茶庄联合旅游企业，将茶叶与旅游体验相结合，通过线上传播，线下组织顾客、游客亲自到茶园采摘茶叶、手工炒茶、现场品茶；竹工艺品产业通过线上与消费者互动，让消费者参与设计，并到实体店或工厂亲手编制工艺品。商业模式的创新，对传播历史文化、推广产品起到了重要的作用。

（五）优化产业组织

历史经典产业在生产经营组织中，往往是单体传统企业各自独立为战，缺乏业内、业界的分工合作，加之企业的规模小，整个行业缺乏龙头企业；政府与企业的联系松散，也缺少行业商会协会的居中沟通与服务，这些都对经典产业的发展壮大形成了制约。例如，浙江不少竹制品企业多年来开拓竹纤维、竹胶合板等，使竹产业有了较大发展，但由于大量企业主要集中于低端的生产环节，缺乏龙头企业，企业间缺乏有效的分工与合作，市场高度饱和，行业竞争呈现白热化。这需要政府、竹业行业商会协会、龙头企业加强组织协调，推进企业间的专业化生产协作，惩治市场的不公平竞争行为，大企业要加快向研发设计与品牌营销的价值链“微笑曲线”两端转移，加快产品开发，提高整个产业的市场竞争力。

（六）实施开放发展战略

历史经典产业之所以成为经典，是因为其蕴含着丰富的地域特色文化。正因为如此，历史经典产业的产品往往更容易走向区外、国外。与此同时，传统产业在本地的市场毕竟有限，需要利用外部市场与资源才能发展壮大。因此，历史经典产业需要大力推进开放发展战略。首先，要利用地域特色，加强文化传播与产品传播，促进江南特色产品出口，同时也要大力开发适合当地消费者需要的产品，利用外部市场需求，带动产业的持续发展。其次，要引进资本与人才，加强产品研发、设计与市场拓展合作，促进共赢。

皮书

智库报告的主要形式
同一主题智库报告的聚合

❖ 皮书定义 ❖

皮书是对中国与世界发展状况和热点问题进行年度监测，以专业的角度、专家的视野和实证研究方法，针对某一领域或区域现状与发展态势展开分析和预测，具备前沿性、原创性、实证性、连续性、时效性等特点的公开出版物，由一系列权威研究报告组成。

❖ 皮书作者 ❖

皮书系列报告作者以国内外一流研究机构、知名高校等重点智库的研究人员为主，多为相关领域一流专家学者，他们的观点代表了当下学界对中国与世界的现实和未来最高水平的解读与分析。截至 2021 年，皮书研创机构有近千家，报告作者累计超过 7 万人。

❖ 皮书荣誉 ❖

皮书系列已成为社会科学文献出版社的著名图书品牌和中国社会科学院的知名学术品牌。2016 年皮书系列正式列入“十三五”国家重点出版规划项目；2013~2021 年，重点皮书列入中国社会科学院承担的国家哲学社会科学创新工程项目。

中国皮书网

（网址：www.pishu.cn）

发布皮书研创资讯，传播皮书精彩内容
引领皮书出版潮流，打造皮书服务平台

栏目设置

◆ 关于皮书

何谓皮书、皮书分类、皮书大事记、皮书荣誉、皮书出版第一人、皮书编辑部

◆ 最新资讯

通知公告、新闻动态、媒体聚焦、网站专题、视频直播、下载专区

◆ 皮书研创

皮书规范、皮书选题、皮书出版、皮书研究、研创团队

◆ 皮书评奖评价

指标体系、皮书评价、皮书评奖

◆ 皮书研究院理事会

理事会章程、理事单位、个人理事、高级研究员、理事会秘书处、入会指南

◆ 互动专区

皮书说、社科数托邦、皮书微博、留言板

所获荣誉

◆ 2008 年、2011 年、2014 年，中国皮书网均在全国新闻出版业网站荣誉评选中获得“最具商业价值网站”称号；

◆ 2012 年，获得“出版业网站百强”称号。

网库合一

2014年，中国皮书网与皮书数据库端口合一，实现资源共享。

中国皮书网

中国社会发展数据库（下设 12 个子库）

整合国内外中国社会发展研究成果，汇聚独家统计数据、深度分析报告，涉及社会、人口、政治、教育、法律等 12 个领域，为了解中国社会发展动态、跟踪社会核心热点、分析社会发展趋势提供一站式资源搜索和数据服务。

中国经济发展数据库（下设 12 个子库）

围绕国内外中国经济发展主题研究报告、学术资讯、基础数据等资料构建，内容涵盖宏观经济、农业经济、工业经济、产业经济等 12 个重点经济领域，为实时掌控经济运行态势、把握经济发展规律、洞察经济形势、进行经济决策提供参考和依据。

中国行业发展数据库（下设 17 个子库）

以中国国民经济行业分类为依据，覆盖金融业、旅游、医疗卫生、交通运输、能源矿产等 100 多个行业，跟踪分析国民经济相关行业市场运行状况和政策导向，汇集行业发展前沿资讯，为投资、从业及各种经济决策提供理论基础和实践指导。

中国区域发展数据库（下设 6 个子库）

对中国特定区域内的经济、社会、文化等领域现状与发展情况进行深度分析和预测，研究层级至县及县以下行政区，涉及省份、区域经济体、城市、农村等不同维度，为地方经济社会宏观态势研究、发展经验研究、案例分析提供数据服务。

中国文化传媒数据库（下设 18 个子库）

汇聚文化传媒领域专家观点、热点资讯，梳理国内外中国文化发展相关学术研究成果、一手统计数据，涵盖文化产业、新闻传播、电影娱乐、文学艺术、群众文化等 18 个重点研究领域。为文化传媒研究提供相关数据、研究报告和综合分析服务。

世界经济与国际关系数据库（下设 6 个子库）

立足“皮书系列”世界经济、国际关系相关学术资源，整合世界经济、国际政治、世界文化与科技、全球性问题、国际组织与国际法、区域研究 6 大领域研究成果，为世界经济与国际关系研究提供全方位数据分析，为决策和形势研判提供参考。

法律声明

“皮书系列”（含蓝皮书、绿皮书、黄皮书）之品牌由社会科学文献出版社最早使用并持续至今，现已被中国图书市场所熟知。“皮书系列”的相关商标已在中华人民共和国国家工商行政管理总局商标局注册，如LOGO（ ）、皮书、Pishu、经济蓝皮书、社会蓝皮书等。“皮书系列”图书的注册商标专用权及封面设计、版式设计的著作权均为社会科学文献出版社所有。未经社会科学文献出版社书面授权许可，任何使用与“皮书系列”图书注册商标、封面设计、版式设计相同或者近似的文字、图形或其组合的行为均系侵权行为。

经作者授权，本书的专有出版权及信息网络传播权等为社会科学文献出版社享有。未经社会科学文献出版社书面授权许可，任何就本书内容的复制、发行或以数字形式进行网络传播的行为均系侵权行为。

社会科学文献出版社将通过法律途径追究上述侵权行为的法律责任，维护自身合法权益。

欢迎社会各界人士对侵犯社会科学文献出版社上述权利的侵权行为进行举报。电话：010-59367121，电子邮箱：fawubu@ssap.cn。

社会科学文献出版社